数列不等式的证明方法与策略

郭军明 著

浙江科学技术出版社

图书在版编目（CIP）数据

数列不等式的证明方法与策略/郭军明著．——杭州：浙江科学技术出版社，2019.11
ISBN 978-7-5341-8610-3

Ⅰ.①数… Ⅱ.①郭… Ⅲ.①中学数学课-高中-教学参考资料 Ⅳ.①G634.603

中国版本图书馆CIP数据核字(2019)第036679号

丛 书 名	大虾讲数学
书 名	数列不等式的证明方法与策略
著 者	郭军明
出版发行	浙江科学技术出版社 杭州市体育场路347号 邮政编码：310006 办公室电话：0571-85176593 销售部电话：0571-85062597 网　　址：www.zkpress.com E-mail：zkpress@zkpress.com
排 版	杭州兴邦电子印务有限公司
印 刷	浙江超能印业有限公司
开 本	787×1092　1/16　　　印 张　15
字 数	230 000
版 次	2019年11月第1版　　　印 次　2019年11月第1次印刷
书 号	ISBN 978-7-5341-8610-3　定 价　50.00元

版权所有　翻印必究
（图书出现倒装、缺页等印装质量问题，本社销售部负责调换）

责任编辑　方　裕　　　　**责任美编**　金　晖
责任校对　张　宁　　　　**责任印务**　田　文

  郭军明（大虾老师）是一位已有20年教龄的一线教师，长期担任高三数学任课教师，我听过他几次课，他讲课生动、思路清晰、解题经验丰富．他还热衷于数学研究，已有30多篇文章获奖，参与10多本数学教学用书的编写．

  在本书中，作者针对学生在高考中存在的问题，科学合理地编排章节内容，由浅入深，层层递进．可以说，本书是一本讲究方法、注重思维、渗透思想的好书．

  作者从学生的视角，以课堂评析的行文方式，通过将数列不等式证明问题在方法领域上的分解，系统地论述了数列不等式证明的知识、方法、策略和思想．在具体问题的解析上，不是直接告诉学生这个问题这样做，更多的是我们是怎样想到的，我们为什么这样想，追求思维的自然生成，以及与学生共同经历解决问题的过程．

  作者将自己多年的教学积淀和对数学的热爱倾注于本书之中，用自然平实的语言，将数列不等式这个如此复杂、如此深奥的问题清晰展现于学生的面前．与其他教辅资料不同，本书是一本集方法点拨、思路分析和思维启迪于一体的数学学习用书．

张金良
2019年3月31日

第一章 数列求和的基本方法

第一节 数列前 n 项和的再认识 / 001

第二节 等差数列和等比数列的前 n 项和 / 003

第三节 数列求和的基本方法 / 006

习题一 / 015

参考解析一 / 016

第二章 数列的递推及变换

第一节 递推数列的定义 / 020

第二节 递推数列求通项的常用方法 / 023

第三节 常见数列递推模型的变换 / 028

习题二 / 049

参考解析二 / 050

第三章 数列不等式的证明方法

第一节 数学归纳法 / 059

第二节 比较法 / 062

第三节 分析法 / 065

第四节 构造法 / 068

第五节 加强命题法 / 075

第六节 积分法 / 077

习题三 / 080

参考解析三 / 082

第四章 数列不等式证明的放缩技巧

第一节 添减项放缩 / 091

第二节 利用重要不等式放缩 / 095

第三节 分组放缩 / 105

第四节 利用已证结论放缩 / 109

习题四 / 111

参考解析四 / 112

第五章 数列不等式放缩的核心模型

第一节 通项放缩模型 / 121

第二节 递推放缩模型 / 131

习题五 / 147

参考解析五 / 149

第六章 放缩的程度控制与放缩的路径判断

第一节 放缩的程度控制 / 163

第二节 放缩的路径判断 / 173

习题六 / 187

参考解析六 / 189

第七章 数列的有界性证明

第一节 项的有界性证明 / 198

第二节 和式的有界性证明 / 207

习题七 / 218

参考解析七 / 220

后　　记 / 233

参考文献 / 234

第一章 数列求和的基本方法

通过本章的学习,同学们会对数列前 n 项和有一个新的认识,从而为后续章节的学习提供强大支持.

第一节 数列前 n 项和的再认识

数列的前 n 项和记作 S_n,就是把数列的前面 n 项加起来,即 $S_n = a_1 + a_2 + a_3 + \cdots + a_n$. 虽然这是一个非常简单的概念,但很多同学由于没有理解,仍会出现一些错误.

比如,对于 S_{2n},不少同学会不经意地写成 $S_{2n} = a_2 + a_4 + \cdots + a_{2n}$,认为是数列的偶数项之和. 既然 S_n 是数列的前 n 项和,把数列的前 n 项加起来,那么 S_{2n} 就是数列的前 $2n$ 项和,是指把数列的前面 $2n$ 项加起来,即 $S_{2n} = a_1 + a_2 + a_3 + \cdots + a_{2n}$,它是要一个不漏相加的.

再如,已知 $S_n = 2n + 2^n$,如果要求 S_{10},同学们肯定会不假思索地将 10 代入 $S_n = 2n + 2^n$,得 $S_{10} = 20 + 2^{10}$. 那么对于 S_{2n},或许同学们会迟疑一会儿,其实道理完全一样,只需将 $2n$ 代替 $S_n = 2n + 2^n$ 中的 n,即 $S_{2n} = 2(2n) + 2^{2n} = 4n + 4^n$.

还有很多同学对已知数列的前 n 项和 S_n,求数列的通项 $a_n = \begin{cases} S_1, & n = 1, \\ S_n - S_{n-1}, & n \geq 2, \end{cases}$ 似懂非懂.

第一,为什么有 $a_n = S_n - S_{n-1}$ 这个关系式?

这是由于前 n 项和 $S_n = a_1 + a_2 + \cdots + a_{n-1} + a_n$,则 $S_{n-1} = a_1 + a_2 + \cdots + a_{n-1}$,两式

相减得 $S_n - S_{n-1} = a_n$. 从前 n 项和的意义看，前 n 项和比前 $n-1$ 项和正好多出数列的第 n 项 a_n.

第二，为什么要写成分段数列的形式？

这是因为 $a_n = S_n - S_{n-1}$ 要有意义，必须 $n-1 \geq 1$，所以 $n \geq 2$.

为了更好地理解这一关系，下面举个简单的例子来说明.

例 1 已知数列 $\{a_n\}$ 的前 n 项和满足以下关系，$n \in \mathbf{N}^*$，求数列 $\{a_n\}$ 的通项公式.

（1）$S_n = n^2 + 1$；（2）$S_n = n^2$.

【解析】（1）当 $n \geq 2$ 时，$a_n = S_n - S_{n-1} = n^2 + 1 - [(n-1)^2 + 1] = 2n - 1$，

又 $a_1 = S_1 = 2$，不满足 $a_n = 2n - 1$，所以 $a_n = \begin{cases} 2, & n = 1, \\ 2n - 1, & n \geq 2. \end{cases}$

（2）当 $n \geq 2$ 时，$a_n = S_n - S_{n-1} = n^2 - (n-1)^2 = 2n - 1$，

又 $a_1 = S_1 = 1$，满足 $a_n = 2n - 1$，所以 $a_n = 2n - 1\ (n \geq 1)$.

在这个例子中，由于两个 S_n 的表达式不一样，所以是两个不同的数列，通项也是不一样的. 如果从 $n \geq 2$ 时 $a_n = S_n - S_{n-1}$ 来看，S_n 中的常数是不起作用的，（1）和（2）都有 $a_n = 2n - 1$，在这种情况下，还必须看首项. 由于（2）中 $a_1 = 1$，正好满足 $a_n = 2n - 1$，因此可以统一为一个等式. 由于（1）中的两者不能统一，所以要写成分段数列的形式.

练习 1.1

1. 设 $f(n) = 1 + \dfrac{1}{2} + \dfrac{1}{3} + \dfrac{1}{4} + \cdots + \dfrac{1}{2^n}$，$n \in \mathbf{N}^*$，计算 $f(n+1) - f(n)$.

2. 已知数列 $\{a_n\}$，满足 $a_1 = a$，$n \in \mathbf{N}^*$，且 $a_1 + a_2 + a_3 + \cdots + a_n = a_{n+1} - 1$.

   （1）若 $a = 2$，求数列 $\{a_n\}$ 的通项公式；

   （2）若数列 $\{a_n\}$ 为等比数列，求实数 a 的值.

第二节 等差数列和等比数列的前 n 项和

说到数列的前 n 项和,我们不得不提等差数列与等比数列的前 n 项和. 等差数列的前 n 项和 $S_n = \dfrac{n(a_1 + a_n)}{2} = na_1 + \dfrac{n(n-1)}{2}d$. 从函数的角度看,在等差数列的前 n 项和公式中,n 是变量,a_1 和 d 是常数,为此我们可将等差数列的前 n 项和公式改写为 $S_n = \dfrac{d}{2}n^2 + \left(a_1 - \dfrac{d}{2}\right)n$. 可以看出,等差数列的前 n 项和是关于正整数 n 的二次函数(没有常数项): $S_n = An^2 + Bn$.

我们还要能熟练地写出一些常见等差数列的前 n 项和.

如: $1 + 2 + 3 + \cdots + n = \dfrac{n(n+1)}{2}$;

$1 + 3 + 5 + \cdots + (2n-1) = n^2$;

$2 + 4 + 6 + \cdots + 2n = n(n+1)$.

例2 已知等差数列 $\{a_n\}$、$\{b_n\}$ 的前 n 项和分别为 S_n、T_n,对任意的正整数 n 都有 $\dfrac{S_n}{T_n} = \dfrac{n+1}{2n-3}$.

(1) 求 $\dfrac{a_n}{b_n}$;(2) 计算 $\dfrac{a_{10}}{b_5}$ 的值.

【解析】(1) **方法一**: $\dfrac{a_n}{b_n} = \dfrac{2a_n}{2b_n} = \dfrac{a_1 + a_{2n-1}}{b_1 + b_{2n-1}} = \dfrac{(a_1 + a_{2n-1}) \cdot \dfrac{2n-1}{2}}{(b_1 + b_{2n-1}) \cdot \dfrac{2n-1}{2}}$

$= \dfrac{S_{2n-1}}{T_{2n-1}} = \dfrac{2n-1+1}{2(2n-1)-3} = \dfrac{2n}{4n-5}$.

方法二: $\dfrac{S_n}{T_n} = \dfrac{n+1}{2n-3} = \dfrac{n(n+1)}{n(2n-3)}$,

由于等差数列的前 n 项和可以写成 $S_n = An^2 + Bn$ 的形式,

所以不妨设 $S_n = An(n+1)$，$T_n = An(2n-3)$，

那么 $a_n = S_n - S_{n-1} = An(n+1) - An(n-1) = 2An$，

$b_n = T_n - T_{n-1} = An(2n-3) - A(n-1)(2n-5) = A(4n-5)$，

因此 $\dfrac{a_n}{b_n} = \dfrac{2n}{4n-5}$.

(2) 由（1）的方法二知 $a_{10} = 20A$，$b_5 = 15A$，所以 $\dfrac{a_{10}}{b_5} = \dfrac{4}{3}$.

对于等比数列的前 n 项和 $S_n = \begin{cases} na_1, q=1, \\ \dfrac{a_1(1-q^n)}{1-q}, q \neq 1, \end{cases}$ 由于有些同学对公式理解不深，

导致公式运用不当. 比如 $1 + 2 + 2^2 + \cdots + 2^n$，习惯性地直接运用公式等于 $\dfrac{1-2^n}{1-2} = 2^n - 1$，和式中的最后一项 2^n 明显比 $2^n - 1$ 大，那怎么可能会有 $1 + 2 + 2^2 + \cdots + 2^n = 2^n - 1$ 成立. 那么问题出在哪里呢？由于 $S_n = \dfrac{a_1(1-q^n)}{1-q}$ 中的 n 指的是项数，所以有几项 q 就有几次方. 由于 $1 + 2 + 2^2 + \cdots + 2^n$ 有 $n+1$ 项在求和，所以公比 2 应该是 $n+1$ 次方，即 $S_{n+1} = \dfrac{1-2^{n+1}}{1-2} = 2^{n+1} - 1$. 因此，要特别注意 $S_n = \dfrac{a_1(1-q^n)}{1-q}$ 中 n 的意义，它并不是最后一项的指数.

从函数的角度看 $S_n = \dfrac{a_1(1-q^n)}{1-q}$，其中 n 为变量，a_1 和 q 为常数，为此我们可将等比数列的前 n 项和公式改写为 $S_n = \dfrac{a_1}{1-q} - \dfrac{a_1}{1-q} q^n$，它是一个关于正整数 n 的类指数函数 $S_n = A - Aq^n$.

例3 已知数列 $\{a_n\}$ 的前 n 项和 $S_n = 1 + \lambda a_n$，其中 $\lambda \neq 0$.

(1) 证明 $\{a_n\}$ 是等比数列，并求其通项公式；(2) 若 $S_5 = \dfrac{31}{32}$，求 λ.

【解析】(1) 由 $S_n = 1 + \lambda a_n$，得 $S_{n+1} = 1 + \lambda a_{n+1}$.

两式相减，得 $a_{n+1} = \lambda a_{n+1} - \lambda a_n$，即 $(\lambda - 1)a_{n+1} = \lambda a_n$，

又 $S_1 = a_1 = 1 + \lambda a_1$，得 $\lambda \neq 1$，则 $a_1 = \dfrac{1}{1-\lambda}$，$\dfrac{a_{n+1}}{a_n} = \dfrac{\lambda}{\lambda - 1}$，

因此数列 $\{a_n\}$ 是首项为 $\dfrac{1}{1-\lambda}$，公比为 $\dfrac{\lambda}{\lambda - 1}$ 的等比数列，

于是 $a_n = \dfrac{1}{1-\lambda}\left(\dfrac{\lambda}{\lambda - 1}\right)^{n-1}$.

(2) 由 (1)，得 $S_n = \dfrac{\dfrac{1}{1-\lambda}}{1-\dfrac{\lambda}{\lambda-1}}\left[1-\left(\dfrac{\lambda}{\lambda-1}\right)^n\right] = 1-\left(\dfrac{\lambda}{\lambda-1}\right)^n$，

由 $S_5 = \dfrac{31}{32}$，得 $1-\left(\dfrac{\lambda}{\lambda-1}\right)^5 = \dfrac{31}{32}$，即 $\left(\dfrac{\lambda}{\lambda-1}\right)^5 = \dfrac{1}{32}$，解得 $\lambda = -1$.

练习 1.2

1. 已知等差数列 $\{a_n\}$ 的前 n 项和为 S_n，$n \in \mathbf{N}^*$，$a_2 + a_4 = 14$，$S_7 = 70$.

   (1) 求数列 $\{a_n\}$ 的通项公式；

   (2) 若 $b_n = \dfrac{S_{2n} + 96}{n}$，求数列 $\{b_n\}$ 中最小项的值.

2. 在等比数列 $\{a_n\}$ 中，$a_2 = 8$，$a_5 = 1$.

   (1) 求数列 $\{a_n\}$ 的通项公式；

   (2) 设 $b_n = a_{2n}$，求数列 $\{b_n\}$ 的前 n 项和 S_n.

第三节 数列求和的基本方法

一、分组求和法

当一个数列的通项公式由若干个可直接求和的数列线性组合而成时,则求和可用分组求和法,就是将和式中归属同一数列的项先合并在一起,再分别求和.

比如,$1\dfrac{1}{2}+3\dfrac{1}{4}+5\dfrac{1}{8}+\cdots+(2n-1)+\dfrac{1}{2^n}$

$=1+3+5+\cdots+(2n-1)+\dfrac{1}{2}+\dfrac{1}{4}+\dfrac{1}{8}+\cdots+\dfrac{1}{2^n}$

$=\dfrac{n(1+2n-1)}{2}+\dfrac{\dfrac{1}{2}\left(1-\dfrac{1}{2^n}\right)}{1-\dfrac{1}{2}}=n^2+1-\dfrac{1}{2^n}.$

例4 已知 $\{a_n\}$ 是等差数列,$\{b_n\}$ 是等比数列,且 $b_2=3$,$b_3=9$,$a_1=b_1$,$a_{14}=b_4$.

(1) 求 $\{a_n\}$、$\{b_n\}$ 的通项公式;

(2) 设 $c_n=2a_n-b_n$,求数列 $\{c_n\}$ 的前 n 项和 S_n;

(3) 设 $d_n=\begin{cases}a_n,n\text{为奇数},\\ b_n,n\text{为偶数},\end{cases}$ 求数列 $\{d_n\}$ 的前 n 项和 T_n.

【解析】(1) 设等比数列 $\{b_n\}$ 的公比为 q,则 $q=\dfrac{b_3}{b_2}=3$,

所以 $b_1=\dfrac{b_2}{q}=1$,$b_n=b_1q^{n-1}=3^{n-1}$;

设等差数列 $\{a_n\}$ 的公差为 d,

由 $a_1=b_1=1$,$a_{14}=b_4=27=a_1+13d=1+13d$,得 $d=2$,

所以 $a_n=a_1+(n-1)d=2n-1$.

(2) $S_n=c_1+c_2+\cdots+c_n$

$=2(a_1+a_2+\cdots+a_n)-(b_1+b_2+\cdots+b_n)$

$$= 2[1 + 3 + 5 + \cdots + (2n-1)] - (1 + 3 + 3^2 + \cdots + 3^{n-1})$$

$$= (1 + 2n - 1)n - \frac{1 - 3^n}{1 - 3} = 2n^2 - \frac{1}{2}(3^n - 1).$$

(3) 由题意得 $T_n = d_1 + d_2 + \cdots + d_n = a_1 + b_2 + a_3 + b_4 + \cdots$，我们无法断定最后一项 d_n 是取 a_n 还是 b_n. 这与 n 的奇偶性有关，所以要对 n 进行奇偶讨论.

当 n 为偶数时，$T_n = d_1 + d_2 + \cdots + d_n = a_1 + b_2 + a_3 + b_4 + \cdots + b_n$

$$= a_1 + a_3 + \cdots + a_{n-1} + b_2 + b_4 + \cdots + b_n$$

$$= \frac{a_1 + a_{n-1}}{2} \cdot \frac{n}{2} + \frac{3(1 - 9^{\frac{n}{2}})}{1 - 9} = \frac{n(n-1)}{2} + \frac{3}{8}(3^n - 1);$$

当 n 为奇数时，$T_n = d_1 + d_2 + \cdots + d_n = a_1 + b_2 + a_3 + b_4 + \cdots + a_n$

$$= a_1 + a_3 + \cdots + a_n + b_2 + b_4 + \cdots + b_{n-1}$$

$$= \frac{a_1 + a_n}{2} \cdot \frac{n+1}{2} + \frac{3(1 - 9^{\frac{n-1}{2}})}{1 - 9} = \frac{n(n+1)}{2} + \frac{3}{8}(3^{n-1} - 1).$$

综上，得 $T_n = \begin{cases} \dfrac{n(n+1)}{2} + \dfrac{3}{8}(3^{n-1} - 1), & n\text{为奇数}, \\ \dfrac{n(n-1)}{2} + \dfrac{3}{8}(3^n - 1), & n\text{为偶数}. \end{cases}$

当 n 为偶数时，在数列 $\{d_n\}$ 中属于 $\{a_n\}$ 的项和属于 $\{b_n\}$ 的项数量相同，均为 $\dfrac{n}{2}$ 项；

当 n 为奇数时，奇数项比偶数项多一项，为 $\dfrac{n+1}{2}$ 项，则偶数项为 $\dfrac{n-1}{2}$ 项. 当 n 为奇数时，

我们也可以这样考虑，$n - 1$ 为偶数，可以利用"当 n 为偶数时，$T_n = \dfrac{n(n-1)}{2} + \dfrac{3}{8}(3^n - 1)$"

的这一结论，此时 $T_n = T_{n-1} + d_n = \dfrac{(n-1)(n-2)}{2} + \dfrac{3}{8}(3^{n-1} - 1) + 2n - 1$

$$= \frac{n(n+1)}{2} + \frac{3}{8}(3^{n-1} - 1).$$

二、倒序相加法

倒序相加法从字面上理解就是将求和式的每一项顺序倒过来排列成一个新的求和

式，再与原求和式对应项相加. 其实这种方法在教材中推导等差数列的前 n 项和公式时就用到了，只是教材中没有给它命名而已. 下面我们一起来回顾一下.

等差数列 $\{a_n\}$ 的前 n 项和 $S_n = a_1 + a_2 + a_3 + \cdots + a_n$，

将前 n 项和倒序排列，写成 $S_n = a_n + a_{n-1} + a_{n-2} + \cdots + a_1$，

两式相加，得 $2S_n = (a_1 + a_n) + (a_2 + a_{n-1}) + (a_3 + a_{n-2}) + \cdots + (a_n + a_1)$，

由等差数列的性质知，$a_1 + a_n = a_2 + a_{n-1} = a_3 + a_{n-2} = \cdots = a_n + a_1$，

所以 $2S_n = n(a_1 + a_n)$，则 $S_n = \dfrac{n(a_1 + a_n)}{2}$.

一般情况下，如果在数列 $\{a_n\}$ 中，与首末两端等"距离"的两项和相等，那么这个数列的前 n 项和就可用倒序相加法求解.

例 5 已知函数 $f(x) = \dfrac{1}{4^x + 2}$ $(x \in \mathbf{R})$，若数列 $\{a_n\}$ 满足 $a_n = f\left(\dfrac{n}{m}\right)$，且 $m \in \mathbf{N}^*$，$n = 1, 2, \cdots, m$，求数列 $\{a_n\}$ 的前 m 项和 S_m.

【解析】 由题意得 $S_m = a_1 + a_2 + \cdots + a_{m-1} + a_m$

$$= f\left(\dfrac{1}{m}\right) + f\left(\dfrac{2}{m}\right) + \cdots + f\left(\dfrac{m-2}{m}\right) + f\left(\dfrac{m-1}{m}\right) + f\left(\dfrac{m}{m}\right),$$

对于任意正整数 m, n，有 $f\left(\dfrac{n}{m}\right) + f\left(\dfrac{m-n}{m}\right)$

$$= \dfrac{1}{4^{\frac{n}{m}} + 2} + \dfrac{1}{4^{1-\frac{n}{m}} + 2} = \dfrac{1}{4^{\frac{n}{m}} + 2} + \dfrac{4^{\frac{n}{m}}}{4 + 2 \cdot 4^{\frac{n}{m}}}$$

$$= \dfrac{1}{4^{\frac{n}{m}} + 2} + \dfrac{4^{\frac{n}{m}}}{2(2 + 4^{\frac{n}{m}})} = \dfrac{2 + 4^{\frac{n}{m}}}{2(4^{\frac{n}{m}} + 2)} = \dfrac{1}{2}.$$

于是 $S_m = f\left(\dfrac{1}{m}\right) + f\left(\dfrac{2}{m}\right) + \cdots + f\left(\dfrac{m-2}{m}\right) + f\left(\dfrac{m-1}{m}\right) + f\left(\dfrac{m}{m}\right)$，

$S_m = f\left(\dfrac{m}{m}\right) + f\left(\dfrac{m-1}{m}\right) + f\left(\dfrac{m-2}{m}\right) + \cdots + f\left(\dfrac{2}{m}\right) + f\left(\dfrac{1}{m}\right)$，

两式相加，得 $2S_m = \left[f\left(\dfrac{1}{m}\right) + f\left(\dfrac{m-1}{m}\right)\right] + \left[f\left(\dfrac{2}{m}\right) + f\left(\dfrac{m-2}{m}\right)\right] + \cdots +$

$$\left[f\left(\frac{m-1}{m}\right)+f\left(\frac{1}{m}\right)\right]+2f\left(\frac{m}{m}\right)$$
$$=\frac{1}{2}(m-1)+2f(1)=\frac{1}{2}(m-1)+\frac{1}{3}=\frac{1}{6}(3m-1),$$

所以 $S_m = \frac{1}{12}(3m-1)$.

三、错位相减法

如果一个数列的各项由一个等差数列 $\{a_n\}$ 和一个公比不为1的等比数列 $\{b_n\}$ 的对应项之积 $a_n b_n$ 构成，那么这个数列的前 n 项和可用错位相减法求解. 在具体运用时，先写出 $\{a_n b_n\}$ 的前 n 项和的式子，两边同时乘等比数列 $\{b_n\}$ 的公比 q，并将其错开一位.

$$S_n = a_1 b_1 + a_2 b_2 + a_3 b_3 + \cdots + a_n b_n,$$
$$qS_n = \quad\quad a_1 b_2 + a_2 b_3 + \cdots + a_{n-1} b_n + a_n b_{n+1},$$

两式相减，得 $(1-q)S_n = a_1 b_1 + (a_2 - a_1)b_2 + (a_3 - a_2)b_3 + \cdots + (a_n - a_{n-1})b_n - a_n b_{n+1}$
$$= a_1 b_1 + db_1(q + q^2 + \cdots + q^{n-1}) - a_n b_1 q^n$$
$$= a_1 b_1 + \frac{db_1 q}{1-q}(1 - q^{n-1}) - a_n b_1 q^n.$$

两边再同时除以 $1-q$，进一步化简即可.

其实这种办法也在教材中推导等比数列的前 n 项和公式中用到，教材中也没有给它命名. 在具体运用时，应将幂指数相同的项对齐（上面虚线框内），这样第二个式子前面缩进一项，后面突出一项，也就是所谓的"错位"，两式相减，虚线框内的 $n-1$ 项相减后正好是一个等比数列.

例6 已知等差数列 $\{a_n\}$ 的前 n 项和 S_n，满足 $S_3 = 6$，$S_5 = 15$.

(1) 求 $\{a_n\}$ 的通项公式；(2) 设 $b_n = \dfrac{a_n}{2^{a_n}}$，求数列 $\{b_n\}$ 的前 n 项和 T_n.

【解析】(1) 设等差数列 $\{a_n\}$ 的公差为 d，首项为 a_1，

因为 $\begin{cases} S_3 = 3a_1 + 3d = 6, \\ S_5 = 5a_1 + 10d = 15, \end{cases}$ 解得 $\begin{cases} a_1 = 1, \\ d = 1, \end{cases}$

所以 $\{a_n\}$ 的通项公式为 $a_n = n$.

(2) 由 (1)，得 $b_n = \dfrac{a_n}{2^{a_n}} = \dfrac{n}{2^n}$，

则 $T_n = \dfrac{1}{2} + \dfrac{2}{2^2} + \dfrac{3}{2^3} + \cdots + \dfrac{n}{2^n}$，

$\dfrac{1}{2}T_n = \dfrac{1}{2^2} + \dfrac{2}{2^3} + \cdots + \dfrac{n-1}{2^n} + \dfrac{n}{2^{n+1}}$，

两式相减得 $\dfrac{1}{2}T_n = \dfrac{1}{2} + \dfrac{1}{2^2} + \dfrac{1}{2^3} + \cdots + \dfrac{1}{2^n} - \dfrac{n}{2^{n+1}}$

$= \dfrac{\dfrac{1}{2}\left(1 - \dfrac{1}{2^n}\right)}{1 - \dfrac{1}{2}} - \dfrac{n}{2^{n+1}} = 1 - \dfrac{1}{2^n} - \dfrac{n}{2^{n+1}} = 1 - \dfrac{2+n}{2^{n+1}}$，

所以 $T_n = 2 - \dfrac{n+2}{2^n}$.

错位相减法是一种运算比较繁杂的求和方法，同学们在写出 S_n 与 qS_n 的表达式时要特别注意将两式"错项对齐"，以便下一步准确写出"$S_n - qS_n$"的表达式. 我们还需要检验最后得到的结果，用 $n=1$ 代入，验算是否符合. 如果不符合，就要检查整个运算过程，直到找出错误原因为止.

例7 已知数列 $\{a_n\}$ 满足 $a_1 = \dfrac{1}{2}$，$a_n a_{n+1} = \dfrac{1}{2}\left(\dfrac{1}{4}\right)^n$，$n \in \mathbf{N}^*$.

(1) 求数列 $\{a_n\}$ 的通项公式；

(2) 若数列 $\{b_n\}$ 的前 n 项和 $S_n = n^2$，记 $T_n = a_1 b_1 + a_2 b_2 + \cdots + a_n b_n$，求证：$T_n < 3$.

【解析】(1) 由 $\dfrac{a_{n+1} a_{n+2}}{a_n a_{n+1}} = \dfrac{\dfrac{1}{2}\left(\dfrac{1}{4}\right)^{n+1}}{\dfrac{1}{2}\left(\dfrac{1}{4}\right)^n}$，得 $\dfrac{a_{n+2}}{a_n} = \dfrac{1}{4}$，则数列 $\{a_n\}$ 隔项成等比.

由 $a_1 = \dfrac{1}{2}$，得 $a_3 = \dfrac{1}{8}$，$a_5 = \dfrac{1}{32}$，$\cdots$，

由 $a_1 a_2 = \dfrac{1}{8}$，得 $a_2 = \dfrac{1}{4}$，则 $a_4 = \dfrac{1}{16}$，$a_6 = \dfrac{1}{64}$，$\cdots$，

所以 $\{a_n\}$ 是公比为 $\frac{1}{2}$ 的等比数列，则 $a_n = \frac{1}{2^n}$.

(2) 当 $n \geqslant 2$ 时，$b_n = S_n - S_{n-1} = n^2 - (n-1)^2 = 2n - 1$，

又 $b_1 = S_1 = 1$，所以 $b_n = 2n - 1 \ (n \geqslant 1)$.

于是 $T_n = \frac{1}{2} + \frac{3}{2^2} + \frac{5}{2^3} + \cdots + \frac{2n-1}{2^n}$，

$\frac{1}{2}T_n = \quad \frac{1}{2^2} + \frac{3}{2^3} + \cdots + \frac{2n-3}{2^n} + \frac{2n-1}{2^{n+1}}$，

两式相减，得 $\frac{1}{2}T_n = \frac{1}{2} + 2\left(\frac{1}{2^2} + \frac{1}{2^3} + \cdots + \frac{1}{2^n}\right) - \frac{2n-1}{2^{n+1}}$

$= \frac{1}{2} + \left(1 - \frac{1}{2^{n-1}}\right) - \frac{2n-1}{2^{n+1}} = \frac{3}{2} - \frac{2n+3}{2^{n+1}}$，

则 $T_n = 3 - \frac{2n+3}{2^n} < 3$.

四、裂项相消法

裂项相消法是指把数列的通项拆分成两式之差，且相邻项分裂后具有前后关联性，在求和时中间的一些式子可以相互抵消，从而求得前 n 项和.

例如，我们最熟悉的 $S_n = \frac{1}{1 \times 2} + \frac{1}{2 \times 3} + \frac{1}{3 \times 4} + \cdots + \frac{1}{n(n+1)}$，如果将通项 $\frac{1}{n(n+1)}$ 拆分成 $\frac{1}{n} - \frac{1}{n+1}$，那么 $S_n = 1 - \frac{1}{2} + \frac{1}{2} - \frac{1}{3} + \frac{1}{3} - \frac{1}{4} + \cdots + \frac{1}{n} - \frac{1}{n+1} = 1 - \frac{1}{n+1}$.

裂项求和的关键是分析通项，将通项拆分成前后相关联的两式之差，如求数列 $\left\{\frac{1}{(2n-1)(2n+1)}\right\}$ 的前 n 项和，可将通项 $\frac{1}{(2n-1)(2n+1)}$ 拆分成 $\frac{1}{2}\left(\frac{1}{2n-1} - \frac{1}{2n+1}\right)$.

有时我们可能会疏忽前面的系数 $\frac{1}{2}$，因为 $\frac{1}{2n-1} - \frac{1}{2n+1}$ 通分后得 $\frac{2n+1-(2n-1)}{(2n-1)(2n+1)} = \frac{2}{(2n-1)(2n+1)}$，其分子变成了 2，所以 $\frac{1}{(2n-1)(2n+1)} = \frac{1}{2}\left(\frac{1}{2n-1} - \frac{1}{2n+1}\right)$.

裂项后前面有没有带系数的问题，其实是要保证裂项后的式子与原式一致. 比如，

通项 $a_n = \dfrac{2}{(3n-1)(3n+2)}$ 裂项为 $k\left(\dfrac{1}{3n-1} - \dfrac{1}{3n+2}\right)$,那么将 $\dfrac{1}{3n-1} - \dfrac{1}{3n+2}$ 通分得 $\dfrac{3}{(3n-1)(3n+2)}$,则 $k = \dfrac{2}{3}$.

裂项时还要注意前后两项的关联性.比如,虽然数列 $\left\{\dfrac{1}{(3n-1)(3n+1)}\right\}$ 可裂项成为 $\dfrac{1}{2}\left(\dfrac{1}{3n-1} - \dfrac{1}{3n+1}\right)$,但在对该数列求前 n 项和时,却发现 $S_n = \dfrac{1}{2}\left(\dfrac{1}{2} - \dfrac{1}{4} + \dfrac{1}{5} - \dfrac{1}{7} + \cdots + \dfrac{1}{3n-1} - \dfrac{1}{3n+1}\right)$ 不能实现相互抵消.有时通项可以裂项,但如果所裂的两式前后没有递推的关联性,我们还是没法求和的.

例8 求和: $S_n = \dfrac{1}{1 \times 3} + \dfrac{1}{2 \times 4} + \dfrac{1}{3 \times 5} + \cdots + \dfrac{1}{n(n+2)}$ ($n \in \mathbf{N}^*$).

【解析】因为通式 $\dfrac{1}{n(n+2)} = \dfrac{1}{2}\left(\dfrac{1}{n} - \dfrac{1}{n+2}\right)$,

所以 $S_n = \dfrac{1}{1 \times 3} + \dfrac{1}{2 \times 4} + \dfrac{1}{3 \times 5} + \cdots + \dfrac{1}{n(n+2)}$

$= \dfrac{1}{2}\left(1 - \dfrac{1}{3} + \dfrac{1}{2} - \dfrac{1}{4} + \dfrac{1}{3} - \dfrac{1}{5} + \cdots + \dfrac{1}{n} - \dfrac{1}{n+2}\right)$

$= \dfrac{1}{2}\left(1 + \dfrac{1}{2} - \dfrac{1}{n+1} - \dfrac{1}{n+2}\right) = \dfrac{3}{4} - \dfrac{2n+3}{2(n+1)(n+2)}$.

本例在应用裂项相消法时,不仅要注意的是隔项相消,还要注意消项时应具有对称性,即前面剩下多少项,后面也应剩下相同数量的项;前面剩下的是正项,后面剩下的必定是负项.

通常情况下,如果通项是乘积的倒数,往往可以采取裂项的办法.

比如,$\dfrac{1}{n(n+k)} = \dfrac{1}{k}\left(\dfrac{1}{n} - \dfrac{1}{n+k}\right)$;

$\dfrac{1}{a_n(a_n+1)} = \dfrac{1}{a_n} - \dfrac{1}{a_n+1}$;

$\dfrac{2^n}{(2^n+1)(2^{n+1}+1)} = \dfrac{1}{2^n+1} - \dfrac{1}{2^{n+1}+1}$;

$$\frac{1}{n(n+1)(n+2)} = \frac{1}{2}\left[\frac{1}{n(n+1)} - \frac{1}{(n+1)(n+2)}\right];$$

若 $\{a_n\}$ 是公差为 d 的等差数列, 则 $\frac{1}{a_n a_{n+1}} = \frac{1}{d}\left(\frac{1}{a_n} - \frac{1}{a_{n+1}}\right)$.

例9 正项数列 $\{a_n\}$ 的前 n 项和为 S_n, 满足 $S_n^2 - (n^2+n-1)S_n - (n^2+n) = 0$, $n \in \mathbf{N}^*$.

(1) 求 $\{a_n\}$ 的通项公式;

(2) 设 $b_n = \frac{n+1}{(n+2)^2 a_n^2}$, 求数列 $\{b_n\}$ 的前 n 项和 T_n.

【解析】(1) 由 $S_n^2 - (n^2+n-1)S_n - (n^2+n) = 0$,

因式分解, 得 $(S_n + 1)[S_n - (n^2+n)] = 0$.

因为 $\{a_n\}$ 是正项数列, 所以 $S_n > 0$, 则 $S_n = n^2 + n$.

当 $n \geq 2$ 时, $a_n = S_n - S_{n-1} = n^2 + n - (n-1)^2 - (n-1) = 2n$,

又 $a_1 = S_1 = 2$, 也满足上式, 因此数列 $\{a_n\}$ 的通项公式为 $a_n = 2n$.

(2) 由于 $a_n = 2n$, 故 $b_n = \frac{n+1}{(n+2)^2 a_n^2} = \frac{n+1}{4n^2(n+2)^2} = \frac{1}{16}\left[\frac{1}{n^2} - \frac{1}{(n+2)^2}\right]$,

所以 $T_n = \frac{1}{16}\left[1 - \frac{1}{3^2} + \frac{1}{2^2} - \frac{1}{4^2} + \frac{1}{3^2} - \frac{1}{5^2} + \cdots + \frac{1}{n^2} - \frac{1}{(n+2)^2}\right]$

$= \frac{1}{16}\left[1 + \frac{1}{2^2} - \frac{1}{(n+1)^2} - \frac{1}{(n+2)^2}\right] = \frac{5}{64} - \frac{1}{16}\left[\frac{1}{(n+1)^2} + \frac{1}{(n+2)^2}\right]$.

前面所涉及的都是分式的裂项, 某些特殊的根式也可以实现裂项相消. 比如, $a_n = \frac{1}{\sqrt{n+1} + \sqrt{n}} = \sqrt{n+1} - \sqrt{n}$, 则其前 n 项和 $S_n = \sqrt{n+1} - 1$.

裂项相消法求和的基本思路是变换通项, 把每一项分裂为两式之差. 之所以要进行裂项, 其目的是为了产生可以相互抵消的项.

练习 1.3

1. 在等差数列 $\{a_n\}$ 中，$a_2=4$，$a_4+a_7=15$.

   (1) 求数列 $\{a_n\}$ 的通项公式；

   (2) 设 $b_n=2^{a_n-2}+n$，求数列 $\{b_n\}$ 的前 n 项和 S_n.

2. 已知数列 $\{a_n\}$ 满足 $a_n=(-1)^{n+1}n$，$n\in\mathbf{N}^*$，求数列 $\{a_n\}$ 的前 n 项和 S_n.

3. 已知等差数列 $\{a_n\}$ 的各项均为正数，$a_1=1$，前 n 项和为 S_n；数列 $\{b_n\}$ 为等比数列，$b_1=1$，且 $b_2S_2=6$，$b_2+S_3=8$.

   (1) 求数列 $\{a_n\}$ 与 $\{b_n\}$ 的通项公式；

   (2) 求证：$\dfrac{1}{S_1}+\dfrac{1}{S_2}+\cdots+\dfrac{1}{S_n}<2$.

4. 设等差数列 $\{a_n\}$ 的公差为 d，前 n 项和为 S_n，等比数列 $\{b_n\}$ 的公比为 q，已知 $b_1=a_1$，$b_2=2$，$q=d$，$S_{10}=100$.

   (1) 求数列 $\{a_n\}$ 和 $\{b_n\}$ 的通项公式；

   (2) 当 $d>1$ 时，记 $c_n=\dfrac{a_n}{b_n}$，求数列 $\{c_n\}$ 的前 n 项和 T_n.

5. 已知数列 $\{a_n\}$ 的各项均为正数，其前 n 项和为 S_n，且 $2\sqrt{S_n}=a_n+1$，$n\in\mathbf{N}^*$.

   (1) 求数列 $\{a_n\}$ 的通项公式；

   (2) 记 $b_n=\dfrac{1}{\sqrt{a_n}+\sqrt{a_{n+1}}}$，若 $b_1+b_2+\cdots+b_n>1$，求满足条件的正整数 n 的最小值.

习题一

1. 已知数列 $\{a_n\}$ 满足 $a_1 + 2a_2 + 3a_3 + \cdots + na_n = n^2 + 3n + 2$,$n \in \mathbf{N}^*$,求数列 $\{a_n\}$ 的通项公式.

2. 已知等差数列 $\{a_n\}$ 的前 n 项和为 S_n,且 $a_1 = 1$,$S_3 + S_4 = S_5$.

   (1) 求数列 $\{a_n\}$ 的通项公式;

   (2) 令 $b_n = (-1)^{n-1} a_n a_{n+1}$,求数列 $\{b_n\}$ 的前 $2n$ 项和 T_{2n}.

3. 已知数列 $\{a_n\}$ 的前 n 项和为 S_n,满足 $2S_n = 3a_n - 1$,$n \in \mathbf{N}^*$.

   (1) 求数列 $\{a_n\}$ 的通项公式;

   (2) 设 $a_n b_n = \dfrac{3^n}{n^2 + n}$,求数列 $\{b_n\}$ 的前 n 项和 T_n.

4. 设数列 $\{a_n\}$ 的前 n 项和为 S_n,点 (n, S_n) $(n \in \mathbf{N}^*)$ 均在函数 $y = 3x^2 - 2x$ 的图像上.

   (1) 求数列 $\{a_n\}$ 的通项公式;

   (2) 设 $b_n = \dfrac{3}{a_n a_{n+1}}$,$T_n$ 是数列 $\{b_n\}$ 的前 n 项和,求使得 $T_n < \dfrac{m}{20}$ 对所有 $n \in \mathbf{N}^*$ 都成立的最小正整数 m.

5. 求和:$S_n = 1 + 3x + 5x^2 + 7x^3 + \cdots + (2n-1)x^{n-1}$ $(n \in \mathbf{N}^*, x \in \mathbf{R})$.

6. 已知数列 $\{a_n\}$ 是递增的等比数列,且 $a_1 + a_4 = 9$,$a_2 a_3 = 8$.

   (1) 求数列 $\{a_n\}$ 的通项公式;

   (2) 设 S_n 为数列 $\{a_n\}$ 的前 n 项和,$b_n = \dfrac{a_{n+1}}{S_n S_{n+1}}$,求数列 $\{b_n\}$ 的前 n 项和 T_n.

参考解析一

练习 1.1

1. 【解析】由 $f(n)=1+\frac{1}{2}+\frac{1}{3}+\frac{1}{4}+\cdots+\frac{1}{2^n}$，得 $f(n+1)=1+\frac{1}{2}+\frac{1}{3}+\cdots+\frac{1}{2^n}+\frac{1}{2^n+1}+\cdots+\frac{1}{2^{n+1}}$，

   所以 $f(n+1)-f(n)=\frac{1}{2^n+1}+\frac{1}{2^n+2}+\cdots+\frac{1}{2^{n+1}}$.

2. 【解析】（1）由 $a_1+a_2+a_3+\cdots+a_n=a_{n+1}-1$，当 $n \geqslant 2$ 时，得 $a_1+a_2+\cdots+a_{n-1}=a_n-1$，

   两式相减得 $a_n=a_{n+1}-a_n$，即 $a_{n+1}=2a_n$，所以当 $n \geqslant 2$ 时，$\{a_n\}$ 是公比为 2 的等比数列.

   又 $a_1=a_2-1$，得 $a_2=a+1=3$，因此 $a_n=\begin{cases}2, & n=1, \\ 3 \cdot 2^{n-2}, & n>1.\end{cases}$

   （2）由（1）知 $a_n=\begin{cases}a, & n=1, \\ (a+1)2^{n-2}, & n>1,\end{cases}$ 因为 $\{a_n\}$ 为等比数列，则 $\frac{a_2}{a_1}=\frac{a+1}{a}=2$，解得 $a=1$.

练习 1.2

1. 【解析】（1）设数列 $\{a_n\}$ 的公差为 d，那么 $\begin{cases}a_2+a_4=2a_1+4d=14, \\ S_7=7a_1+21d=70,\end{cases}$

   解得 $\begin{cases}a_1=1, \\ d=3,\end{cases}$ 所以 $a_n=a_1+(n-1)d=3n-2$.

   （2）$S_n=\frac{n(a_1+a_n)}{2}=\frac{n(3n-1)}{2}$，则 $S_{2n}=\frac{2n(6n-1)}{2}=n(6n-1)$，

   所以 $b_n=\frac{S_{2n}+96}{n}=\frac{6n^2-n+96}{n}=6\left(n+\frac{16}{n}\right)-1 \geqslant 12\sqrt{16}-1=47$，

   当且仅当 $n=\frac{16}{n}$，即当 $n=4$ 时取等号，所以数列 $\{b_n\}$ 中最小项为 b_4，$b_4=47$.

2. 【解析】（1）设等比数列 $\{a_n\}$ 的公比为 q，则 $\frac{a_5}{a_2}=\frac{1}{8}=q^3$，得 $q=\frac{1}{2}$.

   所以数列 $\{a_n\}$ 的通项公式 $a_n=a_2q^{n-2}=8\left(\frac{1}{2}\right)^{n-2}=16\left(\frac{1}{2}\right)^{n-1}$.

   （2）由（1）知 $b_n=a_{2n}=16\left(\frac{1}{2}\right)^{2n-1}=8\left(\frac{1}{2}\right)^{2(n-1)}=8\left(\frac{1}{4}\right)^{n-1}$，

   则数列 $\{b_n\}$ 是首项为 8，公比为 $\frac{1}{4}$ 的等比数列，因此 $S_n=\frac{8\left(1-\frac{1}{4^n}\right)}{1-\frac{1}{4}}=\frac{32}{3}\left(1-\frac{1}{4^n}\right)$.

练习 1.3

1. **【解析】**（1）设数列 $\{a_n\}$ 的公差为 d，则 $\begin{cases} a_2 = a_1 + d = 4, \\ a_4 + a_7 = 2a_1 + 9d = 15, \end{cases}$

   解得 $\begin{cases} a_1 = 3 \\ d = 1 \end{cases}$，所以 $a_n = a_1 + (n-1)d = n + 2$.

   （2）由（1）知 $b_n = 2^{a_n - 2} + n = 2^n + n$，

   所以 $S_n = b_1 + b_2 + \cdots + b_n = (1 + 2 + \cdots + n) + (2 + 2^2 + \cdots + 2^n) = \dfrac{n(n+1)}{2} + \dfrac{2(1-2^n)}{1-2} = \dfrac{n(n+1)}{2} + 2^{n+1} - 2$.

2. **【解析】**当 n 为偶数时，$S_n = a_1 + a_2 + a_3 + \cdots + a_n = (1-2) + (3-4) + \cdots + (n-1-n) = (-1) \times \dfrac{n}{2} = -\dfrac{n}{2}$；

   当 n 为奇数时，$S_n = a_1 + a_2 + a_3 + \cdots + a_n = (1-2) + (3-4) + \cdots + [n-2-(n-1)] + n = -\dfrac{n-1}{2} + n = \dfrac{n+1}{2}$.

   因此 $S_n = \begin{cases} \dfrac{n+1}{2},\ n\text{为奇数}, \\ -\dfrac{n}{2},\ n\text{为偶数}. \end{cases}$

3. **【解析】**（1）设等差数列 $\{a_n\}$ 的公差为 d，$d > 0$，等比数列 $\{b_n\}$ 的公比为 q，

   则 $a_n = 1 + (n-1)d$，$b_n = q^{n-1}$，由题意得 $\begin{cases} b_2 S_2 = q(2+d) = 6, \\ b_2 + S_3 = q + 3 + 3d = 8, \end{cases}$

   解得 $\begin{cases} d = 1 \\ q = 2 \end{cases}$，或 $\begin{cases} d = -\dfrac{4}{3} \\ q = 9 \end{cases}$（舍去），故 $a_n = n$，$b_n = 2^{n-1}$.

   （2）由（1）知 $S_n = 1 + 2 + \cdots + n = \dfrac{n(n+1)}{2}$，则 $\dfrac{1}{S_n} = \dfrac{2}{n(n+1)} = 2\left(\dfrac{1}{n} - \dfrac{1}{n+1}\right)$，

   所以 $\dfrac{1}{S_1} + \dfrac{1}{S_2} + \cdots + \dfrac{1}{S_n} = 2\left[\left(1 - \dfrac{1}{2}\right) + \left(\dfrac{1}{2} - \dfrac{1}{3}\right) + \cdots + \left(\dfrac{1}{n} - \dfrac{1}{n+1}\right)\right] = 2\left(1 - \dfrac{1}{n+1}\right) < 2$.

4. **【解析】**（1）由题意得 $\begin{cases} S_{10} = 10a_1 + 45d = 100, \\ b_2 = b_1 q = a_1 d = 2, \end{cases}$ 解得 $\begin{cases} a_1 = 1, \\ d = 2, \end{cases}$ 或 $\begin{cases} a_1 = 9, \\ d = \dfrac{2}{9}, \end{cases}$

   故 $a_n = 2n - 1$，$b_n = 2^{n-1}$，或 $a_n = \dfrac{1}{9}(2n + 79)$，$b_n = 9\left(\dfrac{2}{9}\right)^{n-1}$.

   （2）由 $d > 1$，知 $a_n = 2n - 1$，$b_n = 2^{n-1}$，故 $c_n = \dfrac{2n-1}{2^{n-1}}$，

   于是 $T_n = 1 + \dfrac{3}{2} + \dfrac{5}{2^2} + \cdots + \dfrac{2n-3}{2^{n-2}} + \dfrac{2n-1}{2^{n-1}}$，$\dfrac{1}{2}T_n = \dfrac{1}{2} + \dfrac{3}{2^2} + \cdots + \dfrac{2n-3}{2^{n-1}} + \dfrac{2n-1}{2^n}$，

   两式相减得 $\dfrac{1}{2}T_n = 1 + \left(1 + \dfrac{1}{2} + \cdots + \dfrac{1}{2^{n-2}}\right) - \dfrac{2n-1}{2^n} = 1 + 2\left(1 - \dfrac{1}{2^{n-1}}\right) - \dfrac{2n-1}{2^n} = 3 - \dfrac{2n+3}{2^n}$，

   故 $T_n = 6 - \dfrac{2n+3}{2^{n-1}}$.

5.【解析】(1) 将条件式 $2\sqrt{S_n} = a_n + 1$ 两边平方得 $4S_n = (a_n+1)^2$，则 $4S_{n-1} = (a_{n-1}+1)^2 (n \geq 2)$，

两式相减，得 $4a_n = (a_n+1)^2 - (a_{n-1}+1)^2 = a_n^2 - a_{n-1}^2 + 2a_n - 2a_{n-1}$，

移项整理，得 $2(a_n + a_{n-1}) = a_n^2 - a_{n-1}^2 = (a_n + a_{n-1})(a_n - a_{n-1})$.

因为数列 $\{a_n\}$ 的各项均为正数，所以 $a_n - a_{n-1} = 2$，故数列 $\{a_n\}$ 是公差为 2 的等差数列.

又 $2\sqrt{S_1} = 2\sqrt{a_1} = a_1 + 1$，得 $a_1 = 1$，所以 $a_n = a_1 + (n-1)d = 2n - 1$.

(2) $b_n = \dfrac{1}{\sqrt{a_n} + \sqrt{a_{n+1}}} = \dfrac{1}{\sqrt{2n-1} + \sqrt{2n+1}} = \dfrac{1}{2}(\sqrt{2n+1} - \sqrt{2n-1})$，

那么 $b_1 + b_2 + \cdots + b_n = \dfrac{1}{2}(\sqrt{3} - 1 + \sqrt{5} - \sqrt{3} + \cdots + \sqrt{2n+1} - \sqrt{2n-1}) = \dfrac{1}{2}(\sqrt{2n+1} - 1) > 1$，

即 $\sqrt{2n+1} > 3$，得 $n > 4$，因此满足条件的正整数 n 的最小值为 5.

习题一

1.【解析】由 $a_1 + 2a_2 + 3a_3 + \cdots + na_n = n^2 + 3n + 2 = (n+1)(n+2)$ 知，

当 $n \geq 2$ 时，$a_1 + 2a_2 + 3a_3 + \cdots + (n-1)a_{n-1} = n(n+1)$，

两式相减，得 $na_n = (n+1)(n+2) - n(n+1) = 2n + 2$，则 $a_n = \dfrac{2n+2}{n}$.

又 $a_1 = 6$，所以数列 $\{a_n\}$ 的通项公式 $a_n = \begin{cases} 6, & n=1, \\ \dfrac{2n+2}{n}, & n \geq 2. \end{cases}$

2.【解析】(1) 设等差数列 $\{a_n\}$ 的公差为 d，由 $S_3 + S_4 = S_5$，可得 $S_3 = S_5 - S_4$，即 $a_1 + a_2 + a_3 = a_5$，

所以 $3(1+d) = 1 + 4d$，解得 $d = 2$，所以数列 $\{a_n\}$ 的通项公式 $a_n = 1 + (n-1) \times 2 = 2n - 1$.

(2) 由 (1) 可得 $b_n = (-1)^{n-1}(2n-1)(2n+1) = (-1)^{n-1}(4n^2 - 1)$，

所以 $T_{2n} = (4 \times 1^2 - 1) - (4 \times 2^2 - 1) + (4 \times 3^2 - 1) - (4 \times 4^2 - 1) + \cdots - [4 \times (2n)^2 - 1]$

$= 4[1^2 - 2^2 + 3^2 - 4^2 + \cdots + (2n-1)^2 - (2n)^2]$

$= -4[3 + 7 + \cdots + (4n-1)] = -4 \times \dfrac{n(3+4n-1)}{2} = -8n^2 - 4n$.

3.【解析】(1) 当 $n = 1$ 时，$2S_1 = 2a_1 = 3a_1 - 1$，得 $a_1 = 1$，

当 $n \geq 2$ 时，因为 $2S_n = 3a_n - 1$，则 $2S_{n-1} = 3a_{n-1} - 1$，两式相减，得 $2a_n = 3a_n - 3a_{n-1}$，

即 $a_n = 3a_{n-1} (n \geq 2)$，所以 $\{a_n\}$ 是公比为 3 的等比数列，则 $a_n = 3^{n-1} (n \in \mathbf{N}^*)$.

(2) 因为 $a_n b_n = \dfrac{3^n}{n^2 + n}$，所以 $b_n = \dfrac{3}{n^2 + n} = 3\left(\dfrac{1}{n} - \dfrac{1}{n+1}\right)$，

则 $T_n = 3\left(1 - \dfrac{1}{2} + \dfrac{1}{2} - \dfrac{1}{3} + \cdots + \dfrac{1}{n} - \dfrac{1}{n+1}\right) = 3\left(1 - \dfrac{1}{n+1}\right) = \dfrac{3n}{n+1}$.

4. 【解析】（1）由题意，得 $S_n = 3n^2 - 2n$，

当 $n \geq 2$ 时，$a_n = S_n - S_{n-1} = 3n^2 - 2n - [3(n-1)^2 - 2(n-1)] = 6n - 5$.

又 $a_1 = S_1 = 1$，也满足上式，所以 $a_n = 6n - 5 \ (n \geq 1)$.

（2）$b_n = \dfrac{3}{a_n a_{n+1}} = \dfrac{3}{(6n-5)(6n+1)} = \dfrac{1}{2}\left(\dfrac{1}{6n-5} - \dfrac{1}{6n+1}\right)$，

那么 $T_n = \dfrac{1}{2}\left(1 - \dfrac{1}{6n+1}\right) = \dfrac{3n}{6n+1} < \dfrac{m}{20}$ 恒成立，则 $m > \dfrac{60n}{6n+1}$.

由于 $\dfrac{60n}{6n+1} = \dfrac{60}{6 + \dfrac{1}{n}} < 10$，所以 $m \geq 10$，即最小正整数 $m = 10$.

5. 【解析】当 $x = 0$ 时，显然 $S_n = 1$；

当 $x = 1$ 时，则 $S_n = 1 + 3 + 5 + 7 + \cdots + (2n-1) = n^2$；

当 $x \neq 0$ 且 $x \neq 1$ 时，

$S_n = 1 + 3x + 5x^2 + 7x^3 + \cdots + (2n-1)x^{n-1}$，①

$xS_n = \quad x + 3x^2 + 5x^3 + \cdots + (2n-3)x^{n-1} + (2n-1)x^n$，②

①-②，得 $(1-x)S_n = 1 + 2x + 2x^2 + 2x^3 + \cdots + 2x^{n-1} - (2n-1)x^n = 1 + 2x \cdot \dfrac{1-x^{n-1}}{1-x} - (2n-1)x^n$，

所以 $S_n = \dfrac{(2n-1)x^{n+1} - (2n+1)x^n + x + 1}{(1-x)^2}$.

综上，得 $S_n = \begin{cases} 1, & x = 0, \\ n^2, & x = 1, \\ \dfrac{(2n-1)x^{n+1} - (2n+1)x^n + x + 1}{(1-x)^2}, & x \neq 0, x \neq 1. \end{cases}$

6. 【解析】（1）设数列 $\{a_n\}$ 的公比为 q，由条件 $\begin{cases} a_2 a_3 = a_1 a_4 = 8, \\ a_1 + a_4 = 9, \end{cases}$

解得 $\begin{cases} a_1 = 1, \\ a_4 = 8, \end{cases}$ 或 $\begin{cases} a_1 = 8, \\ a_4 = 1, \end{cases}$（不满足条件，舍去），所以 $\dfrac{a_4}{a_1} = 8 = q^3$，得 $q = 2$，所以 $a_n = 2^{n-1}$.

（2）由（1）知 $S_n = \dfrac{1 - 2^n}{1 - 2} = 2^n - 1$，

则 $b_n = \dfrac{a_{n+1}}{S_n S_{n+1}} = \dfrac{2^n}{(2^n - 1)(2^{n+1} - 1)} = \dfrac{1}{2^n - 1} - \dfrac{1}{2^{n+1} - 1}$，

因此 $T_n = \dfrac{1}{2 - 1} - \dfrac{1}{2^2 - 1} + \dfrac{1}{2^2 - 1} - \dfrac{1}{2^3 - 1} + \cdots + \dfrac{1}{2^n - 1} - \dfrac{1}{2^{n+1} - 1} = 1 - \dfrac{1}{2^{n+1} - 1}$.

第二章　数列的递推及变换

数列的递推及变换蕴含着许多精妙的数学方法与思想，大大扩展了数列研究的范围．

第一节　递推数列的定义

若数列 $\{a_n\}$ 满足 $a_n - a_{n-1} = d\ (n \geq 2)$，则数列 $\{a_n\}$ 为等差数列．这是一个最简单的数列递推模型．如果已知数列 $\{a_n\}$ 的第一项（或前几项），且任一项 a_n 与它的前一项 a_{n-1}（或前几项）间的关系可以用一个公式来表示，那么这个公式叫作数列的递推公式（也称递推关系），我们把由递推公式和初始条件给出的数列叫作递推数列，也叫递归数列．

比如，数列 $\{a_n\}$ 满足 $a_1 = 1$，$a_{n+1} = 2a_n + \dfrac{1}{a_n}$，那么我们就可以依次求出 $a_2 = 3$，$a_3 = \dfrac{19}{3}$，…．数列递推就是先知道前一项或者前几项，然后依次推导出其后面项的过程．

例1 如图，有三根针和套在针上的若干金属片，按下列规则，把金属片从一根针上全部移到另一根针上．

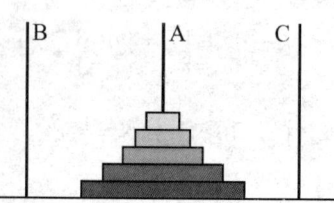

（1）每次只能移动一个金属片；

（2）较大的金属片不能放在较小的金属片上面．

试问：把 n 个金属片从 A 号针移到 C 号针，最少需要移动多少次？

本题是人教版高中数学选修2-2第75页的一个例题，我们可以通过递推的思想来得到移动的最少次数.

【解析】设将 n 个金属片从 A 号针移到 C 号针至少需要移动 a_n 次, 我们可以将 n 个金属片从 A 号针移到 C 号针分解为三个步骤.

步骤一: 将 A 号针上面的 $n-1$ 个金属片按规则移动到 B 号针, 至少需要移动 a_{n-1} 次;

步骤二: 将 A 号针最下面的一个金属片移动到 C 号针, 需要移动 1 次;

步骤三: 将 B 号针的 $n-1$ 个金属片按规则全部移动到 C 号针, 至少需要移动 a_{n-1} 次.

那么总的移动次数为 $a_n = 2a_{n-1} + 1$, 易知 $a_1 = 1$, 则 $a_2 = 3$, $a_3 = 7$, $a_4 = 15$, $\cdots$, 猜测 $a_n = 2^n - 1$.

递推数列按递推关系所含相邻项的个数分为一阶递推数列、二阶递推数列等. 若数列 $\{a_n\}$, 首项为 a_1, 满足 $a_{n+1} = f(a_n)$, 称为一阶递推数列; 若数列 $\{a_n\}$, 已知初始项 a_1, a_2, 满足 $a_{n+2} = f(a_{n+1}, a_n)$, 称为二阶递推数列. 一般地, 若数列 $\{a_n\}$, 已知前 k 项 $a_1, a_2, \cdots, a_k$, 且满足 $a_{n+k} = f(a_{n+k-1}, \cdots, a_{n+1}, a_n)$, 叫作 k 阶递推数列, 其中正整数 k 叫作递推数列的阶数.

根据等比数列的定义, 已知数列 $\{a_n\}$ 的首项 a_1, $\dfrac{a_{n+1}}{a_n} = q$, 且 $q \neq 0$, 可知这是一个一阶递推数列; 已知数列 $\{a_n\}$ 满足 $a_1 = a_2 = 1$, $a_{n+2} = a_{n+1} - a_n$, 可知这是一个二阶递推数列.

对于递推关系 $a_{n+k} = f(a_{n+k-1}, \cdots, a_{n+1}, a_n)$, 这是一个对任意的正整数 n 都成立的恒等式, 它包含有无穷多个式子. 比如 $a_{n+2} = a_{n+1}^2 - 3a_n + 2n$, 根据递推关系用 $n-1$ 代换 n, 可以写出 $a_{n+1} = a_n^2 - 3a_{n-1} + 2(n-1)$; 用 $n+1$ 代换 n, 可以写出 $a_{n+3} = a_{n+2}^2 - 3a_{n+1} + 2(n+1)$; $\cdots$.

这里有必要先提一下递推数列的特征方程. 特征方程是为研究相应的数学对象而引入的等式, 它因数学对象不同而不同. 在数列中, 大多数递推数列与某一个方程联系起来, 此方程就是数列的特征方程. 特征方程和递推数列是如何建立联系的? 有何作用？这些都是让许多同学困惑的问题，将会在第三节予以介绍.

练习 2.1

1. 已知数列 $\{a_n\}$ 满足 $a_1=1$，$a_2=2$，且 $a_{n+2}=a_{n+1}-\dfrac{1}{a_n}+n^2$，$n\in\mathbf{N}^*$，求数列 $\{a_n\}$ 的前 5 项和.

2. 数列 $\{a_n\}$ 中，$a_1=8$，$a_4=2$，且满足 $a_{n+2}=2a_{n+1}-a_n\,(n\in\mathbf{N}^*)$，求数列 $\{a_n\}$ 的通项公式.

第二节 递推数列求通项的常用方法

递推与通项都是数列的表示方法,从理论上讲,数列递推可以确定数列中的任意一项.比如,已知数列 $\{a_n\}$,$a_1=a_2=1$,满足 $a_{n+2}=a_{n+1}+a_n$,那么 $a_3=2$,$a_4=3$,$a_5=5$,$\cdots$.若要求数列的第 100 项,那么这样的求法就不太现实了.如果根据递推关系能求出数列的通项公式,这样就可以直接写出数列的任意一项.

求递推数列的通项公式是一个方法多、难度大、很讲究技巧的事情,必须掌握一些求通项的常用方法.需要指出的是,不是所有的递推数列都可以求出通项公式.

一、猜想归纳法

很多时候,对于一个递推数列,我们往往根据递推关系先写出数列的前几项,再看看有没有规律.比如,在数列 $\{a_n\}$ 中,$a_1=1$,$a_{n+1}=\dfrac{1}{2}\left(a_n+\dfrac{1}{a_n}\right)$,根据递推关系可得 $a_2=\dfrac{1}{2}\left(a_1+\dfrac{1}{a_1}\right)=1$,依次得 $a_3=1$,$a_4=1$,最后我们猜想该数列的通项公式为 $a_n=1$.这种根据有限的特殊事例得出一般结论的推理方法叫作不完全归纳法.不完全归纳法的结论不一定可靠,归纳的结果需要进一步论证,我们通常可以用数学归纳法加以证明.

例2 设数列 $\{a_n\}$ 满足 $a_1=2$,$a_{n+1}=a_n^2-na_n+1$,写出 a_2,a_3,a_4,猜想数列 $\{a_n\}$ 的通项公式并加以证明.

【解析】 由递推关系 $a_{n+1}=a_n^2-na_n+1$,得 $a_2=a_1^2-a_1+1=4-2+1=3$,

$$a_3=a_2^2-2a_2+1=9-6+1=4,\quad a_4=a_3^2-3a_3+1=5,$$

由此推测 $a_n=n+1$.

下面用数学归纳法进行证明.

当 $n=1$ 时,$a_1=2$,结论成立.

假设当 $n=k$ 时结论成立，即 $a_k = k+1$，

那么当 $n=k+1$ 时，$a_{k+1} = a_k^2 - ka_k + 1 = (k+1)^2 - k(k+1) + 1 = k+2$，

即当 $n=k+1$ 时结论也成立.

所以，对于任意的 $n \in \mathbf{N}^*$ 都有 $a_n = n+1$.

用数学归纳法证明有关正整数的命题，是一种行之有效的方法. 其证明过程类似于多米诺骨牌游戏. 如果多米诺骨牌满足两个条件：①第一块骨牌被推倒；②当前一块骨牌被推倒后能压倒其后面的一块骨牌，这样就能将所有的骨牌都推倒.

数学归纳法证明的基本形式如下：

设 $p(n)$ 是关于正整数 n 的命题，

（1）（归纳奠基）验证：当 n 取第一个值 n_0 时，命题 $p(n_0)$ 成立；

（2）（归纳递推）假设：当 $n = k\,(k \geq n_0)$ 时，命题 $p(k)$ 成立，

    证明：当 $n = k+1$ 时，命题 $p(k+1)$ 也成立.

所以命题 $p(n)$ 对所有正整数 n 都成立.

这里的猜想归纳法其实是一种逐项迭代的方法，在计算机程序中被称为迭代（或循环）. 它把一个复杂问题的求解转化成相对简单的迭代算式（循环体），然后重复运行这个算式，直到得出最终解.

比如，在数列 $\{a_n\}$ 中，满足 $a_1 = 3$，$a_{n+1} = a_n^2\,(n \in \mathbf{N}^*)$，我们多次运用迭代，可得 $a_n = (a_{n-1})^2 = [(a_{n-2})^2]^2 = (a_{n-2})^4 = \cdots = (a_1)^{2^{n-1}} = 3^{2^{n-1}}$.

二、累差叠加法

如果数列 $\{a_n\}$ 满足 $a_n - a_{n-1} = d$，且 d 为常数，则数列 $\{a_n\}$ 是等差数列. 如果 $a_n - a_{n-1} = f(n)$，其中 $f(n)$ 是关于正整数 n 的非常数函数，那么数列 $\{a_n\}$ 不是一个等差数列，我们就不能用等差数列的通项公式求 a_n，这里需要用累差叠加法求解.

例3 设数列 $\{a_n\}$ 满足 $a_1 = 1$，且 $a_{n+1} = a_n + n + 1\,(n \in \mathbf{N}^*)$，求数列 $\{a_n\}$ 的通项公式.

【解析】 由递推关系 $a_{n+1} = a_n + n + 1$，得 $a_{n+1} - a_n = n + 1$，

于是 $a_n - a_{n-1} = n$，$a_{n-1} - a_{n-2} = n-1$，$\cdots$，$a_2 - a_1 = 2$.

将以上 $n-1$ 个式子相加，

等式左边 $= a_n - a_{n-1} + a_{n-1} - a_{n-2} + \cdots + a_2 - a_1 = a_n - a_1$，

等式右边 $= n + n - 1 + \cdots + 2 = \dfrac{1}{2}(n+2)(n-1)$，

则 $a_n - a_1 = \dfrac{1}{2}(n+2)(n-1)$，

所以 $a_n = \dfrac{1}{2}(n+2)(n-1) + 1 = \dfrac{n^2+n}{2}$.

一般地，如果数列 $\{a_n\}$ 的前后两项满足递推关系 $a_{n+1} = a_n + f(n)$，我们就可以用累差叠加法求其通项：

$$a_n = (a_n - a_{n-1}) + (a_{n-1} - a_{n-2}) + \cdots + (a_2 - a_1) + a_1$$
$$= f(n-1) + f(n-2) + \cdots + f(1) + a_1.$$

我们要注意的是，在对这些式子相加时，要特别关注有多少个式子在参与叠加.

例 4 已知等比数列 $\{a_n\}$ 的公比 $q > 1$，且 $a_3 + a_4 + a_5 = 28$，$a_4 + 2$ 是 a_3，a_5 的等差中项，数列 $\{b_n\}$ 满足 $b_1 = 1$，数列 $\{(b_{n+1} - b_n)a_n\}$ 的前 n 项和为 $2n^2 + n$.

(1) 求 q 的值；(2) 求数列 $\{b_n\}$ 的通项公式.

【解析】（1）由条件知 $\begin{cases} a_3 + a_4 + a_5 = 28 \\ 2(a_4 + 2) = a_3 + a_5 \end{cases}$，得 $\begin{cases} a_4 = 8 \\ a_3 + a_5 = 20 \end{cases}$，

则 $\begin{cases} a_1 q^3 = 8 \\ a_1(q^2 + q^4) = 20 \end{cases}$，两式相除，得 $\dfrac{q}{1+q^2} = \dfrac{2}{5}$，

解得 $q = \dfrac{1}{2}$（舍去），$q = 2$.

(2) 由（1）知 $a_1 = 1$，$a_n = 2^{n-1}$，

由条件，得 $(b_{n+1} - b_n)a_n = 2n^2 + n - [2(n-1)^2 + (n-1)] = 4n - 1$，

则 $b_{n+1} - b_n = \dfrac{4n-1}{2^{n-1}}$，所以 $b_n - b_{n-1} = \dfrac{4n-5}{2^{n-2}}$，

于是 $b_n = (b_n - b_{n-1}) + (b_{n-1} - b_{n-2}) + \cdots + (b_2 - b_1) + b_1$

$$= \frac{4n-5}{2^{n-2}} + \frac{4n-9}{2^{n-3}} + \cdots + \frac{7}{2} + \frac{3}{1} + 1.$$

记 $T_{n-1} = \frac{3}{1} + \frac{7}{2} + \cdots + \frac{4n-9}{2^{n-3}} + \frac{4n-5}{2^{n-2}}$,

则 $\frac{1}{2}T_{n-1} = \frac{3}{2} + \frac{7}{4} + \cdots + \frac{4n-9}{2^{n-2}} + \frac{4n-5}{2^{n-1}}$,

两式相减，得 $\frac{1}{2}T_{n-1} = 3 + 4\left(\frac{1}{2} + \frac{1}{4} + \cdots + \frac{1}{2^{n-2}}\right) - \frac{4n-5}{2^{n-1}}$

$$= 3 + 4\left(1 - \frac{1}{2^{n-2}}\right) - \frac{4n-5}{2^{n-1}} = 7 - \frac{4n+3}{2^{n-1}},$$

得 $T_{n-1} = 14 - \frac{4n+3}{2^{n-2}}$，因此 $b_n = T_{n-1} + 1 = 15 - \frac{4n+3}{2^{n-2}}$.

三、累商叠乘法

若数列 $\{a_n\}$ 满足 $\frac{a_n}{a_{n-1}} = q$，且 q 为非零常数，则数列 $\{a_n\}$ 是等比数列. 如果 $\frac{a_n}{a_{n-1}} = g(n)$，其中 $g(n)$ 是关于正整数 n 的非常数函数，则数列 $\{a_n\}$ 不是一个等比数列，那么我们就不能用等比数列的通项公式求解 a_n，这里就需要用累商叠乘法求解.

例5 设数列 $\{a_n\}$ 满足 $a_1 = 1$，且 $a_{n+1} = \frac{n}{n+1}a_n$ $(n \in \mathbf{N}^*)$，求数列 $\{a_n\}$ 的通项公式.

【解析】由递推关系 $a_{n+1} = \frac{n}{n+1}a_n$，得 $\frac{a_{n+1}}{a_n} = \frac{n}{n+1}$,

所以 $\frac{a_n}{a_{n-1}} = \frac{n-1}{n}$，$\frac{a_{n-1}}{a_{n-2}} = \frac{n-2}{n-1}$，$\cdots$，$\frac{a_2}{a_1} = \frac{1}{2}$,

将以上 $n-1$ 个式子相乘,

等式左边 $= \frac{a_n}{a_{n-1}} \cdot \frac{a_{n-1}}{a_{n-2}} \cdot \cdots \cdot \frac{a_2}{a_1} = \frac{a_n}{a_1}$,

等式右边 $= \frac{n-1}{n} \cdot \frac{n-2}{n-1} \cdot \cdots \cdot \frac{1}{2} = \frac{1}{n}$,

则 $\frac{a_n}{a_1} = \frac{1}{n}$，又因为 $a_1 = 1$，所以 $a_n = \frac{1}{n}$.

当然，本题还可以在递推关系两边同乘 $n+1$，得 $(n+1)a_{n+1} = na_n$，则数列 $\{na_n\}$ 是一个常数数列，所以 $na_n = a_1 = 1$，得 $a_n = \dfrac{1}{n}$.

一般地，如果非零数列 $\{a_n\}$ 的前后两项满足递推关系 $a_{n+1} = g(n)a_n$，可以用累商叠乘法求其通项，$a_n = \dfrac{a_n}{a_{n-1}} \cdot \dfrac{a_{n-1}}{a_{n-2}} \cdot \cdots \cdot \dfrac{a_2}{a_1} \cdot a_1 = g(n-1)g(n-2)\cdots g(1)a_1$.

练习 2.2

1. 有一个细胞集合，起初有 5 个细胞，每小时死亡 2 个，剩下的细胞每一个都分裂成 2 个，设 n 小时后的细胞数量为 a_n.

   （1）请写出 a_n 与 a_{n+1} 的关系式；

   （2）写出数列 $\{a_n\}$ 的前 4 项，猜测其通项公式并加以证明.

2. 已知数列 $\{a_n\}$ 满足 $a_1 = 1$，且 $a_n = a_{n-1} + 2^n$ $(n \in \mathbf{N}, n \geq 2)$，求数列 $\{a_n\}$ 的通项公式.

3. 已知数列 $\{a_n\}$ 满足 $a_1 = \dfrac{1}{2}$，且 $a_{n+1} = \dfrac{n}{n+2} a_n$ $(n \in \mathbf{N}^*)$，求数列 $\{a_n\}$ 的通项公式.

第三节 常见数列递推模型的变换

本节内容基于递推数列的递推关系分析，探索其通项公式的求法．关于此类问题的解决，必须对等差数列、等比数列的通项与求和有深刻的认识，并能根据递推关系的结构特征，运用一些特定的方法，将原递推关系转化为等差型、等比型、累加型、累乘型等模式比较明确的新递推关系，然后求出数列的通项公式．

一、形如 $a_{n+1}=Aa_n+B$ 的递推模型

对于形如 $a_{n+1}=Aa_n+B$ 的递推数列 $\{a_n\}$，若 $A=0$，则数列 $\{a_n\}$ 为常数数列；若 $A=1$，则数列 $\{a_n\}$ 为等差数列；若 $B=0$，则数列 $\{a_n\}$ 是公比为 A 的等比数列．在这里，我们考虑的是在 $A, B \neq 0$ 且 $A \neq 1$ 的情况下求其通项．

比如，已知数列 $\{a_n\}$ 满足 $a_1=1$，$a_{n+1}=3a_n+2$，求数列 $\{a_n\}$ 的通项公式．我们可以在递推关系 $a_{n+1}=3a_n+2$ 两边都加上 1，将原递推关系转化为 $a_{n+1}+1=3a_n+2+1=3(a_n+1)$，这样数列 $\{a_n+1\}$ 是公比为 3 的等比数列，那么 $a_n+1=(a_1+1)3^{n-1}$，因此 $a_n=2\cdot 3^{n-1}-1$．

或许同学们会想，怎么看出在 $a_{n+1}=3a_n+2$ 两边都加 1，正好可以构造成一个等比数列．这只能通过观察吗？有没有较为通用的方法？我们可以这样想，在等式两边先减一个未知量 λ，将递推关系式变化为 $a_{n+1}-\lambda=3(a_n-\lambda)$，然后将此式与原式进行比对，既然 $a_{n+1}-\lambda=3(a_n-\lambda)$（即 $a_{n+1}=3a_n-2\lambda$）是原式 $a_{n+1}=3a_n+2$ 的变换式，那么常数项应该相等，即 $-2\lambda=2$，得 $\lambda=-1$．这种方法称之为待定系数法，就是等待确定某一个引入的参数．

例 6 设关于 x 的方程 $a_n x^2 - a_{n+1} x + 1 = 0$ $(n \in \mathbf{N}^*)$ 有两实数根 α 和 β，且满足 $6\alpha - 2\alpha\beta + 6\beta = 3$．

(1) 试用 a_n 表示 a_{n+1}；(2) 当 $a_1=\dfrac{7}{6}$ 时，求数列 $\{a_n\}$ 的通项公式．

【解析】（1）由韦达定理，得 $\alpha+\beta=\dfrac{a_{n+1}}{a_n}$，$\alpha\beta=\dfrac{1}{a_n}$，

由 $6\alpha-2\alpha\beta+6\beta=6(\alpha+\beta)-2\alpha\beta=\dfrac{6a_{n+1}}{a_n}-\dfrac{2}{a_n}=3$，

得 $a_{n+1}=\dfrac{1}{2}a_n+\dfrac{1}{3}$.

（2）**方法一(待定系数法)**：由 $a_{n+1}=\dfrac{1}{2}a_n+\dfrac{1}{3}$，

令 $a_{n+1}-\lambda=\dfrac{1}{2}(a_n-\lambda)$，即 $a_{n+1}=\dfrac{1}{2}a_n+\dfrac{\lambda}{2}$，

则 $\dfrac{\lambda}{2}=\dfrac{1}{3}$，得 $\lambda=\dfrac{2}{3}$，所以 $a_{n+1}-\dfrac{2}{3}=\dfrac{1}{2}\left(a_n-\dfrac{2}{3}\right)$，

那么数列 $\left\{a_n-\dfrac{2}{3}\right\}$ 是公比为 $\dfrac{1}{2}$ 的等比数列，

于是 $a_n-\dfrac{2}{3}=\left(a_1-\dfrac{2}{3}\right)\left(\dfrac{1}{2}\right)^{n-1}=\left(\dfrac{1}{2}\right)^n$，因此 $a_n=\left(\dfrac{1}{2}\right)^n+\dfrac{2}{3}$.

从前面待定系数法解答过程可以看出，$\lambda=\dfrac{2}{3}$ 正好是方程 $x=\dfrac{1}{2}x+\dfrac{1}{3}$ 的解. 我们把这个方程叫作满足 $a_{n+1}=\dfrac{1}{2}a_n+\dfrac{1}{3}$ 的递推数列的特征方程，$\lambda=\dfrac{2}{3}$ 叫作此递推数列的特征根.

方法二(累差叠加法)：由 $a_{n+1}=\dfrac{1}{2}a_n+\dfrac{1}{3}$，两边同乘 2^{n+1}，

得 $2^{n+1}a_{n+1}=2^n a_n+\dfrac{2^{n+1}}{3}$，即 $2^{n+1}a_{n+1}-2^n a_n=\dfrac{2^{n+1}}{3}$，

那么 $2^n a_n-2^{n-1}a_{n-1}=\dfrac{2^n}{3}$，$2^{n-1}a_{n-1}-2^{n-2}a_{n-2}=\dfrac{2^{n-1}}{3}$，$\cdots$，$2^2 a_2-2a_1=\dfrac{2^2}{3}$，

将以上 $n-1$ 个式子相加，

得 $2^n a_n-2a_1=\dfrac{1}{3}(2^2+\cdots+2^{n-1}+2^n)=\dfrac{1}{3}\cdot\dfrac{4(1-2^{n-1})}{1-2}=\dfrac{4}{3}(2^{n-1}-1)$，

则 $2^n a_n=\dfrac{4}{3}(2^{n-1}-1)+2a_1=\dfrac{4}{3}(2^{n-1}-1)+\dfrac{7}{3}=\dfrac{2^{n+1}}{3}+1$，

因此 $a_n=\left(\dfrac{1}{2}\right)^n+\dfrac{2}{3}$.

累差叠加法还可以这样运用，由 $a_{n+1}=\frac{1}{2}a_n+\frac{1}{3}$，知 $a_n=\frac{1}{2}a_{n-1}+\frac{1}{3}$，

然后两式相减消去常数，得 $a_{n+1}-a_n=\frac{1}{2}(a_n-a_{n-1})$，

则数列 $\{a_{n+1}-a_n\}$ 是以 $\frac{1}{2}$ 为公比，$a_2-a_1=-\frac{1}{4}$ 为首项的等比数列，

则 $a_{n+1}-a_n=-\frac{1}{4}\left(\frac{1}{2}\right)^{n-1}=-\left(\frac{1}{2}\right)^{n+1}$，再进行累差叠加，

得 $a_n=(a_n-a_{n-1})+(a_{n-1}-a_{n-2})+\cdots+(a_2-a_1)+a_1$

$=-\left[\left(\frac{1}{2}\right)^n+\left(\frac{1}{2}\right)^{n-1}+\cdots+\left(\frac{1}{2}\right)^2\right]+\frac{7}{6}=-\dfrac{\frac{1}{4}\left[1-\left(\frac{1}{2}\right)^{n-1}\right]}{1-\frac{1}{2}}+\frac{7}{6}=\left(\frac{1}{2}\right)^n+\frac{2}{3}$.

一般地，对于形如 $a_{n+1}=Aa_n+B$（$A,B\neq 0$ 且 $A\neq 1$）的常系数线性递推数列，我们可以用待定系数法，或通过适当的变换后用累差叠加法求其通项.

待定系数法：引入参数 λ，将原递推关系式转化为 $a_{n+1}-\lambda=A(a_n-\lambda)$，

即 $a_{n+1}=Aa_n+\lambda(1-A)$，与原递推关系进行系数比对，

则 $\lambda(1-A)=B$，得 $\lambda=-\dfrac{B}{A-1}$，

那么原递推关系式就转化为 $a_{n+1}+\dfrac{B}{A-1}=A\left(a_n+\dfrac{B}{A-1}\right)$，

数列 $\left\{a_n+\dfrac{B}{A-1}\right\}$ 是以 A 为公比，$a_1+\dfrac{B}{A-1}$ 为首项的等比数列，

于是 $a_n+\dfrac{B}{A-1}=\left(a_1+\dfrac{B}{A-1}\right)A^{n-1}$，因此 $a_n=\left(a_1+\dfrac{B}{A-1}\right)A^{n-1}-\dfrac{B}{A-1}$.

这里我们将方程 $x=Ax+B$ 叫作形如 $a_{n+1}=Aa_n+B$（$A,B\neq 0$ 且 $A\neq 1$）的递推数列的特征方程，方程的解 $x=-\dfrac{B}{A-1}$ 为其特征根.

累差叠加法：用这种方法求通项有两种方式.

方式一：在递推关系 $a_{n+1}=Aa_n+B$ 两边同时除以 A^{n+1}，

得 $\dfrac{a_{n+1}}{A^{n+1}}=\dfrac{a_n}{A^n}+\dfrac{B}{A^{n+1}}$，即 $\dfrac{a_{n+1}}{A^{n+1}}-\dfrac{a_n}{A^n}=\dfrac{B}{A^{n+1}}$，

累差叠加，得 $\dfrac{a_n}{A^n} = \left(\dfrac{a_n}{A^n} - \dfrac{a_{n-1}}{A^{n-1}}\right) + \left(\dfrac{a_{n-1}}{A^{n-1}} - \dfrac{a_{n-2}}{A^{n-2}}\right) + \cdots + \left(\dfrac{a_2}{A^2} - \dfrac{a_1}{A}\right) + \dfrac{a_1}{A}$

$$= B\left(\dfrac{1}{A^n} + \dfrac{1}{A^{n-1}} + \cdots + \dfrac{1}{A^2}\right) + \dfrac{a_1}{A} = \dfrac{a_1}{A} + \dfrac{B}{A(A-1)}\left(1 - \dfrac{1}{A^{n-1}}\right),$$

所以 $a_n = A^n\left[\dfrac{a_1}{A} + \dfrac{B}{A(A-1)}\left(1 - \dfrac{1}{A^{n-1}}\right)\right] = \left(a_1 + \dfrac{B}{A-1}\right)A^{n-1} - \dfrac{B}{A-1}$.

方式二：根据递推关系 $a_{n+1} = Aa_n + B$ 可以写出 $a_n = Aa_{n-1} + B$，

两式相减得 $a_{n+1} - a_n = A(a_n - a_{n-1})$，

则数列 $\{a_{n+1} - a_n\}$ 是公比为 A 的等比数列，于是 $a_{n+1} - a_n = (a_2 - a_1)A^{n-1}$.

累差叠加，得 $a_n = (a_n - a_{n-1}) + (a_{n-1} - a_{n-2}) + \cdots + (a_2 - a_1) + a_1$

$$= (a_2 - a_1)(A^{n-2} + A^{n-3} + \cdots + 1) + a_1 = (Aa_1 - a_1 + B) \cdot \dfrac{1 - A^{n-1}}{1 - A} + a_1,$$

整理得 $a_n = \left(a_1 + \dfrac{B}{A-1}\right)A^{n-1} - \dfrac{B}{A-1}$.

从以上方法比较来看，求形如 $a_{n+1} = Aa_n + B$（$A, B \neq 0$ 且 $A \neq 1$）的常系数线性递推数列的通项，用待定系数法比较方便.

二、形如 $a_{n+1} = Aa_n + f(n)$ 的递推模型

对于形如 $a_{n+1} = Aa_n + f(n)$ 的递推数列，若 $A = 0$，则 $a_{n+1} = f(n)$，那么 $a_n = f(n-1)$；若 $A = 1$，即 $a_{n+1} = a_n + f(n)$，我们直接可以采用累差叠加. 这在前一节已有介绍，所以这里只考虑 $A \neq 0$ 且 $A \neq 1$ 的情况.

方法一：在 $a_{n+1} = Aa_n + f(n)$ 两边同除以 A^{n+1}，

得 $\dfrac{a_{n+1}}{A^{n+1}} = \dfrac{a_n}{A^n} + \dfrac{f(n)}{A^{n+1}}$，即 $\dfrac{a_{n+1}}{A^{n+1}} - \dfrac{a_n}{A^n} = \dfrac{f(n)}{A^{n+1}}$，

叠加得 $\dfrac{a_n}{A^n} = \left(\dfrac{a_n}{A^n} - \dfrac{a_{n-1}}{A^{n-1}}\right) + \left(\dfrac{a_{n-1}}{A^{n-1}} - \dfrac{a_{n-2}}{A^{n-2}}\right) + \cdots + \left(\dfrac{a_2}{A^2} - \dfrac{a_1}{A}\right) + \dfrac{a_1}{A}$

$$= \left[\dfrac{f(n-1)}{A^n} + \dfrac{f(n-2)}{A^{n-1}} + \cdots + \dfrac{f(1)}{A^2}\right] + \dfrac{a_1}{A},$$

再在两边同乘以 A^n 就可以求得通项 a_n 了.

特别地，当 $f(n)=p \cdot A^{n+1}$，则 $\dfrac{a_{n+1}}{A^{n+1}}-\dfrac{a_n}{A^n}=p$，那么数列 $\left\{\dfrac{a_n}{A^n}\right\}$ 是等差数列.

方法二：我们也可以模仿前面形如 $a_{n+1}=Aa_n+B$ 的待定系数法，而这里引入的是一个新函数 $g(n)$，将递推关系式 $a_{n+1}=Aa_n+f(n)$ 转化为 $a_{n+1}+g(n+1)=A[a_n+g(n)]$. 我们不妨称这种方法为待定函数法，只需将变换式与原关系式进行比对，通过 $f(n)=Ag(n)-g(n+1)$ 来确定函数 $g(n)$，这样就得到了数列 $\{a_n+g(n)\}$ 是一个公比为 A 的等比数列.

例7 已知数列 $\{a_n\}$，$a_1=1$，且分别满足下列递推关系式，$n\in\mathbf{N}^*$，求数列 $\{a_n\}$ 的通项公式.

（1）$a_{n+1}=2a_n+n$；（2）$a_{n+1}=2a_n+3^n$；（3）$a_{n+1}=2a_n+n^2$.

【解析】（1）**方法一(累差叠加法)**：将递推关系式 $a_{n+1}=2a_n+n$ 两边同时除以 2^{n+1}，

得 $\dfrac{a_{n+1}}{2^{n+1}}=\dfrac{a_n}{2^n}+\dfrac{n}{2^{n+1}}$，即 $\dfrac{a_{n+1}}{2^{n+1}}-\dfrac{a_n}{2^n}=\dfrac{n}{2^{n+1}}$，

所以 $\dfrac{a_n}{2^n}=\left(\dfrac{a_n}{2^n}-\dfrac{a_{n-1}}{2^{n-1}}\right)+\left(\dfrac{a_{n-1}}{2^{n-1}}-\dfrac{a_{n-2}}{2^{n-2}}\right)+\cdots+\left(\dfrac{a_2}{2^2}-\dfrac{a_1}{2}\right)+\dfrac{a_1}{2}$

$=\left(\dfrac{n-1}{2^n}+\dfrac{n-2}{2^{n-1}}+\cdots+\dfrac{1}{2^2}\right)+\dfrac{1}{2}=\dfrac{3}{2}-\dfrac{n+1}{2^n}$，

(注：上式括号内 $n-1$ 个式子用错位相减法求得 $1-\dfrac{n+1}{2^n}$)

因此 $a_n=2^n\left(\dfrac{3}{2}-\dfrac{n+1}{2^n}\right)=3\cdot 2^{n-1}-(n+1)$.

方法二(待定函数法)：引入新函数 $g(n)$，

将递推关系转化为 $a_{n+1}+g(n+1)=2[a_n+g(n)]$，

与原递推关系 $a_{n+1}=2a_n+n$ 比对，得 $n=2g(n)-g(n+1)$.

易知 $g(n)$ 是一个关于 n 的一次函数，不妨设 $g(n)=an+b$，

那么 $n=2(an+b)-a(n+1)-b=an+b-a$，

则 $\begin{cases}a=1,\\ b-a=0,\end{cases}$ 得 $a=b=1$，$g(n)=n+1$，

那么 $a_{n+1}+(n+1)+1=2(a_n+n+1)$,

即数列 $\{a_n+n+1\}$ 是公比为 2 的等比数列,

则 $a_n+n+1=(a_1+1+1)2^{n-1}=3\cdot 2^{n-1}$,

因此 $a_n=3\cdot 2^{n-1}-n-1$.

(2) **方法一(累差叠加法)**：将递推关系式 $a_{n+1}=2a_n+3^n$ 两边同除以 2^{n+1},

得 $\dfrac{a_{n+1}}{2^{n+1}}=\dfrac{a_n}{2^n}+\dfrac{3^n}{2^{n+1}}$, 即 $\dfrac{a_{n+1}}{2^{n+1}}-\dfrac{a_n}{2^n}=\dfrac{3^n}{2^{n+1}}=\dfrac{1}{2}\left(\dfrac{3}{2}\right)^n$,

累差叠加, 得 $\dfrac{a_n}{2^n}=\left(\dfrac{a_n}{2^n}-\dfrac{a_{n-1}}{2^{n-1}}\right)+\left(\dfrac{a_{n-1}}{2^{n-1}}-\dfrac{a_{n-2}}{2^{n-2}}\right)+\cdots+\left(\dfrac{a_2}{2^2}-\dfrac{a_1}{2}\right)+\dfrac{a_1}{2}$

$=\dfrac{1}{2}\left[\left(\dfrac{3}{2}\right)^{n-1}+\left(\dfrac{3}{2}\right)^{n-2}+\cdots+\dfrac{3}{2}\right]+\dfrac{1}{2}$

$=-\dfrac{3}{2}\left[1-\left(\dfrac{3}{2}\right)^{n-1}\right]+\dfrac{1}{2}=\dfrac{3^n}{2^n}-1$,

因此 $a_n=\left(\dfrac{3^n}{2^n}-1\right)2^n=3^n-2^n$.

方法二(待定函数法)：引入新函数 $g(n)$,

将递推关系转化为 $a_{n+1}+g(n+1)=2[a_n+g(n)]$,

与原递推关系 $a_{n+1}=2a_n+3^n$ 比对, 得 $3^n=2g(n)-g(n+1)$,

易知 $g(n)$ 是一个关于 3^n 的函数, 不妨设 $g(n)=a\cdot 3^n$,

那么 $3^n=2a\cdot 3^n-a\cdot 3^{n+1}=-a\cdot 3^n$, 得 $a=-1$, $g(n)=-3^n$,

则 $a_{n+1}-3^{n+1}=2(a_n-3^n)$, 即数列 $\{a_n-3^n\}$ 是公比为 2 的等比数列,

则 $a_n-3^n=(a_1-3)2^{n-1}=-2^n$, 所以 $a_n=3^n-2^n$.

(3) 令 $g(n)=an^2+bn+c$, 设 $a_{n+1}+g(n+1)=2[a_n+g(n)]$,

那么 $n^2=2g(n)-g(n+1)=2(an^2+bn+c)-a(n+1)^2-b(n+1)-c$

$=an^2+(b-2a)n+c-a-b$,

则 $\begin{cases} a=1, \\ b-2a=0, \\ c-a-b=0, \end{cases}$ 得 $\begin{cases} a=1, \\ b=2, \\ c=3, \end{cases}$ 则 $g(n)=n^2+2n+3$,

则 $a_{n+1}+(n+1)^2+2(n+1)+3=2(a_n+n^2+2n+3)$,

即数列 $\{a_n+n^2+2n+3\}$ 是公比为 2 的等比数列,

则 $a_n+n^2+2n+3=[a_1+g(1)]2^{n-1}=7 \cdot 2^{n-1}$,

所以 $a_n=7 \cdot 2^{n-1}-n^2-2n-3$.

这个例子给出了形如 $a_{n+1}=Aa_n+f(n)$ 的递推数列在 $f(n)$ 三种形式下求通项的解答,从中不难看出:当 $f(n)=n$ 时,用累差叠加法进行运算比较烦琐,而用待定函数法比较简捷;当 $f(n)=3^n$ 时,两种方法运算量差不多;当 $f(n)=n^2$ 时,我们只能采用待定函数法,如果采用累差叠加的方法,两边同除以 2^{n+1},得 $\dfrac{a_{n+1}}{2^{n+1}}-\dfrac{a_n}{2^n}=\dfrac{n^2}{2^{n+1}}$,然而数列 $\left\{\dfrac{n^2}{2^{n+1}}\right\}$ 我们没法对它求和. 可见形如 $a_{n+1}=Aa_n+f(n)$ 的递推数列求通项还是选择待定函数法比较合理.

三、形如 $a_{n+1}=g(n)a_n+f(n)$ 的递推模型

在形如 $a_{n+1}=Aa_n+f(n)$ 的递推数列中,如果非零常数 A 换作非常数函数 $g(n)$,变成 $a_{n+1}=g(n)a_n+f(n)$,那又该如何操作?

首先来看一个简单的例子:正项数列 $\{a_n\}$ 满足 $a_{n+1}=\dfrac{n}{n+1}a_n+\dfrac{2^{n+1}}{n+1}$,且 $a_1=1$,求数列 $\{a_n\}$ 的通项.

我们容易想到,两边同时乘 $n+1$,得 $(n+1)a_{n+1}=na_n+2^{n+1}$,令 $b_n=na_n$,则 $b_{n+1}-b_n=2^{n+1}$,那么用累差叠加法先求出数列 $\{b_n\}$ 的通项,进而得到数列 $\{a_n\}$ 的通项公式.

由此不难想到,如果我们可以将递推关系 $a_{n+1}=g(n)a_n+f(n)$ 中的 $g(n)$ 变换成 $\dfrac{h(n)}{h(n+1)}$,即 $a_{n+1}=\dfrac{h(n)}{h(n+1)}a_n+f(n)$,再在两边同时乘 $h(n+1)$,进而得 $h(n+1)a_{n+1}=$

$h(n)a_n + f(n)h(n+1)$. 令 $b_n = h(n)a_n$, 则 $b_{n+1} - b_n = f(n)h(n+1)$, 那么我们就可以用累差叠加法先求出数列 $\{b_n\}$ 的通项公式, 进而得到数列 $\{a_n\}$ 的通项公式.

同学们或许会问, 把 $g(n)$ 变换成为 $\dfrac{h(n)}{h(n+1)}$, 那么怎样求得 $h(n)$ 和 $h(n+1)$. 由累商叠乘法得 $h(n+1) = \dfrac{h(n+1)}{h(n)} \cdot \dfrac{h(n)}{h(n-1)} \cdot \cdots \cdot \dfrac{h(2)}{h(1)} \cdot h(1) = \dfrac{h(1)}{g(n)g(n-1)\cdots g(1)}$, 由于 $\dfrac{h(n)}{h(n+1)}$ 与 $h(1)$ 的取值无关, 不妨令 $h(1) = 1$.

例8 已知数列 $\{a_n\}$ 满足 $a_1 = 1$, $a_{n+1} = \dfrac{2n+1}{2n-1}a_n + \dfrac{1}{2n-1}$, 求数列 $\{a_n\}$ 的通项公式.

【解析】 令 $g(n) = \dfrac{2n+1}{2n-1} = \dfrac{h(n)}{h(n+1)}$, 则 $\dfrac{h(n+1)}{h(n)} = \dfrac{2n-1}{2n+1}$,

累商叠乘, 得 $h(n) = \dfrac{h(n)}{h(n-1)} \cdot \dfrac{h(n-1)}{h(n-2)} \cdot \cdots \cdot \dfrac{h(2)}{h(1)} \cdot h(1)$

$$= \dfrac{2n-3}{2n-1} \cdot \dfrac{2n-5}{2n-3} \cdot \cdots \cdot \dfrac{1}{3} \cdot 1 = \dfrac{1}{2n-1},$$

两边同乘 $h(n+1) = \dfrac{1}{2n+1}$, 得 $\dfrac{a_{n+1}}{2n+1} = \dfrac{a_n}{2n-1} + \dfrac{1}{2n-1} \cdot \dfrac{1}{2n+1}$,

即 $\dfrac{a_{n+1}}{2n+1} - \dfrac{a_n}{2n-1} = \dfrac{1}{2n-1} \cdot \dfrac{1}{2n+1} = \dfrac{1}{2}\left(\dfrac{1}{2n-1} - \dfrac{1}{2n+1}\right)$,

累差叠加, 得 $\dfrac{a_{n+1}}{2n+1} = \dfrac{1}{2}\left(1 - \dfrac{1}{2n+1}\right) + \dfrac{a_1}{1} = \dfrac{3}{2} - \dfrac{1}{2(2n+1)}$,

得 $a_{n+1} = (2n+1)\left[\dfrac{3}{2} - \dfrac{1}{2(2n+1)}\right] = 3n+1$, 因此 $a_n = 3n-2$.

四、形如 $a_{n+1} = \dfrac{Aa_n}{Ba_n + C}$ 的递推模型

对于形如 $a_{n+1} = \dfrac{Aa_n}{Ba_n + C}$ 的递推数列 $\{a_n\}$, 当 $A = 0$ 时, 得 $a_{n+1} = 0$, 则数列 $\{a_n\}$ 为常数数列; 当 $C = 0$, $B \neq 0$ 时, 得 $a_{n+1} = \dfrac{A}{B}$, 则数列 $\{a_n\}$ 也为常数数列; 当 $B = 0$, $C \neq 0$ 时, 得 $a_{n+1} = \dfrac{A}{C}a_n$, 则数列 $\{a_n\}$ 是公比为 $\dfrac{A}{C}$ 的等比数列. 在这里我们考

虑的是在 $A,B,C\neq 0$ 的情况下求其通项. 首先来看一个具体的例子.

例9 已知数列 $\{a_n\}$ 满足 $a_1=\dfrac{2}{3}$，$a_{n+1}=\dfrac{2a_n}{a_n+1}$，$n\in \mathbf{N}^*$，求数列 $\{a_n\}$ 的通项公式.

【解析】递推关系 $a_{n+1}=\dfrac{2a_n}{a_n+1}$ 两边取倒数，得 $\dfrac{1}{a_{n+1}}=\dfrac{a_n+1}{2a_n}=\dfrac{1}{2a_n}+\dfrac{1}{2}$，

由待定系数法，得 $\dfrac{1}{a_{n+1}}-1=\dfrac{1}{2}\left(\dfrac{1}{a_n}-1\right)$，则 $\left\{\dfrac{1}{a_n}-1\right\}$ 是公比为 $\dfrac{1}{2}$ 的等比数列，

于是 $\dfrac{1}{a_n}-1=\left(\dfrac{1}{a_1}-1\right)\left(\dfrac{1}{2}\right)^{n-1}=\left(\dfrac{1}{2}\right)^n$，解得 $a_n=\dfrac{2^n}{2^n+1}$.

这里采用了两边取倒数的方法，将递推关系化归为形如 $a_{n+1}=Aa_n+B$ 的递推模型. 我们还可以采取在 $a_{n+1}=\dfrac{2a_n}{a_n+1}$ 两边同乘 a_n+1，得到 $a_{n+1}a_n+a_{n+1}=2a_n$，再在两边同除以 $a_{n+1}a_n$，得 $1+\dfrac{1}{a_n}=\dfrac{2}{a_{n+1}}$，同样可以得到 $\dfrac{1}{a_{n+1}}=\dfrac{1}{2a_n}+\dfrac{1}{2}$.

一般地，对于形如 $a_{n+1}=\dfrac{Aa_n}{Ba_n+C}$（$A$，$B$，$C$ 为非零常数）的递推数列，首先将递推关系式两边取倒数，变换成 $\dfrac{1}{a_{n+1}}=\dfrac{Ba_n+C}{Aa_n}=\dfrac{C}{A}\cdot\dfrac{1}{a_n}+\dfrac{B}{A}$；或者递推关系式两边同乘 Ba_n+C，得 $Ba_na_{n+1}+Ca_{n+1}=Aa_n$，然后等式两边同除以 $a_{n+1}a_n$，整理后同样可以得到 $\dfrac{1}{a_{n+1}}=\dfrac{C}{A}\cdot\dfrac{1}{a_n}+\dfrac{B}{A}$.

（1）若 $A=C$，则 $\dfrac{1}{a_{n+1}}=\dfrac{1}{a_n}+\dfrac{B}{A}$，那么 $\left\{\dfrac{1}{a_n}\right\}$ 是公差为 $\dfrac{B}{A}$ 的等差数列，于是 $\dfrac{1}{a_n}=\dfrac{1}{a_1}+(n-1)\dfrac{B}{A}$，那么 $a_n=\dfrac{Aa_1}{A+Ba_1(n-1)}$.

（2）若 $A\neq C$，引入参数 λ，将 $\dfrac{1}{a_{n+1}}=\dfrac{C}{Aa_n}+\dfrac{B}{A}$ 改写成 $\dfrac{1}{a_{n+1}}-\lambda=\dfrac{C}{A}\left(\dfrac{1}{a_n}-\lambda\right)$，用待定系数法求出参数 $\lambda=\dfrac{B}{A-C}$，则数列 $\left\{\dfrac{1}{a_n}-\dfrac{B}{A-C}\right\}$ 是公比为 $\dfrac{C}{A}$ 的等比数列，从而可求出 $\{a_n\}$ 的通项公式.

五、形如 $a_{n+1}=\dfrac{Aa_n+B}{Ca_n+D}$ 的递推模型

若数列 $\{a_n\}$ 满足递推关系 $a_{n+1}=\dfrac{Aa_n+B}{Ca_n+D}$，其中 $AD-BC\neq 0$，$C\neq 0$，这样的数列称为分式线性递推数列. 下面用两种方法求这种递推数列的通项公式.

方法一：这里我们引入三个参数 α,β,k，若能将递推关系 $a_{n+1}=\dfrac{Aa_n+B}{Ca_n+D}$ 转化为

$\dfrac{a_{n+1}-\alpha}{a_{n+1}-\beta}=k\cdot\dfrac{a_n-\alpha}{a_n-\beta}$，那么数列 $\left\{\dfrac{a_n-\alpha}{a_n-\beta}\right\}$ 是公比为 k 的等比数列,

于是 $\dfrac{a_n-\alpha}{a_n-\beta}=\dfrac{a_1-\alpha}{a_1-\beta}\cdot k^{n-1}$，进而解出 a_n 即可.

所以问题归结为确定参数 α,β,k 的值.

$$\dfrac{a_{n+1}-\alpha}{a_{n+1}-\beta}=\dfrac{\dfrac{Aa_n+B}{Ca_n+D}-\alpha}{\dfrac{Aa_n+B}{Ca_n+D}-\beta}=\dfrac{(A-\alpha C)a_n+B-\alpha D}{(A-\beta C)a_n+B-\beta D}=\dfrac{(A-\alpha C)a_n-\alpha\left(D-\dfrac{B}{\alpha}\right)}{(A-\beta C)a_n-\beta\left(D-\dfrac{B}{\beta}\right)},$$

要使 $\left\{\dfrac{a_n-\alpha}{a_n-\beta}\right\}$ 为等比数列, 必须有 $\begin{cases}A-\alpha C=D-\dfrac{B}{\alpha},\\ A-\beta C=D-\dfrac{B}{\beta},\end{cases}$

所以 α,β 是方程 $A-Cx=D-\dfrac{B}{x}$, 即 $Cx^2+(D-A)x-B=0$ 的两根,

则 $\begin{cases}\alpha+\beta=\dfrac{A-D}{C},\\ \alpha\beta=-\dfrac{B}{C},\end{cases}$ $k=\dfrac{A-\alpha C}{A-\beta C}$.

方法二：在递推式两边同减去 t,

得 $a_{n+1}-t=\dfrac{Aa_n+B}{Ca_n+D}-t=\dfrac{(A-Ct)a_n+B-Dt}{Ca_n+D}=(A-Ct)\cdot\dfrac{a_n-\dfrac{Dt-B}{A-Ct}}{Ca_n+D}$.

令 $\dfrac{Dt-B}{A-Ct}=t$，即 $Ct^2+(D-A)t-B=0$，若方程的两根为 α,β，

则 $a_{n+1}-\alpha=(A-\alpha C)\cdot\dfrac{a_n-\alpha}{Ca_n+D}$, $a_{n+1}-\beta=(A-\beta C)\cdot\dfrac{a_n-\beta}{Ca_n+D}$,

两式相除, 得 $\dfrac{a_{n+1}-\alpha}{a_{n+1}-\beta}=\dfrac{A-\alpha C}{A-\beta C}\cdot\dfrac{a_n-\alpha}{a_n-\beta}$,

那么数列 $\left\{\dfrac{a_n-\alpha}{a_n-\beta}\right\}$ 是公比为 $\dfrac{A-\alpha C}{A-\beta C}$ 的等比数列,

于是 $\dfrac{a_n-\alpha}{a_n-\beta}=\dfrac{a_1-\alpha}{a_1-\beta}\left(\dfrac{A-\alpha C}{A-\beta C}\right)^{n-1}$, 进而解出 a_n 即可.

我们看到, 这两种方法中都出现了同样的方程 $Cx^2+(D-A)x-B=0$, 变形得 $Cx^2+Dx=Ax+B$, 即 $x=\dfrac{Ax+B}{Cx+D}$, 我们把此方程叫作形如 $a_{n+1}=\dfrac{Aa_n+B}{Ca_n+D}$ 的递推数列的特征方程, 其两根叫作数列的特征根.

例10 已知数列 $\{a_n\}$ 满足 $a_1=2$, $a_{n+1}=\dfrac{5a_n+4}{2a_n+7}$, $n\in\mathbf{N}^*$, 求数列 $\{a_n\}$ 的通项公式.

【解析】方法一: 令 $\dfrac{a_{n+1}-\alpha}{a_{n+1}-\beta}=k\cdot\dfrac{a_n-\alpha}{a_n-\beta}$, 其中 α,β,k 为三个参数,

$$\dfrac{a_{n+1}-\alpha}{a_{n+1}-\beta}=\dfrac{\dfrac{5a_n+4}{2a_n+7}-\alpha}{\dfrac{5a_n+4}{2a_n+7}-\beta}=\dfrac{(5-2\alpha)a_n+4-7\alpha}{(5-2\beta)a_n+4-7\beta}=\dfrac{(5-2\alpha)a_n-\alpha\left(7-\dfrac{4}{\alpha}\right)}{(5-2\beta)a_n-\beta\left(7-\dfrac{4}{\beta}\right)}.$$

令 $\begin{cases}5-2\alpha=7-\dfrac{4}{\alpha}\\5-2\beta=7-\dfrac{4}{\beta}\end{cases}$, 所以 α,β 是方程 $5-2x=7-\dfrac{4}{x}$ 的两根,

解得 $\alpha=1$, $\beta=-2$, 则 $k=\dfrac{5-2\alpha}{5-2\beta}=\dfrac{1}{3}$.

递推关系 $a_{n+1}=\dfrac{5a_n+4}{2a_n+7}$ 可变形为 $\dfrac{a_{n+1}-1}{a_{n+1}+2}=\dfrac{1}{3}\cdot\dfrac{a_n-1}{a_n+2}$,

即数列 $\left\{\dfrac{a_n-1}{a_n+2}\right\}$ 是以 $\dfrac{a_1-1}{a_1+2}=\dfrac{1}{4}$ 为首项, $\dfrac{1}{3}$ 为公比的等比数列,

则 $\dfrac{a_n-1}{a_n+2}=\dfrac{1}{4}\left(\dfrac{1}{3}\right)^{n-1}$，解得 $a_n=\dfrac{4\cdot 3^{n-1}+2}{4\cdot 3^{n-1}-1}$.

方法二：在递推式两边同减参数 t，

得 $a_{n+1}-t=\dfrac{5a_n+4}{2a_n+7}-t=\dfrac{(5-2t)a_n+4-7t}{2a_n+7}=(5-2t)\cdot\dfrac{a_n-\dfrac{4-7t}{2t-5}}{2a_n+7}$.

令 $t=\dfrac{4-7t}{2t-5}$，解得 $t=1$ 或 $t=-2$，

代入，得 $a_{n+1}-1=3\cdot\dfrac{a_n-1}{2a_n+7}$，$a_{n+1}+2=9\cdot\dfrac{a_n+2}{2a_n+7}$，

两式相除得 $\dfrac{a_{n+1}-1}{a_{n+2}+2}=\dfrac{1}{3}\cdot\dfrac{a_n-1}{a_n+2}$，同理可得 $a_n=\dfrac{4\cdot 3^{n-1}+2}{4\cdot 3^{n-1}-1}$.

这里还有一种情况，当 $\alpha=\beta$ 时，即满足 $a_{n+1}=\dfrac{Aa_n+B}{Ca_n+D}$ 的递推数列的特征方程 $x=\dfrac{Ax+B}{Cx+D}$ 有两个相等的实数根，若将递推关系式转化为 $\dfrac{a_{n+1}-\alpha}{a_{n+1}-\beta}=k\cdot\dfrac{a_n-\alpha}{a_n-\beta}$，此时等式两边都恒等于 1.

根据 $\begin{cases}\alpha+\beta=2\alpha=\dfrac{A-D}{C},\\ \alpha\beta=\alpha^2=-\dfrac{B}{C},\end{cases}$ 得 $\begin{cases}A=2C\alpha+D,\\ B=-C\alpha^2,\end{cases}$

那么 $a_{n+1}-\alpha=\dfrac{Aa_n+B}{Ca_n+D}-\alpha=\dfrac{(A-\alpha C)a_n+B-\alpha D}{Ca_n+D}$

[注：$A-\alpha C=\alpha C+D$，$B-\alpha D=-C\alpha^2-\alpha D=-\alpha(\alpha C+D)$]

$=\dfrac{(\alpha C+D)a_n-\alpha(\alpha C+D)}{C(a_n-\alpha)+\alpha C+D}=\dfrac{(\alpha C+D)(a_n-\alpha)}{C(a_n-\alpha)+\alpha C+D}$.

两边取倒数，得 $\dfrac{1}{a_{n+1}-\alpha}=\dfrac{1}{a_n-\alpha}+\dfrac{C}{\alpha C+D}$，所以数列 $\left\{\dfrac{1}{a_n-\alpha}\right\}$ 是以 $\dfrac{1}{a_1-\alpha}$ 为首项，$\dfrac{C}{\alpha C+D}$ 为公差的等差数列，于是 $\dfrac{1}{a_n-\alpha}=\dfrac{1}{a_1-\alpha}+\dfrac{C}{\alpha C+D}(n-1)$，进而解出 a_n.

例11 已知数列 $\{a_n\}$ 满足 $a_1=2$，$a_{n+1}=\dfrac{3a_n-1}{a_n+1}$，$n\in\mathbf{N}^*$，求数列 $\{a_n\}$ 的通项公式.

【解析】$a_{n+1} - t = \dfrac{3a_n - 1}{a_n + 1} - t = \dfrac{(3-t)a_n - 1 - t}{a_n + 1} = (3-t) \cdot \dfrac{a_n - \dfrac{1+t}{3-t}}{a_n + 1}$,

令 $\dfrac{1+t}{3-t} = t$, 得 $t = 1$, 那么 $a_{n+1} - 1 = 2 \cdot \dfrac{a_n - 1}{a_n + 1}$,

两边取倒数 $\dfrac{1}{a_{n+1} - 1} = \dfrac{1}{2} \cdot \dfrac{a_n + 1}{a_n - 1} = \dfrac{1}{2} \cdot \dfrac{a_n - 1 + 2}{a_n - 1} = \dfrac{1}{a_n - 1} + \dfrac{1}{2}$,

所以数列 $\left\{\dfrac{1}{a_n - 1}\right\}$ 是以 $\dfrac{1}{a_1 - 1} = 1$ 为首项, $\dfrac{1}{2}$ 为公差的等差数列,

于是 $\dfrac{1}{a_n - 1} = 1 + \dfrac{1}{2}(n-1) = \dfrac{n+1}{2}$, 解得 $a_n = \dfrac{2}{n+1} + 1 = \dfrac{n+3}{n+1}$.

六、形如 $a_{n+2} = A a_{n+1} + B a_n$ 的递推模型

二阶线性递推数列是一个十分重要的递推模型, 这一类型的递推数列在形式上类似于 $a_{n+1} = A a_n + B$ 递推模型, 在求通项的方法上也有相近之处.

我们引入参数 α, β, 可以将递推关系式 $a_{n+2} = A a_{n+1} + B a_n$ 转化为 $a_{n+2} - \beta a_{n+1} = \alpha(a_{n+1} - \beta a_n)$. 还原此式得 $a_{n+2} = (\alpha + \beta) a_{n+1} - \alpha\beta a_n$, 与原递推关系比对系数, 得 $\begin{cases} \alpha + \beta = A \\ \alpha\beta = -B \end{cases}$, 则 α, β 是方程 $x^2 - Ax - B = 0$ 的两根, 数列 $\{a_{n+1} - \beta a_n\}$ 是以 $a_2 - \beta a_1$ 为首项, α 为公比的等比数列, 于是 $a_{n+1} - \beta a_n = (a_2 - \beta a_1)\alpha^{n-1}$. 这样, 就将二阶递推数列降阶为形如 $a_{n+1} = A a_n + f(n)$ 的一阶递推数列, 可以采用引入新函数的待定函数法, 或者在等式两边同除以 β^{n+1} 后累差叠加. 由于这里涉及的都是未知量, 运算比较烦琐, 就不做推演了.

再介绍一种比较简捷的方法. 由数列 $\{a_{n+1} - \beta a_n\}$ 是以 $a_2 - \beta a_1$ 为首项, α 为公比的等比数列, 得 $a_{n+1} - \beta a_n = (a_2 - \beta a_1)\alpha^{n-1}$. 由于 α, β 具有轮换性, 则递推关系也可以写成 $a_{n+1} - \alpha a_n = (a_2 - \alpha a_1)\beta^{n-1}$. 将两个变换后的递推关系相减消去 a_{n+1},

得 $(\alpha - \beta) a_n = (a_2 - \beta a_1)\alpha^{n-1} - (a_2 - \alpha a_1)\beta^{n-1}$,

因此 $a_n = \dfrac{1}{\alpha - \beta}\left[(a_2 - \beta a_1)\alpha^{n-1} - (a_2 - \alpha a_1)\beta^{n-1}\right]$.

注意到这里 $\alpha \neq \beta$，如若方程 $x^2 - Ax - B = 0$ 有两个相等的实数根，递推关系也可以写成 $a_{n+1} - \alpha a_n = (a_2 - \alpha a_1)\alpha^{n-1}$，只需等式两边同除以 α^{n-1}，得 $\dfrac{a_{n+1}}{\alpha^{n-1}} - \dfrac{a_n}{\alpha^{n-2}} = a_2 - \alpha a_1$，则数列 $\left\{\dfrac{a_n}{\alpha^{n-2}}\right\}$ 是以 αa_1 为首项，$a_2 - \alpha a_1$ 为公差的等差数列.

于是 $\dfrac{a_n}{\alpha^{n-2}} = \alpha a_1 + (n-1)(a_2 - \alpha a_1)$，整理得 $a_n = \alpha^{n-1}a_1 + (n-1)(\alpha^{n-2}a_2 - \alpha^{n-1}a_1)$.

例12 已知数列 $\{a_n\}$，$a_1 = 1$，$a_2 = 4$，$n \in \mathbf{N}^*$，且分别满足下列递推关系式，求数列 $\{a_n\}$ 的通项公式.

（1）$a_{n+2} = 4a_{n+1} - 4a_n$；（2）$a_{n+2} = 4a_{n+1} - 3a_n$；（3）$a_{n+2} = 5a_{n+1} - 6a_n$.

【解析】（1）令 $a_{n+2} - \beta a_{n+1} = \alpha(a_{n+1} - \beta a_n)$，还原即 $a_{n+2} = (\alpha + \beta)a_{n+1} - \alpha\beta a_n$，

则 α,β 满足 $\begin{cases}\alpha + \beta = 4 \\ \alpha\beta = 4,\end{cases}$ 得 $\alpha = \beta = 2$，

那么 $a_{n+2} - 2a_{n+1} = 2(a_{n+1} - 2a_n)$，则数列 $\{a_{n+1} - 2a_n\}$ 是公比为 2 的等比数列，

于是 $a_{n+1} - 2a_n = (a_2 - 2a_1)2^{n-1} = 2^n$，两边同除以 2^n，得 $\dfrac{a_{n+1}}{2^n} - \dfrac{a_n}{2^{n-1}} = 1$，

则数列 $\left\{\dfrac{a_n}{2^{n-1}}\right\}$ 是首项为 1，公差为 1 的等差数列，

则 $\dfrac{a_n}{2^{n-1}} = 1 + (n-1) = n$，因此 $a_n = n \cdot 2^{n-1}$.

（2）令 $a_{n+2} - \beta a_{n+1} = \alpha(a_{n+1} - \beta a_n)$，即 $a_{n+2} = (\alpha + \beta)a_{n+1} - \alpha\beta a_n$，

则 α,β 满足 $\begin{cases}\alpha + \beta = 4 \\ \alpha\beta = 3,\end{cases}$ 得 $\begin{cases}\alpha = 1 \\ \beta = 3,\end{cases}$ 或 $\begin{cases}\alpha = 3 \\ \beta = 1.\end{cases}$

取 $\begin{cases}\alpha = 1 \\ \beta = 3,\end{cases}$ 得 $a_{n+2} - 3a_{n+1} = a_{n+1} - 3a_n$，

则数列 $\{a_{n+1} - 3a_n\}$ 是常数数列，$a_{n+1} - 3a_n = a_2 - 3a_1 = 1$，

由待定系数法，得 $a_{n+1} + \dfrac{1}{2} = 3\left(a_n + \dfrac{1}{2}\right)$，

则 $a_n + \dfrac{1}{2} = \left(a_1 + \dfrac{1}{2}\right)3^{n-1} = \dfrac{1}{2} \cdot 3^n$,因此 $a_n = \dfrac{1}{2}(3^n - 1)$.

当然我们也可以取 $\alpha = 3$, $\beta = 1$ 这组解,那么原递推关系可以变换为 $a_{n+2} - a_{n+1} = 3(a_{n+1} - a_n)$,则数列 $\{a_{n+1} - a_n\}$ 是首项为 3、公比为 3 的等比数列,则 $a_{n+1} - a_n = 3^n$,再累差叠加,可以得 $a_n = \dfrac{1}{2}(3^n - 1)$.

我们还可以把两种变换的可能都写出来,分别得到:

$$a_{n+2} - a_{n+1} = 3(a_{n+1} - a_n) \rightarrow a_{n+1} - a_n = 3^n,$$

$$a_{n+2} - 3a_{n+1} = a_{n+1} - 3a_n \rightarrow a_{n+1} - 3a_n = 1,$$

以上两式相减消去 a_{n+1},可得 $a_n = \dfrac{1}{2}(3^n - 1)$.

(3)令 $a_{n+2} - \beta a_{n+1} = \alpha(a_{n+1} - \beta a_n)$,即 $a_{n+2} = (\alpha + \beta)a_{n+1} - \alpha\beta a_n$,

则 α, β 满足 $\begin{cases} \alpha + \beta = 5 \\ \alpha\beta = 6 \end{cases}$,得 $\begin{cases} \alpha = 2 \\ \beta = 3 \end{cases}$,或 $\begin{cases} \alpha = 3 \\ \beta = 2 \end{cases}$.

取 $\begin{cases} \alpha = 3 \\ \beta = 2 \end{cases}$,得 $a_{n+2} - 2a_{n+1} = 3(a_{n+1} - 2a_n)$,

则 $a_{n+1} - 2a_n = (a_2 - 2a_1)3^{n-1} = 2 \cdot 3^{n-1}$.

方法一(待定函数法):令 $a_{n+1} + \lambda \cdot 3^{n+1} = 2(a_n + \lambda \cdot 3^n)$,

则 $-\lambda \cdot 3^n = 2 \cdot 3^{n-1}$,得 $\lambda = -\dfrac{2}{3}$,则 $a_{n+1} - \dfrac{2}{3} \cdot 3^{n+1} = 2\left(a_n - \dfrac{2}{3} \cdot 3^n\right)$,

于是 $a_n - \dfrac{2}{3} \cdot 3^n = \left(a_1 - \dfrac{2}{3} \times 3\right)2^{n-1} = -2^{n-1}$,因此 $a_n = \dfrac{2}{3} \cdot 3^n - 2^{n-1}$.

方法二(累差叠加法):$a_{n+1} - 2a_n = 2 \cdot 3^{n-1}$ 的两边同除以 2^n,

得 $\dfrac{a_{n+1}}{2^n} - \dfrac{a_n}{2^{n-1}} = \left(\dfrac{3}{2}\right)^{n-1}$,

于是 $\dfrac{a_n}{2^{n-1}} = \left(\dfrac{a_n}{2^{n-1}} - \dfrac{a_{n-1}}{2^{n-2}}\right) + \left(\dfrac{a_{n-1}}{2^{n-2}} - \dfrac{a_{n-2}}{2^{n-3}}\right) + \cdots + \left(\dfrac{a_2}{2} - \dfrac{a_1}{1}\right) + \dfrac{a_1}{1}$

$= \left(\dfrac{3}{2}\right)^{n-2} + \left(\dfrac{3}{2}\right)^{n-3} + \cdots + \dfrac{3}{2} + 1 + 1 = \dfrac{1 - \left(\dfrac{3}{2}\right)^{n-1}}{1 - \dfrac{3}{2}} + 1 = 2\left(\dfrac{3}{2}\right)^{n-1} - 1,$

因此 $a_n = 2^{n-1}\left[2\left(\dfrac{3}{2}\right)^{n-1} - 1\right] = \dfrac{2}{3} \cdot 3^n - 2^{n-1}$.

方法三(解方程组法): 取 $\begin{cases}\alpha = 3 \\ \beta = 2,\end{cases}$ 得 $a_{n+1} - 2a_n = (a_2 - 2a_1)3^{n-1} = 2 \cdot 3^{n-1}$,

同理取 $\begin{cases}\alpha = 2 \\ \beta = 3,\end{cases}$ 可得 $a_{n+1} - 3a_n = (a_2 - 3a_1)2^{n-1} = 2^{n-1}$,

两式相减, 消去 a_{n+1}, 得 $a_n = 2 \cdot 3^{n-1} - 2^{n-1}$.

我们把方程 $x^2 - Ax - B = 0$ 称为满足递推关系 $a_{n+2} = Aa_{n+1} + Ba_n$ 的数列 $\{a_n\}$ 的特征方程, 方程的根 α, β 称之为数列的特征根. 根据之前的分析,

$$a_n = \begin{cases} \alpha^{n-1}a_1 + (n-1)(\alpha^{n-2}a_2 - \alpha^{n-1}a_1), & \alpha = \beta, \\ \dfrac{1}{\alpha - \beta}\left[(a_2 - \beta a_1)\alpha^{n-1} - (a_2 - \alpha a_1)\beta^{n-1}\right], & \alpha \neq \beta. \end{cases}$$

同学们或许会问, 既然我们把通项公式都推导出来了, 为什么不干脆直接代入, 何必重新演绎一遍? 同学们, 学习数学不是学习纯粹的结论, 而是掌握推导出结论的方法. 何况这样复杂的式子, 即使今天记住了, 过几天也会忘记, 所以掌握学习数学的方法才是王道.

七、含有 S_n 的递推模型

在数列递推关系中经常出现前 n 项和 S_n, 比如数列 $\{a_n\}$ 的前 n 项和为 S_n, 满足 $3S_n = 3 - 2a_n$. 我们依据递推关系将其往前推一位, 即 $3S_{n-1} = 3 - 2a_{n-1}$, 然后两式相减, 得 $3(S_n - S_{n-1}) = 3a_n = -2a_n + 2a_{n-1}$, 则 $5a_n = 2a_{n-1}$, 那么数列 $\{a_n\}$ 是公比为 $\dfrac{2}{5}$ 的等比数列. 再将 $n = 1$ 代入原递推关系得 $3S_1 = 3a_1 = 3 - 2a_1$, 解得首项 $a_1 = \dfrac{3}{5}$, 所以 $a_n = \dfrac{3}{5}\left(\dfrac{2}{5}\right)^{n-1}$.

例13 数列 $\{a_n\}$ 的前 n 项和为 S_n, 满足 $3S_n = 4a_n - 2^{n+1} + 2$ $(n \in \mathbf{N}^*)$, 求数列 $\{a_n\}$ 的通项公式.

【解析】 由 $3S_n = 4a_n - 2^{n+1} + 2$, 得 $3S_{n-1} = 4a_{n-1} - 2^n + 2$ $(n \geq 2)$,

两式相减，得 $3(S_n - S_{n-1}) = 4a_n - 2^{n+1} - (4a_{n-1} - 2^n)$，

整理，得 $3a_n = 4a_n - 4a_{n-1} - 2^n$，即 $a_n = 4a_{n-1} + 2^n$.

令 $a_n + \lambda \cdot 2^n = 4(a_{n-1} + \lambda \cdot 2^{n-1})$，还原得 $a_n = 4a_{n-1} + \lambda \cdot 2^n$，

则 $\lambda = 1$，$a_n + 2^n = 4(a_{n-1} + 2^{n-1})$，

那么数列 $\{a_n + 2^n\}$ 是公比为 4，首项为 $a_1 + 2$ 的等比数列.

又 $3S_1 = 4a_1 - 2^2 + 2$，解得 $a_1 = 2$，

所以 $a_n + 2^n = (a_1 + 2) 4^{n-1} = 4^n$，得 $a_n = 4^n - 2^n$.

在含有前 n 项和 S_n 的递推关系中，我们通常将其往前进一位或往后退一位，然后前后两个递推式相减，利用 $S_n - S_{n-1} = a_n$ 或 $S_{n+1} - S_n = a_{n+1}$，使递推关系中只剩下项与项的关系，但有些情况这样处理会变得比较复杂. 比如，已知数列 $\{a_n\}$ 的前 n 项和为 S_n，且 $a_n = S_n S_{n-1} (n \geq 2, S_n \neq 0)$，$a_1 = \dfrac{2}{9}$，求数列 $\{a_n\}$ 的通项公式.

如果沿用前面的方法，将 $a_n = S_n S_{n-1}$ 和 $a_{n+1} = S_{n+1} S_n$ 两个式子相减，得 $a_{n+1} - a_n = S_{n+1} S_n - S_n S_{n-1} = S_n(S_{n+1} - S_{n-1}) = S_n(a_{n+1} + a_n)$，则 $S_n = \dfrac{a_{n+1} - a_n}{a_{n+1} + a_n}$. 此式还是含有 S_n，自然想到往前进一位，即 $S_{n-1} = \dfrac{a_n - a_{n-1}}{a_n + a_{n-1}}$，如果再将这两式相减，那么情形会变得异常复杂.

在这里，我们可以反过来用 $S_n - S_{n-1}$ 替代 a_n，将原递推关系式变换为 $S_n - S_{n-1} = S_n S_{n-1}$，然后两边同除以 $S_n S_{n-1}$，得 $\dfrac{1}{S_{n-1}} - \dfrac{1}{S_n} = 1$，可见 $\left\{\dfrac{1}{S_n}\right\}$ 是一个首项为 $\dfrac{9}{2}$，公差为 -1 的等差数列，于是可以依次求得 $\dfrac{1}{S_n} \to S_n \to a_n$ 的通项公式.

例 14 已知数列 $\{a_n\}$ 的前 n 项和为 S_n，满足 $a_1 = -2$，$a_n = \dfrac{S_n(S_n + 1)}{S_n + 2}$，$n \in \mathbf{N}^*$ 且 $n \geq 2$，求数列 $\{a_n\}$ 的通项公式.

【解析】 因为 $a_n = S_n - S_{n-1} = \dfrac{S_n(S_n + 1)}{S_n + 2}$，

则 $(S_n - S_{n-1})(S_n + 2) = S_n(S_n + 1)$，整理得 $S_n - S_{n-1}S_n - 2S_{n-1} = 0$，

两边同除以 $S_{n-1}S_n$，得 $\dfrac{1}{S_{n-1}} - 1 - \dfrac{2}{S_n} = 0$，即 $\dfrac{1}{S_n} = \dfrac{1}{2} \cdot \dfrac{1}{S_{n-1}} - \dfrac{1}{2}$，

由待定系数法，得 $\dfrac{1}{S_n} + 1 = \dfrac{1}{2}\left(\dfrac{1}{S_{n-1}} + 1\right)$，

所以数列 $\left\{\dfrac{1}{S_n} + 1\right\}$ 是以 $\dfrac{1}{S_1} + 1 = \dfrac{1}{2}$ 为首项，$\dfrac{1}{2}$ 为公比的等比数列，

那么 $\dfrac{1}{S_n} + 1 = \dfrac{1}{2}\left(\dfrac{1}{2}\right)^{n-1} = \dfrac{1}{2^n}$，解得 $S_n = \dfrac{2^n}{1 - 2^n}$，

于是 $a_n = S_n - S_{n-1} = \dfrac{2^n}{1-2^n} - \dfrac{2^{n-1}}{1-2^{n-1}} = \dfrac{2^{n-1}}{(1-2^n)(1-2^{n-1})}$ $(n \geq 2)$，

因此 $a_n = \begin{cases} -2, & n = 1, \\ \dfrac{2^{n-1}}{(1-2^n)(1-2^{n-1})}, & n \geq 2. \end{cases}$

例15 已知数列 $\{a_n\}$ 的前 n 项和为 S_n，$a_1 = \dfrac{1}{2}$，$S_n = n^2 a_n - n(n-1)$，$n \in \mathbf{N}^*$，求数列 $\{a_n\}$ 的通项公式.

【解析】方法一：由 $S_n = n^2 a_n - n(n-1)$，得 $S_{n+1} = (n+1)^2 a_{n+1} - n(n+1)$，

两式相减，得 $a_{n+1} = (n+1)^2 a_{n+1} - n^2 a_n - 2n$，

整理，得 $(n^2 + 2n)a_{n+1} = n^2 a_n + 2n$，即 $(n+2)a_{n+1} = na_n + 2$，

两边同乘以 $n+1$，得 $(n+2)(n+1)a_{n+1} = n(n+1)a_n + 2(n+1)$.

令 $b_n = n(n+1)a_n$，则 $b_{n+1} - b_n = 2(n+1)$，

由累差叠加，得 $b_n - b_1 = 2(2 + 3 + \cdots + n) = (n-1)(n+2)$，

则 $b_n = n^2 + n - 1$，因此 $a_n = \dfrac{n^2 + n - 1}{n(n+1)} = 1 - \dfrac{1}{n(n+1)}$.

方法二：$S_n = n^2 a_n - n(n-1) = n^2(S_n - S_{n-1}) - n(n-1)$，

整理得 $(n^2 - 1)S_n - n^2 S_{n-1} = n(n-1)$，两边同除以 $n(n-1)$，

得 $\dfrac{n+1}{n}S_n - \dfrac{n}{n-1}S_{n-1} = 1$，所以数列 $\left\{\dfrac{n+1}{n}S_n\right\}$ 是公差为 1 的等差数列，

则 $\frac{n+1}{n}S_n = 2S_1 + n - 1 = n$,得 $S_n = \frac{n^2}{n+1}$,

代入条件式,得 $\frac{n^2}{n+1} = n^2 a_n - n(n-1)$,解得 $a_n = 1 - \frac{1}{n(n+1)}$.

本例给出了含有 S_n 的递推数列求通项的两种途径:①递推关系先进一位,然后两式相减;②用 $S_n - S_{n-1}$ 代替 a_n. 可以看出,第②种途径比较简捷.

八、其他常见的递推变换

同学们,前面一共介绍了七种数列递推模型求通项的类型. 虽然递推模型千变万化,但我们必须先变换为熟悉的递推模型,再运用叠加、叠乘、同除、取倒数等手段,最终化归为等差、等比数列的求通项或求和问题.

例16 在数列 $\{a_n\}$ 中,$a_1 = 1$,$a_{n+1} = \frac{a_n}{1 + na_n}$,$n \in \mathbf{N}^*$,求数列 $\{a_n\}$ 的通项公式.

【解析】将 $a_{n+1} = \frac{a_n}{1 + na_n}$ 两边取倒数,得 $\frac{1}{a_{n+1}} = \frac{1 + na_n}{a_n} = \frac{1}{a_n} + n$,即 $\frac{1}{a_{n+1}} - \frac{1}{a_n} = n$,

由累差叠加,得 $\frac{1}{a_n} - \frac{1}{a_1} = 1 + 2 + 3 + \cdots + (n-1) = \frac{n(n-1)}{2}$,

那么 $\frac{1}{a_n} = \frac{n(n-1)}{2} + 1 = \frac{n^2 - n + 2}{2}$,

因此 $a_n = \frac{2}{n^2 - n + 2}$.

例17 已知数列 $\{a_n\}$ 满足 $a_1 = 1$,$a_{n+1} = \frac{a_n}{\sqrt{2 + a_n^2}}$,$n \in \mathbf{N}^*$,求数列 $\{a_n\}$ 的通项公式.

【解析】递推式两边平方,得 $a_{n+1}^2 = \frac{a_n^2}{2 + a_n^2}$,

两边取倒数得 $\frac{1}{a_{n+1}^2} = \frac{a_n^2 + 2}{a_n^2} = \frac{2}{a_n^2} + 1$,由待定系数法得 $\frac{1}{a_{n+1}^2} + 1 = 2\left(\frac{1}{a_n^2} + 1\right)$,

所以数列 $\left\{\frac{1}{a_n^2} + 1\right\}$ 是公比为 2 的等比数列,则 $\frac{1}{a_n^2} + 1 = \left(\frac{1}{a_1^2} + 1\right)2^{n-1} = 2^n$,

得 $\dfrac{1}{a_n^2} = 2^n - 1$，则 $a_n^2 = \dfrac{1}{2^n - 1}$，

由题意知 $a_n > 0$，因此 $a_n = \sqrt{\dfrac{1}{2^n - 1}}$．

例18 已知数列 $\{a_n\}$ 满足 $a_1 = 1$，$a_{n+1} = 2a_n^2 + 12a_n + 15$，$n \in \mathbf{N}^*$，求数列 $\{a_n\}$ 的通项公式．

【解析】由 $a_{n+1} = 2a_n^2 + 12a_n + 15 = 2(a_n + 3)^2 - 3$，得 $a_{n+1} + 3 = 2(a_n + 3)^2$，

两边取以 2 为底的对数，得 $\log_2(a_{n+1} + 3) = 2\log_2(a_n + 3) + 1$，

由待定系数法，得 $\log_2(a_{n+1} + 3) + 1 = 2[\log_2(a_n + 3) + 1]$，

所以数列 $\{\log_2(a_n + 3) + 1\}$ 是以 $\log_2(a_1 + 3) + 1 = 3$ 为首项，2 为公比的等比数列，

则 $\log_2(a_n + 3) + 1 = 3 \cdot 2^{n-1}$，解得 $a_n + 3 = 2^{3 \cdot 2^{n-1} - 1}$，

因此 $a_n = 2^{3 \cdot 2^{n-1} - 1} - 3$．

一般地，数列 $\{a_n\}$ 满足递推关系 $a_{n+1} = aa_n^2 + ba_n + c\ (a > 0)$，如果可以配方成 $a_{n+1} + \dfrac{b}{2a} = a\left(a_n + \dfrac{b}{2a}\right)^2$，我们可以在递推关系两边取以 $a\ (a \neq 1)$ 为底的对数，于是得 $\log_a\left(a_{n+1} + \dfrac{b}{2a}\right) = 2\log_a\left(a_n + \dfrac{b}{2a}\right) + 1$，这样就转化为 $b_{n+1} = 2b_n + 1$ 的形式，其中 $b_n = \log_a\left(a_n + \dfrac{b}{2a}\right)$，先求出 b_n，进而解出 a_n．

例19 设数列 $\{a_n\}$，满足 $a_1 = 1$，$a_{n+1} = a_n^2 + 2na_n + n^2 - n - 1$，求数列 $\{a_n\}$ 的通项公式．

【解析】$a_{n+1} = a_n^2 + 2na_n + n^2 - n - 1 = (a_n + n)^2 - (n+1)$，即 $a_{n+1} + (n+1) = (a_n + n)^2$，

两边取自然对数，得 $\ln[a_{n+1} + (n+1)] = 2\ln(a_n + n)$，

则数列 $\{\ln(a_n + n)\}$ 是首项为 $\ln(a_1 + 1) = \ln 2$，公比为 2 的等比数列，

所以 $\ln(a_n + n) = 2^{n-1} \ln 2$，解得 $a_n + n = e^{2^{n-1} \ln 2} = (e^{\ln 2})^{2^{n-1}} = 2^{2^{n-1}}$，

因此 $a_n = 2^{2^{n-1}} - n$．

练习 2.3

1. 已知数列 $\{a_n\}$ 满足 $a_1 = 1$，$a_{n+1} = \dfrac{1}{2}a_n + 1 \, (n \in \mathbf{N}^*)$，求数列 $\{a_n\}$ 的通项公式.

2. 已知数列 $\{a_n\}$ 的前 n 项和为 S_n，满足 $a_n + S_n = n \, (n \in \mathbf{N}^*)$，求数列 $\{a_n\}$ 的通项公式.

3. 在数列 $\{a_n\}$ 中 $a_1 = 2$，$a_n = 2a_{n-1} + 2^{n+1} \, (n \in \mathbf{N}^*, n \geq 2)$，求数列 $\{a_n\}$ 的通项公式.

4. 在数列 $\{a_n\}$ 中，$a_1 = 1$，$a_n = \dfrac{1}{2}a_{n-1} + 2n - 1 \, (n \in \mathbf{N}^*, n \geq 2)$，求数列 $\{a_n\}$ 的通项公式.

5. 已知数列 $\{a_n\}$ 满足 $a_1 = 1$，$a_{n+1} = \dfrac{2a_n}{2a_n + 3}$，$n \in \mathbf{N}^*$，求数列 $\{a_n\}$ 的通项公式.

6. 已知数列 $\{a_n\}$ 满足 $a_1 = 2$，$a_{n+1} = \dfrac{2^{n+1} \cdot a_n}{a_n + 2^{n+1}}$，$n \in \mathbf{N}^*$，求数列 $\{a_n\}$ 的通项公式.

7. 已知数列 $\{a_n\}$ 满足 $a_1 = 1$，$a_{n+1} = \dfrac{4a_n + 1}{2a_n + 5}$，$n \in \mathbf{N}^*$，求数列 $\{a_n\}$ 的通项公式.

8. 已知数列 $\{a_n\}$ 各项都是正数，满足 $a_1 = 2$，$a_{n+1} = 2a_n^2$，$n \in \mathbf{N}^*$，求数列 $\{a_n\}$ 的通项公式.

9. 已知数列 $\{a_n\}$ 满足 $a_1 = 2$，$a_2 = 3$，$a_{n+1} = 6a_{n-1} - a_n \, (n \in \mathbf{N}^*, n \geq 2)$，求数列 $\{a_n\}$ 的通项公式.

10. 已知数列 $\{a_n\}$ 的前 n 项和为 S_n，满足 $S_n - S_{n-2} = 3\left(-\dfrac{1}{2}\right)^{n-1} (n \in \mathbf{N}^*, n \geq 3)$，且 $S_1 = 1$，$S_2 = -\dfrac{3}{2}$，求数列 $\{a_n\}$ 的通项公式.

习题二

1. 已知数列 $\{a_n\}$ 的首项 $a_1=1$，$n\in \mathbf{N}^*$，并满足下列递推关系，其中 S_n 为数列的前 n 项和，分别求出数列 $\{a_n\}$ 的通项公式.

    (1) $a_{n+1}=a_n+2n$；

    (2) $a_{n+1}=\dfrac{n+1}{2n}a_n$；

    (3) $a_{n+1}=-2a_n+2$；

    (4) $a_{n+1}=\dfrac{4a_n}{a_n+2}$；

    (5) $a_{n+1}=2a_n+3n-1$；

    (6) $a_{n+1}=S_n+n+1$；

    (7) $S_{n+1}=\dfrac{S_n}{2S_n+1}$；

    (8) $8a_{n+1}a_n-16a_{n+1}+2a_n+5=0$；

    (9) $a_{n+1}=3a_n+5\cdot 2^n+4$；

    (10) $a_{n+1}=\dfrac{n+2}{n}S_n$.

2. 已知数列 $\{a_n\}$ 满足 $a_1=\dfrac{1}{2}$，$\dfrac{3(1+a_{n+1})}{1-a_n}=\dfrac{2(1+a_n)}{1-a_{n+1}}$，$a_na_{n+1}<0$，$n\in \mathbf{N}^*$，求数列 $\{a_n\}$ 的通项公式.

3. 已知数列 $\{a_n\}$ 满足 $a_1=a_2=1$，$a_{n+2}=a_{n+1}+a_n$ $(n\in \mathbf{N}^*)$，求数列 $\{a_n\}$ 的通项公式.

4. 在数列 $\{a_n\}$ 中，$a_1=3$，且 $a_{n+1}=\dfrac{a_n^2}{2(a_n-1)}$，$n\in \mathbf{N}^*$，求数列 $\{a_n\}$ 的通项公式.

参考解析二

练习 2.1

1.【解析】 由递推关系 $a_{n+2} = a_{n+1} - \dfrac{1}{a_n} + n^2$，

得 $a_3 = a_2 - \dfrac{1}{a_1} + 1 = 2$，$a_4 = a_3 - \dfrac{1}{a_2} + 2^2 = \dfrac{11}{2}$，$a_5 = a_4 - \dfrac{1}{a_3} + 3^2 = 14$，

所以数列 $\{a_n\}$ 的前 5 项和 $S_5 = a_1 + a_2 + a_3 + a_4 + a_5 = \dfrac{49}{2}$。

2.【解析】 由题意，得 $a_{n+2} - a_{n+1} = a_{n+1} - a_n$，则数列 $\{a_{n+1} - a_n\}$ 是常数数列。

设此常数为 d，即 $a_{n+1} - a_n = d$，则 $\{a_n\}$ 为等差数列，

由 $a_4 - a_1 = 3d = -6$，得 $d = -2$，所以 $a_n = 8 - 2(n-1) = 10 - 2n$。

练习 2.2

1.【解析】（1）由题意，得 a_n 与 a_{n+1} 的关系为 $a_{n+1} = 2(a_n - 2)$。

（2）$a_1 = 6 = 4 + 2$，$a_2 = 8 = 4 + 4$，$a_3 = 12 = 4 + 8$，$a_4 = 20 = 4 + 16$，由此猜测 $a_n = 4 + 2^n$。

下面用数学归纳法证明。当 $n = 1$ 时，$a_1 = 4 + 2$ 结论成立。

假设当 $n = k$ 时，结论成立，即 $a_k = 4 + 2^k$，

那么当 $n = k + 1$ 时，$a_{k+1} = 2(a_k - 2) = 2(4 + 2^k - 2) = 4 + 2^{k+1}$，即当 $n = k + 1$ 时结论也成立。

所以，对于任意的 $n \in \mathbf{N}^*$ 都有 $a_n = 4 + 2^n$。

2.【解析】 由递推关系 $a_n = a_{n-1} + 2^n$，得 $a_n - a_{n-1} = 2^n$，于是 $a_{n-1} - a_{n-2} = 2^{n-1}$，$\cdots$，$a_2 - a_1 = 2^2$，

将以上 $n - 1$ 个式子相加，得 $a_n - a_1 = 2^2 + 2^3 + \cdots + 2^n = 2^{n+1} - 4$，因此 $a_n = 2^{n+1} - 3$。

3.【解析】 **方法一**：由递推关系 $a_{n+1} = \dfrac{n}{n+2} a_n$，得 $\dfrac{a_{n+1}}{a_n} = \dfrac{n}{n+2}$，

所以 $\dfrac{a_n}{a_{n-1}} = \dfrac{n-1}{n+1}$，$\dfrac{a_{n-1}}{a_{n-2}} = \dfrac{n-2}{n}$，$\cdots$，$\dfrac{a_2}{a_1} = \dfrac{1}{3}$，

将以上 $n - 1$ 个式子相乘，得 $\dfrac{a_n}{a_1} = \dfrac{n-1}{n+1} \times \dfrac{n-2}{n} \times \cdots \times \dfrac{2}{4} \times \dfrac{1}{3} = \dfrac{2}{n(n+1)}$，

又 $a_1 = \dfrac{1}{2}$，因此 $a_n = \dfrac{1}{n(n+1)}$。

方法二：两边同乘 $(n+1)(n+2)$，得 $(n+1)(n+2)a_{n+1}=n(n+1)a_n$，

则数列 $\{n(n+1)a_n\}$ 是一个常数数列，所以 $n(n+1)a_n=2a_1=1$，得 $a_n=\dfrac{1}{n(n+1)}$．

练习 2.3

1. **【解析】** 由 $a_{n+1}=\dfrac{1}{2}a_n+1$，由待定系数法，得 $a_{n+1}-2=\dfrac{1}{2}(a_n-2)$，

   所以数列 $\{a_n-2\}$ 是首项为 $a_1-2=-1$，公比为 $\dfrac{1}{2}$ 的等比数列，

   因此 $a_n-2=(-1)\left(\dfrac{1}{2}\right)^{n-1}$，则 $a_n=2-\left(\dfrac{1}{2}\right)^{n-1}$．

2. **【解析】** 由 $a_n+S_n=n$，得 $a_{n-1}+S_{n-1}=n-1\ (n\geq 2)$，

   两式相减，得 $a_n-a_{n-1}+S_n-S_{n-1}=2a_n-a_{n-1}=1$，即 $a_n=\dfrac{1}{2}a_{n-1}+\dfrac{1}{2}$，

   由待定系数法，得 $a_n-1=\dfrac{1}{2}(a_{n-1}-1)$，所以 $\{a_n-1\}$ 是以 $\dfrac{1}{2}$ 为公比，a_1-1 为首项的等比数列．

   又 $a_1+S_1=1$，得 $a_1=\dfrac{1}{2}$，于是 $a_n-1=-\dfrac{1}{2}\left(\dfrac{1}{2}\right)^{n-1}$，因此 $a_n=1-\left(\dfrac{1}{2}\right)^n$．

3. **【解析】** 由 $a_n=2a_{n-1}+2^{n+1}$，得 $a_n-2a_{n-1}=2^{n+1}$，

   两边同除以 2^n，得 $\dfrac{a_n}{2^n}-\dfrac{a_{n-1}}{2^{n-1}}=2$，所以 $\left\{\dfrac{a_n}{2^n}\right\}$ 是以 $\dfrac{a_1}{2}=1$ 为首项，2 为公差的等差数列，

   因此 $\dfrac{a_n}{2^n}=1+(n-1)\times 2=2n-1$，即 $a_n=(2n-1)2^n$．

4. **【解析】** **方法一(累差叠加法)**：由 $a_n=\dfrac{1}{2}a_{n-1}+2n-1$，得 $a_n-\dfrac{1}{2}a_{n-1}=2n-1$，

   两边同乘 2^n，得 $2^n a_n-2^{n-1}a_{n-1}=(2n-1)2^n$，

   由累差叠加，知 $2^n a_n-2a_1=3\times 2^2+5\times 2^3+\cdots+(2n-1)2^n$，

   则 $2^n a_n=1\times 2+3\times 2^2+5\times 2^3+\cdots+(2n-1)2^n=(2n-3)2^{n+1}+6$，

   因此 $a_n=\dfrac{(2n-3)2^{n+1}+6}{2^n}=4n-6+\dfrac{3}{2^{n-1}}$．

   方法二(待定函数法)：由 $a_n=\dfrac{1}{2}a_{n-1}+2n-1$，令 $a_n+An+B=\dfrac{1}{2}[a_{n-1}+A(n-1)+B]$，

   还原得 $a_n=\dfrac{1}{2}a_{n-1}-\dfrac{1}{2}An-\dfrac{1}{2}(A+B)$，比较系数得 $\begin{cases}-\dfrac{A}{2}=2,\\ -\dfrac{1}{2}(A+B)=-1,\end{cases}$

解得 $\begin{cases} A = -4 \\ B = 6 \end{cases}$，这时 $a_n - (4n-6) = \frac{1}{2}\{a_{n-1} - [4(n-1)-6]\}$，

所以数列 $\{a_n - (4n-6)\}$ 是以 $a_1 - (4-6) = 3$ 为首项，$\frac{1}{2}$ 为公比的等比数列，

则 $a_n - (4n-6) = 3\left(\frac{1}{2}\right)^{n-1}$，因此 $a_n = 3\left(\frac{1}{2}\right)^{n-1} + 4n - 6$.

5.【解析】两边取倒数，得 $\frac{1}{a_{n+1}} = \frac{2a_n + 3}{2a_n} = \frac{3}{2a_n} + 1$，令 $b_n = \frac{1}{a_n}$，则 $b_{n+1} = \frac{3}{2}b_n + 1$，

由待定系数法，得 $b_{n+1} + 2 = \frac{3}{2}(b_n + 2)$，则数列 $\{b_n + 2\}$ 是以 $b_1 + 2 = 3$ 为首项，$\frac{3}{2}$ 为公比的等比数列，

所以 $b_n + 2 = 3\left(\frac{3}{2}\right)^{n-1}$，则 $b_n = 3\left(\frac{3}{2}\right)^{n-1} - 2$，因此 $a_n = \frac{1}{b_n} = \frac{2^{n-1}}{3^n - 2^n}$.

6.【解析】对 $a_{n+1} = \frac{2^{n+1} a_n}{a_n + 2^{n+1}}$ 两边取倒数，得 $\frac{1}{a_{n+1}} = \frac{a_n + 2^{n+1}}{2^{n+1} a_n} = \frac{1}{2^{n+1}} + \frac{1}{a_n}$，即 $\frac{1}{a_{n+1}} - \frac{1}{a_n} = \frac{1}{2^{n+1}}$，

由累差叠加，知 $\frac{1}{a_n} - \frac{1}{a_1} = \frac{1}{2^n} + \frac{1}{2^{n-1}} + \cdots + \frac{1}{2^2}$，

则 $\frac{1}{a_n} = \frac{1}{2^n} + \frac{1}{2^{n-1}} + \cdots + \frac{1}{2^2} + \frac{1}{a_1} = \frac{1}{2^n} + \frac{1}{2^{n-1}} + \cdots + \frac{1}{2^2} + \frac{1}{2} = 1 - \frac{1}{2^n}$，

所以数列 $\{a_n\}$ 的通项公式为 $a_n = \frac{2^n}{2^n - 1}$.

7.【解析】方法一：令 $\frac{a_{n+1} - \alpha}{a_{n+1} - \beta} = k \cdot \frac{a_n - \alpha}{a_n - \beta}$，其中 α, β, k 为三个参数，

则 $\frac{a_{n+1} - \alpha}{a_{n+1} - \beta} = \frac{\frac{4a_n + 1}{2a_n + 5} - \alpha}{\frac{4a_n + 1}{2a_n + 5} - \beta} = \frac{(4-2\alpha)a_n + 1 - 5\alpha}{(4-2\beta)a_n + 1 - 5\beta} = \frac{(4-2\alpha)a_n - \alpha\left(5 - \frac{1}{\alpha}\right)}{(4-2\beta)a_n - \beta\left(5 - \frac{1}{\beta}\right)}$.

令 $\begin{cases} 4 - 2\alpha = 5 - \frac{1}{\alpha} \\ 4 - 2\beta = 5 - \frac{1}{\beta} \end{cases}$，所以 α, β 是方程 $4 - 2x = 5 - \frac{1}{x}$ 的两根，

解方程得 $\alpha = -1$，$\beta = \frac{1}{2}$，则 $k = \frac{4 - 2\alpha}{4 - 2\beta} = 2$.

于是递推关系 $a_{n+1} = \frac{4a_n + 1}{2a_n + 5}$ 可变形为 $\frac{a_{n+1} + 1}{a_{n+1} - \frac{1}{2}} = 2 \cdot \frac{a_n + 1}{a_n - \frac{1}{2}}$，

即数列 $\left\{\frac{a_n + 1}{a_n - \frac{1}{2}}\right\}$ 是以 $\frac{a_1 + 1}{a_1 - \frac{1}{2}} = 4$ 为首项，2 为公比的等比数列，

则 $\frac{a_n + 1}{a_n - \frac{1}{2}} = 4 \cdot 2^{n-1}$，解得 $a_n = \frac{2^n + 1}{2^{n+1} - 1}$.

方法二：$a_{n+1}-t=\dfrac{4a_n+1}{2a_n+5}-t=\dfrac{(4-2t)a_n+1-5t}{2a_n+5}=(4-2t)\cdot\dfrac{a_n-\dfrac{1-5t}{2t-4}}{2a_n+5}$，

令 $t=\dfrac{1-5t}{2t-4}$，解得 $t=-1$ 或 $t=\dfrac{1}{2}$，代入得 $a_{n+1}+1=6\cdot\dfrac{a_n+1}{2a_n+5}$，$a_{n+1}-\dfrac{1}{2}=3\cdot\dfrac{a_n-\dfrac{1}{2}}{2a_n+5}$，

两式相除，得 $\dfrac{a_{n+1}+1}{a_{n+1}-\dfrac{1}{2}}=2\cdot\dfrac{a_n+1}{a_n-\dfrac{1}{2}}$，同理可得 $a_n=\dfrac{2^n+1}{2^{n+1}-1}$．

8.【解析】在 $a_{n+1}=2a_n^2$ 两边取以 2 为底的对数，得 $\log_2 a_{n+1}=\log_2(2a_n^2)=\log_2 2+2\log_2 a_n=2\log_2 a_n+1$，

由待定系数法，得 $\log_2 a_{n+1}+1=2(\log_2 a_n+1)$，

所以数列 $\{\log_2 a_n+1\}$ 是以 $\log_2 a_1+1=2$ 为首项，2 为公比的等比数列，

因此 $\log_2 a_n+1=2\cdot 2^{n-1}=2^n$，解得 $a_n=2^{2^n-1}$．

9.【解析】令 $a_{n+1}-\alpha a_n=\beta(a_n-\alpha a_{n-1})$，$n\geq 2$，整理得 $a_{n+1}=(\alpha+\beta)a_n-\alpha\beta a_{n-1}$，

则 $\begin{cases}\alpha+\beta=-1\\\alpha\beta=-6\end{cases}$，解得 $\alpha=-3$，$\beta=2$，或 $\alpha=2$，$\beta=-3$，

即 $a_{n+1}+3a_n=2(a_n+3a_{n-1})$，则数列 $\{a_{n+1}+3a_n\}$ 是以 $a_2+3a_1=9$ 为首项，2 为公比的等比数列，

所以 $a_{n+1}+3a_n=9\cdot 2^{n-1}$，即 $a_{n+1}=-3a_n+9\cdot 2^{n-1}$．

方法一(待定系数法)：两边同除以 2^{n+1}，得 $\dfrac{a_{n+1}}{2^{n+1}}=-\dfrac{3}{2}\cdot\dfrac{a_n}{2^n}+\dfrac{9}{4}$．

令 $\dfrac{a_n}{2^n}=b_n$，得 $b_{n+1}=-\dfrac{3}{2}b_n+\dfrac{9}{4}$，由待定系数法，得 $b_{n+1}-\dfrac{9}{10}=-\dfrac{3}{2}\left(b_n-\dfrac{9}{10}\right)$，

故数列 $\left\{b_n-\dfrac{9}{10}\right\}$ 是以 $b_1-\dfrac{9}{10}=\dfrac{a_1}{2}-\dfrac{9}{10}=\dfrac{1}{10}$ 为首项，$-\dfrac{3}{2}$ 为公比的等比数列，

所以 $b_n-\dfrac{9}{10}=\dfrac{1}{10}\left(-\dfrac{3}{2}\right)^{n-1}$，得 $b_n=\dfrac{9}{10}+\dfrac{1}{10}\left(-\dfrac{3}{2}\right)^{n-1}=\dfrac{a_n}{2^n}$，因此 $a_n=\dfrac{9}{10}\cdot 2^n+\dfrac{1}{5}(-3)^{n-1}$．

方法二(待定函数法)：由 $a_{n+1}=-3a_n+9\cdot 2^{n-1}$，令 $a_{n+1}-\lambda\cdot 2^{n+1}=-3(a_n-\lambda\cdot 2^n)$，

还原得 $a_{n+1}=-3a_n+5\lambda\cdot 2^n$，则 $5\lambda\cdot 2^n=9\cdot 2^{n-1}$，得 $\lambda=\dfrac{9}{10}$，

那么 $a_{n+1}-\dfrac{9}{10}\cdot 2^{n+1}=-3\left(a_n-\dfrac{9}{10}\cdot 2^n\right)$，

所以数列 $\left\{a_n-\dfrac{9}{10}\cdot 2^n\right\}$ 是以 $a_1-\dfrac{9}{10}\cdot 2=\dfrac{1}{5}$ 为首项，-3 为公比的等比数列，

则 $a_n-\dfrac{9}{10}\cdot 2^n=\dfrac{1}{5}(-3)^{n-1}$，因此 $a_n=\dfrac{9}{10}\cdot 2^n+\dfrac{1}{5}(-3)^{n-1}$．

方法三(累差叠加法)：在 $a_{n+1}=-3a_n+9\cdot 2^{n-1}$ 两边同除以 $(-3)^{n+1}$，得 $\dfrac{a_{n+1}}{(-3)^{n+1}}-\dfrac{a_n}{(-3)^n}=\left(-\dfrac{2}{3}\right)^{n-1}$．

累差叠加，得 $\dfrac{a_n}{(-3)^n} - \dfrac{a_1}{(-3)} = \left[\left(-\dfrac{2}{3}\right)^{n-2} + \left(-\dfrac{2}{3}\right)^{n-3} + \cdots + \left(-\dfrac{2}{3}\right) + 1\right]$，

则 $\dfrac{a_n}{(-3)^n} = \dfrac{3}{5}\left[1 - \left(-\dfrac{2}{3}\right)^{n-1}\right] - \dfrac{2}{3} = -\dfrac{1}{15} - \dfrac{3}{5}\left(-\dfrac{2}{3}\right)^{n-1}$，因此 $a_n = (-3)^n\left[-\dfrac{1}{15} - \dfrac{3}{5}\left(-\dfrac{2}{3}\right)^{n-1}\right] = \dfrac{9}{10} \cdot 2^n + \dfrac{1}{5}(-3)^{n-1}$.

方法四(解数列方程法)：由 α, β 的轮换性，知 $a_{n+1} - 2a_n = -3(a_n - 2a_{n-1})$，

则数列 $\{a_{n+1} - 2a_n\}$ 是以 $a_2 - 2a_1 = -1$ 为首项，-3 为公比的等比数列，所以 $a_{n+1} - 2a_n = -(-3)^{n-1}$.

又 $a_{n+1} + 3a_n = 9 \cdot 2^{n-1}$，两式相减，得 $5a_n = 9 \cdot 2^{n-1} + (-3)^{n-1}$，因此 $a_n = \dfrac{9}{5} \cdot 2^{n-1} + \dfrac{1}{5}(-3)^{n-1}$.

方法五(特征方程法)：此数列对应的特征方程为 $x^2 = 6 - x$，解得 $x = 2$ 或 $x = -3$.

设数列的通项公式为 $a_n = (-3)^n c_1 + 2^n c_2$，由初始条件 $a_1 = 2$，$a_2 = 3$ 可知，$\begin{cases} c_1 \cdot (-3) + 2c_2 = 2 \\ c_1(-3)^2 + c_2 \cdot 2^2 = 3 \end{cases}$，

解得 $c_1 = -\dfrac{1}{15}$，$c_2 = \dfrac{9}{10}$，因此 $a_n = -\dfrac{1}{15}(-3)^n + \dfrac{9}{10} \cdot 2^n = \dfrac{9}{5} \cdot 2^{n-1} + \dfrac{1}{5}(-3)^{n-1}$.

10. **【解析】** $S_n - S_{n-2} = a_n + a_{n-1} = 3\left(-\dfrac{1}{2}\right)^{n-1}$，即 $a_n = -a_{n-1} + 3\left(-\dfrac{1}{2}\right)^{n-1}$.

令 $a_n + \lambda\left(-\dfrac{1}{2}\right)^n = -\left[a_{n-1} + \lambda\left(-\dfrac{1}{2}\right)^{n-1}\right]$，还原得 $a_n = -a_{n-1} - \lambda\left(-\dfrac{1}{2}\right)^{n-1} - \lambda\left(-\dfrac{1}{2}\right)^n = -a_{n-1} + \lambda\left(-\dfrac{1}{2}\right)^n$，

所以 $\lambda\left(-\dfrac{1}{2}\right)^n = 3\left(-\dfrac{1}{2}\right)^{n-1}$，得 $\lambda = -6$，则 $a_n - 6\left(-\dfrac{1}{2}\right)^n = -\left[a_{n-1} - 6\left(-\dfrac{1}{2}\right)^{n-1}\right]$.

由于 $n \geq 3$，那么 $a_n - 6\left(-\dfrac{1}{2}\right)^n = \left[a_2 - 6\left(-\dfrac{1}{2}\right)^2\right](-1)^{n-2} = \left[S_2 - S_1 - 6\left(-\dfrac{1}{2}\right)^2\right](-1)^{n-2} = -4 \cdot (-1)^{n-2}$，

则 $a_n = 6\left(-\dfrac{1}{2}\right)^n - 4(-1)^{n-2} = 6\left(-\dfrac{1}{2}\right)^n - 4(-1)^n$.

经检验，当 $n = 1, 2$ 时，也满足上式，因此 $a_n = 6\left(-\dfrac{1}{2}\right)^n - 4(-1)^n$.

习题二

1. **【解析】**（1）因为 $a_{n+1} = a_n + 2n$，则 $a_{n+1} - a_n = 2n$，

所以 $a_n = (a_n - a_{n-1}) + (a_{n-1} - a_{n-2}) + \cdots + (a_2 - a_1) + a_1 = 1 + 2[1 + 2 + \cdots + (n-1)] = 1 + n(n-1) = n^2 - n + 1$.

(2) **方法一**：由 $a_{n+1} = \dfrac{n+1}{2n}a_n$，得 $\dfrac{a_{n+1}}{a_n} = \dfrac{n+1}{2n}$，

由累商叠乘，得 $\dfrac{a_n}{a_{n-1}} \cdot \dfrac{a_{n-1}}{a_{n-2}} \cdot \cdots \cdot \dfrac{a_3}{a_2} \cdot \dfrac{a_2}{a_1} = \dfrac{n}{2(n-1)} \cdot \dfrac{n-1}{2(n-2)} \cdot \cdots \cdot \dfrac{3}{2 \times 2} \cdot \dfrac{2}{2 \times 1}$，

则 $\dfrac{a_n}{a_1} = \dfrac{n}{2^{n-1}}$，因此 $a_n = \dfrac{n}{2^{n-1}}$.

方法二：由 $a_{n+1} = \dfrac{n+1}{2n} a_n$，得 $\dfrac{a_{n+1}}{n+1} = \dfrac{1}{2} \cdot \dfrac{a_n}{n}$，

故数列 $\left\{\dfrac{a_n}{n}\right\}$ 是以 1 为首项，$\dfrac{1}{2}$ 为公比的等比数列，于是 $\dfrac{a_n}{n} = \left(\dfrac{1}{2}\right)^{n-1}$，因此 $a_n = \dfrac{n}{2^{n-1}}$.

（3）由 $a_{n+1} = -2a_n + 2$ 可得 $a_{n+1} - \dfrac{2}{3} = -2\left(a_n - \dfrac{2}{3}\right)$，

所以 $a_n - \dfrac{2}{3} = \left(a_1 - \dfrac{2}{3}\right)(-2)^{n-1} = \dfrac{1}{3}(-2)^{n-1}$，因此 $a_n = \dfrac{1}{3}(-2)^{n-1} + \dfrac{2}{3}$.

（4）由 $a_{n+1} = \dfrac{4a_n}{a_n + 2}$，两边取倒数得 $\dfrac{1}{a_{n+1}} = \dfrac{a_n + 2}{4a_n} = \dfrac{1}{2a_n} + \dfrac{1}{4}$，

由待定系数法知 $\dfrac{1}{a_{n+1}} - \dfrac{1}{2} = \dfrac{1}{2}\left(\dfrac{1}{a_n} - \dfrac{1}{2}\right)$，所以 $\dfrac{1}{a_n} - \dfrac{1}{2} = \left(\dfrac{1}{a_1} - \dfrac{1}{2}\right)\left(\dfrac{1}{2}\right)^{n-1} = \left(\dfrac{1}{2}\right)^n$，解得 $a_n = \dfrac{2^n}{1 + 2^{n-1}}$.

（5）**方法一（待定函数法）**：由 $a_{n+1} = 2a_n + 3n - 1$，令 $a_{n+1} + A(n+1) + B = 2(a_n + An + B)$，

展开还原，得 $a_{n+1} = 2a_n + An + B - A$，比较系数得 $\begin{cases} A = 3, \\ B - A = -1, \end{cases}$ 解得 $\begin{cases} A = 3, \\ B = 2, \end{cases}$

所以 $a_{n+1} + 3(n+1) + 2 = 2(a_n + 3n + 2)$，则 $a_n + 3n + 2 = (a_1 + 3 + 2)2^{n-1} = 3 \cdot 2^n$，因此 $a_n = 3 \cdot 2^n - 3n - 2$.

方法二（累差叠加法）：由 $a_{n+1} = 2a_n + 3n - 1$，得 $a_{n+1} - 2a_n = 3n - 1$，

两边同除以 2^{n+1}，得 $\dfrac{a_{n+1}}{2^{n+1}} - \dfrac{a_n}{2^n} = \dfrac{3n - 1}{2^{n+1}}$，

由累差叠加法，知 $\dfrac{a_n}{2^n} - \dfrac{a_1}{2} = \dfrac{3n - 4}{2^n} + \dfrac{3n - 7}{2^{n-1}} + \cdots + \dfrac{2}{2^2} = \dfrac{5}{2} - \dfrac{3n + 2}{2^n}$，

那么 $\dfrac{a_n}{2^n} = 3 - \dfrac{3n + 2}{2^n}$，因此 $a_n = 3 \cdot 2^n - 3n - 2$.

（6）由 $a_{n+1} = S_n + n + 1$，得 $a_n = S_{n-1} + n \ (n \geq 2)$，两式相减，得 $a_{n+1} - a_n = a_n + 1$，

即 $a_{n+1} = 2a_n + 1$，则 $a_{n+1} + 1 = 2(a_n + 1)$，所以 $a_n + 1 = (a_1 + 1)2^{n-1} = 2^n$，因此 $a_n = 2^n - 1$.

（7）两边取倒数 $\dfrac{1}{S_{n+1}} = \dfrac{2S_n + 1}{S_n} = \dfrac{1}{S_n} + 2$，即 $\dfrac{1}{S_{n+1}} - \dfrac{1}{S_n} = 2$，

则数列 $\left\{\dfrac{1}{S_n}\right\}$ 是以 1 为首项，公差为 2 的等差数列，所以 $\dfrac{1}{S_n} = 1 + 2(n-1) = 2n - 1$，即 $S_n = \dfrac{1}{2n - 1}$，

那么 $a_n = S_n - S_{n-1} = \dfrac{1}{2n - 1} - \dfrac{1}{2n - 3} = -\dfrac{2}{(2n-1)(2n-3)}$，因此 $a_n = \begin{cases} 1, & n = 1, \\ -\dfrac{2}{(2n-1)(2n-3)}, & n \geq 2. \end{cases}$

（8）由 $8a_{n+1}a_n - 16a_{n+1} + 2a_n + 5 = 0$，得 $a_{n+1} = \dfrac{2a_n + 5}{16 - 8a_n}$，其特征方程为 $x = \dfrac{2x + 5}{16 - 8x}$，

解得 $x=\dfrac{1}{2}$ 或 $x=\dfrac{5}{4}$，所以 $a_{n+1}-\dfrac{1}{2}=\dfrac{6\left(a_n-\dfrac{1}{2}\right)}{16-8a_n}$ 或 $a_{n+1}-\dfrac{5}{4}=\dfrac{12\left(a_n-\dfrac{5}{4}\right)}{16-8a_n}$，

上述两式相除，得 $\dfrac{a_{n+1}-\dfrac{1}{2}}{a_{n+1}-\dfrac{5}{4}}=\dfrac{1}{2}\cdot\dfrac{a_n-\dfrac{1}{2}}{a_n-\dfrac{5}{4}}$，则 $\dfrac{a_n-\dfrac{1}{2}}{a_n-\dfrac{5}{4}}=\dfrac{a_1-\dfrac{1}{2}}{a_1-\dfrac{5}{4}}\cdot\left(\dfrac{1}{2}\right)^{n-1}=-\dfrac{4}{2^n}$，解得 $a_n=\dfrac{2^{n-1}+5}{2^n+4}$.

(9) 由 $a_{n+1}=3a_n+5\cdot 2^n+4$，令 $a_{n+1}+\lambda\cdot 2^{n+1}+\mu=3(a_n+\lambda\cdot 2^n+\mu)$，还原得 $a_{n+1}=3a_n+\lambda\cdot 2^n+2\mu$，

比较系数，得 $\lambda=5$，$\mu=2$，则 $a_{n+1}+5\cdot 2^{n+1}+2=3(a_n+5\cdot 2^n+2)$，

所以 $a_n+5\cdot 2^n+2=(a_1+12)\,3^{n-1}=13\cdot 3^{n-1}$，因此 $a_n=13\cdot 3^{n-1}-5\cdot 2^n-2$.

(10) **方法一**：由 $a_{n+1}=\dfrac{n+2}{n}S_n$，得 $S_n=\dfrac{n}{n+2}a_{n+1}$，当 $n\geqslant 2$ 时，$S_{n-1}=\dfrac{n-1}{n+1}a_n$，

两式相减，得 $S_n-S_{n-1}=\dfrac{n}{n+2}a_{n+1}-\dfrac{n-1}{n+1}a_n=a_n$，整理得 $\dfrac{a_{n+1}}{n+2}=\dfrac{2a_n}{n+1}$，

所以数列 $\left\{\dfrac{a_n}{n+1}\right\}$ 是以 $\dfrac{1}{2}$ 为首项，2 为公比的等比数列，则 $\dfrac{a_n}{n+1}=\dfrac{1}{2}\cdot 2^{n-1}$，因此 $a_n=(n+1)2^{n-2}$.

方法二：因为 $a_{n+1}=S_{n+1}-S_n=\dfrac{n+2}{n}S_n$，得 $S_{n+1}=\dfrac{n+2}{n}S_n+S_n=\dfrac{2(n+1)}{n}S_n$，则 $\dfrac{S_{n+1}}{n+1}=\dfrac{2S_n}{n}$，

所以数列 $\left\{\dfrac{S_n}{n}\right\}$ 是以 1 为首项，2 为公比的等比数列，于是 $\dfrac{S_n}{n}=2^{n-1}$，则 $S_n=n\cdot 2^{n-1}$，

则 $a_{n+1}=\dfrac{n+2}{n}S_n=(n+2)2^{n-1}$，那么当 $n\geqslant 2$ 时，$a_n=(n+1)2^{n-2}$，

又 $a_1=1$，也满足上式，因此 $a_n=(n+1)2^{n-2}$.

2. 【解析】由 $\dfrac{3(1+a_{n+1})}{1-a_n}=\dfrac{2(1+a_n)}{1-a_{n+1}}$，得 $3(1+a_{n+1})(1-a_{n+1})=2(1+a_n)(1-a_n)$，

即 $3(a_{n+1}^2-1)=2(a_n^2-1)$，所以数列 $\{a_n^2-1\}$ 是公比为 $\dfrac{2}{3}$，首项为 $a_1^2-1=-\dfrac{3}{4}$ 的等比数列，

于是 $a_n^2-1=-\dfrac{3}{4}\left(\dfrac{2}{3}\right)^{n-1}$，则 $a_n^2=-\dfrac{3}{4}\left(\dfrac{2}{3}\right)^{n-1}+1$，$a_n=\pm\sqrt{-\dfrac{3}{4}\left(\dfrac{2}{3}\right)^{n-1}+1}$.

因为 $a_na_{n+1}<0$，$a_1>0$，所以 $a_n=(-1)^{n-1}\sqrt{1-\dfrac{3}{4}\left(\dfrac{2}{3}\right)^{n-1}}$.

3. 【解析】令 $a_{n+2}-\beta a_{n+1}=\alpha(a_{n+1}-\beta a_n)$，还原 $a_{n+2}=(\alpha+\beta)a_{n+1}-\alpha\beta a_n$，则 $\begin{cases}\alpha+\beta=1,\\ \alpha\beta=-1,\end{cases}$

则 α，β 是数列对应的特征方程 $x^2-x-1=0$ 的两根，解得 $\begin{cases}\alpha=\dfrac{1+\sqrt{5}}{2},\\ \beta=\dfrac{1-\sqrt{5}}{2},\end{cases}$ 或 $\begin{cases}\alpha=\dfrac{1-\sqrt{5}}{2},\\ \beta=\dfrac{1+\sqrt{5}}{2},\end{cases}$

第二章　数列的递推及变换

得数列 $\{a_{n+1}-\beta a_n\}$ 是以 α 为公比，$a_2-\beta a_1$ 为首项的等比数列，

所以 $a_{n+1}-\beta a_n=(a_2-\beta a_1)\alpha^{n-1}=(1-\beta)\alpha^{n-1}=\alpha^n$.

方法一(累差叠加法)：对 $a_{n+1}-\beta a_n=\alpha^n$ 两边同除以 β^{n+1}，得 $\dfrac{a_{n+1}}{\beta^{n+1}}-\dfrac{a_n}{\beta^n}=\dfrac{1}{\beta}\left(\dfrac{\alpha}{\beta}\right)^n$，

累差叠加，得 $\dfrac{a_n}{\beta^n}-\dfrac{a_1}{\beta}=\dfrac{1}{\beta}\left[\left(\dfrac{\alpha}{\beta}\right)^{n-1}+\left(\dfrac{\alpha}{\beta}\right)^{n-2}+\cdots+\left(\dfrac{\alpha}{\beta}\right)^2+\dfrac{\alpha}{\beta}\right]$，

则 $\dfrac{a_n}{\beta^n}=\dfrac{1}{\beta}\left[\left(\dfrac{\alpha}{\beta}\right)^{n-1}+\left(\dfrac{\alpha}{\beta}\right)^{n-2}+\cdots+\left(\dfrac{\alpha}{\beta}\right)^2+\dfrac{\alpha}{\beta}+1\right]=\dfrac{1}{\beta}\cdot\dfrac{\left[1-\left(\dfrac{\alpha}{\beta}\right)^n\right]}{1-\dfrac{\alpha}{\beta}}=\dfrac{1}{\beta-\alpha}\left[1-\left(\dfrac{\alpha}{\beta}\right)^n\right]$，

得 $a_n=\dfrac{1}{\beta-\alpha}(\beta^n-\alpha^n)=-\dfrac{1}{\sqrt{5}}\left[\left(\dfrac{1-\sqrt{5}}{2}\right)^n-\left(\dfrac{1+\sqrt{5}}{2}\right)^n\right]=\dfrac{\sqrt{5}}{5}\left[\left(\dfrac{1+\sqrt{5}}{2}\right)^n-\left(\dfrac{1-\sqrt{5}}{2}\right)^n\right]$.

方法二(待定函数法)：由 $a_{n+1}-\beta a_n=\alpha^n$，令 $a_{n+1}-\lambda\alpha^{n+1}=\beta(a_n-\lambda\alpha^n)$，

还原得 $a_{n+1}=\beta a_n-\lambda\beta\alpha^n+\lambda\alpha^{n+1}=\beta a_n+\lambda\alpha^n(\alpha-\beta)$，则 $\lambda\alpha^n(\alpha-\beta)=\alpha^n$，得 $\lambda=\dfrac{1}{\alpha-\beta}$，

则数列 $\{a_n-\lambda\alpha^n\}$ 是以 β 为公比，$a_1-\lambda\alpha=1-\dfrac{\alpha}{\alpha-\beta}=-\dfrac{\beta}{\alpha-\beta}$ 为首项的等比数列，

得 $a_n-\lambda\alpha^n=-\dfrac{\beta}{\alpha-\beta}\cdot\beta^{n-1}=-\dfrac{\beta^n}{\alpha-\beta}$，因此 $a_n=\dfrac{\alpha^n}{\alpha-\beta}-\dfrac{\beta^n}{\alpha-\beta}=\dfrac{\sqrt{5}}{5}\left[\left(\dfrac{1+\sqrt{5}}{2}\right)^n-\left(\dfrac{1-\sqrt{5}}{2}\right)^n\right]$.

方法三(解数列方程法)：由 $a_{n+1}-\beta a_n=\alpha^n$，又由 α,β 的轮换性，知 $a_{n+1}-\alpha a_n=\beta^n$，

两式相减，得 $(\alpha-\beta)a_n=\alpha^n-\beta^n$，得 $a_n=\dfrac{1}{\alpha-\beta}(\alpha^n-\beta^n)$，因此 $a_n=\dfrac{\sqrt{5}}{5}\left[\left(\dfrac{1+\sqrt{5}}{2}\right)^n-\left(\dfrac{1-\sqrt{5}}{2}\right)^n\right]$.

方法四(特征方程法)：此数列对应的特征方程为 $x^2=x+1$，即 $x^2-x-1=0$，解得 $x=\dfrac{1\pm\sqrt{5}}{2}$.

设 $a_n=c_1\left(\dfrac{1+\sqrt{5}}{2}\right)^n+c_2\left(\dfrac{1-\sqrt{5}}{2}\right)^n$，由初始条件 $a_1=a_2=1$ 可知 $\begin{cases}c_1\cdot\dfrac{1+\sqrt{5}}{2}+c_2\cdot\dfrac{1-\sqrt{5}}{2}=1\\ c_1\left(\dfrac{1+\sqrt{5}}{2}\right)^2+c_2\left(\dfrac{1-\sqrt{5}}{2}\right)^2=1\end{cases}$，

解得 $\begin{cases}c_1=\dfrac{1}{\sqrt{5}}\\ c_2=-\dfrac{1}{\sqrt{5}}\end{cases}$，因此 $a_n=\dfrac{\sqrt{5}}{5}\left[\left(\dfrac{1+\sqrt{5}}{2}\right)^n-\left(\dfrac{1-\sqrt{5}}{2}\right)^n\right]$.

4.**【解析】** 由已知 $a_{n+1}=\dfrac{a_n^2}{2(a_n-1)}$，得 $a_{n+1}-2=\dfrac{a_n^2}{2(a_n-1)}-2=\dfrac{(a_n-2)^2}{2(a_n-1)}$，

两式相除，得 $\dfrac{a_{n+1}-2}{a_{n+1}} = \dfrac{(a_n-2)^2}{a_n^2} = \left(\dfrac{a_n-2}{a_n}\right)^2$.

令 $b_n = \dfrac{a_n-2}{a_n}$，则 $b_{n+1} = b_n^2$，$b_1 = \dfrac{1}{3}$，所以 $b_n = b_{n-1}^2 = b_{n-2}^4 = \cdots = b_1^{2^{n-1}} = \left(\dfrac{1}{3}\right)^{2^{n-1}}$，

即 $\dfrac{a_n-2}{a_n} = \left(\dfrac{1}{3}\right)^{2^{n-1}}$，解得 $a_n = \dfrac{2}{1-\left(\dfrac{1}{3}\right)^{2^{n-1}}} = \dfrac{2\cdot 3^{2^{n-1}}}{3^{2^{n-1}}-1}$.

第三章　数列不等式的证明方法

数列不等式的证明方法众多、构造性强、思维跨度大，可全面考查同学们的思维能力和综合运用能力，因此成为高考及各类数学竞赛的重要内容，它多以压轴题的形式出现．大虾老师将从本章开始介绍数列不等式证明的常用方法和基本策略．

第一节　数学归纳法

虽然用数学归纳法证明数列不等式难度不大，只要根据数学归纳法的证明要求按部就班地写出来即可，但在大虾老师看来，这是一种十分有效的证明数列不等式的方法．当面对一个数列不等式的证明问题时，我们首先考虑能不能用数学归纳法证明．

例1 用数学归纳法证明：$1+\dfrac{1}{2^2}+\dfrac{1}{3^2}+\dfrac{1}{4^2}+\cdots+\dfrac{1}{n^2}\leqslant 2-\dfrac{1}{n}\;(n\in \mathbf{N}^*)$．

【证明】 当 $n=1$ 时，不等式左边等于 1，右边也等于 1，所以不等式成立．

假设当 $n=k$ 时，不等式成立，即 $1+\dfrac{1}{2^2}+\dfrac{1}{3^2}+\dfrac{1}{4^2}+\cdots+\dfrac{1}{k^2}\leqslant 2-\dfrac{1}{k}$，

那么当 $n=k+1$ 时，$1+\dfrac{1}{2^2}+\dfrac{1}{3^2}+\dfrac{1}{4^2}+\cdots+\dfrac{1}{k^2}+\dfrac{1}{(k+1)^2}\leqslant 2-\dfrac{1}{k}+\dfrac{1}{(k+1)^2}$

（注：这里利用了假设 $1+\dfrac{1}{2^2}+\dfrac{1}{3^2}+\dfrac{1}{4^2}+\cdots+\dfrac{1}{k^2}\leqslant 2-\dfrac{1}{k}$）

$=2-\dfrac{(k+1)^2-k}{k(k+1)^2}=2-\dfrac{k^2+k+1}{k(k+1)^2}=2-\dfrac{k^2+k+1}{k(k+1)}\cdot\dfrac{1}{k+1}$，

（注：这里通分变形，并关注目标式 $2-\dfrac{1}{k+1}$）

因为 $\dfrac{k^2+k+1}{k(k+1)} = 1 + \dfrac{1}{k(k+1)} > 1$，则 $2 - \dfrac{k^2+k+1}{k(k+1)} \cdot \dfrac{1}{k+1} < 2 - \dfrac{1}{k+1}$，

所以 $1 + \dfrac{1}{2^2} + \dfrac{1}{3^2} + \dfrac{1}{4^2} + \cdots + \dfrac{1}{k^2} + \dfrac{1}{(k+1)^2} < 2 - \dfrac{1}{k+1}$，

即当 $n = k+1$ 时不等式也成立.

因此对于任意的 $n \in \mathbf{N}^*$，都有 $1 + \dfrac{1}{2^2} + \dfrac{1}{3^2} + \dfrac{1}{4^2} + \cdots + \dfrac{1}{n^2} \leqslant 2 - \dfrac{1}{n}$.

用数学归纳法证明的一般步骤是：验证当 $n = 1$ 时不等式成立；假设当 $n = k$ 时不等式成立，证明当 $n = k+1$ 时不等式也成立，从而说明对于任意的 $n \in \mathbf{N}^*$ 不等式都成立. 在证明中唯一需要动脑筋的是"证明当 $n = k+1$ 时不等式成立"，这里我们需要合理地利用假设，仔细观察与证明目标之间的差距，然后通过分析作恰当的变换或拆分实现证明. 当然不是所有的数列不等式都可以用数学归纳法证明. 一般情况下，两边都与正整数 n 有关的不等式可以尝试用数学归纳法证明.

例2 已知数列 $\{a_n\}$ 满足 $a_1 = \dfrac{1}{2}$，$a_{n+1} = a_n - \dfrac{3}{2}a_n^2$，$n \in \mathbf{N}^*$. 证明：$a_n \leqslant \dfrac{1}{n+1}$.

【证明】当 $n = 1$ 时，因为 $a_1 = \dfrac{1}{2}$，不等式成立；

当 $n = 2$ 时，$a_2 = a_1 - \dfrac{3}{2}a_1^2 = \dfrac{1}{8} < \dfrac{1}{1+2}$，不等式成立.

假设当 $n = k$ 时，不等式成立，即 $a_k \leqslant \dfrac{1}{k+1}$ $(k \geqslant 2)$，

那么当 $n = k+1$ 时，$a_{k+1} = a_k - \dfrac{3}{2}a_k^2 = -\dfrac{3}{2}\left(a_k - \dfrac{1}{3}\right)^2 + \dfrac{1}{6}$，

令函数 $f(x) = -\dfrac{3}{2}\left(x - \dfrac{1}{3}\right)^2 + \dfrac{1}{6}$，则 $f(x)$ 在 $\left(-\infty, \dfrac{1}{3}\right]$ 上为增函数，

因为 $a_k \leqslant \dfrac{1}{k+1} \leqslant \dfrac{1}{3}$，则 $a_{k+1} = f(a_k) \leqslant f\left(\dfrac{1}{k+1}\right) = \dfrac{1}{k+1} - \dfrac{3}{2} \cdot \dfrac{1}{(k+1)^2}$

$$= \dfrac{2(k+1)-3}{2(k+1)^2} = \dfrac{2k-1}{2(k+1)^2} < \dfrac{2k}{2(k+1)^2}$$

$$= \dfrac{k}{k^2+2k+1} < \dfrac{k}{k^2+2k} = \dfrac{1}{k+2},$$

即当 $n=k+1$ 时不等式也成立.

因此对于任意的 $n \in \mathbf{N}^*$，都有 $a_n \leqslant \dfrac{1}{n+1}$.

在用数学归纳法证明时，通常将 a_{k+1} 看成是关于 a_k 的函数，即 $a_{k+1}=f(a_k)$，把假设中 a_k 的范围当作定义域，从而求得 a_{k+1} 相应的范围.

练习 3.1

1. 用数学归纳法证明：$1+\dfrac{1}{\sqrt{2}}+\dfrac{1}{\sqrt{3}}+\dfrac{1}{\sqrt{4}}+\cdots+\dfrac{1}{\sqrt{n}}<2\sqrt{n}\ (n \in \mathbf{N}^*)$.

2. 已知正项数列 $\{a_n\}$，满足 $a_{n+1} \leqslant a_n - a_n^2$，$n \in \mathbf{N}^*$. 求证：$a_n < \dfrac{1}{n}$.

第二节 比较法

比较法是一种直截了当的证明方法,特别是在证明数列的单调性时,是其他方法无可比拟的.

比如,已知数列 $\{a_n\}$,满足 $a_1 > 0$,$a_{n+1} = a_n + \dfrac{1}{a_n}$,$n \in \mathbf{N}^*$,证明:$a_n < a_{n+1}$.

由作差得 $a_{n+1} - a_n = \dfrac{1}{a_n}$,那么只需证明 $a_n > 0$ 即可,用数学归纳法很容易证明 $a_n > 0$,同学们可以自己写一写.

例3 已知数列 $\{a_n\}$ 满足 $0 < a_1 < 1$,$a_{n+1} = \dfrac{na_n + a_n^2}{n+1}$ ($n \in \mathbf{N}^*$). 求证:

(1) $a_n < 1$;(2) $a_n > a_{n+1}$.

【证明】(1) 由 $0 < a_1 < 1$,$a_{n+1} = \dfrac{na_n + a_n^2}{n+1}$,知 $a_n > 0$.

证法一: 当 $n = 1$ 时,已知 $0 < a_1 < 1$,结论成立.

假设当 $n = k$ 时结论成立,即 $a_k < 1$,

那么当 $n = k+1$ 时,$a_{k+1} = \dfrac{(k+a_k)a_k}{k+1} < \dfrac{k+a_k}{k+1} < 1$,即当 $n = k+1$ 时结论也成立.

所以 $a_n < 1$.

证法二: $a_{n+1} - 1 = \dfrac{na_n + a_n^2}{n+1} - 1 = \dfrac{a_n^2 + na_n - (n+1)}{n+1} = \dfrac{(a_n + n + 1)(a_n - 1)}{n+1}$,

所以 $a_{n+1} - 1$ 与 $a_n - 1$ 同号,于是 $a_n - 1$ 与 $a_{n-1} - 1$ 同号,依此类推,$a_2 - 1$ 与 $a_1 - 1$ 同号,所以 $a_n - 1$ 与 $a_1 - 1$ 同号,因为 $a_1 - 1 < 0$,所以 $a_n < 1$.

(2) **证法一(作差比较法):** $a_{n+1} - a_n = \dfrac{na_n + a_n^2}{n+1} - a_n = \dfrac{a_n^2 - a_n}{n+1} = \dfrac{a_n(a_n - 1)}{n+1}$,

由(1)知 $0 < a_n < 1$,所以 $a_{n+1} - a_n < 0$,即 $a_n > a_{n+1}$.

证法二(作商比较法): $\dfrac{a_{n+1}}{a_n} = \dfrac{n + a_n}{n+1} < 1$ ($0 < a_n < 1$),因此 $a_n > a_{n+1}$.

本题第（1）小题的证法二采取了同号递推的方法证明了 $a_n < 1$，这种方法在后续的证明中经常采用. 第（2）小题采用了作差比较和作商比较两种方法，在作差比较时，往往通过因式分解或通分等手段将差式分解为几个因式的乘积或商，然后逐个判断各个因式的符号；在作商比较时，我们特别要关注两者的符号，如果两者异号，大小就很明显了.

例4 已知数列 $\{a_n\}$，$a_1 > 1$ 且 $a_{n+1} = \dfrac{a_n(a_n^2+3)}{3a_n^2+1}$，$n \in \mathbf{N}^*$，判断数列 $\{a_n\}$ 的单调性.

【分析】 判断数列是否呈单调性，就是比较数列前后两项的大小，比较大小可以采用作差比较法或作商比较法.

【解析】 由 $a_1 > 1$，$a_{n+1} = \dfrac{a_n(a_n^2+3)}{3a_n^2+1}$，知 $a_n > 0$.

方法一(作差比较法)：$a_{n+1} - a_n = \dfrac{a_n(a_n^2+3)}{3a_n^2+1} - a_n = \dfrac{2a_n(1+a_n)(1-a_n)}{3a_n^2+1}$，

那么 $a_{n+1} - a_n$ 和 $1 - a_n$ 同号，所以我们要考虑 a_n 和 1 的大小.

$$a_{n+1} - 1 = \dfrac{a_n(a_n^2+3)}{3a_n^2+1} - 1 = \dfrac{a_n^3 - 3a_n^2 + 3a_n - 1}{3a_n^2+1} = \dfrac{(a_n-1)^3}{3a_n^2+1},$$

则 $a_{n+1} - 1$ 与 $a_n - 1$ 同号，于是 $a_n - 1$ 与 $a_{n-1} - 1$ 同号，依此类推，$a_2 - 1$ 与 $a_1 - 1$ 同号，所以 $a_n - 1$ 与 $a_1 - 1$ 同号.

因为 $a_1 > 1$，所以 $a_n > 1$，

那么 $\dfrac{2a_n(1+a_n)(1-a_n)}{3a_n^2+1} < 0$，则 $a_{n+1} - a_n < 0$，

因此数列 $\{a_n\}$ 为单调递减数列.

方法二(作商比较法)：$\dfrac{a_{n+1}}{a_n} = \dfrac{a_n^2+3}{3a_n^2+1}$，这样只要比较分子与分母的大小. 分子分母作差得 $a_n^2 + 3 - (3a_n^2 + 1) = 2 - 2a_n^2 = -2(a_n - 1)(a_n + 1)$. 我们还需考虑 a_n 和 1 的大小，因为 $a_1 > 1$，猜想 $a_n > 1$. 下面用数学归纳法证明 $a_n > 1$.

当 $n = 1$ 时，已知 $a_1 > 1$，结论成立.

假设当 $n=k$ 时结论成立，即 $a_k > 1$.

那么当 $n=k+1$ 时，$a_{k+1} - 1 = \dfrac{a_k(a_k^2+3)}{3a_k^2+1} - 1 = \dfrac{(a_k-1)^3}{3a_k^2+1}$，

由假设 $a_k > 1$，则 $\dfrac{(a_k-1)^3}{3a_k^2+1} > 0$，即 $a_{k+1} > 1$，

即当 $n=k+1$ 时结论也成立.

故 $a_n > 1$.

所以 $a_n^2 + 3 - (3a_n^2+1) < 0$，则 $\dfrac{a_{n+1}}{a_n} = \dfrac{a_n^2+3}{3a_n^2+1} < 1$，得 $a_{n+1} < a_n$，

因此数列 $\{a_n\}$ 为单调递减数列.

单调性是数列的一个非常重要的性质. 一般情况下，遇到一个以递推形式给出的数列，首先要判断数列的单调性.

练习 3.2

1. 已知数列 $\{a_n\}$ 满足 $a_n < 0$，且 $a_{n+1}^2 + a_{n+1} - 1 = a_n^2$，$n \in \mathbf{N}^*$. 证明：$a_n > a_{n+1}$.

2. 设数列 $\{a_n\}$，满足首项 $0 < a_1 < 1$，$a_{n+1} = \dfrac{3-a_n}{2}$，$n \in \mathbf{N}^*$.

   （1）求 $\{a_n\}$ 的通项公式；

   （2）设 $b_n = a_n\sqrt{3-2a_n}$，证明：$b_n < b_{n+1}$.

第三节 分析法

分析法是从要证明的结论 Q 出发,逐步寻找结论成立的条件 P(充分条件),最后把要证明的结论归结为判断一个明显成立的条件(已知条件、定理、定义、公理等). 分析法的证明过程如下所示:

$$Q \Leftarrow P_1 \to P_1 \Leftarrow P_2 \to P_2 \Leftarrow P_3 \to \cdots \to 得到一个明显成立的结论.$$

例 5 已知数列 $\{a_n\}$ 满足 $a_1 = 1$,$a_{n+1} = \left(1 + \dfrac{1}{n^2 + n}\right)a_n + \dfrac{1}{2^n}$. 证明:当 $n \geq 2$ 时,$a_n \geq 2$.

【分析】首先考虑当 $n = 2$ 时,$a_2 = \left(1 + \dfrac{1}{2}\right)a_1 + \dfrac{1}{2} = 2$,如果能证明数列 $\{a_n\}$ 是单调递增数列,那么结论就成立了. 自然想到作差 $a_{n+1} - a_n = \dfrac{a_n}{n^2 + n} + \dfrac{1}{2^n}$,使差值大于零,如果能证明 $a_n > 0$,结论就成立了,而 $a_n > 0$ 用数学归纳法非常容易证明.

【证明】当 $n = 1$ 时,因为 $a_1 = 1 > 0$,结论成立.

假设当 $n = k$ 时,$a_k > 0$ 成立,

那么当 $n = k + 1$ 时,$a_{k+1} = \left(1 + \dfrac{1}{k^2 + k}\right)a_k + \dfrac{1}{2^k} > \dfrac{1}{2^k} > 0$,

即当 $n = k + 1$ 时结论也成立.

所以 $a_n > 0$ 对于任意正整数 n 都成立.

于是 $a_{n+1} - a_n = \dfrac{a_n}{n^2 + n} + \dfrac{1}{2^n} > 0$,所以数列 $\{a_n\}$ 是单调递增数列.

又 $a_2 = \left(1 + \dfrac{1}{2}\right)a_1 + \dfrac{1}{2} = 2$,因此当 $n \geq 2$ 时,都有 $a_n \geq 2$.

分析法是一种有效的证明方法,其应用相当广泛. 当所证明的问题比较复杂时,我们可以通过分析逐步将问题转变为一系列较为容易证明的问题,最终找到所要证明问题的核心.

例6 求证: $\dfrac{1}{2} \cdot \dfrac{3}{4} \cdot \dfrac{5}{6} \cdot \ldots \cdot \dfrac{2n-1}{2n} < \dfrac{1}{\sqrt{2n+1}}$, $n \in \mathbf{N}^*$.

【证明】当 $n=1$ 时, 不等式左边 $= \dfrac{1}{2}$, 右边 $= \dfrac{1}{\sqrt{3}}$, 由 $\dfrac{1}{2} < \dfrac{1}{\sqrt{3}}$, 不等式成立.

假设当 $n=k$ 时, 不等式成立, 即 $\dfrac{1}{2} \cdot \dfrac{3}{4} \cdot \dfrac{5}{6} \cdot \ldots \cdot \dfrac{2k-1}{2k} < \dfrac{1}{\sqrt{2k+1}}$,

那么当 $n=k+1$ 时,

$$\dfrac{1}{2} \cdot \dfrac{3}{4} \cdot \dfrac{5}{6} \cdot \ldots \cdot \dfrac{2k-1}{2k} \cdot \dfrac{2k+1}{2(k+1)} < \dfrac{1}{\sqrt{2k+1}} \cdot \dfrac{2k+1}{2(k+1)} = \dfrac{\sqrt{2k+1}}{2(k+1)},$$

下面用分析法来找到证明的路径, 需要我们证明的目标是:

$$\dfrac{1}{2} \cdot \dfrac{3}{4} \cdot \dfrac{5}{6} \cdot \ldots \cdot \dfrac{2k-1}{2k} \cdot \dfrac{2k+1}{2(k+1)} < \dfrac{1}{\sqrt{2k+3}}.$$

如果能够证明 $\dfrac{\sqrt{2k+1}}{2(k+1)} < \dfrac{1}{\sqrt{2k+3}}$, 问题就解决了,

那么只需证明 $\sqrt{2k+1} \cdot \sqrt{2k+3} < 2(k+1)$, 即 $(2k+1)(2k+3) < 4(k+1)^2$,

两边展开, 得 $4k^2 + 8k + 3 < 4k^2 + 8k + 4$,

上式显然成立, 则 $\dfrac{\sqrt{2k+1}}{2(k+1)} < \dfrac{1}{\sqrt{2k+3}}$ 成立,

所以 $\dfrac{1}{2} \cdot \dfrac{3}{4} \cdot \dfrac{5}{6} \cdot \ldots \cdot \dfrac{2k-1}{2k} \cdot \dfrac{2k+1}{2(k+1)} < \dfrac{1}{\sqrt{2k+3}}$ 成立,

即当 $n=k+1$ 时结论也成立.

因此 $\dfrac{1}{2} \cdot \dfrac{3}{4} \cdot \dfrac{5}{6} \cdot \ldots \cdot \dfrac{2n-1}{2n} < \dfrac{1}{\sqrt{2n+1}}$, 对任意的 $n \in \mathbf{N}^*$ 都成立.

可能很多同学不认为分析法是一种方法, 但分析法恰恰是解决问题的最有效的根本性方法, 能帮助我们顺利找到解决问题的思路, 请同学们引起足够的重视. 本书后面的章节中, 对于一些较难的问题, 大虾老师将通过分析法带领同学们一起寻找解决问题的路径.

练习 3.3

1. 已知数列 $\{a_n\}$ 满足 $a_1=4$, $a_{n+1}=\sqrt{2a_n+3}$, $n\in \mathbf{N}^*$. 求证: $3-\left(\dfrac{2}{3}\right)^{n-1}\leqslant a_n \leqslant 3+\left(\dfrac{2}{3}\right)^{n-1}$.

2. 已知数列 $\{a_n\}$ 满足 $a_7=4$, $a_{n+1}=\dfrac{3a_n+4}{7-a_n}$, $n\in \mathbf{N}^*$, 是否存在自然数 m, 使得当 $n\geqslant m$ 时, $a_n<2$; 若存在, 求出 m 的最小值; 若不存在, 请说明理由.

第四节 构造法

构造法是根据所给题设的结构特点,运用分析类比等推理手段,构造与之相匹配的数学模型,该模型可以是代数模型,也可以是几何模型. 在数列不等式证明中,经常引入新数列、母函数或二项式等来证明不等式.

一、构造新数列

例7 证明:$\dfrac{1}{2} \cdot \dfrac{3}{4} \cdot \dfrac{5}{6} \cdot \cdots \cdot \dfrac{2n-1}{2n} < \dfrac{1}{\sqrt{2n+1}}$,$n \in \mathbf{N}^*$.

【分析】这道题在本章前面已用数学归纳法进行了证明,这里尝试用构造新数列的方法来证明. 记 $b_n = \dfrac{1}{2} \cdot \dfrac{3}{4} \cdot \dfrac{5}{6} \cdot \cdots \cdot \dfrac{2n-1}{2n} \cdot \sqrt{2n+1}$,要证明原不等式,即证明 $b_n < 1$,而 $b_1 = \dfrac{\sqrt{3}}{2} < 1$,如果能证明数列 $\{b_n\}$ 是单调递减数列,问题就解决了,所以只需证明 $b_n > b_{n+1}$. 要证明前后两项的大小关系,我们通常可以用比较法进行证明. 由于这里是乘积的形式,为此选择作商比较法.

【证明】记 $b_n = \dfrac{1}{2} \cdot \dfrac{3}{4} \cdot \dfrac{5}{6} \cdot \cdots \cdot \dfrac{2n-1}{2n} \cdot \sqrt{2n+1}$,

则 $b_{n+1} = \dfrac{1}{2} \cdot \dfrac{3}{4} \cdot \dfrac{5}{6} \cdot \cdots \cdot \dfrac{2n-1}{2n} \cdot \dfrac{2n+1}{2(n+1)} \cdot \sqrt{2n+3}$,

于是 $\dfrac{b_{n+1}}{b_n} = \dfrac{2n+1}{2(n+1)} \cdot \dfrac{\sqrt{2n+3}}{\sqrt{2n+1}} = \dfrac{\sqrt{2n+1} \cdot \sqrt{2n+3}}{2(n+1)} = \sqrt{\dfrac{4n^2+8n+3}{4n^2+8n+4}} < 1$,

则 $b_{n+1} < b_n$,故数列 $\{b_n\}$ 为单调递减数列,所以 $b_n < b_1 = \dfrac{\sqrt{3}}{2} < 1$,

因此 $\dfrac{1}{2} \cdot \dfrac{3}{4} \cdot \dfrac{5}{6} \cdot \cdots \cdot \dfrac{2n-1}{2n} < \dfrac{1}{\sqrt{2n+1}}$ 成立.

一般情况下,对于数列积的不等式 $a_1 a_2 \cdots a_n < f(n)$(或 $a_1 a_2 \cdots a_n > f(n)$),我们可

以尝试构造一个新数列 $b_n = \dfrac{a_1 a_2 \cdots a_n}{f(n)}$，先验证 $b_1 = \dfrac{a_1}{f(1)} < 1$（或 $b_1 = \dfrac{a_1}{f(1)} > 1$），然后证明数列 $\{b_n\}$ 是单调递减数列（或单调递增数列），进而证明原不等式.

二、构造母函数

由于数列是一个自变量为正整数的函数，有时进行数列不等式的证明时，只从数列的本身去分析会很困难，如果将数列的递推关系或通项与一个函数模型建立联系，促成问题的转化，借助函数的性质就能实现问题的解决.

例8 已知数列 $\{a_n\}$ 满足 $0 < a_1 < 1$，$a_{n+1} = a_n - \sin a_n$，$n \in \mathbf{N}^*$. 求证：

（1）$0 < a_n < 1$；（2）$a_{n+1} < \dfrac{1}{4} a_n^2$.

【证明】（1）当 $n = 1$ 时，因为 $0 < a_1 < 1$，结论成立.

假设当 $n = k$ 时，结论成立，即 $0 < a_k < 1$，

那么当 $n = k + 1$ 时，令 $f(x) = x - \sin x$，则 $a_{k+1} = a_k - \sin a_k = f(a_k)$，

则 $f'(x) = 1 - \cos x > 0$，所以 $f(x) = x - \sin x$ 在 $(0, 1)$ 上为增函数，

因为 $0 < a_k < 1$，所以 $f(0) < f(a_k) < f(1)$，

得 $0 < f(a_k) < 1 - \sin 1 < 1$，即 $0 < a_{k+1} < 1$，

故当 $n = k + 1$ 时不等式也成立.

因此对于任意的 $n \in \mathbf{N}^*$，都有 $0 < a_n < 1$.

（2）要证原不等式，只需证明 $a_{n+1} - \dfrac{1}{4} a_n^2 = a_n - \dfrac{1}{4} a_n^2 - \sin a_n < 0$.

令函数 $g(x) = x - \dfrac{1}{4} x^2 - \sin x$，$g'(x) = 1 - \cos x - \dfrac{x}{2} = 2\sin^2 \dfrac{x}{2} - \dfrac{x}{2}$，

因为 $x \in (0, 1)$，有 $\sin x < x$，

那么 $g'(x) = 2\sin^2 \dfrac{x}{2} - \dfrac{x}{2} < 2\left(\dfrac{x}{2}\right)^2 - \dfrac{x}{2} = \dfrac{x^2 - x}{2} < 0$，

所以函数 $g(x)$ 在 $(0, 1)$ 上为减函数，那么 $g(a_n) < g(0) = 0$，

即 $a_n - \dfrac{1}{4} a_n^2 - \sin a_n < 0$，因此不等式 $a_{n+1} < \dfrac{1}{4} a_n^2$ 成立.

本例两小题都自然地引入了新函数，把 a_n 当作自变量，将数列的递推关系表示成函数 $f(a_n)$，利用函数的单调性、最值等性质证明不等式.

例9 对于任意的 $n \in \mathbf{N}^*$，求证：

(1) $\dfrac{1}{n+1} < \ln\left(1 + \dfrac{1}{n}\right) < \dfrac{1}{n}$；

(2) $\dfrac{1}{2} + \dfrac{1}{3} + \cdots + \dfrac{1}{n+1} < \ln(n+1) < 1 + \dfrac{1}{2} + \dfrac{1}{3} + \cdots + \dfrac{1}{n}$.

【证明】(1) 先证明不等式的右边. 观察 $\ln\left(1 + \dfrac{1}{n}\right) < \dfrac{1}{n}$ 的结构，马上想到是否有函数不等式 $\ln(1+x) < x\,(x>0)$ 成立.

令 $f(x) = \ln(1+x) - x\,(x>0)$，$f'(x) = \dfrac{1}{1+x} - 1 = \dfrac{-x}{1+x} < 0$，

所以 $f(x)$ 在 $(0, +\infty)$ 上为减函数，则 $f(x) < f(0) = 0$，即 $\ln(1+x) < x\,(x>0)$ 成立.

由于 $\dfrac{1}{n} > 0$，所以 $\ln\left(1 + \dfrac{1}{n}\right) < \dfrac{1}{n}$ 成立.

再证明不等式的左边. 我们同样将 $\dfrac{1}{n}$ 看作自变量 x，则 $n = \dfrac{1}{x}$，那么是否有函数不等式 $\ln(x+1) > \dfrac{x}{1+x}\,(x>0)$ 成立？

令 $g(x) = \ln(x+1) - \dfrac{x}{1+x} = \ln(x+1) + \dfrac{1}{1+x} - 1\,(x>0)$，

则 $g'(x) = \dfrac{1}{1+x} - \dfrac{1}{(1+x)^2} = \dfrac{x}{(1+x)^2} > 0$，

所以 $g(x)$ 在 $(0, +\infty)$ 上为增函数，则 $g(x) > g(0) = 0$，

即 $\ln(x+1) > \dfrac{x}{1+x}\,(x>0)$ 成立.

由于 $\dfrac{1}{n} > 0$，所以 $\ln\left(1 + \dfrac{1}{n}\right) > \dfrac{\dfrac{1}{n}}{1 + \dfrac{1}{n}} = \dfrac{1}{n+1}$.

因此，对于任意的 $n \in \mathbf{N}^*$ 都有 $\dfrac{1}{n+1} < \ln\left(1 + \dfrac{1}{n}\right) < \dfrac{1}{n}$.

(2) 由（1）知 $\ln\left(1+\dfrac{1}{n}\right) = \ln\dfrac{n+1}{n} = \ln(n+1) - \ln n < \dfrac{1}{n}$,

$\ln(n+1) = [\ln(n+1) - \ln n] + [\ln n - \ln(n-1)] + \cdots + (\ln 2 - \ln 1) + \ln 1$

$< \dfrac{1}{n} + \dfrac{1}{n-1} + \cdots + \dfrac{1}{2} + 1 + 0 = 1 + \dfrac{1}{2} + \dfrac{1}{3} + \cdots + \dfrac{1}{n}$;

对于不等式的左边，由（1）知 $\ln\left(1+\dfrac{1}{n}\right) = \ln(n+1) - \ln n > \dfrac{1}{n+1}$,

$\ln(n+1) = [\ln(n+1) - \ln n] + [\ln n - \ln(n-1)] + \cdots + (\ln 2 - \ln 1) + \ln 1$

$> \dfrac{1}{n+1} + \dfrac{1}{n} + \cdots + \dfrac{1}{3} + \dfrac{1}{2} + 0 = \dfrac{1}{2} + \dfrac{1}{3} + \cdots + \dfrac{1}{n+1}$.

因此 $\dfrac{1}{2} + \dfrac{1}{3} + \cdots + \dfrac{1}{n+1} < \ln(n+1) < 1 + \dfrac{1}{2} + \dfrac{1}{3} + \cdots + \dfrac{1}{n}$.

用构造函数证明数列不等式，先要分析所证明不等式的结构特点，然后替换为函数不等式，再引入相应函数证明此函数不等式成立. 在本例中，根据不等式 $\dfrac{1}{n+1} < \ln\left(1+\dfrac{1}{n}\right) < \dfrac{1}{n}$ 的结构特点，替换为函数不等式 $\dfrac{x}{1+x} < \ln(1+x) < x$, 作差构造函数来证明函数不等式成立，进而实现数列不等式的证明.

例10 证明：$\ln(n+1) + \dfrac{n}{2(n+1)} < 1 + \dfrac{1}{2} + \dfrac{1}{3} + \cdots + \dfrac{1}{n}$ $(n \in \mathbf{N}^*)$.

【分析】我们把左边看成数列 $a_n = \ln(n+1) + \dfrac{n}{2(n+1)}$, $a_1 = \ln 2 + \dfrac{1}{4}$, 右边看成数列 $b_n = 1 + \dfrac{1}{2} + \dfrac{1}{3} + \cdots + \dfrac{1}{n}$, $b_1 = 1$. 可以验证 $a_1 < b_1$, 而且这两个数列都为单调递增数列，如果能证明数列 $\{a_n\}$ 的增量均比 $\{b_n\}$ 的增量小，那么问题就得到证明了.

$a_n - a_{n-1} = \ln(n+1) + \dfrac{n}{2(n+1)} - \ln n - \dfrac{n-1}{2n} = \ln\dfrac{n+1}{n} + \dfrac{n}{2(n+1)} - \dfrac{n-1}{2n}$,

$b_n - b_{n-1} = 1 + \dfrac{1}{2} + \dfrac{1}{3} + \cdots + \dfrac{1}{n} - \left(1 + \dfrac{1}{2} + \dfrac{1}{3} + \cdots + \dfrac{1}{n-1}\right) = \dfrac{1}{n}$,

那么只需证明 $\ln\dfrac{n+1}{n} + \dfrac{n}{2(n+1)} - \dfrac{n-1}{2n} < \dfrac{1}{n}$, 即 $\ln\dfrac{n+1}{n} < \dfrac{n+1}{2n} - \dfrac{n}{2(n+1)}$. 把 $\dfrac{n+1}{n}$ 看作一个整体，自然想到是否有函数不等式 $\ln x < \dfrac{1}{2}\left(x - \dfrac{1}{x}\right)(x > 1)$ 成立.

令函数 $f(x) = \ln x - \dfrac{x}{2} + \dfrac{1}{2x}$ $(x > 1)$,

则 $f'(x) = \dfrac{1}{x} - \dfrac{1}{2} - \dfrac{1}{2x^2} = \dfrac{2x - x^2 - 1}{2x^2} = -\dfrac{(x-1)^2}{2x^2} < 0$,

所以 $f(x)$ 在 $(1, +\infty)$ 上为减函数,

则 $f(x) = \ln x - \dfrac{x}{2} + \dfrac{1}{2x} < f(1) = 0$, 即 $\ln x < \dfrac{1}{2}\left(x - \dfrac{1}{x}\right)(x > 1)$ 成立.

以上是大虾老师分析这道题的思路, 只需整理一下就可写出证明过程.

【证明】令函数 $f(x) = \ln x - \dfrac{x}{2} + \dfrac{1}{2x}$ $(x > 1)$,

则 $f'(x) = \dfrac{1}{x} - \dfrac{1}{2} - \dfrac{1}{2x^2} = \dfrac{2x - x^2 - 1}{2x^2} = -\dfrac{(x-1)^2}{2x^2} < 0$,

所以 $f(x)$ 在 $(1, +\infty)$ 上为减函数,

则 $f(x) = \ln x - \dfrac{x}{2} + \dfrac{1}{2x} < f(1) = 0$, 即 $\ln x < \dfrac{1}{2}\left(x - \dfrac{1}{x}\right)(x > 1)$,

令 $x = \dfrac{n+1}{n}$, 得 $\ln \dfrac{n+1}{n} < \dfrac{n+1}{2n} - \dfrac{n}{2(n+1)}$,

即 $\ln(n+1) - \ln n < \dfrac{1}{2}\left[1 + \dfrac{1}{n} - \left(1 - \dfrac{1}{n+1}\right)\right] = \dfrac{1}{2}\left(\dfrac{1}{n} + \dfrac{1}{n+1}\right)$,

于是 $\ln(n+1) = [\ln(n+1) - \ln n] + [\ln n - \ln(n-1)] + \cdots + (\ln 2 - \ln 1) + \ln 1$

$< \dfrac{1}{2}\left(1 + \dfrac{1}{2} + \dfrac{1}{2} + \dfrac{1}{3} + \dfrac{1}{3} + \dfrac{1}{4} + \cdots + \dfrac{1}{n-1} + \dfrac{1}{n} + \dfrac{1}{n} + \dfrac{1}{n+1}\right)$

$= \dfrac{1}{2}\left[2\left(1 + \dfrac{1}{2} + \dfrac{1}{3} + \cdots + \dfrac{1}{n-1} + \dfrac{1}{n}\right) - 1 + \dfrac{1}{n+1}\right]$

$= 1 + \dfrac{1}{2} + \dfrac{1}{3} + \cdots + \dfrac{1}{n-1} + \dfrac{1}{n} - \dfrac{n}{2(n+1)}$,

因此 $\ln(n+1) + \dfrac{n}{2(n+1)} < 1 + \dfrac{1}{2} + \dfrac{1}{3} + \cdots + \dfrac{1}{n}$ 成立.

三、构造二项展开式

二项式定理 $(a+b)^n = C_n^0 a^n + C_n^1 a^{n-1} b + C_n^2 a^{n-2} b^2 + \cdots + C_n^n b^n$, 我们可以利用"二项

展开式左边一定大于等于右边任意去掉若干非负项"来证明不等式.

例11 设 $n \geq 2$ 且 $n \in \mathbf{N}^*$，求证：$4^n > \dfrac{9n^2 - 3n}{2}$.

【证明】因为 $n \geq 2$，所以 $4^n = (1+3)^n \geq C_n^0 + C_n^1 \times 3 + C_n^2 \times 3^2$

$$= 1 + 3n + \frac{9n(n-1)}{2} = \frac{9n^2 - 3n + 2}{2} > \frac{9n^2 - 3n}{2}.$$

有时在利用二项展开式证明的过程中，还可以对称地保留前面若干项和最后若干项.

例12 设 $n \geq 5$ 且 $n \in \mathbf{N}^*$，求证：$2^n \geq n^2 + n + 2$.

【证明】因为 $n \geq 5$，所以 $2^n = (1+1)^n \geq C_n^0 + C_n^1 + C_n^2 + C_n^{n-2} + C_n^{n-1} + C_n^n$

$$= 2(C_n^0 + C_n^1 + C_n^2) = n^2 + n + 2.$$

例13 求证：$\sqrt[n]{n+3} < 1 + \sqrt{\dfrac{2}{n-1}}$ $(n \in \mathbf{N}^*, n \geq 2)$.

【证明】要证明原不等式，只需证明 $n + 3 < \left(1 + \sqrt{\dfrac{2}{n-1}}\right)^n$，

又 $\left(1 + \sqrt{\dfrac{2}{n-1}}\right)^n = 1 + C_n^1 \sqrt{\dfrac{2}{n-1}} + C_n^2 \cdot \dfrac{2}{n-1} + \cdots$

$$\geq 1 + n\sqrt{\frac{2}{n-1}} + \frac{n(n-1)}{2} \cdot \frac{2}{n-1} = 1 + n + n\sqrt{\frac{2}{n-1}}$$

$$> 1 + n + n\sqrt{\frac{2}{n}} = n + \sqrt{2n} + 1 \geq n + 3,$$

因此 $\sqrt[n]{n+3} < 1 + \sqrt{\dfrac{2}{n-1}}$ 成立.

练习 3.4

1. 证明：$(1+1)\left(1+\dfrac{1}{3}\right)\left(1+\dfrac{1}{5}\right)\cdots\left(1+\dfrac{1}{2n-1}\right) \geq \dfrac{2\sqrt{3}}{3}\sqrt{2n+1}$，$n \in \mathbf{N}^*$.

2. 证明：$\dfrac{1}{\ln 2} + \dfrac{1}{\ln 3} + \cdots + \dfrac{1}{\ln n} > 4\left(1 - \dfrac{2}{n+1}\right)$，$n \geq 2$，$n \in \mathbf{N}^*$.

3. 设 $n \geq 2$,$n \in \mathbf{N}$,求证:$\left(\dfrac{2}{3}\right)^n < \dfrac{8}{(n+1)(n+2)}$.

4. 已知数列 $\{a_n\}$ 满足 $a_1 = 1$,$a_{n+1} = a_n + \ln(3 - a_n)$ $(n \in \mathbf{N}^*)$. 求证:

(1) $1 \leq a_n < 2$;

(2) $a_{n+1} > 2a_n - \dfrac{a_n^2}{2}$.

第五节 加强命题法

什么是加强命题？在证明数列不等式时，若要证明 $f(n) \leq \alpha$，如果能证明 $f(n) \leq \beta$ 成立，且 $\beta < \alpha$，那么 $f(n) \leq \alpha$ 必定成立，我们把 $f(n) \leq \beta$ 叫作 $f(n) \leq \alpha$ 的加强命题；若要证明 $f(n) \geq \alpha$，如果能证明 $f(n) \geq \beta$ 成立，且 $\beta > \alpha$，那么 $f(n) \geq \alpha$ 必定成立，我们把 $f(n) \geq \beta$ 叫作 $f(n) \geq \alpha$ 的加强命题. 这种证明的思想，其实在前面的章节中也讲到过.

比如，我们在用数学归纳法证明 $\dfrac{1}{2} \cdot \dfrac{3}{4} \cdot \dfrac{5}{6} \cdot \cdots \cdot \dfrac{2n-1}{2n} < \dfrac{1}{\sqrt{2n+1}}$ 时，

假设当 $n=k$ 时，$\dfrac{1}{2} \cdot \dfrac{3}{4} \cdot \dfrac{5}{6} \cdot \cdots \cdot \dfrac{2k-1}{2k} < \dfrac{1}{\sqrt{2k+1}}$，

当 $n=k+1$ 时，

$$\dfrac{1}{2} \cdot \dfrac{3}{4} \cdot \dfrac{5}{6} \cdot \cdots \cdot \dfrac{2k-1}{2k} \cdot \dfrac{2k+1}{2(k+1)} < \dfrac{1}{\sqrt{2k+1}} \cdot \dfrac{2k+1}{2(k+1)} = \dfrac{\sqrt{2k+1}}{2(k+1)},$$

由于我们需要证明的目标是 $\dfrac{1}{2} \cdot \dfrac{3}{4} \cdot \dfrac{5}{6} \cdot \cdots \cdot \dfrac{2k-1}{2k} \cdot \dfrac{2k+1}{2(k+1)} < \dfrac{1}{\sqrt{2k+3}}$，

如果我们能够证明 $\dfrac{\sqrt{2k+1}}{2(k+1)} < \dfrac{1}{\sqrt{2k+3}}$，问题就解决了. 这里就用到了命题加强的证明思想方法，就是将待证明的命题 $\dfrac{1}{2} \cdot \dfrac{3}{4} \cdot \dfrac{5}{6} \cdot \cdots \cdot \dfrac{2k+1}{2(k+1)} < \dfrac{1}{\sqrt{2k+3}}$，加强为 $\dfrac{1}{2} \cdot \dfrac{3}{4} \cdot \dfrac{5}{6} \cdot \cdots \cdot \dfrac{2k+1}{2(k+1)} < \dfrac{\sqrt{2k+1}}{2(k+1)}$. 这种思想的形成是建立在分析的基础之上的.

例 14 已知数列 $\{a_n\}$ 满足 $a_1 = 1+a$，$a_{n+1} = \dfrac{1}{a_n} + a$，其中 $0 < a < 1$，$n \in \mathbf{N}^*$. 求证：$a_n > 1$.

【分析】若用数学归纳法证明，假设 $a_k > 1$，在推导当 $n=k+1$ 时，只能得到 $a_{k+1} = \dfrac{1}{a_k} + a < 1+a$，这与所证不等式方向不一致，因此难以证得 $a_{k+1} > 1$. 如果我们

逆向思考，若要得出 $a_{k+1} = \dfrac{1}{a_k} + a > 1$，则需 $a_k < \dfrac{1}{1-a}$，故将原命题转化为证明其加强命题 $1 < a_n < \dfrac{1}{1-a}$.

【证明】当 $n = 1$ 时，因为 $0 < a < 1$，显然 $a_1 = 1 + a > 1$，

又 $1 - a^2 = (1+a)(1-a) < 1$，所以 $a_1 = 1 + a < \dfrac{1}{1-a}$，此时结论成立.

假设当 $n = k$ 时结论成立，即 $1 < a_k < \dfrac{1}{1-a}$，

那么当 $n = k+1$ 时，由假设 $1 < a_k < \dfrac{1}{1-a}$，知 $1 - a < \dfrac{1}{a_k} < 1$，

那么 $1 < \dfrac{1}{a_k} + a < 1 + a < \dfrac{1}{1-a}$，故 $1 < a_{k+1} < \dfrac{1}{1-a}$，

即当 $n = k+1$ 时结论也成立.

因此 $1 < a_n < \dfrac{1}{1-a}$.

从本例的证明来看，我们是根据逆向推理，先用分析法进行归纳，再得到其加强命题，最后通过证明加强命题证明原命题.

练习 3.5

已知数列 $\{a_n\}$ 满足 $a_1 = \dfrac{1}{2}$，$a_{n+1} = a_n + \dfrac{a_n^2}{n^2}$，$n \in \mathbf{N}^*$. 证明：$a_{2018} < 1009$.

第六节 积分法

如果 $f(x)$ 在区间 $[a,b]$ 上是连续函数，且 $F'(x)=f(x)$（函数 $F(x)$ 称为 $f(x)$ 的原函数），那么称 $\int_a^b f(x)\mathrm{d}x = F(x)\Big|_a^b = F(b)-F(a)$ 为函数 $f(x)$ 在区间 $[a,b]$ 上的定积分. 它的几何意义是 $f(x)$ 的图像在区间 $[a,b]$ 上与 x 轴围成的曲边梯形的面积，如右图的阴影部分所示.

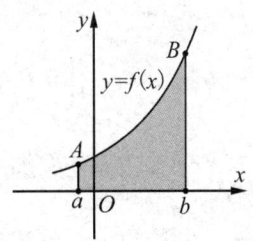

许多数列不等式的证明问题可以用函数定积分来解决. 若 $f(x)$ 为 $(0,+\infty)$ 上的减函数，如右图，记点 $A(n,f(n))$，$B(n+1,f(n+1))$，

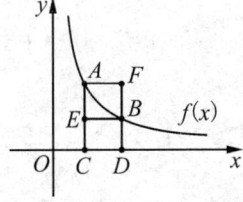

那么矩形 $BECD$ 面积 $S_{BECD} = BD \cdot CD = f(n+1)$，

矩形 $ACDF$ 面积 $S_{ACDF} = AC \cdot CD = f(n)$，

曲边梯形 $ABDC$ 面积 $S_{ABDC} = \int_n^{n+1} f(x)\mathrm{d}x = F(x)\Big|_n^{n+1} = F(n+1)-F(n)$，

显然 $S_{BECD} < S_{ABDC} < S_{ACDF}$，所以 $f(n+1) < F(n+1)-F(n) < f(n)$.

若 $f(x)$ 为 $(0,+\infty)$ 上的增函数，则有 $f(n) < F(n+1)-F(n) < f(n+1)$.

例15 证明：$\dfrac{1}{2}+\dfrac{1}{3}+\cdots+\dfrac{1}{n+1} < \ln(n+1) < 1+\dfrac{1}{2}+\dfrac{1}{3}+\cdots+\dfrac{1}{n}$ $(n\in\mathbf{N}^*)$.

【证明】令 $f(x)=\dfrac{1}{x}$，则 $f(x)$ 在 $(0,+\infty)$ 上是减函数，且其原函数 $F(x)=\ln x$.

依据积分法，则有 $f(n+1) < F(n+1)-F(n) < f(n)$，

即 $\dfrac{1}{n+1} < \ln(n+1) - \ln n < \dfrac{1}{n}$，

于是由累差叠加，得 $\dfrac{1}{2}+\dfrac{1}{3}+\cdots+\dfrac{1}{n+1} < \ln(n+1)-\ln 1 < 1+\dfrac{1}{2}+\cdots+\dfrac{1}{n}$，

即 $\dfrac{1}{2}+\dfrac{1}{3}+\cdots+\dfrac{1}{n+1} < \ln(n+1) < 1+\dfrac{1}{2}+\cdots+\dfrac{1}{n}$ $(n\in\mathbf{N}^*)$ 成立.

例16 证明：$1+\sqrt{2}+\sqrt{3}+\cdots+\sqrt{n} < \dfrac{2}{3}\left[(n+1)\sqrt{n+1}-1\right] (n\in\mathbf{N}^*)$.

【证明】令 $f(x)=\sqrt{x}$，则 $f(x)$ 在 $(0,+\infty)$ 上为增函数，

且其原函数 $F(x)=\dfrac{2}{3}x^{\frac{3}{2}}=\dfrac{2}{3}x\sqrt{x}$.

依据积分法，则有 $f(n) < F(n+1)-F(n)$，

即 $\sqrt{n} < \dfrac{2}{3}\left[(n+1)\sqrt{n+1}-n\sqrt{n}\right]$，

于是由累差叠加，得 $1+\sqrt{2}+\sqrt{3}+\cdots+\sqrt{n} < \dfrac{2}{3}\left[(n+1)\sqrt{n+1}-1\right]$.

利用积分法证明数列不等式，关键是构造数列的母函数，并反向求出其原函数，根据母函数的单调性，建立定积分值与项值的不等关系，再累加就可以了.

例17 证明：$\ln(n+1)+\dfrac{n}{2(n+1)} < 1+\dfrac{1}{2}+\dfrac{1}{3}+\cdots+\dfrac{1}{n} (n\in\mathbf{N}^*)$.

【分析】本例若按例15的积分法实施，只能证明 $\ln(n+1) < 1+\dfrac{1}{2}+\dfrac{1}{3}+\cdots+\dfrac{1}{n}$，说明这样的定积分证明原理（曲边梯形面积介于两个矩形面积之间）还有进一步缩小的空间. 如果 $f(x)$ 是一个单调递减且下凸的函数，曲边梯形 $ABDC$ 的面积小于梯形 $ABDC$ 的面积，$\displaystyle\int_{n}^{n+1}f(x)\mathrm{d}x=F(x)\Big|_{n}^{n+1}=F(n+1)-F(n) < \dfrac{1}{2}\left[f(n)+f(n+1)\right]$，如下图所示.

【证明】令 $f(x)=\dfrac{1}{x}$，则 $f(x)$ 在 $(0,+\infty)$ 上为递减且下凸函数，其原函数 $F(x)=\ln x$.

依据分析，则有 $F(n+1)-F(n) < \dfrac{1}{2}\left[f(n)+f(n+1)\right]$，

即 $\ln(n+1)-\ln n < \dfrac{1}{2}\left(\dfrac{1}{n}+\dfrac{1}{n+1}\right)$，

由累差叠加，得 $\ln(n+1)-\ln 1 < \dfrac{1}{2}\left(1+\dfrac{1}{2}+\dfrac{1}{2}+\dfrac{1}{3}+\dfrac{1}{3}+\dfrac{1}{4}+\cdots+\dfrac{1}{n}+\dfrac{1}{n+1}\right)$

$= \dfrac{1}{2}\left(1+\dfrac{1}{n+1}\right)+\dfrac{1}{2}+\dfrac{1}{3}+\cdots+\dfrac{1}{n}$

$= 1+\dfrac{1}{2}+\dfrac{1}{3}+\cdots+\dfrac{1}{n}-\dfrac{n}{2(n+1)}$，

因此 $\ln(n+1) + \dfrac{n}{2(n+1)} < 1 + \dfrac{1}{2} + \dfrac{1}{3} + \cdots + \dfrac{1}{n}$ 成立.

积分法证明数列不等式时,用梯形面积与曲边梯形面积相比较会出现以下四种情况:

若 $f(x)$ 是一个单调递减且下凸的函数,则曲边梯形 $ABDC$ 的面积小于梯形 $ABDC$ 的面积,即 $\int_n^{n+1} f(x)\mathrm{d}x = F(x)\big|_n^{n+1} = F(n+1) - F(n) < \dfrac{1}{2}[f(n) + f(n+1)]$;

若 $f(x)$ 是一个单调递减且上凸的函数,则曲边梯形 $ABDC$ 的面积大于梯形 $ABDC$ 的面积,即 $\int_n^{n+1} f(x)\mathrm{d}x = F(x)\big|_n^{n+1} = F(n+1) - F(n) > \dfrac{1}{2}[f(n) + f(n+1)]$;

若 $f(x)$ 是一个单调递增且下凸的函数,则曲边梯形 $ABDC$ 的面积小于梯形 $ABDC$ 的面积,即 $\int_n^{n+1} f(x)\mathrm{d}x = F(x)\big|_n^{n+1} = F(n+1) - F(n) < \dfrac{1}{2}[f(n) + f(n+1)]$;

若 $f(x)$ 是一个单调递增且上凸的函数,则曲边梯形 $ABDC$ 的面积大于梯形 $ABDC$ 的面积,即 $\int_n^{n+1} f(x)\mathrm{d}x = F(x)\big|_n^{n+1} = F(n+1) - F(n) > \dfrac{1}{2}[f(n) + f(n+1)]$.

练习 3.6

1. 证明:$1 + \dfrac{1}{\sqrt{2}} + \dfrac{1}{\sqrt{3}} + \dfrac{1}{\sqrt{4}} + \cdots + \dfrac{1}{\sqrt{n}} < 2\sqrt{n}\ (n \in \mathbf{N}^*)$.

2. 证明:$\ln\dfrac{2n+1}{n+1} < \dfrac{1}{n+1} + \dfrac{1}{n+2} + \cdots + \dfrac{1}{2n} < \ln 2\ (n \in \mathbf{N}^*)$.

习题三

1. 已知数列 $\{a_n\}$ 满足 $a_1 = 3$，$a_{n+1} = 2a_n - 1$，$n \in \mathbf{N}^*$.

   （1）求数列 $\{a_n\}$ 的通项公式；

   （2）设 $b_n = \dfrac{a_n - 1}{a_n a_{n+1}}$，求证：数列 $\{b_n\}$ 的前 n 项和 $S_n < \dfrac{1}{3}$.

2. 在数列 $\{a_n\}$ 中，前 n 项和为 S_n，$a_1 = 2$，$a_{n+1} = 4a_n - 3n + 1$，$n \in \mathbf{N}^*$.

   （1）求数列 $\{a_n\}$ 的通项公式及前 n 项和 S_n；

   （2）证明对于任意的 $n \in \mathbf{N}^*$，都有 $S_{n+1} \leqslant 4S_n$.

3. 已知数列 $\{a_n\}$ 满足 $a_1 = a > 0$，$a_{n+1} = \dfrac{1}{2}\left(a_n + \dfrac{a}{a_n}\right)$，当 $n \geqslant 2$ 时，求证：

   （1）$a_n \geqslant \sqrt{a}$；

   （2）$a_n \geqslant a_{n+1}$.

4. 证明下列不等式，其中 $n \in \mathbf{N}^*$.

   （1）$3^n \geqslant 2n^2 + 1$；

   （2）$1 + \dfrac{1}{2^2} + \dfrac{1}{3^2} + \cdots + \dfrac{1}{n^2} \geqslant \dfrac{3n}{2n+1}$；

   （3）$\left(1+\dfrac{1}{1}\right)\left(1+\dfrac{1}{2}\right)\left(1+\dfrac{1}{3}\right)\cdots\left(1+\dfrac{1}{n}\right) < e^{\frac{n+2}{2}}$；

   （4）$1 + \sqrt{2} + \sqrt{3} + \cdots + \sqrt{n} \leqslant \dfrac{4n+3}{6}\sqrt{n} - \dfrac{1}{6}$；

   （5）$(1+1)\left(1+\dfrac{1}{4}\right)\left(1+\dfrac{1}{7}\right)\cdots\left(1+\dfrac{1}{3n-2}\right) > \sqrt[3]{3n+1}$.

5. 已知数列 $\{a_n\}$ 满足 $a_n = n\left(\dfrac{1}{2}\right)^{n-1}$，当 $n \geqslant 3$ 时，证明：$a_1 + a_2 + \cdots + a_n \geqslant \dfrac{3n+2}{n+1}$.

6. 已知数列 $\{a_n\}$ 满足 $a_1 = 1$，$a_{n+1} = \sqrt{a_n^2 - 2a_n + 3} - 1\,(n \in \mathbf{N}^*)$.

   （1）求证：$0 < a_n \leqslant 1$；

（2）判断数列 $\{a_{2n}\}$ 的单调性并说明理由.

7. 已知数列 $\{a_n\}$ 满足 $a_1=1$，$a_{n+1}=a_n-\dfrac{a_n^3}{6}$，$n\in \mathbf{N}^*$. 证明：$0<a_n\leqslant \sqrt{\dfrac{3}{n+2}}$.

参考解析三

练习 3.1

1. 【证明】当 $n=1$ 时，不等式左边等于 1，右边等于 2，不等式显然成立.

假设当 $n=k$ 时，不等式成立，即 $1+\dfrac{1}{\sqrt{2}}+\dfrac{1}{\sqrt{3}}+\dfrac{1}{\sqrt{4}}+\cdots+\dfrac{1}{\sqrt{k}}<2\sqrt{k}$，

那么当 $n=k+1$ 时，则 $1+\dfrac{1}{\sqrt{2}}+\dfrac{1}{\sqrt{3}}+\dfrac{1}{\sqrt{4}}+\cdots+\dfrac{1}{\sqrt{k}}+\dfrac{1}{\sqrt{k+1}}$

$$<2\sqrt{k}+\dfrac{1}{\sqrt{k+1}}=2\sqrt{k+1}+\dfrac{1}{\sqrt{k+1}}+2\sqrt{k}-2\sqrt{k+1}$$

$$=2\sqrt{k+1}+\dfrac{2}{2\sqrt{k+1}}-\dfrac{2}{\sqrt{k+1}+\sqrt{k}},$$

因为 $2\sqrt{k+1}>\sqrt{k+1}+\sqrt{k}$，所以 $\dfrac{2}{2\sqrt{k+1}}-\dfrac{2}{\sqrt{k+1}+\sqrt{k}}<0$，

则 $2\sqrt{k+1}+\dfrac{2}{2\sqrt{k+1}}-\dfrac{2}{\sqrt{k+1}+\sqrt{k}}<2\sqrt{k+1}$，

于是 $1+\dfrac{1}{\sqrt{2}}+\dfrac{1}{\sqrt{3}}+\dfrac{1}{\sqrt{4}}+\cdots+\dfrac{1}{\sqrt{k}}+\dfrac{1}{\sqrt{k+1}}<2\sqrt{k+1}$，

即当 $n=k+1$ 时不等式也成立.

因此 $1+\dfrac{1}{\sqrt{2}}+\dfrac{1}{\sqrt{3}}+\dfrac{1}{\sqrt{4}}+\cdots+\dfrac{1}{\sqrt{n}}<2\sqrt{n}$ $(n\in\mathbf{N}^*)$ 成立.

2. 【证明】当 $n=1$ 时，由条件得 $0<a_2\leqslant a_1-a_1^2$，得 $0<a_1<1$，不等式成立；

当 $n=2$ 时，$a_2\leqslant a_1-a_1^2=-\left(a_1-\dfrac{1}{2}\right)^2+\dfrac{1}{4}\leqslant\dfrac{1}{4}<\dfrac{1}{2}$，不等式成立.

假设当 $n=k$ 时，$a_k<\dfrac{1}{k}$ $(k\geqslant 2)$，

那么当 $n=k+1$ 时，由 $a_{k+1}\leqslant a_k-a_k^2=-\left(a_k-\dfrac{1}{2}\right)^2+\dfrac{1}{4}$，

令 $f(x)=x-x^2=-\left(x-\dfrac{1}{2}\right)^2+\dfrac{1}{4}$，则 $f(x)$ 在 $\left(0,\dfrac{1}{2}\right]$ 上是增函数，

由假设知 $0<a_k<\dfrac{1}{k}\leqslant\dfrac{1}{2}$，所以 $a_{k+1}=f(a_k)<f\left(\dfrac{1}{k}\right)=\dfrac{1}{k}-\dfrac{1}{k^2}=\dfrac{k-1}{k^2}<\dfrac{k-1}{k^2-1}=\dfrac{1}{k+1}$，

即当 $n=k+1$ 时不等式也成立.

因此 $a_n<\dfrac{1}{n}$ 对于任意的 $n\in\mathbf{N}^*$ 都成立.

练习 3.2

1. **【证明】** 由条件得 $a_{n+1}^2 - a_n^2 = 1 - a_{n+1}$，因为 $a_n < 0$，得 $a_{n+1}^2 - a_n^2 = 1 - a_{n+1} > 0$，则 $a_{n+1}^2 > a_n^2$.

   又因为 $a_n < 0$，所以 $a_n > a_{n+1}$.

2. **【解析】**（1）由 $a_{n+1} = \dfrac{3 - a_n}{2}$，由待定系数法，得 $a_{n+1} - 1 = -\dfrac{1}{2}(a_n - 1)$，

   所以数列 $\{a_n - 1\}$ 是首项为 $a_1 - 1$，公比为 $-\dfrac{1}{2}$ 的等比数列，

   得 $a_n - 1 = (a_1 - 1)\left(-\dfrac{1}{2}\right)^{n-1}$，即 $a_n = 1 + (a_1 - 1)\left(-\dfrac{1}{2}\right)^{n-1}$.

   （2）由（1）可知 $0 < a_n < \dfrac{3}{2}$，故 $b_n > 0$，

   那么 $b_{n+1}^2 - b_n^2 = a_{n+1}^2(3 - 2a_{n+1}) - a_n^2(3 - 2a_n) = \left(\dfrac{3-a_n}{2}\right)^2\left(3 - 2 \times \dfrac{3-a_n}{2}\right) - a_n^2(3-2a_n) = \dfrac{9a_n}{4}(a_n - 1)^2$.

   又由（1）知 $a_n > 0$ 且 $a_n \neq 1$，故 $b_{n+1}^2 - b_n^2 > 0$，因此 $b_n < b_{n+1}$.

练习 3.3

1. **【证明】** 要证明 $3 - \left(\dfrac{2}{3}\right)^{n-1} \leq a_n \leq 3 + \left(\dfrac{2}{3}\right)^{n-1}$，只需证明 $-\left(\dfrac{2}{3}\right)^{n-1} \leq a_n - 3 \leq \left(\dfrac{2}{3}\right)^{n-1}$，

   即证明 $|a_n - 3| \leq \left(\dfrac{2}{3}\right)^{n-1}$，而 $\left(\dfrac{2}{3}\right)^{n-1} = |a_1 - 3|\left(\dfrac{2}{3}\right)^{n-1}$，所以又只需证明 $|a_{n+1} - 3| \leq \dfrac{2}{3}|a_n - 3|$，

   于是 $|a_{n+1} - 3| = \left|\sqrt{2a_n + 3} - 3\right| = \dfrac{\left|(\sqrt{2a_n + 3} - 3)(\sqrt{2a_n + 3} + 3)\right|}{\sqrt{2a_n + 3} + 3} = \dfrac{2|a_n - 3|}{\sqrt{2a_n + 3} + 3} < \dfrac{2}{3}|a_n - 3|$，

   所以原命题成立.

2. **【解析】** 根据题意要比较 a_n 和 2 的大小，自然将递推关系 $a_{n+1} = \dfrac{3a_n + 4}{7 - a_n}$ 的两边都减去 2，即

   $a_{n+1} - 2 = \dfrac{3a_n + 4}{7 - a_n} - 2 = \dfrac{5(a_n - 2)}{7 - a_n}$.

   思路一： 判别 $a_{n+1} - 2$，$a_n - 2$ 和 $7 - a_n$ 之间的符号关系.

   如果 $a_n - 2 < 0$，那么 $7 - a_n > 0$，$a_{n+1} - 2 < 0$，因此我们只要找到第一个使 $a_n < 2$ 成立的 n 即可.

   由于 $a_7 = 4 > 2$，所以在其后我们逐个查找，$a_8 = \dfrac{16}{3}$，$a_9 = 12$，$a_{10} = -8$，

   根据前面的分析，当 $n \geq 10$ 时，都有 $a_n < 2$，因此存在这样的 m，其最小值为 10.

   思路二： $a_{n+1} = \dfrac{3a_n + 4}{7 - a_n}$，这是一个一阶分式递推数列. 它的特征方程是 $x = \dfrac{3x + 4}{7 - x}$，解得唯一的特

征根 $x=2$，我们可以求出其通项公式.

由 $a_{n+1} - 2 = \dfrac{5(a_n - 2)}{7 - a_n}$，两边取倒数，得 $\dfrac{1}{a_{n+1} - 2} = \dfrac{7 - a_n}{5(a_n - 2)} = \dfrac{-(a_n - 2) + 5}{5(a_n - 2)} = \dfrac{1}{a_n - 2} - \dfrac{1}{5}$，

于是数列 $\left\{\dfrac{1}{a_n - 2}\right\}$ 是公差为 $-\dfrac{1}{5}$ 的等差数列，所以 $\dfrac{1}{a_n - 2} = \dfrac{1}{a_7 - 2} + (n-7)\left(-\dfrac{1}{5}\right) = -\dfrac{1}{5}n + \dfrac{19}{10} < 0$，

得 $n > \dfrac{19}{2}$，即当 $n \geq 10$ 时，都有 $a_n < 2$，因此存在这样的 m，其最小值为 10.

练习 3.4

1.【证明】不等式即为 $2 \cdot \dfrac{4}{3} \cdot \dfrac{6}{5} \cdot \cdots \cdot \dfrac{2n}{2n-1} \geq \dfrac{2\sqrt{3}}{3}\sqrt{2n+1}$，

只需证明 $\dfrac{1}{2} \cdot \dfrac{3}{4} \cdot \dfrac{5}{6} \cdot \cdots \cdot \dfrac{2n-1}{2n} \cdot \sqrt{2n+1} \leq \dfrac{\sqrt{3}}{2}$，

注意到当 $n = 1$ 时，左边 $= \dfrac{\sqrt{3}}{2}$，此时不等式恰好成立，

所以只需证明数列 $\left\{\dfrac{1}{2} \cdot \dfrac{3}{4} \cdot \dfrac{5}{6} \cdot \cdots \cdot \dfrac{2n-1}{2n} \cdot \sqrt{2n+1}\right\}$ 为单调递减数列.

记 $b_n = \dfrac{1}{2} \cdot \dfrac{3}{4} \cdot \dfrac{5}{6} \cdot \cdots \cdot \dfrac{2n-1}{2n} \cdot \sqrt{2n+1}$，那么 $b_{n+1} = \dfrac{1}{2} \cdot \dfrac{3}{4} \cdot \dfrac{5}{6} \cdot \cdots \cdot \dfrac{2n-1}{2n} \cdot \dfrac{2n+1}{2(n+1)} \cdot \sqrt{2n+3}$，

于是 $\dfrac{b_{n+1}}{b_n} = \dfrac{2n+1}{2(n+1)} \cdot \dfrac{\sqrt{2n+3}}{\sqrt{2n+1}} = \dfrac{\sqrt{2n+1}\sqrt{2n+3}}{2(n+1)} = \sqrt{\dfrac{4n^2+8n+3}{4n^2+8n+4}} < 1$，

则 $b_{n+1} < b_n$，所以数列 $\{b_n\}$ 为单调递减数列，所以 $b_n \leq b_1 = \dfrac{\sqrt{3}}{2}$，

即 $\dfrac{1}{2} \cdot \dfrac{3}{4} \cdot \dfrac{5}{6} \cdot \cdots \cdot \dfrac{2n-1}{2n} \cdot \sqrt{2n+1} \leq \dfrac{\sqrt{3}}{2}$ 成立，

因此 $(1+1)\left(1+\dfrac{1}{3}\right)\left(1+\dfrac{1}{5}\right)\cdots\left(1+\dfrac{1}{2n-1}\right) \geq \dfrac{2\sqrt{3}}{3}\sqrt{2n+1}$ 成立.

2.【分析】明显不等式左边 $\dfrac{1}{\ln 2} + \dfrac{1}{\ln 3} + \cdots + \dfrac{1}{\ln n}$ 随着 n 的增加而增加，不等式右边 $4\left(1 - \dfrac{2}{n+1}\right)$ 也随着 n 的增加而增加．当 $n = 2$ 时，可以验证 $\dfrac{1}{\ln 2} > \dfrac{4}{3}$．如果不等式左边增加的量 $\dfrac{1}{\ln(n+1)}$ 大于不等式右边增加的量 $4\left(1 - \dfrac{2}{n+2}\right) - 4\left(1 - \dfrac{2}{n+1}\right) = \dfrac{8}{(n+1)(n+2)}$，那么就可以说明左边大于右边了，也就是说我们只需证明 $\dfrac{1}{\ln(n+1)} > \dfrac{8}{(n+1)(n+2)}$．这个证明思路的由来也可以如下思考．

将原不等式移项变形为 $\dfrac{1}{\ln 2} + \dfrac{1}{\ln 3} + \cdots + \dfrac{1}{\ln n} + \dfrac{8}{n+1} > 4$，令 $a_n = \dfrac{1}{\ln 2} + \dfrac{1}{\ln 3} + \cdots + \dfrac{1}{\ln n} + \dfrac{8}{n+1}$，当

$n=2$ 时，$a_2=\dfrac{1}{\ln 2}+\dfrac{8}{3}$，可以验证 $\dfrac{1}{\ln 2}+\dfrac{8}{3}>4$（即 $4\ln 2<3$ 成立）．如果能证明数列 $\{a_n\}$ 为单调递增数列，即 $a_{n+1}-a_n>0$，问题就解决了．同样只需证明 $\dfrac{1}{\ln(n+1)}>\dfrac{8}{(n+1)(n+2)}$ 成立，即 $\ln n<\dfrac{n(n+1)}{8}$．

【证明】令函数 $f(x)=\ln x-\dfrac{x(x+1)}{8}(x\geqslant 2)$，则 $f'(x)=\dfrac{1}{x}-\dfrac{2x+1}{8}=\dfrac{8-2x^2-x}{8x}<0$，

所以 $f(x)$ 在 $[2,+\infty)$ 上为减函数，则 $f(x)\leqslant f(2)=\ln 2-\dfrac{3}{4}<0$，

那么 $f(n)=\ln n-\dfrac{n(n+1)}{8}<0$，即 $\ln n<\dfrac{n(n+1)}{8}$，于是 $\dfrac{1}{\ln n}>\dfrac{8}{n(n+1)}=8\left(\dfrac{1}{n}-\dfrac{1}{n+1}\right)$，

所以 $\dfrac{1}{\ln 2}+\dfrac{1}{\ln 3}+\cdots+\dfrac{1}{\ln n}>8\left(\dfrac{1}{2}-\dfrac{1}{3}+\dfrac{1}{3}-\dfrac{1}{4}+\cdots+\dfrac{1}{n}-\dfrac{1}{n+1}\right)=8\left(\dfrac{1}{2}-\dfrac{1}{n+1}\right)=4\left(1-\dfrac{2}{n+1}\right)$．

3. 【证明】不等式两边取倒数，即证明不等式 $\left(\dfrac{3}{2}\right)^n>\dfrac{(n+1)(n+2)}{8}$，

由二项式定理 $\left(1+\dfrac{1}{2}\right)^n=1+C_n^1\cdot\dfrac{1}{2}+C_n^2\cdot\dfrac{1}{2^2}+C_n^3\cdot\dfrac{1}{2^3}+\cdots\geqslant 1+\dfrac{n}{2}+\dfrac{n(n-1)}{8}$

$$=\dfrac{(n+1)(n+2)+6}{8}>\dfrac{(n+1)(n+2)}{8},$$

因此原不等式 $\left(\dfrac{2}{3}\right)^n<\dfrac{8}{(n+1)(n+2)}$ 成立.

4. 【证明】(1) 当 $n=1$ 时，由已知 $a_1=1$，结论成立.

假设当 $n=k$ 时，结论成立，即 $1\leqslant a_k<2$，

那么当 $n=k+1$ 时，令 $f(x)=x+\ln(3-x)(1\leqslant x<2)$，那么 $a_{k+1}=a_k+\ln(3-a_k)=f(a_k)$，

则 $f'(x)=1-\dfrac{1}{3-x}=\dfrac{2-x}{3-x}>0$，所以 $f(x)$ 在 $[1,2)$ 上为增函数，

于是 $a_{k+1}=f(a_k)\geqslant f(1)=1+\ln 2\geqslant 1$，$a_{k+1}=f(a_k)<f(2)=2$，即当 $n=k+1$ 时结论也成立.

因此 $1\leqslant a_n<2$ 对于任意的 $n\in \mathbf{N}^*$ 都成立.

(2) 要证明 $a_{n+1}>2a_n-\dfrac{a_n^2}{2}$，即证明 $a_n+\ln(3-a_n)>2a_n-\dfrac{a_n^2}{2}$，那么只需证明 $\ln(3-a_n)-a_n+\dfrac{a_n^2}{2}>0$.

令函数 $g(x)=\ln(3-x)-x+\dfrac{x^2}{2}(1\leqslant x<2)$，则 $g'(x)=\dfrac{1}{x-3}-1+x=\dfrac{(x-2)^2}{x-3}<0$，

所以 $g(x)$ 在 $[1,2)$ 上为减函数，则 $g(x)>g(2)=0$，所以 $\ln(3-a_n)-a_n+\dfrac{a_n^2}{2}>0$，

因此 $a_{n+1}>2a_n-\dfrac{a_n^2}{2}$ 成立.

练习 3.5

【分析】如果能将所证结论加强为命题 $a_n \leqslant \dfrac{n}{2}$，那么问题就解决了. 下面用数学归纳法证明 $a_n \leqslant \dfrac{n}{2}$.

【证明】当 $n=1$ 时，$a_1 = \dfrac{1}{2}$，不等式成立. 假设当 $n=k$ 时，$a_k \leqslant \dfrac{k}{2}$，

那么当 $n=k+1$ 时，$a_{k+1} = a_k + \dfrac{a_k^2}{k^2} \leqslant \dfrac{k}{2} + \dfrac{1}{k^2}\left(\dfrac{k}{2}\right)^2 = \dfrac{k}{2} + \dfrac{1}{4} < \dfrac{k+1}{2}$，即当 $n=k+1$ 时结论也成立.

因此对一切 $n \in \mathbf{N}^*$ 都有 $a_n \leqslant \dfrac{n}{2}$，所以当 $n \geqslant 2$ 时，有 $a_n < \dfrac{n}{2}$，因此 $a_{2018} < 1009$.

练习 3.6

1. 【证明】令 $f(x) = \dfrac{1}{\sqrt{x}}$，则 $f(x)$ 在 $(0, +\infty)$ 上为减函数，且其原函数 $F(x) = 2\sqrt{x}$，

则有 $f(n+1) < F(n+1) - F(n) < f(n)$，即 $\dfrac{1}{\sqrt{n+1}} < 2\sqrt{n+1} - 2\sqrt{n} < \dfrac{1}{\sqrt{n}}$，

取不等式左侧 $\dfrac{1}{\sqrt{n+1}} < 2\sqrt{n+1} - 2\sqrt{n}$，

累差叠加，得 $1 + \dfrac{1}{\sqrt{2}} + \dfrac{1}{\sqrt{3}} + \cdots + \dfrac{1}{\sqrt{n}} < 2\left(\sqrt{1} - \sqrt{0} + \sqrt{2} - \sqrt{1} + \sqrt{3} - \sqrt{2} + \cdots + \sqrt{n} - \sqrt{n-1}\right) = 2\sqrt{n}$.

2. 【证明】令 $f(x) = \dfrac{1}{n+x}$，则 $f(x)$ 在 $(0, +\infty)$ 上为单调递减且下凸函数，其原函数 $F(x) = \ln(x+n)$.

则 $f(k+1) < F(k+1) - F(k) < f(k)$，即 $\dfrac{1}{n+k+1} < \ln(n+k+1) - \ln(n+k) < \dfrac{1}{n+k}$.

取 $k = 1, 2, \cdots, n$，叠加得 $\dfrac{1}{n+2} + \dfrac{1}{n+3} + \cdots + \dfrac{1}{2n+1} < \ln(2n+1) - \ln(n+1) < \dfrac{1}{n+1} + \dfrac{1}{n+2} + \cdots + \dfrac{1}{2n}$，

则 $\ln(2n+1) - \ln(n+1) = \ln\dfrac{2n+1}{n+1} < \dfrac{1}{n+1} + \dfrac{1}{n+2} + \cdots + \dfrac{1}{2n}$，左边得到证明；

再取 $k = 0, 1, 2, \cdots, n-1$，叠加得 $\dfrac{1}{n+1} + \dfrac{1}{n+2} + \cdots + \dfrac{1}{2n} < \ln 2n - \ln n < \dfrac{1}{n} + \dfrac{1}{n+1} + \cdots + \dfrac{1}{2n-1}$，

则 $\dfrac{1}{n+1} + \dfrac{1}{n+2} + \cdots + \dfrac{1}{2n} < \ln 2n - \ln n = \ln 2$，右边得到证明.

因此 $\ln\dfrac{2n+1}{n+1} < \dfrac{1}{n+1} + \dfrac{1}{n+2} + \cdots + \dfrac{1}{2n} < \ln 2$.

习题三

1. 【解析】(1) 由 $a_{n+1} = 2a_n - 1$，得 $a_{n+1} - 1 = 2(a_n - 1)$，则 $a_n - 1 = (a_1 - 1) 2^{n-1} = 2^n$，所以 $a_n = 2^n + 1$.

(2) $b_n = \dfrac{a_n - 1}{a_n a_{n+1}} = \dfrac{2^n}{(2^n+1)(2^{n+1}+1)} = \dfrac{1}{2^n+1} - \dfrac{1}{2^{n+1}+1}$，所以 $S_n = \dfrac{1}{2+1} - \dfrac{1}{2^{n+1}+1} < \dfrac{1}{3}$.

2. 【解析】(1) 由 $a_{n+1}=4a_n-3n+1$，令 $a_{n+1}+A(n+1)+B=4(a_n+An+B)$，

展开还原，得 $a_{n+1}=4a_n+3An+3B-A$，比较系数，得 $\begin{cases}3A=-3\\3B-A=1\end{cases}$，

解得 $\begin{cases}A=-1\\B=0\end{cases}$，则 $a_{n+1}-(n+1)=4(a_n-n)$，于是 $a_n-n=(a_1-1)4^{n-1}=4^{n-1}$，

因此 $a_n=4^{n-1}+n$，$S_n=\dfrac{n(n+1)}{2}+\dfrac{1-4^n}{1-4}=\dfrac{n(n+1)}{2}+\dfrac{1}{3}(4^n-1)$．

(2) 由（1）知 $S_{n+1}=\dfrac{(n+1)(n+2)}{2}+\dfrac{1}{3}(4^{n+1}-1)$，

$$S_{n+1}-4S_n=\dfrac{(n+1)(n+2)}{2}+\dfrac{1}{3}(4^{n+1}-1)-4\left[\dfrac{n(n+1)}{2}+\dfrac{1}{3}(4^n-1)\right]$$

$$=\dfrac{1}{2}(-3n^2-n+4)=-\dfrac{1}{2}(3n+4)(n-1)\leqslant 0,$$

因此 $S_{n+1}\leqslant 4S_n$．

3. 【证明】(1) 先用数学归纳法证明 $a_n>0$，当 $n=1$ 时，$a_1=a>0$ 成立．

假设当 $n=k$ 时，$a_k>0$，那么当 $n=k+1$ 时，$a_{k+1}=\dfrac{1}{2}\left(a_k+\dfrac{a}{a_k}\right)>0$，即当 $n=k+1$ 时结论也成立．

所以 $a_n>0$．因此由基本不等式 $a_{n+1}=\dfrac{1}{2}\left(a_n+\dfrac{a}{a_n}\right)\geqslant\sqrt{a_n\cdot\dfrac{a}{a_n}}=\sqrt{a}$．

(2) **方法一**(作差比较法)：$a_{n+1}-a_n=\dfrac{1}{2}\left(a_n+\dfrac{a}{a_n}\right)-a_n=\dfrac{a-a_n^2}{2a_n}$，

由（1）知 $a_n\geqslant\sqrt{a}$，$\dfrac{a-a_n^2}{2a_n}\leqslant 0$，所以 $a_n\geqslant a_{n+1}$．

方法二(作商比较法)：$\dfrac{a_{n+1}}{a_n}=\dfrac{1}{2}\left(1+\dfrac{a}{a_n^2}\right)$，由（1）知 $a_n\geqslant\sqrt{a}$，则 $\dfrac{a}{a_n^2}\leqslant 1$，

所以 $\dfrac{a_{n+1}}{a_n}=\dfrac{1}{2}\left(1+\dfrac{a}{a_n^2}\right)\leqslant 1$，因此 $a_n\geqslant a_{n+1}$．

方法三(构造函数法)：$a_{n+1}-a_n=\dfrac{1}{2}\left(a_n+\dfrac{a}{a_n}\right)-a_n=\dfrac{1}{2}\left(\dfrac{a}{a_n}-a_n\right)$，

令函数 $f(x)=\dfrac{1}{2}\left(\dfrac{a}{x}-x\right)$，易知 $f(x)$ 在 $(0,+\infty)$ 上为减函数，

由（1）知 $a_n\geqslant\sqrt{a}$，得 $f(a_n)\leqslant f(\sqrt{a})=0$，即 $a_{n+1}-a_n\leqslant 0$，因此 $a_n\geqslant a_{n+1}$．

4. 【证明】(1) 当 $n=1$ 时，结论成立；

当 $n\geqslant 2$ 时，$3^n=(1+2)^n=1+2C_n^1+4C_n^2+\cdots\geqslant 1+2C_n^1+4C_n^2=1+2n+4\cdot\dfrac{n(n-1)}{2}=2n^2+1$．

(2) 当 $n=1$ 时,不等式左边等于1,右边等于1,所以不等式成立.

假设当 $n=k$ 时,不等式成立,即 $1+\dfrac{1}{2^2}+\dfrac{1}{3^2}+\cdots+\dfrac{1}{k^2} \geqslant \dfrac{3k}{2k+1}$,

那么当 $n=k+1$ 时, $1+\dfrac{1}{2^2}+\dfrac{1}{3^2}+\cdots+\dfrac{1}{k^2}+\dfrac{1}{(k+1)^2} \geqslant \dfrac{3k}{2k+1}+\dfrac{1}{(k+1)^2}$,

若能证明 $\dfrac{3k}{2k+1}+\dfrac{1}{(k+1)^2} \geqslant \dfrac{3(k+1)}{2k+3}$,则当 $n=k+1$ 时不等式成立,

于是 $\dfrac{3(k+1)}{2k+3}-\dfrac{3k}{2k+1}=\dfrac{3}{4k^2+8k+3}<\dfrac{4}{4k^2+8k+4}=\dfrac{1}{(k+1)^2}$,即 $\dfrac{3k}{2k+1}+\dfrac{1}{(k+1)^2} \geqslant \dfrac{3(k+1)}{2k+3}$ 成立,

即 $1+\dfrac{1}{2^2}+\dfrac{1}{3^2}+\cdots+\dfrac{1}{k^2}+\dfrac{1}{(k+1)^2} \geqslant \dfrac{3k}{2k+1}+\dfrac{1}{(k+1)^2} \geqslant \dfrac{3(k+1)}{2k+3}$,

所以当 $n=k+1$ 时不等式也成立.

因此对于任意的 $n \in \mathbf{N}^*$,都有 $1+\dfrac{1}{2^2}+\dfrac{1}{3^2}+\cdots+\dfrac{1}{n^2} \geqslant \dfrac{3n}{2n+1}$.

(3) 原不等式即为 $2 \cdot \dfrac{3}{2} \cdot \dfrac{4}{3} \cdot \cdots \cdot \dfrac{n+1}{n}=n+1<e^{\frac{n+2}{2}}$,那么只需证明 $\ln(n+1)<\dfrac{n+2}{2}$,

令 $f(x)=\ln(x+1)-\dfrac{x}{2}-1(x \geqslant 1)$,则 $f'(x)=\dfrac{1}{1+x}-\dfrac{1}{2} \leqslant 0$,即 $f(x)$ 在 $[1,+\infty)$ 上为减函数.

于是 $f(n)=\ln(n+1)-\dfrac{n}{2}-1 \leqslant f(1)=\ln 2-\dfrac{3}{2}<0$,所以 $\ln(n+1)<\dfrac{n+2}{2}$,

因此 $\left(1+\dfrac{1}{1}\right)\left(1+\dfrac{1}{2}\right)\left(1+\dfrac{1}{3}\right)\cdots\left(1+\dfrac{1}{n}\right)<e^{\frac{n+2}{2}}$ 成立.

(4) 令 $f(x)=\sqrt{x}$,则 $f(x)$ 在 $(0,+\infty)$ 上为单调递增且上凸的函数,且其原函数 $F(x)=\dfrac{2}{3}x^{\frac{3}{2}}=\dfrac{2}{3}x\sqrt{x}$.

则 $\int_n^{n+1} f(x)\mathrm{d}x=F(x)\Big|_n^{n+1}=F(n+1)-F(n)>\dfrac{1}{2}[f(n)+f(n+1)]$,

即 $\dfrac{2}{3}\left[(n+1)\sqrt{n+1}-n\sqrt{n}\right]>\dfrac{1}{2}(\sqrt{n+1}+\sqrt{n})$,

由累差叠加法,得 $\dfrac{2}{3}(n\sqrt{n}-1)>\dfrac{1}{2}\left[(\sqrt{n}+\sqrt{n-1})+(\sqrt{n-1}+\sqrt{n-2})+\cdots+(\sqrt{3}+\sqrt{2})+(\sqrt{2}+\sqrt{1})\right]$

$$=1+\sqrt{2}+\sqrt{3}+\cdots+\sqrt{n}-\dfrac{1}{2}(1+\sqrt{n}),$$

因此 $1+\sqrt{2}+\sqrt{3}+\cdots+\sqrt{n}<\dfrac{1}{2}(1+\sqrt{n})+\dfrac{2}{3}(n\sqrt{n}-1)=\dfrac{4n+3}{6}\sqrt{n}-\dfrac{1}{6}$.

(5) 不等式化简为 $\dfrac{2}{1} \cdot \dfrac{5}{4} \cdot \dfrac{8}{7} \cdot \cdots \cdot \dfrac{3n-1}{3n-2} > \sqrt[3]{3n+1}$.

证法一(数学归纳法):当 $n=1$ 时,不等式左边 $=2$,右边 $=\sqrt[3]{4}$,由 $2>\sqrt[3]{4}$,不等式成立.

假设当 $n=k$ 时,不等式成立,即 $\dfrac{2}{1} \cdot \dfrac{5}{4} \cdot \dfrac{8}{7} \cdot \cdots \cdot \dfrac{3k-1}{3k-2} > \sqrt[3]{3k+1}$,

那么当 $n=k+1$ 时，$\frac{2}{1} \cdot \frac{5}{4} \cdot \frac{8}{7} \cdot \cdots \cdot \frac{3k-1}{3k-2} \cdot \frac{3k+2}{3k+1} > \sqrt[3]{3k+1} \cdot \frac{3k+2}{3k+1}$，

我们需要证明 $\frac{2}{1} \cdot \frac{5}{4} \cdot \frac{8}{7} \cdot \cdots \cdot \frac{3k-1}{3k-2} \cdot \frac{3k+2}{3k+1} > \sqrt[3]{3k+4}$，

如果能够证明 $\sqrt[3]{3k+1} \cdot \frac{3k+2}{3k+1} > \sqrt[3]{3k+4}$，问题就解决了，

即证明 $(3k+2)\sqrt[3]{3k+1} > (3k+1)\sqrt[3]{3k+4}$，即 $(3k+2)^3 > (3k+1)^2(3k+4)$，

两边展开，得 $27k^3 + 54k^2 + 36k + 8 > 27k^3 + 54k^2 + 27k + 4$，

由于上式显然成立，所以 $\sqrt[3]{3k+1} \cdot \frac{3k+2}{3k+1} > \sqrt[3]{3k+4}$，故当 $n=k+1$ 时不等式也成立.

因此 $\frac{2}{1} \cdot \frac{5}{4} \cdot \frac{8}{7} \cdot \cdots \cdot \frac{3n-1}{3n-2} > \sqrt[3]{3n+1}$ $(n \in \mathbf{N}^*)$.

证法二(构造新数列)：记 $a_n = \frac{1}{2} \cdot \frac{4}{5} \cdot \frac{7}{8} \cdot \cdots \cdot \frac{3n-2}{3n-1} \cdot \sqrt[3]{3n+1}$，

则 $a_{n+1} = \frac{1}{2} \cdot \frac{4}{5} \cdot \frac{7}{8} \cdot \cdots \cdot \frac{3n-2}{3n-1} \cdot \frac{3n+1}{3n+2} \cdot \sqrt[3]{3n+4}$，

于是 $\frac{a_{n+1}}{a_n} = \frac{3n+1}{3n+2} \cdot \frac{\sqrt[3]{3n+4}}{\sqrt[3]{3n+1}} = \sqrt[3]{\frac{(3n+4)(3n+1)^2}{(3n+2)^3}} = \sqrt[3]{\frac{27n^3+54n^2+27n+4}{27n^3+54n^2+36n+8}} < 1$，

即 $a_{n+1} < a_n$，所以数列 $\{a_n\}$ 为单调递减数列，

于是 $a_n = \frac{1}{2} \cdot \frac{4}{5} \cdot \frac{7}{8} \cdot \cdots \cdot \frac{3n-2}{3n-1} \cdot \sqrt[3]{3n+1} \leqslant a_1 = \frac{\sqrt[3]{4}}{2} < 1$，

因此 $\frac{2}{1} \cdot \frac{5}{4} \cdot \frac{8}{7} \cdot \cdots \cdot \frac{3n-1}{3n-2} > \sqrt[3]{3n+1}$ $(n \in \mathbf{N}^*)$.

证法三(二项式定理)：

$$\left(\frac{3n-1}{3n-2}\right)^3 = \left(1+\frac{1}{3n-2}\right)^3 = 1+\frac{3}{3n-2}+\frac{3}{(3n-2)^2}+\frac{1}{(3n-2)^3} > 1+\frac{3}{3n-2} = \frac{3n+1}{3n-2},$$

于是 $\left(\frac{2}{1} \cdot \frac{5}{4} \cdot \frac{8}{7} \cdot \cdots \cdot \frac{3n-1}{3n-2}\right)^3 > \frac{4}{1} \cdot \frac{7}{4} \cdot \frac{10}{7} \cdot \cdots \cdot \frac{3n+1}{3n-2} = 3n+1$，

因此 $\frac{2}{1} \cdot \frac{5}{4} \cdot \frac{8}{7} \cdot \cdots \cdot \frac{3n-1}{3n-2} > \sqrt[3]{3n+1}$ $(n \in \mathbf{N}^*)$.

5. **【证明】** 由错位相减法，得 $a_1 + a_2 + \cdots + a_n = 4 - \frac{2n+4}{2^n}$，那么原不等式只需证明 $4 - \frac{2n+4}{2^n} \geqslant \frac{3n+2}{n+1}$，

即证明 $4 - \frac{2n+4}{2^n} - \frac{3n+2}{n+1} = \frac{n+2}{n+1} - \frac{2n+4}{2^n} = \frac{(n+2)(2^n - 2n - 2)}{(n+1) \cdot 2^n} \geqslant 0$，

那么只需比较 2^n 和 $2n+2$ 的大小，

当 $n \geqslant 3$ 时，由二项式定理知 $2^n = (1+1)^n = 1 + C_n^1 + \cdots + C_n^{n-1} + C_n^n \geqslant 2n+2$，

所以 $4 - \frac{2n+4}{2^n} - \frac{3n+2}{n+1} \geq 0$,因此当 $n \geq 3$ 时,$a_1 + a_2 + \cdots + a_n \geq \frac{3n+2}{n+1}$.

6.【解析】(1)当 $n = 1$ 时,由已知 $a_1 = 1$,结论成立.

假设当 $n = k$ 时,结论成立,即 $0 < a_k \leq 1$,

那么当 $n = k+1$ 时,$a_{k+1} = \sqrt{a_k^2 - 2a_k + 3} - 1 = \sqrt{(a_k-1)^2 + 2} - 1$,

由假设 $0 < a_k \leq 1$,得 $-1 < a_k - 1 \leq 0$,$0 \leq (a_k-1)^2 < 1$,$\sqrt{2} - 1 \leq \sqrt{(a_k-1)^2 + 2} - 1 < \sqrt{3} - 1$,

则 $0 < \sqrt{2} - 1 \leq a_{k+1} < \sqrt{3} - 1 < 1$,即当 $n = k+1$ 时结论也成立.

因此 $0 < a_n \leq 1$.

(2) $a_{n+2} - a_n = \sqrt{a_{n+1}^2 - 2a_{n+1} + 3} - \sqrt{a_{n-1}^2 - 2a_{n-1} + 3} = \dfrac{a_{n+1}^2 - 2a_{n+1} - (a_{n-1}^2 - 2a_{n-1})}{\sqrt{a_{n+1}^2 - 2a_{n+1} + 3} + \sqrt{a_{n-1}^2 - 2a_{n-1} + 3}}$

$= \dfrac{(a_{n+1} - a_{n-1})(a_{n+1} + a_{n-1} - 2)}{\sqrt{a_{n+1}^2 - 2a_{n+1} + 3} + \sqrt{a_{n-1}^2 - 2a_{n-1} + 3}}$,

因为 $\sqrt{a_{n+1}^2 - 2a_{n+1} + 3} + \sqrt{a_{n-1}^2 - 2a_{n-1} + 3} > 0$,由(1)知 $a_{n+1} + a_{n-1} - 2 < 0$,

所以 $a_{n+2} - a_n$ 与 $a_{n+1} - a_{n-1}$ 异号,由条件得 $a_3 < 1$,则 $a_3 - a_1 < 0$,那么 $a_4 - a_2 > 0$,$a_5 - a_3 < 0$,依此类推,$a_{2n+1} - a_{2n-1} < 0$,$a_{2n+2} - a_{2n} > 0$,因此数列 $\{a_{2n}\}$ 为单调递增数列.

7.【证明】当 $n = 1$ 时,$a_1 = 1$,满足不等式.假设当 $n = k$ 时,$0 < a_k \leq \sqrt{\dfrac{3}{k+2}}$,

那么当 $n = k+1$ 时,令 $f(x) = x - \dfrac{x^3}{6}$ $(0 < x \leq 1)$,

则 $f'(x) = 1 - \dfrac{x^2}{2} > 0$,所以 $f(x)$ 在 $(0, 1]$ 上为增函数,

由假设知 $0 < a_k \leq \sqrt{\dfrac{3}{k+2}} \leq 1$,

所以 $a_{k+1} = f(a_k) > f(0) = 0$,

$a_{k+1} = f(a_k) \leq f\left(\sqrt{\dfrac{3}{k+2}}\right) = \sqrt{\dfrac{3}{k+2}} - \dfrac{1}{2(k+2)} \cdot \sqrt{\dfrac{3}{k+2}}$

$= \sqrt{\dfrac{3}{k+2}} \cdot \dfrac{2k+3}{2k+4} = \sqrt{\dfrac{3(2k+3)^2}{(k+2)(2k+4)^2}} = \sqrt{\dfrac{3}{k+3} \cdot \dfrac{(2k+3)^2(k+3)}{(k+2)(2k+4)^2}}$,

因为 $\dfrac{(2k+3)^2(k+3)}{(k+2)(2k+4)^2} = \dfrac{4k^3 + 24k^2 + 45k + 27}{4k^3 + 24k^2 + 48k + 32} < 1$,所以 $a_{k+1} < \sqrt{\dfrac{3}{k+3}}$,

即当 $n = k+1$ 时不等式也成立.

因此 $0 < a_n \leq \sqrt{\dfrac{3}{n+2}}$ 对于任意的 $n \in \mathbf{N}^*$ 都成立.

第四章 数列不等式证明的放缩技巧

放缩就是放大或缩小. 如果一个代数式 P 放大（缩小）为 Q，则可用不等式 $P<Q$（$P>Q$）来表示. 在数列不等式证明中，我们需要把握放缩的方向和程度，以及掌握一些放缩的方法与技巧.

第一节 添减项放缩

添项放缩与减项放缩是最基本的放缩手段，它是基于不等式最简单的性质：若 $a>m>0$，则 $a-m<a<a+m$，进而有 $\dfrac{1}{a+m}<\dfrac{1}{a}<\dfrac{1}{a-m}$. 添减项放缩在第三章中我们已有接触，如 $\sqrt{n^2+1}>n$，$\sqrt{n(n+1)}>n$，$n^2+n<\left(n+\dfrac{1}{2}\right)^2$.

例1 设数列 $\{a_n\}$ 满足 $a_1=2$，$a_{n+1}=a_n+\dfrac{1}{a_n}$ $(n\in \mathbf{N}^*)$. 证明：$a_n>\sqrt{2n+1}$.

【证明】 证法一：当 $n=1$ 时，$a_1=2>\sqrt{2\times 1+1}=\sqrt{3}$，不等式成立.

假设当 $n=k$ 时，结论成立，即 $a_k>\sqrt{2k+1}$，

那么当 $n=k+1$ 时，记 $f(x)=x+\dfrac{1}{x}$，则 $f(x)$ 在 $(1,+\infty)$ 上为增函数，

由假设 $a_k>\sqrt{2k+1}>1$，

则 $a_{k+1}=a_k+\dfrac{1}{a_k}=f(a_k)>f(\sqrt{2k+1})=\sqrt{2k+1}+\dfrac{1}{\sqrt{2k+1}}$

$=\dfrac{2k+2}{\sqrt{2k+1}}=\sqrt{\dfrac{4k^2+8k+4}{2k+1}}=\sqrt{\dfrac{(2k+1)(2k+3)+1}{2k+1}}>\sqrt{2k+3}$，

即当 $n=k+1$ 时结论也成立.

因此 $a_n > \sqrt{2n+1}$.

证法二：当 $n=1$ 时，$a_1 = 2 > \sqrt{2 \times 1 + 1} = \sqrt{3}$，结论成立.

假设当 $n=k$ 时，结论成立，即 $a_k > \sqrt{2k+1}$，

那么当 $n=k+1$ 时，$a_{k+1} = a_k + \dfrac{1}{a_k}$ 两边平方，

得 $a_{k+1}^2 = a_k^2 + \dfrac{1}{a_k^2} + 2 > 2k + 1 + \dfrac{1}{a_k^2} + 2 > 2k+3$，

所以 $a_{k+1} > \sqrt{2k+3} = \sqrt{2(k+1)+1}$，

即当 $n=k+1$ 时结论也成立.

因此 $a_n > \sqrt{2n+1}$.

证法三：递推关系式两边直接平方，得 $a_{n+1}^2 = a_n^2 + 2 + \dfrac{1}{a_n^2}$，

则 $a_{n+1}^2 - a_n^2 = 2 + \dfrac{1}{a_n^2} > 2$，于是 $a_n^2 - a_{n-1}^2 > 2$，$a_{n-1}^2 - a_{n-2}^2 > 2$，$\cdots$，$a_2^2 - a_1^2 > 2$，

累差叠加，得 $a_n^2 - a_1^2 > 2(n-1)$，则 $a_n^2 > 2(n-1) + 4 = 2n+2 > 2n+1$，

由 $a_1 = 2$，$a_{n+1} = a_n + \dfrac{1}{a_n}$，易知 $a_n > 0$，

因此 $a_n > \sqrt{2n+1}$.

添减项放缩是极为常见的放缩手段. 本例给出了三种证法，这三种证法中都用到了添减项放缩.

在证法一中，$\sqrt{\dfrac{(2k+1)(2k+3)+1}{2k+1}}$ 根号里的分子去掉了 1，于是就有它大于 $\sqrt{\dfrac{(2k+1)(2k+3)}{2k+1}}$.

在证法二中，$a_{k+1}^2 = a_k^2 + \dfrac{1}{a_k^2} + 2 > 2k+3 + \dfrac{1}{a_k^2} > 2k+3$，这里去掉了 $\dfrac{1}{a_k^2}$ 项，也实现了证明.

在证法三中，条件式两边平方得 $a_{n+1}^2 = a_n^2 + 2 + \dfrac{1}{a_n^2}$，等式右边去掉了 $\dfrac{1}{a_n^2}$ 项，得 $a_{n+1}^2 - a_n^2 > 2$，从而实现了放缩.

例2 已知数列 $\{a_n\}$ 满足 $a_{n+1} = \dfrac{4a_n^2 + 6a_n + 1}{2(a_n + 1)}$ $(n \in \mathbf{N}^*)$，且 $a_1 = 1$. 求证：

$$\dfrac{1}{a_1 + 1} + \dfrac{1}{a_2 + 1} + \cdots + \dfrac{1}{a_n + 1} \geq 1 - \dfrac{1}{2^n}.$$

【分析】因为 $1 - \dfrac{1}{2^n} = \dfrac{1}{2} + \dfrac{1}{2^2} + \cdots + \dfrac{1}{2^n}$，如果能证明 $\dfrac{1}{a_n + 1} \geq \dfrac{1}{2^n}$，问题就解决了.

【证明】由 $a_{n+1} = \dfrac{4a_n^2 + 6a_n + 1}{2(a_n + 1)}$，$a_1 = 1$，显然 $a_n > 0$.

因为 $a_{n+1} + 1 = \dfrac{4a_n^2 + 6a_n + 1}{2(a_n + 1)} + 1 = \dfrac{4a_n^2 + 8a_n + 3}{2(a_n + 1)}$

$$= \dfrac{4(a_n + 1)^2 - 1}{2(a_n + 1)} \leq \dfrac{4(a_n + 1)^2}{2(a_n + 1)} = 2(a_n + 1),$$

所以 $\dfrac{1}{a_{n+1} + 1} \geq \dfrac{1}{2(a_n + 1)}$，

于是 $\dfrac{1}{a_n + 1} \geq \dfrac{1}{2(a_{n-1} + 1)} \geq \dfrac{1}{2^2(a_{n-2} + 1)} \geq \cdots \geq \dfrac{1}{2^{n-1}(a_1 + 1)} = \dfrac{1}{2^n}$，

因此 $\dfrac{1}{a_1 + 1} + \dfrac{1}{a_2 + 1} + \cdots + \dfrac{1}{a_n + 1} \geq \dfrac{1}{2} + \dfrac{1}{2^2} + \cdots + \dfrac{1}{2^n} = 1 - \dfrac{1}{2^n}$.

注意，在第一章数列求和中提到，公比不为1的等比数列前 n 项和有 $A - Aq^n$ 的形式，所以当要证明的目标式是此种形式时，就可用相对应的等比数列放缩.

练习 4.1

1. 求证：$\dfrac{n}{4} < \dfrac{1}{1 \times 3} + \dfrac{2^2}{3 \times 5} + \dfrac{3^2}{5 \times 7} + \cdots + \dfrac{n^2}{(2n-1)(2n+1)} \leq \dfrac{n}{3}$ $(n \in \mathbf{N}^*)$.

2. 已知正项数列 $\{a_n\}$ 的前 n 项和为 S_n，满足 $S_n^2-(n^2+n-3)S_n-3(n^2+n)=0$，$n\in \mathbf{N}^*$.

（1）求数列 $\{a_n\}$ 的通项公式；

（2）证明：$\dfrac{1}{a_1(a_1+1)}+\dfrac{1}{a_2(a_2+1)}+\cdots+\dfrac{1}{a_n(a_n+1)}<\dfrac{1}{3}$.

3. 在数列 $\{a_n\}$ 中，S_n 为其前 n 项和，且满足 $a_1=1$，$3S_n=(n+2)a_n$，$n\in\mathbf{N}^*$.

（1）求数列 $\{a_n\}$ 的通项公式；

（2）求证：$\dfrac{1}{a_2}+\dfrac{1}{a_4}+\dfrac{1}{a_8}+\cdots+\dfrac{1}{a_{2^n}}<\dfrac{2}{3}$.

第二节 利用重要不等式放缩

高中阶段我们学习了不少不等式模型,如基本不等式、糖水不等式、绝对值不等式等,在证明时如果能恰当地运用这些重要不等式进行放缩,就可以使证明的步骤大大缩短.

一、基本不等式

基本不等式有:$a^2+b^2 \geqslant 2ab$ $(a, b \in \mathbf{R})$;当 $a, b>0$ 时,$a+b \geqslant 2\sqrt{ab}$.

例3 求证:$\sqrt{1\times 2}+\sqrt{2\times 3}+\cdots+\sqrt{n(n+1)}<\dfrac{n(n+2)}{2}$,$n\in\mathbf{N}^*$.

【证明】 由基本不等式,得 $\sqrt{n(n+1)}<\dfrac{n+n+1}{2}=n+\dfrac{1}{2}$,

所以 $\sqrt{1\times 2}+\sqrt{2\times 3}+\cdots+\sqrt{n(n+1)}<1+\dfrac{1}{2}+2+\dfrac{1}{2}+\cdots+n+\dfrac{1}{2}$

$$=\dfrac{n(n+1)}{2}+\dfrac{n}{2}=\dfrac{n(n+2)}{2}.$$

本例的证明借助了基本不等式 $a+b\geqslant 2\sqrt{ab}$,实现从积到和的放大. 在高中阶段我们只需掌握二元的基本不等式即可. 对于两个大于零的实数 a 和 b,恒有不等式 $\dfrac{2}{\dfrac{1}{a}+\dfrac{1}{b}}\leqslant \sqrt{ab}\leqslant \dfrac{a+b}{2}\leqslant \sqrt{\dfrac{a^2+b^2}{2}}$ 成立,即调和平均 $\leqslant$ 几何平均 $\leqslant$ 算术平均 $\leqslant$ 平方平均. 因此,这组不等式也称为均值不等式. 在用均值不等式证明数列不等式时,我们要根据所证不等式的结构特征选取所需要的均值不等关系.

例4 在数列 $\{a_n\}$ 中,已知 $a_1>0$,且满足 $a_{n+1}a_n=n^2+3n+2$,$n\in\mathbf{N}^*$. 求证:$2\left(\dfrac{1}{a_1^2}+\dfrac{1}{a_2^2}+\cdots+\dfrac{1}{a_n^2}\right)>\dfrac{n-1}{n+1}$.

【分析】 观察不等式的结构特征,左边是平方和形式,条件是两项积的形式,因而联想

到不等式 $\dfrac{1}{a_{n-1}^2}+\dfrac{1}{a_n^2}\geqslant \dfrac{2}{a_{n-1}a_n}$.

【证明】 因为 $a_{n+1}a_n=(n+1)(n+2)$，所以当 $n\geqslant 2$ 时，$a_{n-1}a_n=n(n+1)$，

则 $\dfrac{1}{a_{n-1}^2}+\dfrac{1}{a_n^2}\geqslant \dfrac{2}{a_{n-1}a_n}=\dfrac{2}{n(n+1)}=2\left(\dfrac{1}{n}-\dfrac{1}{n+1}\right)$，

所以 $2\left(\dfrac{1}{a_1^2}+\dfrac{1}{a_2^2}+\cdots+\dfrac{1}{a_n^2}\right)=\dfrac{1}{a_1^2}+\left(\dfrac{1}{a_1^2}+\dfrac{1}{a_2^2}\right)+\cdots+\left(\dfrac{1}{a_{n-1}^2}+\dfrac{1}{a_n^2}\right)+\dfrac{1}{a_n^2}$

$\geqslant \dfrac{1}{a_1^2}+2\left[\left(\dfrac{1}{2}-\dfrac{1}{3}\right)+\left(\dfrac{1}{3}-\dfrac{1}{4}\right)+\cdots+\left(\dfrac{1}{n}-\dfrac{1}{n+1}\right)\right]+\dfrac{1}{a_n^2}$

$=\dfrac{1}{a_1^2}+2\left(\dfrac{1}{2}-\dfrac{1}{n+1}\right)+\dfrac{1}{a_n^2}=\dfrac{1}{a_1^2}+\dfrac{n-1}{n+1}+\dfrac{1}{a_n^2}>\dfrac{n-1}{n+1}$.

当 $n=1$ 时，不等式显然成立.

因此对于任意的 $n\in \mathbf{N}^*$，都有 $2\left(\dfrac{1}{a_1^2}+\dfrac{1}{a_2^2}+\cdots+\dfrac{1}{a_n^2}\right)>\dfrac{n-1}{n+1}$ 成立.

这里顺便提一下多元均值不等式，有兴趣的同学可以了解一下. 对于正实数 a_1，a_2，$\cdots$，$a_n(n\geqslant 2)$，恒有

$$\dfrac{n}{\dfrac{1}{a_1}+\dfrac{1}{a_2}+\cdots+\dfrac{1}{a_n}}\leqslant \sqrt[n]{a_1a_2\cdots a_n}\leqslant \dfrac{a_1+a_2+\cdots+a_n}{n}\leqslant \sqrt{\dfrac{a_1^2+a_2^2+\cdots+a_n^2}{n}}.$$

二、糖水不等式

糖水不等式：已知实数 a，b，$m>0$，且 $m<a<b$，则 $\dfrac{a-m}{b-m}<\dfrac{a}{b}<\dfrac{a+m}{b+m}$. 为什么叫糖水不等式？我们可以这样想象，现有含 a 克糖的 b 克糖水，其浓度为 $\dfrac{a}{b}$，若在此糖水中加入 m 克糖，浓度变为 $\dfrac{a+m}{b+m}$，糖水一定是变甜了，则不等式 $\dfrac{a}{b}<\dfrac{a+m}{b+m}$ 成立；若在此糖水中析出 m 克糖，浓度变为 $\dfrac{a-m}{b-m}$，糖水一定是变淡了，则不等式 $\dfrac{a}{b}>\dfrac{a-m}{b-m}$ 成立.

例5 求证：$T_n = \dfrac{1}{2} \cdot \dfrac{3}{4} \cdot \dfrac{5}{6} \cdot \cdots \cdot \dfrac{2n-1}{2n} < \dfrac{1}{\sqrt{2n+1}}$ $(n \in \mathbf{N}^*)$.

【证明】由糖水不等式，可得 $\dfrac{2n-1}{2n} < \dfrac{2n-1+1}{2n+1} = \dfrac{2n}{2n+1}$，

则 $\dfrac{1}{2} \cdot \dfrac{3}{4} \cdot \dfrac{5}{6} \cdot \cdots \cdot \dfrac{2n-1}{2n} < \dfrac{2}{3} \cdot \dfrac{4}{5} \cdot \dfrac{6}{7} \cdot \cdots \cdot \dfrac{2n}{2n+1}$，

那么 $T_n^2 < \left(\dfrac{1}{2} \cdot \dfrac{3}{4} \cdot \dfrac{5}{6} \cdot \cdots \cdot \dfrac{2n-1}{2n}\right)\left(\dfrac{2}{3} \cdot \dfrac{4}{5} \cdot \dfrac{6}{7} \cdot \cdots \cdot \dfrac{2n}{2n+1}\right) = \dfrac{1}{2n+1}$，

所以 $T_n = \dfrac{1}{2} \cdot \dfrac{3}{4} \cdot \dfrac{5}{6} \cdot \cdots \cdot \dfrac{2n-1}{2n} < \dfrac{1}{\sqrt{2n+1}}$.

当两杯浓度不同的糖水混合时，其浓度必介于两者之间. 类似地，也可以得到另一个不等式模型：已知实数 a，b，c，$d > 0$，若 $\dfrac{a}{b} < \dfrac{c}{d}$，则不等式 $\dfrac{a}{b} < \dfrac{a+c}{b+d} < \dfrac{c}{d}$ 成立.

三、绝对值不等式

绝对值不等式：$||a|-|b|| \leq |a \pm b| \leq |a|+|b|$，其结构类似于三角形的三边关系，任意两边之差小于第三边，任意两边之和大于第三边，所以有时也称之为绝对值三角不等式.

例6 已知数列 $\{a_n\}$ 满足 $a_1 = 4$，$a_{n+1} = 4 + \dfrac{1}{a_n}$，$n \in \mathbf{N}^*$. 求证：

(1) $|a_{n+1} - a_n| \leq \dfrac{1}{4} \cdot \dfrac{1}{17^{n-1}}$； (2) $|a_{2n} - a_n| < \dfrac{1}{64} \cdot \dfrac{1}{17^{n-2}}$.

【证明】(1) 由 $a_1 = 4$，$a_{n+1} = 4 + \dfrac{1}{a_n}$，知 $a_2 = \dfrac{17}{4}$ 且 $a_n > 0$，

则 $a_{n+1} = 4 + \dfrac{1}{a_n} > 4$，所以 $a_n \geq 4$.

由 $a_{n+1} - a_n = 4 + \dfrac{1}{a_n} - \left(4 + \dfrac{1}{a_{n-1}}\right) = \dfrac{a_{n-1} - a_n}{a_n a_{n-1}}$，

则 $\dfrac{|a_{n+1} - a_n|}{|a_{n-1} - a_n|} = \dfrac{1}{a_n a_{n-1}} = \dfrac{1}{a_{n-1}\left(4 + \dfrac{1}{a_{n-1}}\right)} = \dfrac{1}{4a_{n-1} + 1} \leq \dfrac{1}{17}$，

因此 $|a_{n+1}-a_n| \leq |a_2-a_1|\dfrac{1}{17^{n-1}} = \dfrac{1}{4} \cdot \dfrac{1}{17^{n-1}}$.

(2) $|a_{2n}-a_n| = |(a_{2n}-a_{2n-1})+(a_{2n-1}-a_{2n-2})+\cdots+(a_{n+1}-a_n)|$

$\leq |a_{2n}-a_{2n-1}|+|a_{2n-1}-a_{2n-2}|+\cdots+|a_{n+1}-a_n|$

$\leq \dfrac{1}{4} \cdot \dfrac{1}{17^{2n-2}} + \dfrac{1}{4} \cdot \dfrac{1}{17^{2n-3}} + \cdots + \dfrac{1}{4} \cdot \dfrac{1}{17^{n-1}}$

$= \dfrac{1}{4} \cdot \dfrac{1}{17^{n-1}} \left(\dfrac{1}{17^{n-1}} + \dfrac{1}{17^{n-2}} + \cdots + \dfrac{1}{17} + 1 \right)$

$= \dfrac{1}{4} \cdot \dfrac{1}{17^{n-1}} \cdot \dfrac{17}{16}\left(1-\dfrac{1}{17^n}\right) = \dfrac{1}{64} \cdot \dfrac{1}{17^{n-2}}\left(1-\dfrac{1}{17^n}\right) < \dfrac{1}{64} \cdot \dfrac{1}{17^{n-2}}$.

本例第(2)小题用了多元绝对值不等式 $|a_1+a_2+\cdots+a_n| \leq |a_1|+|a_2|+\cdots+|a_n|$.

例7 对于数列 $\{a_n\}$,若存在常数 $M>0$,对任意的 $n \in \mathbf{N}^*$,恒有

$|a_{n+1}-a_n|+|a_n-a_{n-1}|+\cdots+|a_2-a_1| \leq M$,则称数列 $\{a_n\}$ 为"B-数列".

(1) 首项为1,公比为 $-\dfrac{1}{2}$ 的等比数列是否为"B-数列"?请说明理由;

(2) 若数列 $\{a_n\}$ 是"B-数列",证明:数列 $\{a_n^2\}$ 也是"B-数列".

【解析】(1) 设满足题设的等比数列为 $\{a_n\}$,则 $a_n = \left(-\dfrac{1}{2}\right)^{n-1}$,

于是 $|a_{n+1}-a_n| = \left|\left(-\dfrac{1}{2}\right)^n - \left(-\dfrac{1}{2}\right)^{n-1}\right| = \dfrac{3}{2}\left(\dfrac{1}{2}\right)^{n-1}$,

则 $|a_{n+1}-a_n|+|a_n-a_{n-1}|+\cdots+|a_2-a_1| = \dfrac{3}{2}\left[1+\dfrac{1}{2}+\cdots+\left(\dfrac{1}{2}\right)^{n-1}\right]$

$= 3\left[1-\left(\dfrac{1}{2}\right)^n\right] < 3$,

即存在 $M \geq 3$,恒有 $|a_{n+1}-a_n|+|a_n-a_{n-1}|+\cdots+|a_2-a_1| \leq M$,所以首项为1,公比为 $-\dfrac{1}{2}$ 的等比数列是"B-数列".

(2) 依据"B-数列"的定义,对于数列 $\{a_n\}$,存在正数 M,对任意的 $n \in \mathbf{N}^*$,

有 $|a_{n+1}-a_n|+|a_n-a_{n-1}|+\cdots+|a_2-a_1|\leqslant M$.

因为 $|a_n|=|a_n-a_{n-1}+a_{n-1}-a_{n-2}+\cdots+a_2-a_1+a_1|$

$\leqslant|a_n-a_{n-1}|+|a_{n-1}-a_{n-2}|+\cdots+|a_2-a_1|+|a_1|\leqslant M+|a_1|$,

记 $K=M+|a_1|$，则有 $|a_{n+1}^2-a_n^2|=|(a_{n+1}+a_n)(a_{n+1}-a_n)|$

$\leqslant(|a_{n+1}|+|a_n|)|a_{n+1}-a_n|\leqslant 2K|a_{n+1}-a_n|$,

因此 $|a_{n+1}^2-a_n^2|+|a_n^2-a_{n-1}^2|+\cdots+|a_2^2-a_1^2|$

$\leqslant 2K(|a_{n+1}-a_n|+|a_n-a_{n-1}|+\cdots+|a_2-a_1|)\leqslant 2KM$,

故数列 $\{a_n^2\}$ 是"B-数列".

四、指对数不等式

$e^x\geqslant x+1$ 和 $\ln(x+1)\leqslant x$ 是两个非常重要的函数不等式，大虾老师把它们称为基本指对数不等式.

（一）$e^x\geqslant x+1$

在人教版高中数学选修2-2第32页习题B中有这样一道习题：证明不等式 $e^x\geqslant x+1$.

设 $f(x)=e^x-x-1$，则 $f'(x)=e^x-1=0$，解得 $x=0$，

易知 $f(x)_{\min}=f(0)=0$，所以 $f(x)\geqslant 0$，即 $e^x\geqslant x+1$.

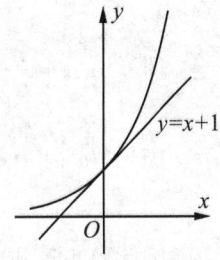

我们也可以从函数图像的角度来说明，直线 $y=x+1$ 正好是曲线 $y=e^x$ 在 $x=0$ 处的切线（如图），可见 $y=e^x$ 的整个图像在直线 $y=x+1$ 的上方，因此 $e^x\geqslant x+1$.

例8 证明：$\left(\dfrac{1}{n}\right)^n+\left(\dfrac{2}{n}\right)^n+\cdots+\left(\dfrac{n-1}{n}\right)^n+\left(\dfrac{n}{n}\right)^n<\dfrac{e}{e-1}$，其中 $n\in\mathbf{N}^*$，无理数 $e=2.71828\cdots$.

【证明】由 $x+1\leqslant e^x$，知 $\dfrac{n-k}{n}=1+\left(-\dfrac{k}{n}\right)\leqslant e^{-\frac{k}{n}}$，$k=0,1,2,\cdots,n-1$，

则 $\left(1-\dfrac{k}{n}\right)^n=\left(\dfrac{n-k}{n}\right)^n\leqslant e^{-k}$，

于是 $\left(\dfrac{1}{n}\right)^n = \left(1 - \dfrac{n-1}{n}\right)^n < e^{-(n-1)}$, $\left(\dfrac{2}{n}\right)^n = \left(1 - \dfrac{n-2}{n}\right)^n < e^{-(n-2)}$, $\cdots$,

$\left(\dfrac{n-1}{n}\right)^n = \left(1 - \dfrac{1}{n}\right)^n < e^{-1}$, $\left(\dfrac{n}{n}\right)^n = \left(1 - \dfrac{0}{n}\right)^n = e^0$,

所以 $\left(\dfrac{1}{n}\right)^n + \left(\dfrac{2}{n}\right)^n + \cdots + \left(\dfrac{n-1}{n}\right)^n + \left(\dfrac{n}{n}\right)^n < 1 + \dfrac{1}{e} + \cdots + \dfrac{1}{e^{n-2}} + \dfrac{1}{e^{n-1}}$

$$= \dfrac{1 - \dfrac{1}{e^n}}{1 - \dfrac{1}{e}} = \dfrac{e}{e-1}\left(1 - \dfrac{1}{e^n}\right) < \dfrac{e}{e-1}.$$

（二）$\ln(x+1) \leqslant x$

对不等式 $e^x \geqslant x+1$，两边同时取自然对数，得 $\ln e^x \geqslant \ln(x+1)$ $(x > -1)$，即 $x \geqslant \ln(x+1)$.

例9 证明：$\left(1 + \dfrac{1}{n}\right)^n < e$，其中 $n \in \mathbf{N}^*$，无理数 $e = 2.71828\cdots$.

【证明】要证明 $\left(1 + \dfrac{1}{n}\right)^n < e$，只需证明 $\ln\left(1 + \dfrac{1}{n}\right)^n < \ln e$，

即 $n\ln\left(1 + \dfrac{1}{n}\right) < 1$，即证明 $\ln\left(1 + \dfrac{1}{n}\right) < \dfrac{1}{n}$.

因为 $\ln(x+1) < x$ $(x > 0)$，所以 $\ln\left(1 + \dfrac{1}{n}\right) < \dfrac{1}{n}$ 成立，

因此原不等式 $\left(1 + \dfrac{1}{n}\right)^n < e$ 成立.

如果一个数列不等式以乘积或乘方的形式出现，还出现无理数 e，我们就可以在不等式两边取自然对数，将积式转化为和式，再进一步证明.

例10 证明：$\left(1 + \dfrac{1}{2}\right)\left(1 + \dfrac{1}{4}\right)\cdots\left(1 + \dfrac{1}{2^n}\right) < e$ $(n \in \mathbf{N}^*)$.

【证明】要证明原不等式，只需证明 $\ln\left[\left(1 + \dfrac{1}{2}\right)\left(1 + \dfrac{1}{4}\right)\cdots\left(1 + \dfrac{1}{2^n}\right)\right] < \ln e$，

即证明 $\ln\left(1 + \dfrac{1}{2}\right) + \ln\left(1 + \dfrac{1}{4}\right) + \cdots + \ln\left(1 + \dfrac{1}{2^n}\right) < 1$.

因为 $\ln(x+1) < x\ (x > 0)$,所以 $\ln\left(1 + \dfrac{1}{2^n}\right) < \dfrac{1}{2^n}$,

则 $\ln\left(1 + \dfrac{1}{2}\right) + \ln\left(1 + \dfrac{1}{4}\right) + \cdots + \ln\left(1 + \dfrac{1}{2^n}\right) < \dfrac{1}{2} + \dfrac{1}{4} + \cdots + \dfrac{1}{2^n} = 1 - \dfrac{1}{2^n} < 1$,

因此原不等式 $\left(1 + \dfrac{1}{2}\right)\left(1 + \dfrac{1}{4}\right) \cdots \left(1 + \dfrac{1}{2^n}\right) < e$ 成立.

例11 已知数列 $\{a_n\}$ 满足 $a_1 = 1$,$a_{n+1} = \left(1 + \dfrac{1}{n^2 + n}\right)a_n + \dfrac{1}{2^n}$,$n \in \mathbf{N}^*$.

(1) 当 $n \geqslant 2$ 时,证明:$a_n \geqslant 2$;(2) 证明:$a_n < e^2$(无理数 $e = 2.71828\cdots$).

【证明】第(1)小题,在本书第三章第三节分析法中已作出了证明.

(2) 由(1)知 $a_n \geqslant 1$,所以 $\dfrac{1}{2^n} \leqslant \dfrac{a_n}{2^n}$,

所以 $a_{n+1} \leqslant \left(1 + \dfrac{1}{n^2 + n}\right)a_n + \dfrac{a_n}{2^n} = \left(1 + \dfrac{1}{n^2 + n} + \dfrac{1}{2^n}\right)a_n$,

两边取自然对数得 $\ln a_{n+1} \leqslant \ln\left[\left(1 + \dfrac{1}{n^2 + n} + \dfrac{1}{2^n}\right)a_n\right]$

$$= \ln\left(1 + \dfrac{1}{n^2 + n} + \dfrac{1}{2^n}\right) + \ln a_n < \ln a_n + \dfrac{1}{n^2 + n} + \dfrac{1}{2^n},$$

于是 $\ln a_{n+1} - \ln a_n < \dfrac{1}{n^2 + n} + \dfrac{1}{2^n} = \dfrac{1}{n} - \dfrac{1}{n+1} + \dfrac{1}{2^n}$,

由累差叠加法,得

$\ln a_n = \ln a_1 + (\ln a_2 - \ln a_1) + \cdots + (\ln a_{n-1} - \ln a_{n-2}) + (\ln a_n - \ln a_{n-1})$

$< 1 - \dfrac{1}{2} + \dfrac{1}{2} - \dfrac{1}{3} + \cdots + \dfrac{1}{n-1} - \dfrac{1}{n} + \dfrac{1}{2} + \dfrac{1}{2^2} + \cdots + \dfrac{1}{2^{n-1}}$

$= 1 - \dfrac{1}{n} + \left[1 - \left(\dfrac{1}{2}\right)^{n-1}\right] = 2 - \dfrac{1}{n} - \dfrac{1}{2^{n-1}} < 2$,

即 $\ln a_n < 2$,因此 $a_n < e^2$.

(三) 基本指对数不等式的变换

由于 x 的任意性,我们可以用满足定义域的任意代数式替代 x,得到很多不等式. 例如用 $x-1$ 替代 $e^x \geq x+1$ 中的 x, 得 $e^{x-1} \geq x$, 即 $e^x \geq ex$; 用 $x-1$ 替代 $\ln(x+1) \leq x$ 中的 x, 得 $\ln x \leq x-1$; 用 $\frac{1}{x}$ 替代 $\ln x \leq x-1$ 中的 x, 得 $\ln \frac{1}{x} \leq \frac{1}{x} - 1$, 则 $-\ln x \leq \frac{1}{x} - 1$, 即 $\ln x \geq 1 - \frac{1}{x}$.

例12 求证: $\dfrac{\ln 2^2}{2^2} + \dfrac{\ln 3^2}{3^2} + \cdots + \dfrac{\ln n^2}{n^2} < \dfrac{2n^2 - n - 1}{2(n+1)}$, $n \in \mathbf{N}$ 且 $n \geq 2$.

【证明】当 $x > 1$ 时, $\ln x < x - 1$, 两边同除以 x, 得 $\dfrac{\ln x}{x} < 1 - \dfrac{1}{x}$, 那么 $\dfrac{\ln n^2}{n^2} < 1 - \dfrac{1}{n^2}$,

所以 $\dfrac{\ln 2^2}{2^2} + \dfrac{\ln 3^2}{3^2} + \cdots + \dfrac{\ln n^2}{n^2} < 1 - \dfrac{1}{2^2} + 1 - \dfrac{1}{3^2} + \cdots + 1 - \dfrac{1}{n^2}$

$$= n - 1 - \left(\dfrac{1}{2^2} + \dfrac{1}{3^2} + \cdots + \dfrac{1}{n^2}\right).$$

又 $\dfrac{1}{n^2} > \dfrac{1}{n(n+1)} = \dfrac{1}{n} - \dfrac{1}{n+1}$,

所以 $\dfrac{1}{2^2} + \dfrac{1}{3^2} + \cdots + \dfrac{1}{n^2} > \dfrac{1}{2} - \dfrac{1}{3} + \dfrac{1}{3} - \dfrac{1}{4} + \cdots + \dfrac{1}{n} - \dfrac{1}{n+1} = \dfrac{1}{2} - \dfrac{1}{n+1}$,

于是 $\dfrac{\ln 2^2}{2^2} + \dfrac{\ln 3^2}{3^2} + \cdots + \dfrac{\ln n^2}{n^2} < n - 1 - \left(\dfrac{1}{2} - \dfrac{1}{n+1}\right)$

$$= n + \dfrac{1}{n+1} - \dfrac{3}{2} = \dfrac{2n^2 - n - 1}{2(n+1)}.$$

五、三角不等式

在人教版高中数学选修2-2第32页习题B中有这样一道习题: 证明不等式 $\sin x < x$, $x \in (0, \pi)$.

令 $f(x) = \sin x - x$, 则 $f'(x) = \cos x - 1 < 0$, 所以函数 $f(x)$ 在 $(0, \pi)$ 上是减函数, 则 $f(x) = \sin x - x < f(0) = 0$, 即 $\sin x < x$.

这也是一个非常重要的不等式模型.

例13 已知数列 $\{a_n\}$ 满足 $a_n = \sin \dfrac{\pi}{n(n+1)}$, $n \in \mathbf{N}^*$, 其前 n 项和为 S_n. 求证: $S_n < \pi$.

【证明】因为当 $x \in \left(0, \dfrac{\pi}{2}\right]$ 时, 有 $\sin x < x$, 由 $\dfrac{\pi}{n(n+1)} \in \left(0, \dfrac{\pi}{2}\right]$,

则 $a_n = \sin\dfrac{\pi}{n(n+1)} < \dfrac{\pi}{n(n+1)} = \pi\left(\dfrac{1}{n} - \dfrac{1}{n+1}\right)$,

那么 $S_n < \pi\left(1 - \dfrac{1}{2}\right) + \pi\left(\dfrac{1}{2} - \dfrac{1}{3}\right) + \pi\left(\dfrac{1}{3} - \dfrac{1}{4}\right) + \cdots + \pi\left(\dfrac{1}{n} - \dfrac{1}{n+1}\right)$

$= \pi\left(1 - \dfrac{1}{n+1}\right) < \pi$.

另外当 $x \in \left(0, \dfrac{\pi}{2}\right)$ 时, 还有不等式 $\sin x < x < \tan x$ 成立.

例14 已知数列 $\{a_n\}$ 满足 $a_1 = 1$, $a_{n+1} = \dfrac{\sqrt{1+a_n^2}-1}{a_n}$ $(n \in \mathbf{N}^*)$. 求证: $a_n > \dfrac{\pi}{2^{n+1}}$.

【分析】我们发现在所证明的不等式中含有 π, 及递推关系式中含有 $\sqrt{1+a_n^2}$, 依据这两个特征, 势必要考虑进行三角代换. 所以引入一个新数列 $\{\theta_n\}$, 使 $a_n = \tan\theta_n$.

【证明】由题设得 $a_{n+1} = \dfrac{\sqrt{1+a_n^2}-1}{a_n} = \dfrac{a_n}{\sqrt{1+a_n^2}+1}$,

所以 a_{n+1} 与 a_n 同号, 同理 a_n 与 a_{n-1} 同号, 依此类推, 得 a_2 与 a_1 同号.

因为 $a_1 = 1 > 0$, 所以对任意的 $n \in \mathbf{N}^*$, $a_n > 0$.

记 $a_n = \tan\theta_n$, $\theta_n \in \left(0, \dfrac{\pi}{2}\right)$,

则 $a_{n+1} = \dfrac{\sqrt{1+\tan^2\theta_n}-1}{\tan\theta_n} = \dfrac{\sqrt{1+\dfrac{\sin^2\theta_n}{\cos^2\theta_n}}-1}{\dfrac{\sin\theta_n}{\cos\theta_n}} = \dfrac{1-\cos\theta_n}{\sin\theta_n} = \tan\dfrac{\theta_n}{2}$,

即 $\tan\theta_{n+1} = \tan\dfrac{\theta_n}{2}$, 则 $\theta_{n+1} = \dfrac{\theta_n}{2}$, 又 $a_1 = 1 = \tan\dfrac{\pi}{4}$, 则 $\theta_1 = \dfrac{\pi}{4}$,

所以数列 $\{\theta_n\}$ 是以 $\dfrac{\pi}{4}$ 为首项, $\dfrac{1}{2}$ 为公比的等比数列,

于是 $\theta_n = \dfrac{\pi}{4}\left(\dfrac{1}{2}\right)^{n-1} = \dfrac{\pi}{2^{n+1}}$.

又当 $x \in \left(0, \dfrac{\pi}{2}\right)$ 时, 有 $\tan x > x$, 因此 $a_n = \tan\dfrac{\pi}{2^{n+1}} > \dfrac{\pi}{2^{n+1}}$.

通常情况下，对类似 $\sqrt{1 \pm a_n^2}$，$\sqrt{1 \pm a_n}$，$\dfrac{a_{n+1} \pm a_n}{1 \mp a_n a_{n+1}}$ 等的结构，我们可尝试采用三角代换的方法引入一个新数列.

练习 4.2

1. 已知数列 $\{a_n\}$ 满足 $a_n = \sqrt{n}$，$n \in \mathbf{N}^*$. 求证：$a_{n+1} + a_{n-1} < 2a_n$.

2. 证明下列不等式，其中 $n \in \mathbf{N}^*$.

   （1）$1 + \dfrac{1}{\sqrt{2}} + \dfrac{1}{\sqrt{3}} + \cdots + \dfrac{1}{\sqrt{n}} > \ln(1+n)$；

   （2）$T_n = \dfrac{2}{1} \cdot \dfrac{5}{4} \cdot \dfrac{8}{7} \cdot \cdots \cdot \dfrac{3n-1}{3n-2} > \sqrt[3]{3n+1}$.

3. 对于数列 $\{a_n\}$，若存在常数 $M > 0$，对任意的 $n \in \mathbf{N}^*$，恒有 $|a_{n+1} - a_n| + |a_n - a_{n-1}| + \cdots + |a_2 - a_1| \leq M$，则称数列 $\{a_n\}$ 为 "B-数列".

   （1）首项为 1，公比为 $q\,(|q|<1)$ 的等比数列是否为 "B-数列"？请说明理由；

   （2）若数列 $\{a_n\}$，$\{b_n\}$ 都是 "B-数列"，证明：数列 $\{a_n b_n\}$ 也是 "B-数列".

4. 已知数列 $\{a_n\}$ 满足 $a_n = \dfrac{(n+4)(n+5)}{(n+1)(n+2)}$，$S_n$ 为其前 n 项和，$n \in \mathbf{N}^*$. 证明：$S_n < n + 6(1 + \ln n)$.

5. 已知数列 $\{a_n\}$ 满足 $a_1 = 1$，$a_{n+1} - a_n \sin^2\theta = \sin 2\theta \cos^{2n}\theta$，$n \in \mathbf{N}^*$.

   （1）当 $\theta = \dfrac{\pi}{4}$ 时，求数列 $\{a_n\}$ 的通项公式；

   （2）在（1）的条件下，若数列 $\{b_n\}$ 满足 $b_n = \sin\dfrac{\pi a_n}{2}$，$S_n$ 为数列 $\{b_n\}$ 的前 n 项和，求证：$S_n < 2 + \pi$.

6. 已知数列 $\{a_n\}$ 满足 $a_1 = \dfrac{2}{3}$，$a_{n+1} = \dfrac{2a_n}{4 + \ln(1 + a_n)}$ $(n \in \mathbf{N}^*)$. 求证：

   （1）$a_n > 0$；

   （2）$\dfrac{1}{2^n} < a_n < \dfrac{4}{3} \cdot \dfrac{1}{2^n}$.

第三节 分组放缩

分组放缩往往用在数列求和的不等关系证明中.

例15 求证：$\dfrac{1}{2}+\dfrac{1}{3}+\dfrac{1}{4}+\cdots+\dfrac{1}{2^n}\geqslant\dfrac{n}{2}$ $(n\in\mathbf{N}^*)$.

【分析】需要注意的是，本题的求和式与数列 $\left\{\dfrac{1}{2^n}\right\}$ 求和有区别，本例不等式左边有 2^n-1 项相加，而数列 $\left\{\dfrac{1}{2^n}\right\}$ 求和只有 n 项相加.

【证明】设 $S=\dfrac{1}{2}+\dfrac{1}{3}+\dfrac{1}{4}+\cdots+\dfrac{1}{2^n}$，我们将这 2^n-1 项按以下规则分成 n 组.

$$S=\left(\dfrac{1}{2}\right)+\left(\dfrac{1}{3}+\dfrac{1}{4}\right)+\left(\dfrac{1}{5}+\dfrac{1}{6}+\dfrac{1}{7}+\dfrac{1}{8}\right)+\cdots+$$
$$\left(\dfrac{1}{2^{n-1}+1}+\dfrac{1}{2^{n-1}+2}+\cdots+\dfrac{1}{2^n-1}+\dfrac{1}{2^n}\right)$$
$$\geqslant\dfrac{1}{2}+2\times\dfrac{1}{4}+4\times\dfrac{1}{8}+\cdots+2^{n-1}\times\dfrac{1}{2^n}=n\times\dfrac{1}{2}=\dfrac{n}{2}.$$

我们将 2^n-1 项划分成 n 组，第 k 组的最后一个数为 $\dfrac{1}{2^k}$，共有 2^{k-1} 项. 将这些项都缩小为 $\dfrac{1}{2^k}$，则整个组的和就缩小为 $2^{k-1}\times\dfrac{1}{2^k}=\dfrac{1}{2}$，那么每组和都大于或等于 $\dfrac{1}{2}$，所有组这样放缩后相加就证明了所要求证的不等式.

例16 已知 $n\in\mathbf{N}^*$，求证：$1<\dfrac{1}{n+1}+\dfrac{1}{n+2}+\cdots+\dfrac{1}{3n}+\dfrac{1}{3n+1}<2$.

【分析】记 $S=\dfrac{1}{n+1}+\dfrac{1}{n+2}+\cdots+\dfrac{1}{3n+1}$，这里共有 $2n+1$ 项求和，我们很自然地想到把和式的每一项放大为 $\dfrac{1}{n+1}$，那么 $S<\dfrac{2n+1}{n+1}<\dfrac{2n+2}{n+1}=2$，如果把和式的每一项都缩小为 $\dfrac{1}{3n+1}$，那么 $S>\dfrac{2n+1}{3n+1}$，而 $\dfrac{2n+1}{3n+1}<1$，这样无法说明 $S>1$.

观察到，和式中与首尾等距两项的分母之和均为 $4n+2$，即 $n+1+3n+1=$

$n+2+3n=\cdots=4n+2$，和式又为倒数之和，我们很自然地想到均值不等式 $\dfrac{2}{\dfrac{1}{a}+\dfrac{1}{b}}\leqslant\dfrac{a+b}{2}$，即 $\dfrac{1}{a}+\dfrac{1}{b}\geqslant\dfrac{4}{a+b}$. 那么 $\dfrac{1}{n+1}+\dfrac{1}{3n+1}>\dfrac{4}{n+1+3n+1}=\dfrac{2}{2n+1}$，这样正好可以构造 $2n+1$ 对，所以 $2S>(2n+1)\dfrac{2}{2n+1}=2$，得 $S>1$.

【证明】记 $S=\dfrac{1}{n+1}+\dfrac{1}{n+2}+\cdots+\dfrac{1}{3n}+\dfrac{1}{3n+1}$，

则 $S<\dfrac{2n+1}{n+1}<\dfrac{2n+2}{n+1}=2$.

由均值不等式知 $\dfrac{2}{\dfrac{1}{n+1}+\dfrac{1}{3n+1}}<\dfrac{n+1+3n+1}{2}=2n+1$，

即 $\dfrac{1}{n+1}+\dfrac{1}{3n+1}>\dfrac{2}{2n+1}$，

同理，$\dfrac{1}{n+2}+\dfrac{1}{3n}>\dfrac{2}{2n+1}$，$\cdots$，$\dfrac{1}{3n+1}+\dfrac{1}{n+1}>\dfrac{2}{2n+1}$.

上述 $2n+1$ 个不等式相加，得 $2S>\dfrac{2(2n+1)}{2n+1}=2$，则 $S>1$.

因此 $1<\dfrac{1}{n+1}+\dfrac{1}{n+2}+\cdots+\dfrac{1}{3n}+\dfrac{1}{3n+1}<2$.

如果你对 n 阶均值不等式 $\dfrac{n}{\dfrac{1}{a_1}+\dfrac{1}{a_2}+\cdots+\dfrac{1}{a_n}}\leqslant\dfrac{a_1+a_2+\cdots+a_n}{n}$（调和平均小于等于算术平均）熟悉的话，则易知 $\dfrac{1}{a_1}+\dfrac{1}{a_2}+\cdots+\dfrac{1}{a_n}\geqslant\dfrac{n^2}{a_1+a_2+\cdots+a_n}$，那么就有 $\dfrac{1}{n+1}+\dfrac{1}{n+2}+\cdots+\dfrac{1}{3n+1}>\dfrac{(2n+1)^2}{\dfrac{n+1+3n+1}{2}\cdot(2n+1)}=1$，这样直接得到证明.

例17 已知数列 $\{a_n\}$ 的前 n 项和为 S_n，满足 $S_n=2a_n+(-1)^n$，$n\in\mathbf{N}^*$.

(1) 求数列 $\{a_n\}$ 的通项公式；

(2) 证明：对任意的整数 $m>4$，有 $\dfrac{1}{a_4}+\dfrac{1}{a_5}+\cdots+\dfrac{1}{a_m}<\dfrac{7}{8}$.

【解析】(1) 由 $S_n=2a_n+(-1)^n$，当 $n\geqslant 2$ 时，有 $S_{n-1}=2a_{n-1}+(-1)^{n-1}$，

两式相减,得 $S_n - S_{n-1} = 2a_n + (-1)^n - 2a_{n-1} - (-1)^{n-1} = a_n$,

整理,得 $a_n = 2a_{n-1} - 2(-1)^n$.

令 $a_n - \lambda(-1)^n = 2[a_{n-1} - \lambda(-1)^{n-1}]$,

还原,得 $a_n = 2a_{n-1} - 2\lambda(-1)^{n-1} + \lambda(-1)^n = 2a_{n-1} + 3\lambda(-1)^n$,

则 $3\lambda = -2$,得 $\lambda = -\dfrac{2}{3}$,那么 $a_n + \dfrac{2}{3}(-1)^n = 2\left[a_{n-1} + \dfrac{2}{3}(-1)^{n-1}\right]$,

则数列 $\left\{a_n + \dfrac{2}{3}(-1)^n\right\}$ 是以 $a_1 - \dfrac{2}{3}$ 为首项,2 为公比的等比数列.

又 $a_1 = S_1 = 2a_1 - 1$,得 $a_1 = 1$,所以 $a_n + \dfrac{2}{3}(-1)^n = \left(a_1 - \dfrac{2}{3}\right)2^{n-1} = \dfrac{2^{n-1}}{3}$,

因此 $a_n = \dfrac{2}{3}[2^{n-2} - (-1)^n]$.

(2) 由于通项中含有 $(-1)^n$,很难直接进行放缩,又注意到 $(-1)^n$ 是以 2 为周期的一列数,因此考虑连续两项合并后再放缩.

当 n 为奇数时,且 $n \geqslant 3$,

$$\dfrac{1}{a_n} + \dfrac{1}{a_{n+1}} = \dfrac{3}{2}\left(\dfrac{1}{2^{n-2}+1} + \dfrac{1}{2^{n-1}-1}\right) = \dfrac{3}{2} \cdot \dfrac{2^{n-2}+2^{n-1}}{2^{2n-3}+2^{n-1}-2^{n-2}-1}$$

$$< \dfrac{3}{2} \cdot \dfrac{2^{n-2}+2^{n-1}}{2^{2n-3}} = \dfrac{3}{2}\left(\dfrac{1}{2^{n-1}} + \dfrac{1}{2^{n-2}}\right) \text{ (注:} 2^{n-1}-2^{n-2}-1 > 0 \text{.)}.$$

① 当 $m > 4$ 且 m 为偶数时,

$$\dfrac{1}{a_4} + \dfrac{1}{a_5} + \cdots + \dfrac{1}{a_m} = \dfrac{1}{a_4} + \left(\dfrac{1}{a_5} + \dfrac{1}{a_6}\right) + \cdots + \left(\dfrac{1}{a_{m-1}} + \dfrac{1}{a_m}\right)$$

$$< \dfrac{1}{2} + \dfrac{3}{2}\left(\dfrac{1}{2^3} + \dfrac{1}{2^4} + \cdots + \dfrac{1}{2^{m-2}}\right)$$

$$= \dfrac{1}{2} + \dfrac{3}{2} \cdot \dfrac{1}{4}\left(1 - \dfrac{1}{2^{m-4}}\right) < \dfrac{1}{2} + \dfrac{3}{8} = \dfrac{7}{8};$$

② 当 $m > 4$ 且 m 为奇数时,则 $m+1$ 为偶数,

$$\dfrac{1}{a_4} + \dfrac{1}{a_5} + \cdots + \dfrac{1}{a_m} < \dfrac{1}{a_4} + \dfrac{1}{a_5} + \cdots + \dfrac{1}{a_m} + \dfrac{1}{a_{m+1}},$$

由①知 $\frac{1}{a_4}+\frac{1}{a_5}+\cdots+\frac{1}{a_m}+\frac{1}{a_{m+1}}<\frac{1}{2}+\frac{3}{2}\cdot\frac{1}{4}\left(1-\frac{1}{2^{m-3}}\right)<\frac{1}{2}+\frac{3}{8}=\frac{7}{8}$.

由①②得对任意的整数 $m>4$，都有 $\frac{1}{a_4}+\frac{1}{a_5}+\cdots+\frac{1}{a_m}<\frac{7}{8}$.

如果数列通项中含有 $(-1)^n$，并对其求和式的不等关系证明，往往要利用 $(-1)^n$ 的周期，将连续两项合并作为一个整体再放缩.

练习 4.3

1. 求证：$1+\frac{1}{2}+\frac{1}{3}+\frac{1}{4}+\cdots+\frac{1}{2^{n+1}-1}<n+1\ (n\in\mathbf{N}^*)$.

2. 求证：$\frac{3}{2}<\frac{1}{n}+\frac{1}{n+1}+\frac{1}{n+2}+\cdots+\frac{1}{7n-1}<6\ (n\in\mathbf{N}^*)$.

第四节 利用已证结论放缩

在不少数列不等式的证明问题中，前一小题的结论可以为下一小题的证明做铺垫.

例18 已知数列 $\{a_n\}$ 满足 $a_1 = 2$，$a_{n+1} = a_n + \dfrac{1}{a_n}$，$n \in \mathbf{N}^*$.

（1）证明：$a_n > \sqrt{2n+1}$；

（2）设 $b_n = \dfrac{a_n}{\sqrt{n}}$，判断 b_n 与 b_{n+1} 的大小，并说明理由.

【证明】第（1）小题在本章的例1中有证明.

（2）**证法一**(作商比较法)：$\dfrac{b_{n+1}}{b_n} = \dfrac{a_{n+1}\sqrt{n}}{a_n\sqrt{n+1}} = \left(1 + \dfrac{1}{a_n^2}\right)\dfrac{\sqrt{n}}{\sqrt{n+1}}$，

由（1）知 $a_n > \sqrt{2n+1}$，$1 + \dfrac{1}{a_n^2} < 1 + \dfrac{1}{2n+1} = \dfrac{2(n+1)}{2n+1}$，

那么 $\dfrac{b_{n+1}}{b_n} < \dfrac{2(n+1)\sqrt{n}}{(2n+1)\sqrt{n+1}} = \dfrac{2\sqrt{n(n+1)}}{2n+1} = \sqrt{\dfrac{4n^2+4n}{4n^2+4n+1}} < 1$，

又 $b_n > 0$，因此 $b_{n+1} < b_n$.

证法二(作差比较法)：$b_{n+1}^2 - b_n^2 = \dfrac{a_{n+1}^2}{n+1} - \dfrac{a_n^2}{n} = \dfrac{1}{n+1}\left(a_n^2 + \dfrac{1}{a_n^2} + 2\right) - \dfrac{a_n^2}{n}$

$$= \dfrac{1}{n+1}\left(2 + \dfrac{1}{a_n^2} - \dfrac{a_n^2}{n}\right).$$

令 $f(x) = 2 + \dfrac{1}{x} - \dfrac{x}{n}$，显然 $f(x)$ 在 $(0, +\infty)$ 上为减函数，

由（1）知 $a_n > \sqrt{2n+1}$，所以 $f(a_n^2) < f(2n+1)$，

即 $2 + \dfrac{1}{a_n^2} - \dfrac{a_n^2}{n} < 2 + \dfrac{1}{2n+1} - \dfrac{2n+1}{n} = \dfrac{1}{2n+1} - \dfrac{1}{n} < 0$，

故 $b_{n+1}^2 - b_n^2 < 0$，又 $b_n > 0$，因此 $b_{n+1} < b_n$.

例 19 设数列 $\{a_n\}$ 满足 $a_{n+1} = a_n^2 - na_n + 1$，且 $a_1 \geq 3$，$n \in \mathbf{N}^*$．求证：

（1）$a_n \geq n+2$；（2）$\dfrac{1}{1+a_1} + \dfrac{1}{1+a_2} + \cdots + \dfrac{1}{1+a_n} < \dfrac{1}{2}$．

【证明】（1）当 $n=1$ 时，由已知 $a_1 \geq 3$，结论成立．

假设当 $n=k$ 时结论成立，即 $a_k \geq k+2$，

那么当 $n=k+1$ 时，$a_{k+1} = a_k(a_k - k) + 1 \geq a_k(k+2-k) + 1$
$$= 2a_k + 1 \geq 2(k+2) + 1 = 2k + 5 > k + 3,$$

即当 $n=k+1$ 时结论也成立．

所以 $a_n \geq n+2$ 对于任意的 $n \in \mathbf{N}^*$ 都成立．

（2）由（1）知 $a_n \geq n+2$，

得 $a_{n+1} = a_n^2 - na_n + 1 = a_n(a_n - n) + 1 \geq a_n(n+2-n) + 1 = 2a_n + 1$．

由待定系数法，得 $a_{k+1} + 1 \geq 2(a_k + 1)$，

于是 $a_n + 1 \geq (a_1 + 1)2^{n-1} \geq 4 \cdot 2^{n-1} = 2^{n+1}$，则 $\dfrac{1}{1+a_n} \leq \dfrac{1}{2^{n+1}}$，

因此 $\dfrac{1}{1+a_1} + \dfrac{1}{1+a_2} + \cdots + \dfrac{1}{1+a_n} \leq \dfrac{1}{2^2} + \dfrac{1}{2^3} + \cdots + \dfrac{1}{2^{n+1}} = \dfrac{1}{2}\left(1 - \dfrac{1}{2^n}\right) < \dfrac{1}{2}$．

在利用已证明的结论时，有时比较明显，如例 18 直接将 a_n 不等替换为 $\sqrt{2n+1}$，而在例 19 中，只是把部分的 a_n 不等替换为 $n+2$，这时就比较隐蔽了，同学们要细心体会．

练习 4.4

设数列 $\{a_n\}$ 满足 $a_1 = 0$，$a_{n+1} = ca_n^3 + 1 - c$，$0 < c < \dfrac{1}{3}$，$n \in \mathbf{N}^*$．求证：

（1）$0 \leq a_n < 1$；

（2）$a_n \geq 1 - (3c)^{n-1}$；

（3）$a_1^2 + a_2^2 + \cdots + a_n^2 > n + 1 - \dfrac{2}{1-3c}$．

习题四

1. 已知数列 $\{a_n\}$ 满足 $\dfrac{a_1-1}{2+1}+\dfrac{a_2-2}{2^2+1}+\cdots+\dfrac{a_n-n}{2^n+1}=n+1$，$n\in \mathbf{N}^*$．

   (1) 求数列 $\{a_n\}$ 的通项公式；

   (2) 求证：$\dfrac{2}{a_2}+\dfrac{2}{a_3}+\cdots+\dfrac{2}{a_{n+1}}<1-\dfrac{1}{2^n}$．

2. 已知数列 $\{a_n\}$ 满足 $a_1=\dfrac{3}{4}\pi$，$a_{n+1}=-\dfrac{1}{2}\cos a_n+\dfrac{\pi}{2}$，$n\in \mathbf{N}^*$．求证：$\left|a_n-\dfrac{\pi}{2}\right|<\dfrac{\pi}{2^{n+1}}$．

3. 已知数列 $\{a_n\}$ 满足 $a_n=\dfrac{n}{n+1}$，$n\in \mathbf{N}^*$．求证：$a_1+a_2+\cdots+a_n<n+\ln 2-\ln(n+2)$．

4. 已知数列 $\{a_n\}$ 满足 $a_1=\dfrac{1}{4}$，$a_{n+1}=\dfrac{a_n}{(-1)^{n+1}a_n-2}$，$n\in \mathbf{N}^*$．

   (1) 求数列 $\{a_n\}$ 的通项公式 a_n；

   (2) 设 $b_n=a_n\sin\dfrac{(2n-1)\pi}{2}$，数列 $\{b_n\}$ 的前 n 项和为 S_n，求证：$S_n<\dfrac{2}{3}$．

5. 证明下列不等式，其中 $n\in \mathbf{N}^*$．

   (1) $\dfrac{\ln 1}{2}+\dfrac{\ln 2}{3}+\dfrac{\ln 3}{4}+\cdots+\dfrac{\ln n}{n+1}\leqslant \dfrac{n(n-1)}{4}$；

   (2) $\dfrac{1}{2}\leqslant \dfrac{1}{n+1}+\dfrac{1}{n+2}+\cdots+\dfrac{1}{2n}<\dfrac{3}{4}$．

6. 设数列 $\{a_n\}$ 的前 n 项和为 S_n，满足 $a_n=5S_n+1$，记 $b_n=\dfrac{4+a_n}{1-a_n}$，其中 $n\in \mathbf{N}^*$．

   (1) 求数列 $\{a_n\}$ 与 $\{b_n\}$ 的通项公式；

   (2) 记 $c_n=b_{2n}-b_{2n-1}$，设数列 $\{c_n\}$ 的前 n 项和为 T_n，求证：$T_n<\dfrac{3}{2}$．

7. 已知数列 $\{a_n\}$ 满足 $a_1=1$，$a_{n+1}=\left(1+\dfrac{1}{n^2+n}\right)a_n$ $(n\in \mathbf{N}^*)$．求证：

   (1) $a_{n+1}>a_n$；

   (2) $\dfrac{2n}{n+1}\leqslant a_n\leqslant \dfrac{\mathrm{e}n}{n+1}$．

参考解析四

练习 4.1

1.【分析】 不等式的中间有 n 项在求和,如果能证明和式中的每一项都有 $\dfrac{1}{4} < \dfrac{n^2}{(2n-1)(2n+1)} \leqslant \dfrac{1}{3}$ 成立,那么问题就解决了.

【证明】 因为 $\dfrac{n^2}{(2n-1)(2n+1)} = \dfrac{n^2}{4n^2-1} > \dfrac{n^2}{4n^2} = \dfrac{1}{4}$,$\dfrac{n^2}{(2n-1)(2n+1)} = \dfrac{n^2}{4n^2-1} = \dfrac{n^2}{3n^2+n^2-1} \leqslant \dfrac{n^2}{3n^2} = \dfrac{1}{3}$,

因此 $\dfrac{n}{4} < \dfrac{1}{1\times 3} + \dfrac{2^2}{3\times 5} + \dfrac{3^2}{5\times 7} + \cdots + \dfrac{n^2}{(2n-1)(2n+1)} \leqslant \dfrac{n}{3}$ 成立.

2.【解析】(1) 由 $S_n^2 - (n^2+n-3)S_n - 3(n^2+n) = 0$,因式分解得 $(S_n+3)(S_n-n^2-n)=0$,

由于数列 $\{a_n\}$ 为正项数列,得 $S_n = n^2+n$,则 $S_1 = 2 = a_1$,当 $n \geqslant 2$ 时,$a_n = S_n - S_{n-1} = 2n$,

因此数列 $\{a_n\}$ 的通项公式为 $a_n = 2n$.

(2) 由(1)知 $\dfrac{1}{a_n(a_n+1)} = \dfrac{1}{2n(2n+1)} < \dfrac{1}{(2n-1)(2n+1)} = \dfrac{1}{2}\left(\dfrac{1}{2n-1} - \dfrac{1}{2n+1}\right)$,

于是 $\dfrac{1}{a_1(a_1+1)} + \dfrac{1}{a_2(a_2+1)} + \cdots + \dfrac{1}{a_n(a_n+1)}$

$< \dfrac{1}{a_1(a_1+1)} + \dfrac{1}{2}\left(\dfrac{1}{3} - \dfrac{1}{5} + \dfrac{1}{5} - \dfrac{1}{7} + \cdots + \dfrac{1}{2n-1} - \dfrac{1}{2n+1}\right) = \dfrac{1}{6} + \dfrac{1}{2}\left(\dfrac{1}{3} - \dfrac{1}{2n+1}\right) < \dfrac{1}{3}$.

3.【解析】(1) 由 $3S_n = (n+2)a_n$,当 $n \geqslant 2$ 时,$3S_{n-1} = (n+1)a_{n-1}$,

两式相减,得 $3a_n = (n+2)a_n - (n+1)a_{n-1}$,则 $\dfrac{a_n}{a_{n-1}} = \dfrac{n+1}{n-1}$,

累商叠乘,得 $a_n = a_1 \cdot \dfrac{a_2}{a_1} \cdot \dfrac{a_3}{a_2} \cdot \cdots \cdot \dfrac{a_{n-1}}{a_{n-2}} \cdot \dfrac{a_n}{a_{n-1}} = 1 \cdot \dfrac{3}{1} \cdot \dfrac{4}{2} \cdot \cdots \cdot \dfrac{n}{n-2} \cdot \dfrac{n+1}{n-1} = \dfrac{n(n+1)}{2}$.

(2) 由(1)知 $\dfrac{1}{a_{2^n}} = \dfrac{2}{(2^n+1)2^n} = \dfrac{1}{(2^n+1)2^{n-1}} < \dfrac{1}{2^n \cdot 2^{n-1}} = \dfrac{1}{2^{2n-1}}$,

因此 $\dfrac{1}{a_2} + \dfrac{1}{a_4} + \dfrac{1}{a_8} + \cdots + \dfrac{1}{a_{2^n}} < \dfrac{1}{2} + \dfrac{1}{8} + \dfrac{1}{32} + \cdots + \dfrac{1}{2^{2n-1}} = \dfrac{\dfrac{1}{2}\left(1 - \dfrac{1}{4^n}\right)}{1 - \dfrac{1}{4}} = \dfrac{2}{3}\left(1 - \dfrac{1}{4^n}\right) < \dfrac{2}{3}$.

练习 4.2

1. **【证明】方法一**，由均值不等式知 $\dfrac{a_{n+1}+a_{n-1}}{2}=\dfrac{\sqrt{n+1}+\sqrt{n-1}}{2}<\sqrt{\dfrac{n+1+n-1}{2}}=\sqrt{n}=a_n$，

   所以 $a_{n+1}+a_{n-1}<2a_n$.

   方法二，平方作差，得 $(a_{n+1}+a_{n-1})^2-(2a_n)^2=(\sqrt{n+1}+\sqrt{n-1})^2-(2\sqrt{n})^2$

   $$=2n+2\sqrt{n^2-1}-4n=2(\sqrt{n^2-1}-n)<0,$$

   所以 $a_{n+1}+a_{n-1}<2a_n$.

2. **【证明】**(1) 因为 $\ln\left(1+\dfrac{1}{n}\right)<\dfrac{1}{n}\leqslant\dfrac{1}{\sqrt{n}}$，

   于是 $1+\dfrac{1}{\sqrt{2}}+\dfrac{1}{\sqrt{3}}+\cdots+\dfrac{1}{\sqrt{n}}>\ln(1+1)+\ln\left(1+\dfrac{1}{2}\right)+\ln\left(1+\dfrac{1}{3}\right)+\cdots+\ln\left(1+\dfrac{1}{n}\right)$

   $$=\ln\left(2\cdot\dfrac{3}{2}\cdot\dfrac{4}{3}\cdot\cdots\cdot\dfrac{n+1}{n}\right)=\ln(1+n).$$

   (2) 不等式即证明 $\dfrac{1}{T_n}=\dfrac{1}{2}\cdot\dfrac{4}{5}\cdot\dfrac{7}{8}\cdot\cdots\cdot\dfrac{3n-2}{3n-1}<\dfrac{1}{\sqrt[3]{3n+1}}$.

   由糖水不等式得 $\dfrac{3n-2}{3n-1}<\dfrac{3n-2+1}{3n-1+1}=\dfrac{3n-1}{3n}$，$\dfrac{3n-1}{3n}<\dfrac{3n-1+1}{3n+1}=\dfrac{3n}{3n+1}$，

   则 $\dfrac{1}{2}\cdot\dfrac{4}{5}\cdot\dfrac{7}{8}\cdot\cdots\cdot\dfrac{3n-2}{3n-1}<\dfrac{2}{3}\cdot\dfrac{5}{6}\cdot\dfrac{8}{9}\cdot\cdots\cdot\dfrac{3n-1}{3n}<\dfrac{3}{4}\cdot\dfrac{6}{7}\cdot\dfrac{9}{10}\cdot\cdots\cdot\dfrac{3n}{3n+1}$，

   那么 $\left(\dfrac{1}{T_n}\right)^3<\left(\dfrac{1}{2}\cdot\dfrac{4}{5}\cdot\dfrac{7}{8}\cdot\cdots\cdot\dfrac{3n-2}{3n-1}\right)\left(\dfrac{2}{3}\cdot\dfrac{5}{6}\cdot\dfrac{8}{9}\cdot\cdots\cdot\dfrac{3n-1}{3n}\right)\left(\dfrac{3}{4}\cdot\dfrac{6}{7}\cdot\dfrac{9}{10}\cdot\cdots\cdot\dfrac{3n}{3n+1}\right)$

   $$=\dfrac{1}{3n+1},$$

   两边开三次方，得 $\dfrac{1}{T_n}<\dfrac{1}{\sqrt[3]{3n+1}}$，即 $T_n>\sqrt[3]{3n+1}$.

3. **【解析】**(1) 设 $a_n=q^{n-1}$，则 $|a_{n+1}-a_n|=|q^n-q^{n-1}|=|q-1||q|^{n-1}$，

   那么 $|a_{n+1}-a_n|+|a_n-a_{n-1}|+\cdots+|a_2-a_1|=|q-1|(1+|q|+|q|^2+\cdots+|q|^{n-1})=|q-1|\cdot\dfrac{1-|q|^n}{1-|q|}<\dfrac{|q-1|}{1-|q|}$，

   所以存在 $M\geqslant\dfrac{|q-1|}{1-|q|}$，恒有 $|a_{n+1}-a_n|+|a_n-a_{n-1}|+\cdots+|a_2-a_1|\leqslant M$，

   因此首项为1，公比为 $q\,(|q|<1)$ 的等比数列是"B-数列".

   (2) 若数列 $\{a_n\}$，$\{b_n\}$ 都是"B-数列"，则存在正数 M_1，$M_2>0$，对任意的 $n\in\mathbf{N}^*$，

   有 $|a_{n+1}-a_n|+|a_n-a_{n-1}|+\cdots+|a_2-a_1|\leqslant M_1$，$|b_{n+1}-b_n|+|b_n-b_{n-1}|+\cdots+|b_2-b_1|\leqslant M_2$.

由 $|a_n| = |a_n - a_{n-1} + a_{n-1} - a_{n-2} + \cdots + a_2 - a_1 + a_1| \leq |a_n - a_{n-1}| + |a_{n-1} - a_{n-2}| + \cdots + |a_2 - a_1| + |a_1| \leq M_1 + |a_1|$,

同理，$|b_n| \leq M_2 + |b_1|$. 记 $K_1 = M_1 + |a_1|$，$K_2 = M_2 + |b_1|$，

则 $|a_{n+1}b_{n+1} - a_n b_n| = |a_{n+1}b_{n+1} - a_n b_{n+1} + a_n b_{n+1} - a_n b_n|$

$$\leq |b_{n+1}| \cdot |a_{n+1} - a_n| + |a_n| \cdot |b_{n+1} - b_n| \leq K_2|a_{n+1} - a_n| + K_1|b_{n+1} - b_n|,$$

于是 $|a_{n+1}b_{n+1} - a_n b_n| + |a_n b_n - a_{n-1}b_{n-1}| + \cdots + |a_2 b_2 - a_1 b_1|$

$$\leq K_2(|a_{n+1} - a_n| + |a_n - a_{n-1}| + \cdots + |a_2 - a_1|) + K_1(|b_{n+1} - b_n| + |b_n - b_{n-1}| + \cdots + |b_2 - b_1|) \leq K_2 M_1 + K_1 M_2,$$

因此数列 $\{a_n b_n\}$ 是 "B-数列".

4.【证明】$a_n = \dfrac{n^2 + 9n + 20}{n^2 + 3n + 2} = 1 + \dfrac{6(n+3)}{n^2 + 3n + 2} < 1 + \dfrac{6(n+3)}{n^2 + 3n} = 1 + \dfrac{6}{n}$,

那么 $S_n < n + 6\left(1 + \dfrac{1}{2} + \dfrac{1}{3} + \cdots + \dfrac{1}{n}\right)$，只需证明 $\dfrac{1}{2} + \dfrac{1}{3} + \cdots + \dfrac{1}{n} < \ln n$.

（注：要使 $\ln n$ 大于某式，我们必定要选择 $\ln x \geq 1 - \dfrac{1}{x}$ 这个不等式模型，那么需要将 $\dfrac{1}{n}$ 拆分成 $1 - \dfrac{1}{x}$ 的形式，即 $\dfrac{1}{n} = 1 - \dfrac{n-1}{n} = 1 - \dfrac{1}{\frac{n}{n-1}}$，故取 $x = \dfrac{n}{n-1}$.）

由 $\ln x \geq 1 - \dfrac{1}{x}$，令 $x = \dfrac{n}{n-1}$，则 $\ln \dfrac{n}{n-1} > 1 - \dfrac{1}{\frac{n}{n-1}} = \dfrac{1}{n}$,

于是 $\ln \dfrac{n}{n-1} = \ln n - \ln(n-1) > \dfrac{1}{n}$，累差叠加，得 $\ln n - \ln 1 > \dfrac{1}{n} + \dfrac{1}{n-1} + \cdots + \dfrac{1}{3} + \dfrac{1}{2}$,

所以 $\dfrac{1}{2} + \dfrac{1}{3} + \cdots + \dfrac{1}{n} < \ln n$ 成立. 因此 $S_n < n + 6\left(1 + \dfrac{1}{2} + \dfrac{1}{3} + \cdots + \dfrac{1}{n}\right) < n + 6(1 + \ln n)$.

5.【解析】(1) 当 $\theta = \dfrac{\pi}{4}$ 时，$a_{n+1} - \dfrac{1}{2}a_n = \dfrac{1}{2^n}$，两边同乘 2^n，得 $2^n a_{n+1} - 2^{n-1} a_n = 1$,

所以数列 $\{2^{n-1} a_n\}$ 是以 1 为首项，1 为公差的等差数列，于是 $2^{n-1} a_n = 1 + n - 1 = n$，得 $a_n = \dfrac{n}{2^{n-1}}$.

(2) 由 (1) 知 $b_n = \sin \dfrac{n\pi}{2^n}$，得 $b_1 = b_2 = 1$，且 $b_n = \sin \dfrac{n\pi}{2^n} < \dfrac{n\pi}{2^n}$,

于是 $S_n < 2 + \left(\dfrac{3}{2^3} + \dfrac{4}{2^4} + \dfrac{5}{2^5} + \cdots + \dfrac{n}{2^n}\right)\pi$.   （注：保留前 2 项）

记 $T = \dfrac{3}{2^3} + \dfrac{4}{2^4} + \dfrac{5}{2^5} + \cdots + \dfrac{n}{2^n}$，$\dfrac{1}{2}T = \dfrac{3}{2^4} + \dfrac{4}{2^5} + \dfrac{5}{2^6} + \cdots + \dfrac{n-1}{2^n} + \dfrac{n}{2^{n+1}}$,

两式相减，得 $\dfrac{1}{2}T = \dfrac{3}{2^3} + \dfrac{1}{2^4} + \dfrac{1}{2^5} + \cdots + \dfrac{1}{2^n} - \dfrac{n}{2^{n+1}} = \dfrac{3}{8} + \dfrac{1}{2^3} - \dfrac{1}{2^n} - \dfrac{n}{2^{n+1}} < \dfrac{1}{2}$,

则 $T < 1$，因此 $S_n < 2 + \pi$.

114

6. 【证明】（1）当 $n=1$ 时，由已知 $a_1=\dfrac{2}{3}>0$，结论成立.

假设当 $n=k$ 时，结论成立，即 $a_k>0$，

那么当 $n=k+1$ 时，由假设 $a_k>0$，得 $a_k+1>1$，则 $\ln(a_k+1)>0$，

则 $a_{k+1}=\dfrac{2a_k}{4+\ln(1+a_k)}>0$，即当 $n=k+1$ 时结论也成立.

因此 $a_n>0$.

（2）$\dfrac{a_{n+1}}{a_n}=\dfrac{2}{4+\ln(1+a_n)}<\dfrac{2}{4}=\dfrac{1}{2}$，则 $a_n<a_1\left(\dfrac{1}{2}\right)^{n-1}=\dfrac{2}{3}\left(\dfrac{1}{2}\right)^{n-1}=\dfrac{4}{3}\cdot\dfrac{1}{2^n}$；

由于 $\ln(1+a_n)<a_n$，所以 $a_{n+1}=\dfrac{2a_n}{4+\ln(1+a_n)}>\dfrac{2a_n}{4+a_n}$，

两边取倒数，得 $\dfrac{1}{a_{n+1}}<\dfrac{4+a_n}{2a_n}=\dfrac{1}{2}+\dfrac{2}{a_n}$，由待定系数法，得 $\dfrac{1}{a_{n+1}}+\dfrac{1}{2}<2\left(\dfrac{1}{a_n}+\dfrac{1}{2}\right)$，

于是 $\dfrac{1}{a_n}+\dfrac{1}{2}<\left(\dfrac{1}{a_1}+\dfrac{1}{2}\right)2^{n-1}=2^n$，即 $\dfrac{1}{a_n}<2^n-\dfrac{1}{2}<2^n$，则 $a_n>\dfrac{1}{2^n}$.

因此 $\dfrac{1}{2^n}<a_n<\dfrac{4}{3}\cdot\dfrac{1}{2^n}$.

练习 4.3

1. 【证明】设 $S=1+\dfrac{1}{2}+\dfrac{1}{3}+\dfrac{1}{4}+\cdots+\dfrac{1}{2^{n+1}-1}$，将 $2^{n+1}-1$ 项按以下规则分成 $n+1$ 组，

$$S=1+\left(\dfrac{1}{2}+\dfrac{1}{3}\right)+\left(\dfrac{1}{4}+\dfrac{1}{5}+\dfrac{1}{6}+\dfrac{1}{7}\right)+\cdots+\left(\dfrac{1}{2^n}+\dfrac{1}{2^n+1}+\cdots+\dfrac{1}{2^{n+1}-1}\right)$$

$$<1+\dfrac{1}{2}\times 2+\dfrac{1}{4}\times 4+\cdots+\dfrac{1}{2^n}\times 2^n=n+1.$$

2. 【证明】记 $S=\dfrac{1}{n}+\dfrac{1}{n+1}+\dfrac{1}{n+2}+\cdots+\dfrac{1}{7n-1}$，共有 $6n$ 项求和，则 $S<6n\times\dfrac{1}{n}=6$.

由均值不等式知 $\dfrac{2}{\dfrac{1}{n}+\dfrac{1}{7n-1}}<\dfrac{n+7n-1}{2}=\dfrac{8n-1}{2}$，即 $\dfrac{1}{n}+\dfrac{1}{7n-1}>\dfrac{4}{8n-1}$，

同理，$\dfrac{1}{n+1}+\dfrac{1}{7n-2}>\dfrac{4}{8n-1}$，$\dfrac{1}{n+2}+\dfrac{1}{7n-3}>\dfrac{4}{8n-1}$，$\cdots$，$\dfrac{1}{7n-1}+\dfrac{1}{n}>\dfrac{4}{8n-1}$.

上述 $6n$ 个不等式相加，得 $2S>\dfrac{6n\cdot 4}{8n-1}=\dfrac{24n}{8n-1}>\dfrac{24n}{8n}=3$，则 $S>\dfrac{3}{2}$.

综上得 $\dfrac{3}{2}<S<6$.

练习 4.4

【证明】(1) 方法一(数学归纳法): 当 $n=1$ 时, $a_1=0$, 结论成立.

假设当 $n=k$ 时, 结论成立, 即 $0 \leq a_k < 1$,

那么当 $n=k+1$ 时, 由假设 $0 \leq a_k < 1$, 且 $0 < c < \dfrac{1}{3}$,

所以 $a_{k+1} = ca_k^3 + 1 - c \geq 1 - c > 0$, $a_{k+1} = ca_k^3 + 1 - c = 1 + c(a_k^3 - 1) < 1$,

即当 $n=k+1$ 时结论也成立.

所以 $0 \leq a_n < 1$ 对于任意正整数 n 都成立.

方法二(符号递推法): 因为 $a_{n+1} = ca_n^3 + 1 - c > ca_n^3$,

同理 $a_n > ca_{n-1}^3$, 依此类推, $a_2 > ca_1^3 = 0$, 所以 $a_n \geq 0$.

又由 $a_{n+1} = ca_n^3 + 1 - c$, 得 $a_{n+1} - 1 = c(a_n^3 - 1) = c(a_n - 1)(a_n^2 + a_n + 1)$.

因为 $a_n^2 + a_n + 1 > 0$, $c > 0$, 所以 $a_{n+1} - 1$ 与 $a_n - 1$ 同号, 于是 $a_n - 1$ 与 $a_{n-1} - 1$ 同号, 依此类推, $a_2 - 1$ 与 $a_1 - 1$ 同号, 所以 $a_n - 1$ 与 $a_1 - 1$ 同号.

因为 $a_1 - 1 = -1 < 0$, 所以 $a_n < 1$, 因此 $0 \leq a_n < 1$.

(2) 由 (1) 知 $1 - a_{n+1} = c(1 - a_n^3) = c(1 - a_n)(a_n^2 + a_n + 1) < 3c(1 - a_n)$,

所以 $1 - a_n \leq (1 - a_1)(3c)^{n-1} = (3c)^{n-1}$, 则 $a_n \geq 1 - (3c)^{n-1}$.

(3) 由 (2) 知 $a_n^2 \geq \left[1 - (3c)^{n-1}\right]^2 = 1 - 2(3c)^{n-1} + (9c^2)^{n-1}$,

所以 $a_1^2 + a_2^2 + \cdots + a_n^2 \geq n - 2\left[1 + 3c + \cdots + (3c)^{n-1}\right] + \left[1 + 9c^2 + \cdots + (9c^2)^{n-1}\right]$

$$> n - 2\left[1 + 3c + \cdots + (3c)^{n-1}\right] + 1 = n + 1 - 2 \cdot \dfrac{1-(3c)^n}{1-3c} > n + 1 - \dfrac{2}{1-3c}.$$

习题四

1. 【解析】(1) 由于 $\dfrac{a_1-1}{2+1} + \dfrac{a_2-2}{2^2+1} + \cdots + \dfrac{a_n-n}{2^n+1} = n+1$,

当 $n \geq 2$ 时, 有 $\dfrac{a_1-1}{2+1} + \dfrac{a_2-2}{2^2+1} + \cdots + \dfrac{a_{n-1}-(n-1)}{2^{n-1}+1} = n$,

两式相减, 得 $\dfrac{a_n-n}{2^n+1} = 1$, 解得 $a_n = 2^n + n + 1$, 而 $\dfrac{a_1-1}{2^1+1} = 2$, 得 $a_1 = 7$,

因此数列 $\{a_n\}$ 的通项公式为 $a_n = \begin{cases} 7, & n=1, \\ 2^n + n + 1, & n \geq 2. \end{cases}$

（2）由（1）知 $\dfrac{2}{a_{n+1}}=\dfrac{2}{2^{n+1}+n+2}=\dfrac{1}{2^n+\dfrac{n}{2}+1}<\dfrac{1}{2^n}$，

于是 $\dfrac{2}{a_2}+\dfrac{2}{a_3}+\cdots+\dfrac{2}{a_{n+1}}<\dfrac{1}{2}+\dfrac{1}{2^2}+\cdots+\dfrac{1}{2^n}=1-\dfrac{1}{2^n}$.

2. 【证明】由 $a_{n+1}=-\dfrac{1}{2}\cos a_n+\dfrac{\pi}{2}$ 移项，得 $a_{n+1}-\dfrac{\pi}{2}=-\dfrac{1}{2}\cos a_n=\dfrac{1}{2}\sin\left(a_n-\dfrac{\pi}{2}\right)$，

所以 $\left|a_{n+1}-\dfrac{\pi}{2}\right|=\dfrac{1}{2}\left|\sin\left(a_n-\dfrac{\pi}{2}\right)\right|\leq\dfrac{1}{2}\left|a_n-\dfrac{\pi}{2}\right|$，于是 $\left|a_n-\dfrac{\pi}{2}\right|\leq\left|a_1-\dfrac{\pi}{2}\right|\cdot\dfrac{1}{2^{n-1}}=\dfrac{\pi}{4}\cdot\dfrac{1}{2^{n-1}}=\dfrac{\pi}{2^{n+1}}$.

3. 【证明】 $a_1+a_2+\cdots+a_n=\left(1-\dfrac{1}{2}\right)+\left(1-\dfrac{1}{3}\right)+\cdots+\left(1-\dfrac{1}{n+1}\right)=n-\left(\dfrac{1}{2}+\dfrac{1}{3}+\cdots+\dfrac{1}{n+1}\right)$，

那么只需证明 $\dfrac{1}{2}+\dfrac{1}{3}+\cdots+\dfrac{1}{n+1}>\ln(n+2)-\ln 2$. 因为 $\ln\left(1+\dfrac{1}{n}\right)<\dfrac{1}{n}$，

所以 $\dfrac{1}{2}+\dfrac{1}{3}+\cdots+\dfrac{1}{n+1}>\ln\left(1+\dfrac{1}{2}\right)+\ln\left(1+\dfrac{1}{3}\right)+\cdots+\ln\left(1+\dfrac{1}{n+1}\right)$

$=\ln\dfrac{3}{2}+\ln\dfrac{4}{3}+\cdots+\ln\dfrac{n+2}{n+1}=\ln\left(\dfrac{3}{2}\cdot\dfrac{4}{3}\cdots\dfrac{n+2}{n+1}\right)=\ln\dfrac{n+2}{2}=\ln(n+2)-\ln 2$，

因此 $a_1+a_2+\cdots+a_n<n-[\ln(n+2)-\ln 2]=n+\ln 2-\ln(n+2)$.

4. 【解析】（1） $a_{n+1}=\dfrac{a_n}{(-1)^{n+1}a_n-2}$ 两边取倒数，得 $\dfrac{1}{a_{n+1}}=(-1)^{n+1}-\dfrac{2}{a_n}$，

由待定函数法，得 $\dfrac{1}{a_{n+1}}+(-1)^{n+1}=-2\left[\dfrac{1}{a_n}+(-1)^n\right]$，又 $\dfrac{1}{a_1}+(-1)=3$，

故数列 $\left\{\dfrac{1}{a_n}+(-1)^n\right\}$ 是首项为 3，公比为 -2 的等比数列，

故 $\dfrac{1}{a_n}+(-1)^n=3(-2)^{n-1}$，解得 $a_n=\dfrac{(-1)^{n-1}}{3\cdot 2^{n-1}+1}$.

（2）因为 $\sin\dfrac{(2n-1)\pi}{2}=\sin\left(n\pi-\dfrac{\pi}{2}\right)=(-1)^{n-1}$，所以 $b_n=\dfrac{(-1)^{n-1}}{3\cdot 2^{n-1}+1}\cdot(-1)^{n-1}=\dfrac{1}{3\cdot 2^{n-1}+1}<\dfrac{1}{3\cdot 2^{n-1}}$，

于是 $S_n=\dfrac{1}{3+1}+\dfrac{1}{3\cdot 2+1}+\dfrac{1}{3\cdot 2^2+1}+\cdots+\dfrac{1}{3\cdot 2^{n-1}+1}$

$<\dfrac{1}{3}\left(1+\dfrac{1}{2}+\dfrac{1}{2^2}+\dfrac{1}{2^3}+\cdots+\dfrac{1}{2^{n-1}}\right)=\dfrac{1}{3}\left(2-\dfrac{1}{2^{n-1}}\right)<\dfrac{2}{3}$.

5.（1）【分析】不等式左边 $\dfrac{\ln 1}{2}+\dfrac{\ln 2}{3}+\dfrac{\ln 3}{4}+\cdots+\dfrac{\ln n}{n+1}$ 明显随着 n 的增加而增加，不等式右边 $\dfrac{n(n-1)}{4}$

也随着 n 的增加而增加. 当 $n=1$ 时，不等式左右两边相等；如果 n 每增加 1，不等式左边增加的量 $\dfrac{\ln(n+1)}{n+2}$ 小于或等于不等式右边增加的量 $\dfrac{n(n+1)}{4}-\dfrac{n(n-1)}{4}=\dfrac{n}{2}$，那么就说明左边小于等于右边了，也

就是说我们只需证明 $\dfrac{\ln(n+1)}{n+2} \leq \dfrac{n}{2}$.

我们也可以将不等式移项变形为 $\dfrac{\ln 1}{2} + \dfrac{\ln 2}{3} + \dfrac{\ln 3}{4} + \cdots + \dfrac{\ln n}{n+1} - \dfrac{n(n-1)}{4} \leq 0$，从而构造新数列 $a_n = \dfrac{\ln 1}{2} + \dfrac{\ln 2}{3} + \dfrac{\ln 3}{4} + \cdots + \dfrac{\ln n}{n+1} - \dfrac{n(n-1)}{4}$. 由 $a_1 = 0$，所以只需证明数列 $\{a_n\}$ 为单调递减数列，即证明 $a_{n+1} - a_n < 0$. 同样只需证明 $\dfrac{\ln(n+1)}{n+2} \leq \dfrac{n}{2}$ 成立即可.

【证明】令 $a_n = \dfrac{\ln 1}{2} + \dfrac{\ln 2}{3} + \dfrac{\ln 3}{4} + \cdots + \dfrac{\ln n}{n+1} - \dfrac{n(n-1)}{4}$，

$$a_{n+1} - a_n = \dfrac{\ln(n+1)}{n+2} - \dfrac{n(n+1)}{4} + \dfrac{n(n-1)}{4} = \dfrac{\ln(n+1)}{n+2} - \dfrac{n}{2},$$

因为 $\ln(n+1) < n$，所以 $\dfrac{\ln(n+1)}{n+2} - \dfrac{n}{2} < \dfrac{n}{n+2} - \dfrac{n}{2} = \dfrac{-n^2}{2(n+2)} < 0$，

即 $a_{n+1} - a_n < 0$，所以数列 $\{a_n\}$ 为单调递减数列.

又 $a_1 = 0$，所以 $a_n \leq 0$，因此 $\dfrac{\ln 1}{2} + \dfrac{\ln 2}{3} + \dfrac{\ln 3}{4} + \cdots + \dfrac{\ln n}{n+1} \leq \dfrac{n(n-1)}{4}$.

(2) 记 $a_n = \dfrac{1}{n+1} + \dfrac{1}{n+2} + \cdots + \dfrac{1}{2n}$，共有 n 项求和，则 $a_n \geq n \times \dfrac{1}{2n} = \dfrac{1}{2}$，不等式左边得到证明.

对于不等式右边，如果采用极端放缩，即 $a_n \leq \dfrac{1}{n+1} \times n = \dfrac{n}{n+1}$，而 $\dfrac{n}{n+1}$ 不一定小于 $\dfrac{3}{4}$，则不等式放缩超过了界限. 如果用均值不等式分组求和放缩的方法，即 $\dfrac{2}{\dfrac{1}{n+1} + \dfrac{1}{2n}} < \dfrac{n+1+2n}{2} = \dfrac{3n+1}{2}$，$\dfrac{1}{n+1} + \dfrac{1}{2n} > \dfrac{4}{3n+1}$，发现不等号方向反了.

我们考察数列 $\{a_n\}$ 的单调性，由 $a_n = \dfrac{1}{n+1} + \dfrac{1}{n+2} + \cdots + \dfrac{1}{2n}$，

知 $a_{n+1} = \dfrac{1}{n+2} + \dfrac{1}{n+3} + \cdots + \dfrac{1}{2n+1} + \dfrac{1}{2n+2}$.

那么 $a_{n+1} - a_n = \dfrac{1}{2n+1} + \dfrac{1}{2n+2} - \dfrac{1}{n+1} = \dfrac{1}{2n+1} - \dfrac{1}{2n+2} > 0$，

可见数列 $\{a_n\}$ 为单调递增数列，其增量 $\dfrac{1}{2n+1} - \dfrac{1}{2n+2} = \dfrac{1}{(2n+1)(2n+2)}$ 随着 n 的增大而减小.

令 $b_n = a_{n+1} - a_n = \dfrac{1}{2n+1} - \dfrac{1}{2n+2} < \dfrac{1}{2n} - \dfrac{1}{2n+2}$，

于是 $a_{n+1} = a_1 + (a_2 - a_1) + (a_3 - a_2) + \cdots + (a_{n+1} - a_n)$

$$< \dfrac{1}{2} + \dfrac{1}{4} - \dfrac{1}{6} + \dfrac{1}{6} - \dfrac{1}{8} + \cdots + \dfrac{1}{2n} - \dfrac{1}{2n+2} = \dfrac{3}{4} - \dfrac{1}{2n+2} < \dfrac{3}{4},$$

则 $a_n = \dfrac{1}{n+1} + \dfrac{1}{n+2} + \cdots + \dfrac{1}{2n} < a_{n+1} < \dfrac{3}{4}$.

因此 $\dfrac{1}{2} \leq \dfrac{1}{n+1} + \dfrac{1}{n+2} + \cdots + \dfrac{1}{2n} < \dfrac{3}{4}$.

6. 【解析】(1) 当 $n=1$ 时, $a_1 = 5S_1 + 1 = 5a_1 + 1$, 得 $a_1 = -\dfrac{1}{4}$.

又由 $a_n = 5S_n + 1$, 得 $a_{n+1} = 5S_{n+1} + 1$, 两式相减, 得 $a_{n+1} - a_n = 5a_{n+1}$, 即 $a_{n+1} = -\dfrac{1}{4}a_n$,

所以数列 $\{a_n\}$ 是首项为 $-\dfrac{1}{4}$, 公比为 $-\dfrac{1}{4}$ 的等比数列,

即 $a_n = \left(-\dfrac{1}{4}\right)^n$, $b_n = \dfrac{4 + \left(-\dfrac{1}{4}\right)^n}{1 - \left(-\dfrac{1}{4}\right)^n} = \dfrac{4(-4)^n + 1}{(-4)^n - 1} = 4 + \dfrac{5}{(-4)^n - 1}$.

(2) 由 (1) 知 $c_n = b_{2n} - b_{2n-1} = \dfrac{5}{4^{2n} - 1} + \dfrac{5}{4^{2n-1} + 1} = \dfrac{25 \times 16^n}{(16^n - 1)(16^n + 4)} = \dfrac{25 \times 16^n}{16^{2n} + 3 \times 16^n - 4} < \dfrac{25 \times 16^n}{16^{2n}} = \dfrac{25}{16^n}$,

又 $b_1 = 3$, $b_2 = \dfrac{13}{3}$, 得 $c_1 = \dfrac{4}{3}$,

于是 $T_n < \dfrac{4}{3} + 25\left(\dfrac{1}{16^2} + \dfrac{1}{16^3} + \cdots + \dfrac{1}{16^n}\right) = \dfrac{4}{3} + \dfrac{5}{48}\left(1 - \dfrac{1}{16^{n-1}}\right) < \dfrac{69}{48} = \dfrac{23}{16} < \dfrac{24}{16} = \dfrac{3}{2}$.

7. 【证明】(1) 由 $a_1 = 1$, $a_{n+1} = \left(1 + \dfrac{1}{n^2 + n}\right)a_n$, 知 $a_n > 0$, 那么 $a_{n+1} - a_n = \dfrac{a_n}{n^2 + n} > 0$, 因此 $a_{n+1} > a_n$.

(2) 先用数学归纳法证明不等式的左边. 当 $n = 1$ 时, $a_1 = 1$, $\dfrac{2n}{n+1} = 1$, 不等式成立.

假设当 $n = k$ 时, 不等式成立, 即 $a_k \geq \dfrac{2k}{k+1}$,

那么当 $n = k+1$ 时, $a_{k+1} = \left(1 + \dfrac{1}{k^2 + k}\right)a_k \geq \dfrac{2k}{k+1}\left(1 + \dfrac{1}{k^2 + k}\right) = \dfrac{2(k^2 + k + 1)}{k^2 + 2k + 1} > \dfrac{2(k^2 + k)}{k^2 + 2k} = \dfrac{2(k+1)}{k+2}$,

即当 $n = k + 1$ 时不等式也成立.

所以 $a_n \geq \dfrac{2n}{n+1}$.

不等式的右边即证明 $\ln a_n \leq \ln \dfrac{en}{n+1} = 1 + \ln \dfrac{n}{n+1}$.

对 $a_{n+1} = \left(1 + \dfrac{1}{n^2 + n}\right)a_n$ 两边取自然对数,

得 $\ln a_{n+1} = \ln\left[\left(1 + \dfrac{1}{n^2 + n}\right)a_n\right] = \ln a_n + \ln\left(1 + \dfrac{1}{n^2 + n}\right) \leq \ln a_n + \dfrac{1}{n^2 + n}$,

则 $\ln a_{n+1} - \ln a_n \leq \dfrac{1}{n^2 + n} = \dfrac{1}{n} - \dfrac{1}{n+1}$, 由累差叠加法, 得 $\ln a_n - \ln a_1 \leq 1 - \dfrac{1}{n}$, 即 $\ln a_n \leq 1 - \dfrac{1}{n}$.

如果能证明 $1-\dfrac{1}{n} \leqslant 1+\ln\dfrac{n}{n+1}$，问题就解决了.

只要证明 $-\dfrac{1}{n} \leqslant \ln\dfrac{n}{n+1}$，即证明 $\dfrac{1}{n} \geqslant -\ln\dfrac{n}{n+1} = \ln\dfrac{n+1}{n} = \ln\left(1+\dfrac{1}{n}\right)$.

因为 $\ln\left(1+\dfrac{1}{n}\right) \leqslant \dfrac{1}{n}$ 成立，所以不等式 $1-\dfrac{1}{n} \leqslant 1+\ln\dfrac{n}{n+1}$ 成立，

所以 $\ln a_n \leqslant 1-\dfrac{1}{n} \leqslant 1+\ln\dfrac{n}{n+1} = \ln\dfrac{en}{n+1}$，即 $a_n \leqslant \dfrac{en}{n+1}$.

综上得 $\dfrac{2n}{n+1} \leqslant a_n \leqslant \dfrac{en}{n+1}$.

第五章　数列不等式放缩的核心模型

本章将学习几种常见的数列通项放缩和递推放缩模型.

第一节　通项放缩模型

当一个数列能求出其通项，但没法实施求和，却又要证明和式的不等关系时，我们往往要对通项进行适当的放缩，使其能够求和.

一、$\dfrac{1}{m+n}$ 型的放缩

对于任意的正整数 m，n，且 $m \leqslant n$，恒有 $\dfrac{1}{2n} \leqslant \dfrac{1}{m+n} \leqslant \dfrac{1}{2m}$ 成立.

例1 求证：$\dfrac{1}{2} \leqslant \dfrac{1}{n+1} + \dfrac{1}{n+2} + \cdots + \dfrac{1}{2n} < 1 \ (n \in \mathbf{N}^*)$.

【证明】 由于 $n+n \geqslant n+k \geqslant n+1 (k=1, 2, \cdots, n)$，则 $\dfrac{1}{2n} \leqslant \dfrac{1}{n+k} \leqslant \dfrac{1}{n+1}$，

那么 $n \times \dfrac{1}{2n} \leqslant \dfrac{1}{n+1} + \dfrac{1}{n+2} + \cdots + \dfrac{1}{n+n} \leqslant \dfrac{1}{n+1} \times n$，

因此 $\dfrac{1}{2} \leqslant \dfrac{1}{n+1} + \dfrac{1}{n+2} + \cdots + \dfrac{1}{2n} \leqslant \dfrac{n}{n+1} < 1$.

本例 $\dfrac{1}{n+1} + \dfrac{1}{n+2} + \cdots + \dfrac{1}{2n}$ 中的任何一项 $\dfrac{1}{n+k}$ 均采用大于等于最小项和小于等于最大项的极端放缩，即 $\dfrac{1}{2n} \leqslant \dfrac{1}{n+k} \leqslant \dfrac{1}{n+1}$，当 $\dfrac{1}{n+k}$ 从 $k=1, 2, \cdots, n$ 累加时，不等式两个边界项分别乘以 n，则不等式依然成立，即大于等于最小值的 n 倍，小于等于最大值的 n 倍.

二、$\dfrac{1}{n^m}$ 型的放缩

$\dfrac{1}{n^m}$ 型的放缩比较常见，其中 $n \in \mathbf{N}^*$，$m > 0$. 通常以 $m = 2$，$\dfrac{1}{2}$，3，$\dfrac{3}{2}$ 等情况出现，下面大虾老师详细介绍这四种情况的放缩.

（一）当 $m = 2$ 时，即 $\dfrac{1}{n^2}$ 型

当 $n \geqslant 2$ 时，有 $n(n-1) < n^2 < n(n+1)$ 成立，那么 $\dfrac{1}{n(n+1)} < \dfrac{1}{n^2} < \dfrac{1}{n(n-1)}$，即 $\dfrac{1}{n} - \dfrac{1}{n+1} < \dfrac{1}{n^2} < \dfrac{1}{n-1} - \dfrac{1}{n}$，于是对于 $\dfrac{1}{2^2} + \dfrac{1}{3^2} + \cdots + \dfrac{1}{n^2}$，只需从 2 到 n 累加.

$$\dfrac{1}{2^2} + \dfrac{1}{3^2} + \cdots + \dfrac{1}{n^2} > \dfrac{1}{2} - \dfrac{1}{3} + \dfrac{1}{3} - \dfrac{1}{4} + \cdots + \dfrac{1}{n} - \dfrac{1}{n+1} = \dfrac{1}{2} - \dfrac{1}{n+1};$$

$$\dfrac{1}{2^2} + \dfrac{1}{3^2} + \cdots + \dfrac{1}{n^2} < 1 - \dfrac{1}{2} + \dfrac{1}{2} - \dfrac{1}{3} + \cdots + \dfrac{1}{n-1} - \dfrac{1}{n} = 1 - \dfrac{1}{n} < 1.$$

这样我们得到 $\dfrac{1}{2} - \dfrac{1}{n+1} < \dfrac{1}{2^2} + \dfrac{1}{3^2} + \cdots + \dfrac{1}{n^2} < 1$.

例2 求证：当 $n \in \mathbf{N}^*$，$n \geqslant 2$ 时，$\dfrac{1}{2^2} + \dfrac{1}{3^2} + \cdots + \dfrac{1}{n^2} < \dfrac{3}{4}$.

【分析】根据前面的放缩路径 $n^2 > n(n-1)$，$\dfrac{1}{n^2} < \dfrac{1}{n-1} - \dfrac{1}{n}$，这样只能证明小于 1，超过了 $\dfrac{3}{4}$. 这是由于将 n^2 减去了 n 变成 $n^2 - n$，缩得太小了，倒数就放得过大了. 那么我们需要寻找一条新的放缩路径，将 n^2 稍微缩小一点.

【证明】由于 $n^2 > n^2 - 1 = (n-1)(n+1)$，则 $\dfrac{1}{n^2} < \dfrac{1}{(n-1)(n+1)} = \dfrac{1}{2}\left(\dfrac{1}{n-1} - \dfrac{1}{n+1}\right)$，

那么 $\dfrac{1}{2^2} + \dfrac{1}{3^2} + \cdots + \dfrac{1}{n^2} < \dfrac{1}{2}\left(1 - \dfrac{1}{3} + \dfrac{1}{2} - \dfrac{1}{4} + \dfrac{1}{3} - \dfrac{1}{5} + \cdots + \dfrac{1}{n-1} - \dfrac{1}{n+1}\right)$

$$= \dfrac{1}{2}\left(1 + \dfrac{1}{2} - \dfrac{1}{n} - \dfrac{1}{n+1}\right) < \dfrac{3}{4}.$$

例3 求证：当 $n \in \mathbf{N}^*$，$n \geqslant 2$ 时，$\dfrac{1}{2^2} + \dfrac{1}{3^2} + \cdots + \dfrac{1}{n^2} < \dfrac{2}{3}$.

【分析】本例是上例所证式的加强版. 根据上例的分析，我们只需将 n^2 减去一个比 1 再

小一点的数, 且能利用平方差进行因式分解, 马上想到 $\frac{1}{4}$.

【证明】因为 $n^2 > n^2 - \frac{1}{4}$,

则 $\frac{1}{n^2} < \frac{1}{n^2 - \frac{1}{4}} = \frac{4}{4n^2 - 1} = \frac{4}{(2n-1)(2n+1)} = 2\left(\frac{1}{2n-1} - \frac{1}{2n+1}\right)$,

那么 $\frac{1}{2^2} + \frac{1}{3^2} + \cdots + \frac{1}{n^2} < 2\left[\left(\frac{1}{3} - \frac{1}{5}\right) + \left(\frac{1}{5} - \frac{1}{7}\right) + \cdots + \left(\frac{1}{2n-1} - \frac{1}{2n+1}\right)\right]$

$= \frac{2}{3} - \frac{2}{2n+1} < \frac{2}{3}$.

同学们或许会想, 只要将 n^2 减去一个足够小的数, 那么放缩程度可以控制得很小. 理论上确实如此.

设实数 $k > 0$, 则 $n^2 > n^2 - k^2 = (n-k)(n+k)$, 那么 $\frac{1}{n^2} < \frac{1}{2k}\left(\frac{1}{n-k} - \frac{1}{n+k}\right)$, 但是我们还需要考虑裂项后可否求和的问题.

比如, $k = \frac{1}{3}$, 那么 $\frac{1}{n^2} < \frac{3}{2}\left(\frac{1}{n - \frac{1}{3}} - \frac{1}{n + \frac{1}{3}}\right) = \frac{9}{2}\left(\frac{1}{3n-1} - \frac{1}{3n+1}\right)$,

于是 $\frac{1}{2^2} + \frac{1}{3^2} + \cdots + \frac{1}{n^2} < \frac{9}{2}\left[\left(\frac{1}{5} - \frac{1}{7}\right) + \left(\frac{1}{8} - \frac{1}{10}\right) + \cdots + \left(\frac{1}{3n-1} - \frac{1}{3n+1}\right)\right]$.

我们发现无法实现裂项相消求和. 因此, 这样的 k 不是随意选取的, 而是要通过分析作出恰当判别的.

(二) 当 $m = 3$ 时, 即 $\frac{1}{n^3}$ 型

由于 $n^3 = n \times n^2 > n(n^2 - 1) = (n-1)n(n+1)$,

所以 $\frac{1}{n^3} < \frac{1}{n(n^2-1)} = \frac{1}{(n-1)n(n+1)} = \frac{1}{n} \cdot \frac{1}{(n-1)(n+1)}$

$= \frac{1}{2n}\left(\frac{1}{n-1} - \frac{1}{n+1}\right) = \frac{1}{2}\left[\frac{1}{n(n-1)} - \frac{1}{n(n+1)}\right]$.

例4 已知正项数列 $\{a_n\}$ 的前 n 项和为 S_n, 满足 $S_n^2 = a_1^3 + a_2^3 + \cdots + a_n^3$, $n \in \mathbf{N}^*$.

（1）求数列$\{a_n\}$的通项公式；

（2）求证：$\dfrac{1}{a_1^3}+\dfrac{1}{a_2^3}+\cdots+\dfrac{1}{a_n^3}<\dfrac{5}{4}$.

【解析】（1）由$S_n^2=a_1^3+a_2^3+\cdots+a_n^3$，得$S_{n-1}^2=a_1^3+a_2^3+\cdots+a_{n-1}^3\ (n\geqslant 2)$，

两式相减，得$S_n^2-S_{n-1}^2=(S_n-S_{n-1})(S_n+S_{n-1})=a_n(S_n+S_{n-1})=a_n^3$，

得$S_n+S_{n-1}=a_n^2$，于是$S_{n+1}+S_n=a_{n+1}^2$，

两式相减，得$S_{n+1}+S_n-(S_n+S_{n-1})=a_{n+1}^2-a_n^2$，

即$S_{n+1}-S_{n-1}=a_{n+1}+a_n=(a_{n+1}+a_n)(a_{n+1}-a_n)$.

因为$a_n>0$，则$a_{n+1}-a_n=1$，故当$n\geqslant 2$时，数列$\{a_n\}$是以1为公差的等差数列.

又$S_1^2=a_1^3$，得$a_1=1$，$S_2^2=a_1^3+a_2^3$，即$(1+a_2)^2=1+a_2^3$，得$a_2=2$，

因此$a_n=n$.

（2）由（1）知，当$n\geqslant 2$时，

$$\dfrac{1}{a_n^3}=\dfrac{1}{n^3}<\dfrac{1}{n(n^2-1)}=\dfrac{1}{(n-1)n(n+1)}=\dfrac{1}{2}\left[\dfrac{1}{n(n-1)}-\dfrac{1}{n(n+1)}\right],$$

于是$\dfrac{1}{a_1^3}+\dfrac{1}{a_2^3}+\cdots+\dfrac{1}{a_n^3}$

$=1+\dfrac{1}{2^3}+\cdots+\dfrac{1}{n^3}$

$<1+\dfrac{1}{2}\left[\dfrac{1}{1\times 2}-\dfrac{1}{2\times 3}+\dfrac{1}{2\times 3}-\dfrac{1}{3\times 4}+\cdots+\dfrac{1}{n(n-1)}-\dfrac{1}{n(n+1)}\right]$

$=1+\dfrac{1}{2}\left[\dfrac{1}{2}-\dfrac{1}{n(n+1)}\right]<\dfrac{5}{4}$.

（三）当$m=\dfrac{1}{2}$时，即$\dfrac{1}{\sqrt{n}}$型

我们通常可以将$\sqrt{n}$放缩为$\sqrt{n-1}<\sqrt{n}<\sqrt{n+1}$，那么$\sqrt{n}+\sqrt{n-1}<2\sqrt{n}<\sqrt{n}+\sqrt{n+1}$，于是$\dfrac{2}{\sqrt{n}+\sqrt{n+1}}<\dfrac{1}{\sqrt{n}}=\dfrac{2}{2\sqrt{n}}<\dfrac{2}{\sqrt{n}+\sqrt{n-1}}$，两端分母有理化得

$$2(\sqrt{n+1}-\sqrt{n}) < \frac{1}{\sqrt{n}} < 2(\sqrt{n}-\sqrt{n-1}).$$

那么 $1 + \frac{1}{\sqrt{2}} + \frac{1}{\sqrt{3}} + \cdots + \frac{1}{\sqrt{n}} > 2(\sqrt{2}-\sqrt{1}+\sqrt{3}-\sqrt{2}+\cdots+\sqrt{n+1}-\sqrt{n})$

$$= 2(\sqrt{n+1}-1);$$

$1 + \frac{1}{\sqrt{2}} + \frac{1}{\sqrt{3}} + \cdots + \frac{1}{\sqrt{n}} < 2(\sqrt{1}-\sqrt{0}+\sqrt{2}-\sqrt{1}+\cdots+\sqrt{n}-\sqrt{n-1})$

$$= 2\sqrt{n}.$$

所以 $2(\sqrt{n+1}-1) < 1 + \frac{1}{\sqrt{2}} + \frac{1}{\sqrt{3}} + \cdots + \frac{1}{\sqrt{n}} < 2\sqrt{n}$.

例5 已知数列 $\{a_n\}$，其前 n 项和为 S_n，且满足 $2S_n = a_n(a_n+1)$，$a_n \neq 0$，$n \in \mathbf{N}^*$.

（1）求数列 $\{a_n\}$ 的通项公式；

（2）求证：$\sqrt{\frac{1}{a_1 S_1}} + \sqrt{\frac{1}{a_2 S_2}} + \cdots + \sqrt{\frac{1}{a_n S_n}} < 2 + \sqrt{2}$.

【解析】（1）当 $n=1$ 时，$2S_1 = 2a_1 = a_1(a_1+1)$，得 $a_1 = 1$，或 $a_1 = 0$（舍去），

当 $n \geq 2$ 时，由 $2S_n = a_n(a_n+1)$，得 $2S_{n-1} = a_{n-1}(a_{n-1}+1)$，

两式相减，得 $2(S_n - S_{n-1}) = 2a_n = a_n^2 + a_n - a_{n-1}^2 - a_{n-1}$，

移项整理，得 $a_n + a_{n-1} = a_n^2 - a_{n-1}^2 = (a_n + a_{n-1})(a_n - a_{n-1})$，

由 $a_n \neq 0$，得 $a_n - a_{n-1} = 1$，

所以数列 $\{a_n\}$ 是首项为 1，公差为 1 的等差数列，则 $a_n = n$.

（2）因为 $a_n = n$，所以 $S_n = \frac{a_n(a_n+1)}{2} = \frac{n(n+1)}{2}$，

那么，当 $n \geq 2$ 时，

$$\sqrt{\frac{1}{a_n S_n}} = \sqrt{\frac{2}{n^2(n+1)}} < \frac{\sqrt{2}}{\sqrt{(n-1)(n+1)}} \cdot \frac{1}{\sqrt{n}} = \frac{\sqrt{2}}{\sqrt{(n-1)(n+1)}} \cdot \frac{1}{\sqrt{\frac{(n-1)+(n+1)}{2}}}$$

（注：由均值不等式 $\frac{\sqrt{n-1}+\sqrt{n+1}}{2} < \sqrt{\frac{(n-1)+(n+1)}{2}}$）

$$< \frac{\sqrt{2}}{\sqrt{(n-1)(n+1)}} \cdot \frac{2}{\sqrt{n-1}+\sqrt{n+1}} = \frac{\sqrt{2}}{\sqrt{(n-1)(n+1)}}(\sqrt{n+1}-\sqrt{n-1})$$

$$= \sqrt{2}\left(\frac{1}{\sqrt{n-1}}-\frac{1}{\sqrt{n+1}}\right),$$

因此 $\sqrt{\dfrac{1}{a_1S_1}} + \sqrt{\dfrac{1}{a_2S_2}} + \cdots + \sqrt{\dfrac{1}{a_nS_n}}$

$$< 1 + \sqrt{2}\left(1 - \frac{1}{\sqrt{3}} + \frac{1}{\sqrt{2}} - \frac{1}{\sqrt{4}} + \frac{1}{\sqrt{3}} - \frac{1}{\sqrt{5}} + \cdots + \frac{1}{\sqrt{n-1}} - \frac{1}{\sqrt{n+1}}\right)$$

$$= 1 + \sqrt{2}\left(1 + \frac{1}{\sqrt{2}} - \frac{1}{\sqrt{n}} - \frac{1}{\sqrt{n+1}}\right) < 1 + \sqrt{2}\left(1 + \frac{1}{\sqrt{2}}\right) = 2 + \sqrt{2}.$$

本例我们对 $\dfrac{1}{\sqrt{n}}$ 作了如下放缩:$\dfrac{1}{\sqrt{n}} = \dfrac{1}{\sqrt{\dfrac{n-1+n+1}{2}}} < \dfrac{1}{\dfrac{\sqrt{n-1}+\sqrt{n+1}}{2}}$

$$= \frac{2}{\sqrt{n-1}+\sqrt{n+1}} = \sqrt{n+1} - \sqrt{n-1}.$$

(四) 当 $m = \dfrac{3}{2}$ 时,即 $\dfrac{1}{n\sqrt{n}}$ 型

对于 $\dfrac{1}{n\sqrt{n}}$ 型的放缩,通常有两种放缩路径.

路径一:$\dfrac{1}{n\sqrt{n}} = \dfrac{1}{\sqrt{n}\sqrt{n}\sqrt{n}} < \dfrac{1}{\sqrt{n}\sqrt{n}\sqrt{n-1}}$

$$= \frac{1}{\sqrt{n}} \cdot \left(\frac{1}{\sqrt{n-1}} - \frac{1}{\sqrt{n}}\right) \cdot \frac{1}{\sqrt{n} - \sqrt{n-1}}$$

$$= \frac{\sqrt{n}+\sqrt{n-1}}{\sqrt{n}}\left(\frac{1}{\sqrt{n-1}} - \frac{1}{\sqrt{n}}\right)$$

$$< \frac{2\sqrt{n}}{\sqrt{n}}\left(\frac{1}{\sqrt{n-1}} - \frac{1}{\sqrt{n}}\right) = 2\left(\frac{1}{\sqrt{n-1}} - \frac{1}{\sqrt{n}}\right).$$

路径二:$\dfrac{1}{n\sqrt{n}} = \dfrac{1}{\sqrt{n^2}\sqrt{n}} < \dfrac{1}{\sqrt{n^2-1}\sqrt{n}} = \dfrac{1}{\sqrt{n-1}\sqrt{n}\sqrt{n+1}}$

$$= \frac{1}{\sqrt{n}} \cdot \left(\frac{1}{\sqrt{n-1}} - \frac{1}{\sqrt{n+1}} \right) \cdot \frac{1}{\sqrt{n+1} - \sqrt{n-1}}$$

$$= \frac{\sqrt{n+1} + \sqrt{n-1}}{2\sqrt{n}} \left(\frac{1}{\sqrt{n-1}} - \frac{1}{\sqrt{n+1}} \right),$$

由均值不等式知 $\dfrac{\sqrt{n+1} + \sqrt{n-1}}{2} < \sqrt{\dfrac{n+1+n-1}{2}} = \sqrt{n}$,

所以 $\dfrac{1}{n\sqrt{n}} < \dfrac{\sqrt{n+1} + \sqrt{n-1}}{2\sqrt{n}} \left(\dfrac{1}{\sqrt{n-1}} - \dfrac{1}{\sqrt{n+1}} \right) < \dfrac{1}{\sqrt{n-1}} - \dfrac{1}{\sqrt{n+1}}.$

从以上两种放缩路径来看，路径二放缩的量比较小.

例6 求证: $2\left(1 - \dfrac{1}{\sqrt{n+1}}\right) < \dfrac{1}{\sqrt{1^3}} + \dfrac{1}{\sqrt{2^3}} + \dfrac{1}{\sqrt{3^3}} + \cdots + \dfrac{1}{\sqrt{n^3}} < 3,\ n \in \mathbf{N}^*.$

【证明】因为 $\dfrac{1}{\sqrt{n^3}} = \dfrac{1}{n\sqrt{n}}$,

不等式的右边：当 $n \geqslant 2$, $\dfrac{1}{\sqrt{n^3}} = \dfrac{1}{n\sqrt{n}} < 2\left(\dfrac{1}{\sqrt{n-1}} - \dfrac{1}{\sqrt{n}} \right)$,

所以 $\dfrac{1}{\sqrt{1^3}} + \dfrac{1}{\sqrt{2^3}} + \dfrac{1}{\sqrt{3^3}} + \cdots + \dfrac{1}{\sqrt{n^3}}$

$< 1 + 2\left(\dfrac{1}{\sqrt{1}} - \dfrac{1}{\sqrt{2}} + \dfrac{1}{\sqrt{2}} - \dfrac{1}{\sqrt{3}} + \cdots + \dfrac{1}{\sqrt{n-1}} - \dfrac{1}{\sqrt{n}} \right) = 1 + 2\left(1 - \dfrac{1}{\sqrt{n}} \right) < 3;$

不等式的左边：$\dfrac{1}{n\sqrt{n}} > \dfrac{1}{\sqrt{n}\sqrt{n}\sqrt{n+1}} = \dfrac{1}{\sqrt{n}} \cdot \left(\dfrac{1}{\sqrt{n}} - \dfrac{1}{\sqrt{n+1}} \right) \cdot \dfrac{1}{\sqrt{n+1} - \sqrt{n}}$

$= \dfrac{\sqrt{n} + \sqrt{n+1}}{\sqrt{n}} \left(\dfrac{1}{\sqrt{n}} - \dfrac{1}{\sqrt{n+1}} \right)$

$> \dfrac{2\sqrt{n}}{\sqrt{n}} \left(\dfrac{1}{\sqrt{n}} - \dfrac{1}{\sqrt{n+1}} \right) = 2\left(\dfrac{1}{\sqrt{n}} - \dfrac{1}{\sqrt{n+1}} \right),$

所以 $\dfrac{1}{\sqrt{1^3}} + \dfrac{1}{\sqrt{2^3}} + \dfrac{1}{\sqrt{3^3}} + \cdots + \dfrac{1}{\sqrt{n^3}}$

$$> 2\left(1 - \frac{1}{\sqrt{2}} + \frac{1}{\sqrt{2}} - \frac{1}{\sqrt{3}} + \cdots + \frac{1}{\sqrt{n}} - \frac{1}{\sqrt{n+1}}\right) = 2\left(1 - \frac{1}{\sqrt{n+1}}\right).$$

综上, 得 $2\left(1 - \frac{1}{\sqrt{n+1}}\right) < \frac{1}{\sqrt{1^3}} + \frac{1}{\sqrt{2^3}} + \frac{1}{\sqrt{3^3}} + \cdots + \frac{1}{\sqrt{n^3}} < 3.$

由此可见, 通常将 $\frac{1}{n\sqrt{n}}$ 放缩为 $2\left(\frac{1}{\sqrt{n}} - \frac{1}{\sqrt{n+1}}\right) < \frac{1}{n\sqrt{n}} < 2\left(\frac{1}{\sqrt{n-1}} - \frac{1}{\sqrt{n}}\right)$, 或

$\frac{1}{n\sqrt{n}} < \frac{1}{\sqrt{n-1}} - \frac{1}{\sqrt{n+1}}$.

三、$\frac{1}{p^n \pm 1} \ (p>1)$ 型的放缩

先看 $\frac{1}{p^n + 1} \ (p>1)$ 型的放缩. 很明显, $\frac{1}{p^n + 1} < \frac{1}{p^n}$, 这样将数列 $\left\{\frac{1}{p^n+1}\right\}$ 放大为等比数列 $\left\{\frac{1}{p^n}\right\}$. 如果要将 $\frac{1}{p^n + 1}$ 缩小, 就是要将分母 $p^n + 1$ 放大, 我们可以放大为 $p^n + 2$, $p^n + 3$ 等, 但是要考虑到放缩后能否求和的问题. 这里往往将 1 放大为 p^{n-1}, 那么 $\frac{1}{p^n + 1}$ 就缩小为 $\frac{1}{p^n + p^{n-1}} = \frac{1}{(p+1)p^{n-1}}$, 即 $\frac{1}{p^n + 1} \geq \frac{1}{(p+1)p^{n-1}}$. 如果 $n \geq 2$, 还可以将 1 放大为 p^{n-2}, 则 $\frac{1}{p^n + 1} \geq \frac{1}{p^n + p^{n-2}} = \frac{1}{(p^2 + 1)p^{n-2}}$.

例7 已知数列 $\{a_n\}$ 满足 $a_1 = \frac{2}{5}$, $a_{n+1} = \frac{2a_n}{3 - a_n}$, $n \in \mathbf{N}^*$.

(1) 求 $\{a_n\}$ 的通项公式;

(2) 设 $\{a_n\}$ 的前 n 项和为 S_n, 求证: $\frac{6}{5}\left[1 - \left(\frac{2}{3}\right)^n\right] \leq S_n < 2$.

【解析】(1) 对 $a_{n+1} = \frac{2a_n}{3 - a_n}$ 两边取倒数, 得 $\frac{1}{a_{n+1}} = \frac{3 - a_n}{2a_n} = \frac{3}{2a_n} - \frac{1}{2}$,

由待定系数法, 得 $\frac{1}{a_{n+1}} - 1 = \frac{3}{2}\left(\frac{1}{a_n} - 1\right)$,

则 $\left\{\dfrac{1}{a_n}-1\right\}$ 是以 $\dfrac{3}{2}$ 为公比，$\dfrac{1}{a_1}-1=\dfrac{3}{2}$ 为首项的等比数列，

所以 $\dfrac{1}{a_n}-1=\dfrac{3}{2}\left(\dfrac{3}{2}\right)^{n-1}=\left(\dfrac{3}{2}\right)^n$，解得 $a_n=\dfrac{1}{\left(\dfrac{3}{2}\right)^n+1}$。

(2) 由 (1) 知 $a_n=\dfrac{1}{\left(\dfrac{3}{2}\right)^n+1}<\dfrac{1}{\left(\dfrac{3}{2}\right)^n}=\left(\dfrac{2}{3}\right)^n$，

则 $S_n=a_1+a_2+\cdots+a_n<\dfrac{2}{3}+\left(\dfrac{2}{3}\right)^2+\left(\dfrac{2}{3}\right)^3+\cdots+\left(\dfrac{2}{3}\right)^n$

$=\dfrac{\dfrac{2}{3}\left[1-\left(\dfrac{2}{3}\right)^n\right]}{1-\dfrac{2}{3}}=2\left[1-\left(\dfrac{2}{3}\right)^n\right]<2$；

又 $a_n=\dfrac{1}{\left(\dfrac{3}{2}\right)^n+1}\geqslant\dfrac{1}{\left(\dfrac{3}{2}\right)^n+\left(\dfrac{3}{2}\right)^{n-1}}=\dfrac{2}{5}\left(\dfrac{2}{3}\right)^{n-1}$，

则 $S_n\geqslant\dfrac{2}{5}\left[1+\dfrac{2}{3}+\cdots+\left(\dfrac{2}{3}\right)^{n-1}\right]=\dfrac{6}{5}\left[1-\left(\dfrac{2}{3}\right)^n\right]$。

综上，得 $\dfrac{6}{5}\left[1-\left(\dfrac{2}{3}\right)^n\right]\leqslant S_n<2$。

再看 $\dfrac{1}{p^n-1}$ $(p>1)$ 类型的放缩。很明显，$\dfrac{1}{p^n-1}>\dfrac{1}{p^n}$，这样将数列 $\left\{\dfrac{1}{p^n-1}\right\}$ 缩小为等比数列 $\left\{\dfrac{1}{p^n}\right\}$。如果要将 $\dfrac{1}{p^n-1}$ 放大，就是要将分母 p^n-1 缩小，我们可以将其缩小为 p^n-2，p^n-3 等，但是要考虑到放缩后能否可求和的问题。由于 $p^{n-1}\geqslant 1$，那么 $p^n-1\geqslant p^n-p^{n-1}=(p-1)p^{n-1}$，于是 $\dfrac{1}{p^n-1}\leqslant\dfrac{1}{(p-1)p^{n-1}}$。

例8 求证：$\dfrac{1}{2}\left(1-\dfrac{1}{3^n}\right)<\dfrac{1}{3-1}+\dfrac{1}{3^2-1}+\cdots+\dfrac{1}{3^n-1}<\dfrac{3}{4}$，$n\in\mathbf{N}^*$。

【证明】 先证明不等式的左边,因为 $\dfrac{1}{3^n-1} > \dfrac{1}{3^n}$,

所以 $\dfrac{1}{3-1}+\dfrac{1}{3^2-1}+\cdots+\dfrac{1}{3^n-1} > \dfrac{1}{3}+\dfrac{1}{3^2}+\cdots+\dfrac{1}{3^n} = \dfrac{1}{2}\left(1-\dfrac{1}{3^n}\right)$,

再证明不等式的右边,因为 $\dfrac{1}{3^n-1} = \dfrac{1}{3\cdot 3^{n-1}-1} = \dfrac{1}{2\cdot 3^{n-1}+3^{n-1}-1} \leqslant \dfrac{1}{2\cdot 3^{n-1}}$,

所以 $\dfrac{1}{3-1}+\dfrac{1}{3^2-1}+\cdots+\dfrac{1}{3^n-1} \leqslant \dfrac{1}{2}\left(1+\dfrac{1}{3}+\dfrac{1}{3^2}+\cdots+\dfrac{1}{3^{n-1}}\right) = \dfrac{3}{4}\left(1-\dfrac{1}{3^n}\right) < \dfrac{3}{4}$.

这里把 3^n 拆成 3 份,每份 3^{n-1},有一份与 -1 结合并去掉,那么分母变小,分式变大,放缩为一个等比数列. 不等式的右边我们也可以如下证明.

令 $a_n = \dfrac{1}{3^n-1} < \dfrac{1}{3^n-3} = \dfrac{1}{3}\cdot\dfrac{1}{3^{n-1}-1} = \dfrac{1}{3}a_{n-1}$,于是 $a_n < \dfrac{1}{3^{n-1}}\cdot a_1 = \dfrac{1}{2}\cdot\dfrac{1}{3^{n-1}}$,

则 $\dfrac{1}{3-1}+\dfrac{1}{3^2-1}+\cdots+\dfrac{1}{3^n-1} < \dfrac{1}{2}\left(1+\dfrac{1}{3}+\dfrac{1}{3^2}+\cdots+\dfrac{1}{3^{n-1}}\right) = \dfrac{3}{4}\left(1-\dfrac{1}{3^n}\right) < \dfrac{3}{4}$.

练习 5.1

1. 当 $a \geqslant 2$, $n \in \mathbf{N}^*$ 时,求证: $1+\dfrac{1}{2^a}+\dfrac{1}{3^a}+\cdots+\dfrac{1}{n^a} < 2$.

2. 求证: $1+\dfrac{1}{2^2}+\dfrac{1}{3^2}+\dfrac{1}{4^2}+\cdots+\dfrac{1}{n^2} < \dfrac{4n}{2n+1}$ $(n \in \mathbf{N}^*)$.

3. 求证: $\dfrac{2}{3}(\sqrt{3n+1}-1) < \dfrac{1}{\sqrt{1}}+\dfrac{1}{\sqrt{4}}+\cdots+\dfrac{1}{\sqrt{3n-2}} \leqslant \dfrac{2}{3}\left(\sqrt{3n-2}+\dfrac{1}{2}\right)$ $(n \in \mathbf{N}^*)$.

4. 若 $n \geqslant 3$, $n \in \mathbf{N}^*$. 求证: $\dfrac{1}{3^3}+\dfrac{1}{4^3}+\dfrac{1}{5^3}+\cdots+\dfrac{1}{n^3} < \dfrac{1}{12}$.

5. 已知数列 $\{a_n\}$ 满足 $a_n = 2^n-1$. 求证: $\dfrac{1}{a_1}+\dfrac{1}{a_2}+\cdots+\dfrac{1}{a_n} < \dfrac{5}{3}$ $(n \in \mathbf{N}^*)$.

6. 已知数列 $\{a_n\}$ 满足 $a_n = \dfrac{4^n}{1+4^n}$, $n \in \mathbf{N}^*$. 求证: $a_1+a_2+\cdots+a_n > n-\dfrac{1}{3}$.

7. 已知数列 $\{a_n\}$ 满足 $a_n = 1+\dfrac{1}{2}+\dfrac{1}{3}+\cdots+\dfrac{1}{n}$, $n \in \mathbf{N}^*$. 求证: $a_n^2+\dfrac{7}{4} > 2\left(a_1+\dfrac{a_2}{2}+\dfrac{a_3}{3}+\cdots+\dfrac{a_n}{n}\right)$.

第二节 递推放缩模型

当数列给定递推关系，但其通项无法求得或者很难求得时，往往要对递推关系作适当的变形，将其放缩成为熟悉的递推模型. 我们知道等差数列满足 $a_{n+1}=a_n+d$，其通项公式为 $a_n=a_1+(n-1)d$，前 n 项和为 $S_n=na_1+\frac{1}{2}n(n-1)d$. 如果一个数列的递推关系可以放缩成 $a_{n+1}\leq a_n+d$，那么就有 $a_n\leq a_1+(n-1)d$，$S_n\leq na_1+\frac{1}{2}n(n-1)d$. 对于 $a_{n+1}\geq a_n+d$ 也类似.

同样，等比数列满足 $a_{n+1}=a_nq\,(a_1,q\neq 0)$，其通项公式为 $a_n=a_1q^{n-1}$，前 n 项和为 $S_n=\frac{a_1}{1-q}(1-q^n)\,(q\neq 1)$. 如果有一个数列的递推关系可以放缩成 $a_{n+1}\leq a_nq$，且 $a_1,q>0$，那么就有 $a_n\leq a_1q^{n-1}$，$S_n\leq\frac{a_1}{1-q}(1-q^n)$. 对于 $a_{n+1}\geq a_nq$ 也类似.

例9 已知正项数列 $\{a_n\}$ 满足 $a_1=1$，$a_{n+1}-a_n=a_k$，其中 $k\leq n$，$k,n\in\mathbf{N}^*$，设数列 $\{a_n\}$ 的前 n 项和为 S_n. 求证:

(1) $a_{n+1}-a_n\geq 1$；(2) $\frac{1}{2}n(n+1)\leq S_n\leq 2^n-1$.

【证明】(1) 因为 $a_n>0$，则 $a_{n+1}-a_n=a_k>0$，

所以数列 $\{a_n\}$ 为单调递增数列，因此 $a_{n+1}-a_n=a_k\geq a_1=1$.

(2) 由（1）知 $a_{n+1}-a_n\geq 1$，则 $a_n\geq a_1+n-1=n$，

所以 $S_n\geq 1+2+3+\cdots+n=\frac{1}{2}n(n+1)$；

由于数列 $\{a_n\}$ 单调递增，又 $k\leq n$，则 $a_k\leq a_n$，那么 $a_{n+1}-a_n=a_k\leq a_n$，

则 $a_{n+1}\leq 2a_n$，于是 $a_n\leq a_1\cdot 2^{n-1}=2^{n-1}$，

所以 $S_n\leq 1+2+2^2+\cdots+2^{n-1}=2^n-1$.

因此 $\frac{1}{2}n(n+1)\leq S_n\leq 2^n-1$.

本例通过对数列递推关系的合理放缩, 使其成为等差、等比型不等递推关系, 从而实现证明. 下面介绍三种常见递推模型的放缩处理.

一、递推模型 $a_{n+1}=\dfrac{Aa_n+B}{Ca_n+D}$ 的不等分析

例 10 已知数列 $\{a_n\}$ 满足 $a_1=1$, $a_{n+1}=\dfrac{a_n+4}{a_n+1}$, $n\in\mathbf{N}^*$, 令 $b_n=|a_{2n-1}-2|$, 记 $S_n=b_1+b_2+\cdots+b_n$. 求证:

(1) $a_{2n-1}<a_{2n+1}<2$; (2) $\dfrac{9}{8}\left[1-\left(\dfrac{1}{9}\right)^n\right]\leqslant S_n<\dfrac{7}{6}$.

【证明】(1) 因为 $a_1=1$, $a_{n+1}=\dfrac{a_n+4}{a_n+1}$, 显然 $a_n>0$,

且 $a_{2n+1}=\dfrac{a_{2n}+4}{a_{2n}+1}=\dfrac{\dfrac{a_{2n-1}+4}{a_{2n-1}+1}+4}{\dfrac{a_{2n-1}+4}{a_{2n-1}+1}+1}=\dfrac{5a_{2n-1}+8}{2a_{2n-1}+5}$,

则 $a_{2n+1}-2=\dfrac{5a_{2n-1}+8}{2a_{2n-1}+5}-2=\dfrac{a_{2n-1}-2}{2a_{2n-1}+5}$,

那么 $a_{2n+1}-2$ 与 $a_{2n-1}-2$ 同号, 于是 $a_{2n-1}-2$ 与 $a_{2n-3}-2$ 同号, 依此类推, a_3-2 与 a_1-2 同号, 因为 $a_1-2<0$, 所以 $a_{2n+1}-2<0$, 即 $a_{2n+1}<2$.

$$a_{2n+1}-a_{2n-1}=\dfrac{5a_{2n-1}+8}{2a_{2n-1}+5}-a_{2n-1}=\dfrac{2(4-a_{2n-1}^2)}{2a_{2n-1}+5}=\dfrac{2(2-a_{2n-1})(2+a_{2n-1})}{2a_{2n-1}+5},$$

因为 $0<a_{2n-1}<2$, 所以 $a_{2n+1}-a_{2n-1}>0$, 即 $a_{2n+1}>a_{2n-1}$.

因此 $a_{2n-1}<a_{2n+1}<2$.

(2) 由 (1) 知 $b_{n+1}=|a_{2n+1}-2|=\dfrac{|a_{2n-1}-2|}{2a_{2n-1}+5}=\dfrac{b_n}{2a_{2n-1}+5}$, 得 $\dfrac{b_{n+1}}{b_n}=\dfrac{1}{2a_{2n-1}+5}$,

由 $1\leqslant a_{2n-1}<2$, 则 $\dfrac{1}{9}<\dfrac{1}{2a_{2n-1}+5}\leqslant\dfrac{1}{7}$, 即 $\dfrac{1}{9}<\dfrac{b_{n+1}}{b_n}\leqslant\dfrac{1}{7}$.

又 $b_1=1$, 那么 $\left(\dfrac{1}{9}\right)^{n-1}\leqslant b_n\leqslant\left(\dfrac{1}{7}\right)^{n-1}$,

于是 $S_n = b_1 + b_2 + \cdots + b_n \leq \dfrac{1-\left(\dfrac{1}{7}\right)^n}{1-\dfrac{1}{7}} = \dfrac{7}{6}\left[1-\left(\dfrac{1}{7}\right)^n\right] < \dfrac{7}{6}$,

$$S_n = b_1 + b_2 + \cdots + b_n \geq \dfrac{1-\left(\dfrac{1}{9}\right)^n}{1-\dfrac{1}{9}} = \dfrac{9}{8}\left[1-\left(\dfrac{1}{9}\right)^n\right].$$

因此 $\dfrac{9}{8}\left[1-\left(\dfrac{1}{9}\right)^n\right] \leq S_n < \dfrac{7}{6}$.

本例中我们发现，数列的奇数项构成一个单调递增且都小于 2 的数列，这个 "2" 其实是数列特征方程 $x = \dfrac{x+4}{x+1}$ （解得 $x = \pm 2$）的一个根，有些书上也称之为数列的不动点. 我们不难猜测这个数列的偶数项构成一个单调递减且都大于 2 的数列，即 $a_{2n-2} > a_{2n} > 2$，同学们可以模仿上面的解析自己证明.

根据第二章的学习，我们也可以求出这个数列的通项公式.

$$a_{n+1} - 2 = \dfrac{a_n+4}{a_n+1} - 2 = -\dfrac{a_n-2}{a_n+1},\quad a_{n+1} + 2 = \dfrac{a_n+4}{a_n+1} + 2 = \dfrac{3(a_n+2)}{a_n+1},$$

后式除以前式，得 $\dfrac{a_{n+1}+2}{a_{n+1}-2} = (-3) \cdot \dfrac{a_n+2}{a_n-2}$,

则数列 $\left\{\dfrac{a_n+2}{a_n-2}\right\}$ 是公比为 -3 的等比数列，于是 $\dfrac{a_n+2}{a_n-2} = \dfrac{a_1+2}{a_1-2}(-3)^{n-1} = (-3)^n$,

解得 $a_n = \dfrac{2[1+(-3)^n]}{(-3)^n-1}$.

于是，当 n 为偶数时，$a_n = \dfrac{2(1+3^n)}{3^n-1} = 2\left(1+\dfrac{2}{3^n-1}\right) > 2$，且 a_n 随着 n 的增大而减小；当 n 为奇数时，$a_n = \dfrac{2(3^n-1)}{3^n+1} = 2\left(1-\dfrac{2}{3^n+1}\right) < 2$，且 a_n 随着 n 的增大而增大. 可见，这个数列是摆动数列，当 $n \to \infty$ 时，$a_n \to 2$.

例 11 已知数列 $\{a_n\}$ 满足 $a_1 = 1$，$a_{n+1} = \dfrac{4}{4a_n+15}(n \in \mathbf{N}^*)$，$S_n$ 为数列 $\{a_n\}$ 的前 n 项和.

（1）是否存在实数 c，使得 $a_{2n} < c < a_{2n-1}$ 对任意的 $n \in \mathbf{N}^*$ 都成立？证明你的结论；

（2）证明：$\dfrac{n}{4} < S_n \leq n$.

【解析】（1）由 $a_1 = 1$，$a_{n+1} = \dfrac{4}{4a_n + 15}$，显然 $a_n > 0$，

则 $a_{n+1} = \dfrac{4}{4a_n + 15} < \dfrac{4}{15}$，所以 $0 < a_n \leq 1$.

满足递推关系 $a_{n+1} = \dfrac{4}{4a_n + 15}$ 的数列其特征方程为 $x = \dfrac{4}{4x + 15}$，

解得 $x = \dfrac{1}{4}$ 或 $x = -4$，猜想存在常数 $c = \dfrac{1}{4}$，使得 $a_{2n} < \dfrac{1}{4} < a_{2n-1}$ 对任意的 $n \in \mathbf{N}^*$ 都成立.

证法一(数学归纳法)：因为 $a_2 = \dfrac{4}{19} < \dfrac{1}{4} < a_1 = 1$，即当 $n = 1$ 时结论成立.

假设当 $n = k$ 时，结论成立，即 $a_{2k} < \dfrac{1}{4} < a_{2k-1}$，

那么当 $n = k + 1$ 时，令函数 $f(x) = \dfrac{4}{4x + 15}$，则 $a_{k+1} = f(a_k)$，

显然 $f(x)$ 在 $[0, 1]$ 上为减函数，由假设 $a_{2k} < \dfrac{1}{4} < a_{2k-1}$，

所以 $f(a_{2k}) > f\left(\dfrac{1}{4}\right) > f(a_{2k-1})$，即 $a_{2k+1} > \dfrac{1}{4} > a_{2k}$，

进而 $f(a_{2k+1}) < f\left(\dfrac{1}{4}\right) < f(a_{2k})$，即 $a_{2k+2} < \dfrac{1}{4} < a_{2k+1}$，

即当 $n = k + 1$ 时结论也成立.

因此，对任意 $n \in \mathbf{N}^*$，都有 $a_{2n} < \dfrac{1}{4} < a_{2n-1}$ 成立.

证法二(符号递推法)：$a_{n+1} - \dfrac{1}{4} = \dfrac{4}{4a_n + 15} - \dfrac{1}{4} = \dfrac{1 - 4a_n}{4(4a_n + 15)} = -\dfrac{a_n - \dfrac{1}{4}}{4a_n + 15}$，

所以 $a_{n+1} - \dfrac{1}{4}$ 与 $a_n - \dfrac{1}{4}$ 异号，注意到 $a_1 = 1 > \dfrac{1}{4}$，于是 $a_2 < \dfrac{1}{4}$，$a_3 > \dfrac{1}{4}$，依此类推，则 $a_{2n-1} > \dfrac{1}{4}$，$a_{2n} < \dfrac{1}{4}$.

因此, 存在实数 $c=\dfrac{1}{4}$, 使得 $a_{2n}<\dfrac{1}{4}<a_{2n-1}$ 对任意的 $n\in\mathbf{N}^*$ 都成立.

证法三(求通项法): $a_{n+1}+4=\dfrac{4}{4a_n+15}+4=\dfrac{16(a_n+4)}{4a_n+15}$,

又 $a_{n+1}-\dfrac{1}{4}=-\dfrac{a_n-\dfrac{1}{4}}{4a_n+15}$, 两式相除, 得 $\dfrac{a_{n+1}-\dfrac{1}{4}}{a_{n+1}+4}=\left(-\dfrac{1}{16}\right)\cdot\dfrac{a_n-\dfrac{1}{4}}{a_n+4}$,

则数列 $\left\{\dfrac{a_n-\dfrac{1}{4}}{a_n+4}\right\}$ 是以 $\dfrac{a_1-\dfrac{1}{4}}{a_1+4}=\dfrac{3}{20}$ 为首项, $-\dfrac{1}{16}$ 为公比的等比数列,

所以 $\dfrac{a_n-\dfrac{1}{4}}{a_n+4}=\dfrac{3}{20}\left(-\dfrac{1}{16}\right)^{n-1}$,

于是当 n 为奇数时, $\dfrac{3}{20}\left(-\dfrac{1}{16}\right)^{n-1}>0$, 则 $a_n>\dfrac{1}{4}$,

当 n 为偶数时, $\dfrac{3}{20}\left(-\dfrac{1}{16}\right)^{n-1}<0$, 则 $a_n<\dfrac{1}{4}$,

因此, 存在实数 $c=\dfrac{1}{4}$, 使得 $a_{2n}<\dfrac{1}{4}<a_{2n-1}$ 对任意的 $n\in\mathbf{N}^*$ 都成立.

(2) 由(1)知 $0<a_n\leqslant 1$, 从而 $S_n\leqslant n$.

考虑到这个数列是摆动数列, 如果能证明连续两项之和大于 $\dfrac{1}{2}$, 那么 $S_n>\dfrac{n}{4}$.

由于 $a_{2n-1}+a_{2n}=a_{2n-1}+\dfrac{4}{4a_{2n-1}+15}$,

令函数 $f(x)=x+\dfrac{4}{4x+15}$ $\left(\dfrac{1}{4}<x\leqslant 1\right)$, 则 $a_{2n-1}+a_{2n}=f(a_{2n-1})$.

又 $f'(x)=1-\dfrac{16}{(4x+15)^2}>0$, 则 $f(x)$ 在 $\left(\dfrac{1}{4},1\right]$ 上为增函数.

由(1)知 $a_{2n-1}>\dfrac{1}{4}$, 所以 $a_{2n-1}+a_{2n}=f(a_{2n-1})>f\left(\dfrac{1}{4}\right)=\dfrac{1}{2}$,

当 n 为偶数时, $S_n=(a_1+a_2)+(a_3+a_4)+\cdots+(a_{n-1}+a_n)>\dfrac{n}{2}\times\dfrac{1}{2}=\dfrac{n}{4}$,

当 n 为奇数时, $S_n=(a_1+a_2)+(a_3+a_4)+\cdots+(a_{n-2}+a_{n-1})+a_n$

$$> \frac{n-1}{2} \times \frac{1}{2} + \frac{1}{4} = \frac{n}{4},$$

所以 $S_n > \dfrac{n}{4}$.

综上,得 $\dfrac{n}{4} < S_n \leq n$.

从上面两个例子的解析来看,对于以递推模型 $a_{n+1} = \dfrac{Aa_n + B}{Ca_n + D}$ 为背景的数列不等式问题,我们需要做以下三件事情:第一,通过特征方程 $x = \dfrac{Ax+B}{Cx+D}$ 求其特征根 α;第二,作差 $a_{n+1} - \alpha$,并分析其与 $a_n - \alpha$ 的关联性;第三,作差 $a_{n+1} - a_n$,并分析其与 $a_n - a_{n-1}$ 的关联性.

二、递推模型 $a_{n+1} = Aa_n^2 + Ba_n + C$ 的不等分析

例12 设数列 $\{a_n\}$ 满足 $a_1 = \dfrac{1}{2}$,$a_{n+1} = a_n + \dfrac{a_n^2}{2018}$ $(n \in \mathbf{N}^*)$.

(1) 证明:$a_n < a_{n+1}$;

(2) 证明:$a_{2019} < 1$;

(3) 若 $a_k > 1$,求正整数 k 的最小值.

【解析】(1) 由 $a_{n+1} - a_n = \dfrac{a_n^2}{2018} \geq 0$,得 $a_{n+1} \geq a_n$,又 $a_1 = \dfrac{1}{2}$,则 $a_n \geq \dfrac{1}{2}$.

因此 $a_{n+1} - a_n = \dfrac{a_n^2}{2018} > 0$,即 $a_n < a_{n+1}$.

(2) **证法一**:$a_{n+1} = a_n + \dfrac{a_n^2}{2018}$ 两边同除以 $a_n a_{n+1}$,

得 $\dfrac{1}{a_n} = \dfrac{1}{a_{n+1}} + \dfrac{1}{2018} \cdot \dfrac{a_n}{a_{n+1}}$,即 $\dfrac{1}{a_n} - \dfrac{1}{a_{n+1}} = \dfrac{1}{2018} \cdot \dfrac{a_n}{a_{n+1}}$.

由(1)知 $\dfrac{a_n}{a_{n+1}} < 1$,则 $\dfrac{1}{a_n} - \dfrac{1}{a_{n+1}} < \dfrac{1}{2018}$,累加,得 $\dfrac{1}{a_1} - \dfrac{1}{a_{n+1}} < \dfrac{n}{2018}$.

当 $n = 2018$ 时,得 $2 - \dfrac{1}{a_{2019}} < 1$,解得 $a_{2019} < 1$.

证法二： 由已知，得 $a_{n+1} = \dfrac{2018a_n + a_n^2}{2018} = \dfrac{a_n(2018 + a_n)}{2018}$，

两边取倒数，得 $\dfrac{1}{a_{n+1}} = \dfrac{2018}{a_n(a_n + 2018)} = \dfrac{1}{a_n} - \dfrac{1}{a_n + 2018}$，

则 $\dfrac{1}{a_n} - \dfrac{1}{a_{n+1}} = \dfrac{1}{a_n + 2018}$，

累加得 $\dfrac{1}{a_1} - \dfrac{1}{a_{n+1}} = \dfrac{1}{a_1 + 2018} + \dfrac{1}{a_2 + 2018} + \cdots + \dfrac{1}{a_n + 2018} < \dfrac{n}{2018}$.

当 $n = 2018$ 时，得 $\dfrac{1}{a_1} - \dfrac{1}{a_{2019}} < 1$，即 $2 - \dfrac{1}{a_{2019}} < 1$，解得 $a_{2019} < 1$.

（3）**解法一：** 在 $a_{n+1} = a_n + \dfrac{a_n^2}{2018}$ 两边同除以 a_n，

得 $\dfrac{a_{n+1}}{a_n} = 1 + \dfrac{a_n}{2018}$，则 $\dfrac{a_n}{a_{n+1}} = \dfrac{2018}{a_n + 2018}$.

由（2）知当 $n \leqslant 2019$ 时，$\dfrac{1}{2} \leqslant a_n < 1$，

则 $\dfrac{a_n}{a_{n+1}} > \dfrac{2018}{1 + 2018} = \dfrac{2018}{2019}$，那么 $\dfrac{1}{a_n} - \dfrac{1}{a_{n+1}} = \dfrac{1}{2018} \cdot \dfrac{a_n}{a_{n+1}} > \dfrac{1}{2019}$，

累差叠加，得 $\dfrac{1}{a_1} - \dfrac{1}{a_{n+1}} > \dfrac{n}{2019}$.

当 $n = 2019$ 时，得 $2 - \dfrac{1}{a_{2020}} > 1$，解得 $a_{2020} > 1$，

因此 k 的最小值为 2020.

解法二： 由（2）知 $\dfrac{1}{a_1} - \dfrac{1}{a_{n+1}} = \dfrac{1}{a_1 + 2018} + \dfrac{1}{a_2 + 2018} + \cdots + \dfrac{1}{a_n + 2018}$，

当 $n \leqslant 2019$ 时，$\dfrac{1}{2} \leqslant a_n < 1$，取 $n = 2019$，

则有 $\dfrac{1}{a_1} - \dfrac{1}{a_{2020}} = \dfrac{1}{a_1 + 2018} + \dfrac{1}{a_2 + 2018} + \cdots + \dfrac{1}{a_{2019} + 2018} > \dfrac{2019}{1 + 2018} = 1$，

即 $2 - \dfrac{1}{a_{2020}} > 1$，解得 $a_{2020} > 1$，

因此 k 的最小值为 2020.

例13 已知数列 $\{a_n\}$ 满足 $a_1 = \dfrac{1}{3}$，$a_{n+1} = a_n + \dfrac{a_n^2}{n^2}$，$n \in \mathbf{N}^*$. 求证：

(1) $a_n < a_{n+1}$； (2) $a_n \leqslant \dfrac{2n-1}{2n+1}$； (3) $a_n \geqslant \dfrac{n}{2n+1}$.

【证明】(1) 因为 $a_{n+1} - a_n = \dfrac{a_n^2}{n^2} \geqslant 0$，则 $a_{n+1} \geqslant a_n \geqslant a_1 = \dfrac{1}{3} > 0$，

所以 $a_{n+1} - a_n = \dfrac{a_n^2}{n^2} > 0$，即 $a_n < a_{n+1}$.

(2) **证法一**：$a_{n+1} = a_n + \dfrac{a_n^2}{n^2}$ 两边同除以 $a_n a_{n+1}$，

得 $\dfrac{1}{a_n} = \dfrac{1}{a_{n+1}} + \dfrac{1}{n^2} \cdot \dfrac{a_n}{a_{n+1}}$，即 $\dfrac{1}{a_n} - \dfrac{1}{a_{n+1}} = \dfrac{1}{n^2} \cdot \dfrac{a_n}{a_{n+1}}$.

由（1）知 $\dfrac{a_n}{a_{n+1}} < 1$，得 $\dfrac{1}{a_n} - \dfrac{1}{a_{n+1}} < \dfrac{1}{n^2}$，

于是 $\dfrac{1}{a_n} - \dfrac{1}{a_{n+1}} < \dfrac{1}{n^2} < \dfrac{1}{n^2 - \dfrac{1}{4}} = \dfrac{4}{(2n-1)(2n+1)} = 2\left(\dfrac{1}{2n-1} - \dfrac{1}{2n+1}\right)$，

由累差叠加，得 $\dfrac{1}{a_1} - \dfrac{1}{a_{n+1}} < 2\left(1 - \dfrac{1}{2n+1}\right) = \dfrac{4n}{2n+1}$，

则 $\dfrac{1}{a_{n+1}} > \dfrac{1}{a_1} - \dfrac{4n}{2n+1} = 3 - \dfrac{4n}{2n+1} = \dfrac{2n+3}{2n+1}$，即 $a_{n+1} < \dfrac{2n+1}{2n+3}$，

因此 $a_n \leqslant \dfrac{2n-1}{2n+1}$ $(n \in \mathbf{N}^*)$.

证法二：由已知，得 $a_{n+1} = \dfrac{n^2 a_n + a_n^2}{n^2} = \dfrac{a_n(n^2 + a_n)}{n^2}$，

两边取倒数，得 $\dfrac{1}{a_{n+1}} = \dfrac{n^2}{a_n(a_n + n^2)} = \dfrac{1}{a_n} - \dfrac{1}{a_n + n^2}$，

所以 $\dfrac{1}{a_n} - \dfrac{1}{a_{n+1}} = \dfrac{1}{a_n + n^2} < \dfrac{1}{n^2} < \dfrac{1}{n^2 - \dfrac{1}{4}}$

$= \dfrac{4}{(2n-1)(2n+1)} = 2\left(\dfrac{1}{2n-1} - \dfrac{1}{2n+1}\right)$，

由累差叠加，得 $\dfrac{1}{a_1} - \dfrac{1}{a_{n+1}} < 2\left(1 - \dfrac{1}{2n+1}\right) = \dfrac{4n}{2n+1}$，

则 $\dfrac{1}{a_{n+1}} > \dfrac{1}{a_1} - \dfrac{4n}{2n+1} = 3 - \dfrac{4n}{2n+1} = \dfrac{2n+3}{2n+1}$，即 $a_{n+1} < \dfrac{2n+1}{2n+3}$，

因此 $a_n \leqslant \dfrac{2n-1}{2n+1}$ $(n \in \mathbf{N}^*)$.

(3) **证法一**：当 $n=1$ 时，因为 $a_1 = \dfrac{1}{3}$，经检验满足不等式.

假设当 $n=k$ 时，不等式成立，即 $a_k \geqslant \dfrac{k}{2k+1}$.

那么当 $n=k+1$ 时，令函数 $f(x) = x + \dfrac{x^2}{k^2}$，则 $a_{k+1} = f(a_k)$，

显然 $f(x)$ 在 $(0, +\infty)$ 上为增函数，

所以 $a_{k+1} = f(a_k) \geqslant f\left(\dfrac{k}{2k+1}\right) = \dfrac{k}{2k+1} + \dfrac{1}{(2k+1)^2} = \dfrac{2k^2+k+1}{4k^2+4k+1}$，

如果能证明 $\dfrac{2k^2+k+1}{4k^2+4k+1} \geqslant \dfrac{k+1}{2k+3}$，那么就有 $a_{k+1} \geqslant \dfrac{k+1}{2k+3}$ 成立，

即证明 $(2k+3)(2k^2+k+1) \geqslant (k+1)(4k^2+4k+1)$，

展开即 $4k^3 + 8k^2 + 5k + 3 \geqslant 4k^3 + 8k^2 + 5k + 1$，此式显然成立，

所以 $\dfrac{2k^2+k+1}{4k^2+4k+1} \geqslant \dfrac{k+1}{2k+3}$ 成立，

那么 $a_{k+1} \geqslant \dfrac{k+1}{2k+3}$ 也成立，即当 $n=k+1$ 时结论也成立.

所以当 $n \in \mathbf{N}^*$ 时，都有 $a_n \geqslant \dfrac{n}{2n+1}$.

证法二：注意到 $\dfrac{n}{2n+1} < \dfrac{n}{2n} = \dfrac{1}{2}$，且数列 $\{a_n\}$ 为递增数列，一旦某一项超过 $\dfrac{1}{2}$，

那么其后的项都大于 $\dfrac{1}{2}$，所以我们只需检验前面的有限项成立即可.

当 $n=1$ 时，$a_1 = \dfrac{1}{3}$，经检验满足不等式；

当 $n=2$ 时，$a_2 = \dfrac{4}{9} > \dfrac{2}{5}$，满足不等式；

当 $n=3$ 时，$a_3 = \dfrac{40}{81} > \dfrac{3}{7}$，也满足不等式；

当 $n=4$ 时，$a_4 = \dfrac{40}{81} + \dfrac{1600}{9 \times 81^2} = \dfrac{40}{81} + \dfrac{1}{81} \times \dfrac{1600}{9 \times 81} > \dfrac{41}{81} > \dfrac{1}{2}$；

因为 $a_{n+1} > a_n$，所以当 $n \geqslant 4$ 时，都有 $a_n > \dfrac{1}{2} > \dfrac{n}{2n+1}$.

因此当 $n \in \mathbf{N}^*$ 时，都有 $a_n \geqslant \dfrac{n}{2n+1}$.

证法三：由（2）知 $a_n \leqslant \dfrac{2n-1}{2n+1} < 1$，在 $a_{n+1} = a_n + \dfrac{a_n^2}{n^2}$ 两边同除以 a_n，

得 $\dfrac{a_{n+1}}{a_n} = 1 + \dfrac{a_n}{n^2} = \dfrac{n^2 + a_n}{n^2} < \dfrac{n^2 + 1}{n^2}$，则 $\dfrac{a_n}{a_{n+1}} > \dfrac{n^2}{n^2 + 1}$，

所以 $\dfrac{1}{a_n} - \dfrac{1}{a_{n+1}} = \dfrac{1}{n^2} \cdot \dfrac{a_n}{a_{n+1}} > \dfrac{1}{n^2 + 1} > \dfrac{1}{n^2 + n} = \dfrac{1}{n} - \dfrac{1}{n+1}$，

由累差叠加，得 $\dfrac{1}{a_1} - \dfrac{1}{a_{n+1}} > 1 - \dfrac{1}{n+1} = \dfrac{n}{n+1}$，

则 $\dfrac{1}{a_{n+1}} < \dfrac{1}{a_1} - \dfrac{n}{n+1} = 3 - \dfrac{n}{n+1} = \dfrac{2n+3}{n+1}$，即 $a_{n+1} > \dfrac{n+1}{2n+3}$，

因此 $a_n \geqslant \dfrac{n}{2n+1}$ $(n \in \mathbf{N}^*)$.

证法四：由（2）知 $a_n \leqslant \dfrac{2n-1}{2n+1} < 1$，

由已知，得 $a_{n+1} = \dfrac{a_n(n^2 + a_n)}{n^2}$，

两边取倒数，得 $\dfrac{1}{a_{n+1}} = \dfrac{n^2}{a_n(a_n + n^2)} = \dfrac{1}{a_n} - \dfrac{1}{a_n + n^2}$，

所以 $\dfrac{1}{a_n} - \dfrac{1}{a_{n+1}} = \dfrac{1}{a_n + n^2} > \dfrac{1}{n^2 + 1} > \dfrac{1}{n^2 + n} = \dfrac{1}{n} - \dfrac{1}{n+1}$，

由累差叠加，得 $\dfrac{1}{a_1} - \dfrac{1}{a_{n+1}} > 1 - \dfrac{1}{n+1} = \dfrac{n}{n+1}$，

则 $\dfrac{1}{a_{n+1}} < \dfrac{1}{a_1} - \dfrac{n}{n+1} = 3 - \dfrac{n}{n+1} = \dfrac{2n+3}{n+1}$，即 $a_{n+1} > \dfrac{n+1}{2n+3}$，

因此 $a_n \geq \dfrac{n}{2n+1}$ $(n \in \mathbf{N}^*)$.

以上两例都是不含常数项的二次型数列递推的不等关系证明问题,对此类递推关系的放缩处理有两种途径:途径一,在递推关系两边同时除以 $a_n a_{n+1}$;途径二,两边直接取倒数. 两种处理途径的目标是一致的,根据题设条件将其倒数裂项累加求和,然后放缩实现证明.

例14 已知在数列 $\{a_n\}$ 中,$a_1 = \dfrac{3}{2}$,$a_{n+1} = a_n^2 - 2a_n + 2$,$n \in \mathbf{N}^*$. 求证:

(1) $1 < a_{n+1} < a_n < 2$; (2) $\dfrac{6}{2^{n-1}+3} \leq a_n \leq \dfrac{2^{n-1}+2}{2^{n-1}+1}$; (3) $n < S_n < n+2$.

【证明】 (1) 作差,得 $a_{n+1} - a_n = a_n^2 - 3a_n + 2 = (a_n - 1)(a_n - 2)$,

要证明 $a_{n+1} < a_n$,先必须证明 $1 < a_n < 2$.

证法一(数学归纳法): 当 $n = 1$ 时,$1 < a_1 = \dfrac{3}{2} < 2$,结论成立.

假设当 $n = k$ 时结论成立,即 $1 < a_k < 2$,

那么当 $n = k+1$ 时,$a_{k+1} = a_k^2 - 2a_k + 2 = (a_k - 1)^2 + 1$,

由假设 $1 < a_k < 2$,得 $0 < (a_k - 1)^2 < 1$,$1 < (a_k - 1)^2 + 1 < 2$,

则 $1 < a_{k+1} < 2$,即当 $n = k+1$ 时结论也成立.

故 $1 < a_n < 2$.

于是 $a_{n+1} - a_n = a_n^2 - 3a_n + 2 = (a_n - 1)(a_n - 2) < 0$,

因此 $1 < a_{n+1} < a_n < 2$.

证法二(作差比较法): $a_{n+1} - 1 = a_n^2 - 2a_n + 1 = (a_n - 1)^2 \geq 0$,得 $a_{n+1} \geq 1$,

因为 $a_1 = \dfrac{3}{2} > 1$,所以 $a_{n+1} > 1$.

又 $a_{n+1} - 2 = a_n^2 - 2a_n = a_n(a_n - 2)$,所以 $a_{n+1} - 2$ 与 $a_n - 2$ 同号,于是 $a_n - 2$ 与 $a_{n-1} - 2$ 同号,依此类推,$a_2 - 2$ 与 $a_1 - 2$ 同号,则 $a_n - 2$ 与 $a_1 - 2$ 同号.

因为 $a_1 - 2 = -\dfrac{1}{2} < 0$,所以 $a_n - 2 < 0$.

故 $a_{n+1}-a_n=a_n^2-3a_n+2=(a_n-1)(a_n-2)<0$.

综上,得 $1<a_{n+1}<a_n<2$.

(2) 先看不等式的左边,当 $n\geq 3$ 时, $\dfrac{6}{2^{n-1}+3}<1$,

由(1)知 $1<a_n<2$,所以我们只需检验前两项成立就可以了,

$$a_1=\dfrac{3}{2}=\dfrac{6}{3+2^{1-1}},\ a_2=\dfrac{5}{4}>\dfrac{6}{3+2^{2-1}}=\dfrac{6}{5},$$

所以 $a_n\geq \dfrac{6}{2^{n-1}+3}$ 成立;

对于不等式的右边,由 $a_{n+1}=a_n^2-2a_n+2$,得 $2-a_{n+1}=a_n(2-a_n)$,

两边取倒数,得 $\dfrac{1}{2-a_{n+1}}=\dfrac{1}{(2-a_n)a_n}=\dfrac{1}{2}\left(\dfrac{1}{2-a_n}+\dfrac{1}{a_n}\right)<\dfrac{1}{2}\left(\dfrac{1}{2-a_n}+1\right)$,

由待定系数法,得 $\dfrac{1}{2-a_{n+1}}-1<\dfrac{1}{2}\left(\dfrac{1}{2-a_n}-1\right)$,

于是 $\dfrac{1}{2-a_n}-1\leq \left(\dfrac{1}{2-a_1}-1\right)\left(\dfrac{1}{2}\right)^{n-1}=\left(\dfrac{1}{2}\right)^{n-1}$,解得 $a_n\leq \dfrac{2^{n-1}+2}{2^{n-1}+1}$.

因此 $\dfrac{6}{2^{n-1}+3}\leq a_n\leq \dfrac{2^{n-1}+2}{2^{n-1}+1}$.

(3) 由(1)知 $1<a_n<2$,得 $S_n>n$.

由(2)知 $a_n\leq \dfrac{2^{n-1}+2}{2^{n-1}+1}=1+\dfrac{1}{2^{n-1}+1}<1+\dfrac{1}{2^{n-1}}$,

于是 $S_n<n+1+\dfrac{1}{2}+\dfrac{1}{4}+\cdots+\dfrac{1}{2^{n-1}}=n+2-\dfrac{1}{2^{n-1}}<n+2$,

因此 $n<S_n<n+2$.

本例是含有常数项的二次型递推数列不等关系的证明,这里我们要注意对常数 C 的合理处理,使其在递推关系两边具有前后关联性.

三、递推模型 $a_{n+1}=Aa_n+\dfrac{B}{a_n}$ 的不等分析

例15 已知数列 $\{a_n\}$ 满足 $a_1=1$，$a_{n+1}=a_n+\dfrac{1}{a_n}$，$n\in\mathbf{N}^*$.

(1) 证明：$a_{n+1}>a_n$；

(2) 证明：$\sqrt{2n-1}\leqslant a_n\leqslant\sqrt{3n-2}$；

(3) 求正整数 k，使得 $|a_{2019}-k|$ 最小.

【解析】(1) 由 $a_1=1$，$a_{n+1}=a_n+\dfrac{1}{a_n}$，显然 $a_n>0$，

所以 $a_{n+1}-a_n=\dfrac{1}{a_n}>0$，即 $a_{n+1}>a_n$.

(2) 有根号我们应想到平方，即证明 $2n-1\leqslant a_n^2\leqslant 3n-2$. 又注意到不等式两边正好是等差数列的通项.

将 $a_{n+1}=a_n+\dfrac{1}{a_n}$ 两边平方，得 $a_{n+1}^2=\left(a_n+\dfrac{1}{a_n}\right)^2=a_n^2+2+\dfrac{1}{a_n^2}$，

则 $a_{n+1}^2-a_n^2=2+\dfrac{1}{a_n^2}>2$，

于是 $a_n^2\geqslant a_1^2+2(n-1)=2n-1$，则 $a_n\geqslant\sqrt{2n-1}$.

由（1）知 $a_{n+1}>a_n\geqslant a_1=1$，则 $a_{n+1}^2-a_n^2=2+\dfrac{1}{a_n^2}\leqslant 3$，

于是 $a_n^2\leqslant a_1^2+3(n-1)=3n-2$，则 $a_n\leqslant\sqrt{3n-2}$.

因此 $\sqrt{2n-1}\leqslant a_n\leqslant\sqrt{3n-2}$.

(3) 本小题是要我们寻找与 a_{2019} 最接近的整数.

由 $a_2=2$，$a_{n+1}^2-a_n^2=2+\dfrac{1}{a_n^2}$，

累差叠加，得 $a_{2019}^2-a_2^2=2\times 2017+\dfrac{1}{a_2^2}+\dfrac{1}{a_3^2}+\cdots+\dfrac{1}{a_{2018}^2}$，

则 $a_{2019}^2=4038+\dfrac{1}{a_2^2}+\dfrac{1}{a_3^2}+\cdots+\dfrac{1}{a_{2018}^2}>4038$.

又由（2）知 $a_n^2 \geq 2n-1$，

则 $a_{2019}^2 < 4038 + \dfrac{1}{3} + \dfrac{1}{5} + \cdots + \dfrac{1}{4035}$

$< 4038 + \dfrac{1}{2} + \left(\dfrac{1}{4} + \dfrac{1}{4}\right) + \left(\dfrac{1}{8} + \dfrac{1}{8} + \dfrac{1}{8} + \dfrac{1}{8}\right) + \cdots + \left(\dfrac{1}{2^{11}} + \dfrac{1}{2^{11}} + \cdots + \dfrac{1}{2^{11}}\right)$

$= 4038 + \dfrac{1}{2} \times 11 = 4043.5$，

则 $4038 < a_{2019}^2 < 4043.5$.

由于 $63^2 = 3969$，$64^2 = 4096$，$63.5^2 = 4032.25$，所以 $a_{2019} \subset (63.5, 64)$.

因此使得 $|a_{2019} - k|$ 最小的正整数 $k = 64$.

例 16 已知数列 $\{a_n\}$ 满足 $a_1 = 2\sqrt{2}$，$a_{n+1} = \dfrac{a_n^2 + 2}{2a_n}$，$n \in \mathbf{N}^*$. 求证：

（1）$\sqrt{2} < a_{n+1} < a_n \leq 2\sqrt{2}$； （2）$a_1 + a_2 + \cdots + a_n < \sqrt{2}\left(n + \dfrac{4}{3}\right)$.

【证明】（1）由 $a_1 = 2\sqrt{2}$，$a_{n+1} = \dfrac{a_n^2 + 2}{2a_n}$，易知 $a_n > 0$，

那么 $a_{n+1} = \dfrac{a_n^2 + 2}{2a_n} = \dfrac{1}{2}\left(a_n + \dfrac{2}{a_n}\right) \geq \dfrac{1}{2} \times 2\sqrt{2} = \sqrt{2}$，

则 $a_{n+1} - a_n = \dfrac{a_n^2 + 2}{2a_n} - a_n = \dfrac{2 - a_n^2}{2a_n} \leq 0$，

于是 $a_{n+1} \leq a_n \leq a_1 = 2\sqrt{2}$，所以 $\sqrt{2} \leq a_{n+1} \leq a_n \leq 2\sqrt{2}$.

与所要证明的结论 $\sqrt{2} < a_{n+1} < a_n \leq 2\sqrt{2}$ 对比，我们还需要去掉前面的两个等号. 证明不等的问题往往采用反证法.

假设 $a_{n+1} = \sqrt{2}$，由 $a_{n+1} = \dfrac{a_n^2 + 2}{2a_n} = \sqrt{2}$，解得 $a_n = \sqrt{2}$，同理可得 $a_{n-1} = \sqrt{2}$，依此类推，$a_1 = \sqrt{2}$，

因为 $a_1 = 2\sqrt{2} \neq \sqrt{2}$，得到矛盾，假设不成立，所以 $a_{n+1} \neq \sqrt{2}$.

则 $\sqrt{2} < a_{n+1} \leq a_n$，那么 $a_{n+1} - a_n = \dfrac{2 - a_n^2}{2a_n} < 0$.

因此 $\sqrt{2} < a_{n+1} < a_n \leq 2\sqrt{2}$.

（2）观察到不等式右边有 $\sqrt{2}n$ 的项，所以自然想到将 a_n 拆分出一个 $\sqrt{2}$，那么不等式即证明每一项剩余部分 $a_n - \sqrt{2}$ 的和小于 $\frac{4}{3}\sqrt{2}$.

由 $a_{n+1} - \sqrt{2} = \frac{a_n^2 + 2}{2a_n} - \sqrt{2} = \frac{(a_n - \sqrt{2})^2}{2a_n}$，得 $\frac{a_{n+1} - \sqrt{2}}{a_n - \sqrt{2}} = \frac{a_n - \sqrt{2}}{2a_n}$.

因为 $a_n \leq 2\sqrt{2}$，所以 $\frac{a_n - \sqrt{2}}{2a_n} = \frac{1}{2} - \frac{\sqrt{2}}{2a_n} \leq \frac{1}{2} - \frac{\sqrt{2}}{4\sqrt{2}} = \frac{1}{4}$，

即 $a_{n+1} - \sqrt{2} \leq \frac{1}{4}(a_n - \sqrt{2})$，

所以 $a_n - \sqrt{2} \leq (a_1 - \sqrt{2})\left(\frac{1}{4}\right)^{n-1} = \sqrt{2}\left(\frac{1}{4}\right)^{n-1}$，即 $a_n \leq \sqrt{2}\left(\frac{1}{4}\right)^{n-1} + \sqrt{2}$.

于是 $a_1 + a_2 + \cdots + a_n \leq \sqrt{2}n + \sqrt{2}\left(1 + \frac{1}{4} + \frac{1}{4^2} + \cdots + \frac{1}{4^{n-1}}\right)$

$= \sqrt{2}n + \frac{4\sqrt{2}}{3}\left(1 - \frac{1}{4^n}\right) < \sqrt{2}n + \frac{4\sqrt{2}}{3} = \sqrt{2}\left(n + \frac{4}{3}\right)$.

练习 5.2

1. 已知数列 $\{a_n\}$ 满足 $a_1 = 1$，$a_{n+1} = \frac{a_n + 3}{a_n + 1}$，$n \in \mathbf{N}^*$，记 $b_n = |a_n - \sqrt{3}|$. 求证：

（1）$b_n \leq \frac{(\sqrt{3} - 1)^n}{2^{n-1}}$；

（2）$b_1 + b_2 + \cdots + b_n < \frac{2\sqrt{3}}{3}$.

2. 已知数列 $\{a_n\}$ 满足 $a_1 = \frac{1}{3}$，且 $a_{n+1} = \frac{a_n + 1}{6a_n}$，$n \in \mathbf{N}^*$. 求证：

（1）$a_{2n-1} < \frac{1}{2} < a_{2n}$；

（2）$|a_2 - a_1| + |a_3 - a_2| + \cdots + |a_{n+1} - a_n| < \frac{4}{3}$.

3. 已知数列 $\{a_n\}$ 满足 $a_1 = \dfrac{1}{2}$, $a_{n+1} = a_n + \dfrac{a_n^2}{k}$, $n, k \in \mathbf{N}^*$. 求证: $a_{k+1} < 1 < a_{k+2}$.

4. 已知数列 $\{a_n\}$ 满足 $a_1 = \dfrac{1}{2}$, $a_{n+1} = a_n - a_n^2$, $n \in \mathbf{N}^*$, 记数列 $\{a_n^2\}$ 的前 n 项和为 S_n.

   求证:

   (1) $1 < \dfrac{a_n}{a_{n+1}} \leqslant 2$;

   (2) $\dfrac{1}{2(n+2)} < \dfrac{S_n}{n} \leqslant \dfrac{1}{2(n+1)}$.

5. 已知数列 $\{a_n\}$ 满足 $a_1 = 2$, $a_{n+1} = a_n^2 - a_n + 1$, $n \in \mathbf{N}^*$. 求证:

   (1) $a_{n+1} > a_n$;

   (2) 当 $n \geqslant 3$ 时, $a_{n+1} = a_n a_{n-1} \cdots a_2 a_1 + 1$;

   (3) $1 - \dfrac{1}{2^{2018}} < \dfrac{1}{a_1} + \dfrac{1}{a_2} + \cdots + \dfrac{1}{a_{2018}} < 1$.

6. 已知数列 $\{a_n\}$ 满足 $a_1 = 1$, $a_{n+1} = a_n + \dfrac{1}{a_n}$, $n \in \mathbf{N}^*$. 求证:

   (1) $2 < a_{n+1}^2 - a_n^2 \leqslant 3$;

   (2) $\dfrac{3n-1}{3n-2} \leqslant \dfrac{a_{n+1}}{a_n} \leqslant \dfrac{2n}{2n-1}$.

习题五

1. 已知数列 $\{a_n\}$ 的前 n 项和为 S_n，且 $S_n = \dfrac{3}{2}a_n - n$，$n \in \mathbf{N}^*$.

   (1) 求数列 $\{a_n\}$ 的通项公式；

   (2) 证明：$\dfrac{a_1}{a_2} + \dfrac{a_2}{a_3} + \cdots + \dfrac{a_n}{a_{n+1}} > \dfrac{n}{3} - \dfrac{1}{8}$.

2. 已知数列 $\{a_n\}$ 满足 $a_1 = 1$，$n \in \mathbf{N}^*$，且 $a_{n+1}^2 + a_n^2 = 2\left(a_{n+1}a_n + a_{n+1} - a_n - \dfrac{1}{2}\right)$.

   (1) 求数列 $\{a_n\}$ 的通项公式；

   (2) 记 $S_n = \dfrac{1}{a_1} + \dfrac{1}{a_2} + \cdots + \dfrac{1}{a_n}$，证明：$S_n^2 > 2\left(\dfrac{S_2}{2} + \dfrac{S_3}{3} + \cdots + \dfrac{S_n}{n}\right)$ $(n \geq 2)$.

3. 求证：$\dfrac{2n+1}{(n+1)\sqrt{n+1}} < 1 + \dfrac{1}{2\sqrt{2}} + \dfrac{1}{3\sqrt{3}} + \cdots + \dfrac{1}{(2n+1)\sqrt{2n+1}} < \dfrac{4+\sqrt{2}}{2}$.

4. 已知 S_n 为数列 $\{a_n\}$ 的前 n 项和，$S_n = na_n - 3n(n-1)$，$n \in \mathbf{N}^*$，且 $a_2 = 11$.

   (1) 求数列 $\{a_n\}$ 的前 n 项和 S_n；

   (2) 求证：$\sqrt{\dfrac{1}{S_1}} + \sqrt{\dfrac{2}{S_2}} + \cdots + \sqrt{\dfrac{n}{S_n}} < \dfrac{2}{3}\sqrt{3n+2}$.

5. 已知正项数列 $\{a_n\}$ 满足 $a_1 = 1$，$a_{n+1} = \dfrac{5+2a_n}{16-8a_n}$，$n \in \mathbf{N}^*$.

   (1) 证明：$a_n < \dfrac{5}{4}$；

   (2) 设 $b_n = \dfrac{5}{4} - a_n$，记 $S_n = b_1 + b_2 + \cdots + b_n$，证明：$S_n \leq \dfrac{1}{4}(2^n - 1)$.

6. 已知数列 $\{a_n\}$ 的首项 $a_1 = \dfrac{1}{2}$，$a_{n+1} = a_n^2 + a_n$，$n \in \mathbf{N}^*$. 求证：

   (1) $a_{n+1} > a_n$；

   (2) 当 $n \geq 2$ 时，$1 < \dfrac{1}{1+a_1} + \dfrac{1}{1+a_2} + \cdots + \dfrac{1}{1+a_n} < 2$.

7. 已知数列 $\{a_n\}$ 满足 $a_1=1$，$a_{n+1}=a_n+\dfrac{a_n^2}{(n+1)^2}$，$n\in \mathbf{N}^*$. 求证:

   （1）$\dfrac{a_{n+1}}{a_n}\geqslant 1+\dfrac{1}{(n+1)^2}$；

   （2）$\dfrac{2(n+1)}{n+3}\leqslant a_n\leqslant n$.

8. 已知数列 $\{a_n\}$ 满足 $a_{n+1}=a_n^2-a_n+1$，S_n 为其前 n 项和，$n\in\mathbf{N}^*$.

   （1）当 $0\leqslant a_1\leqslant 1$ 时，证明：$0\leqslant a_n\leqslant 1$；

   （2）当 $a_1>1$ 时，证明：$a_n\geqslant (a_1-1)a_1^{n-1}+1$；

   （3）当 $a_1=\dfrac{1}{2}$ 时，证明：$n-\sqrt{2n}<S_n<n$.

9. 已知数列 $\{a_n\}$ 满足 $a_1=1$，$a_{n+1}a_n-a_n^2=1$，$n\in\mathbf{N}^*$. 求证：$\dfrac{a_n}{\sqrt{n}}<\dfrac{5\sqrt{2}}{4}$.

10. 已知数列 $\{a_n\}$ 满足 $a_1=1$，$a_{n+1}=c-\dfrac{1}{a_n}$，求使不等式 $a_n<a_{n+1}<3$ 成立的 c 的取值范围.

参考解析五

练习 5.1

1.【证明】 因为 $a \geq 2$,所以 $1 + \frac{1}{2^a} + \frac{1}{3^a} + \cdots + \frac{1}{n^a} \leq 1 + \frac{1}{2^2} + \frac{1}{3^2} + \cdots + \frac{1}{n^2}$,

又当 $n \geq 2$ 时,$n^2 > n(n-1)$,则 $\frac{1}{n^2} < \frac{1}{n(n-1)} = \frac{1}{n-1} - \frac{1}{n}$,

于是 $1 + \frac{1}{2^2} + \frac{1}{3^2} + \cdots + \frac{1}{n^2} < 1 + \left(1 - \frac{1}{2}\right) + \left(\frac{1}{2} - \frac{1}{3}\right) + \cdots + \left(\frac{1}{n-1} - \frac{1}{n}\right) = 2 - \frac{1}{n} < 2$,

因此 $1 + \frac{1}{2^a} + \frac{1}{3^a} + \cdots + \frac{1}{n^a} < 2$.

2.【证明】 $\frac{1}{n^2} < \frac{1}{n^2 - \frac{1}{4}} = \frac{4}{4n^2 - 1} = \frac{4}{(2n-1)(2n+1)} = 2\left(\frac{1}{2n-1} - \frac{1}{2n+1}\right)$,

故 $1 + \frac{1}{2^2} + \frac{1}{3^2} + \cdots + \frac{1}{n^2} < 2\left[\left(1 - \frac{1}{3}\right) + \left(\frac{1}{3} - \frac{1}{5}\right) + \cdots + \left(\frac{1}{2n-1} - \frac{1}{2n+1}\right)\right] = 2\left(1 - \frac{1}{2n+1}\right) = \frac{4n}{2n+1}$.

3.【证明】 先证不等式的右边,当 $n \geq 2$ 时,

$$\frac{1}{\sqrt{3n-2}} = \frac{2}{2\sqrt{3n-2}} < \frac{2}{\sqrt{3n-2} + \sqrt{3n-5}} = \frac{2}{3}(\sqrt{3n-2} - \sqrt{3n-5}),$$

故 $\frac{1}{\sqrt{1}} + \frac{1}{\sqrt{4}} + \frac{1}{\sqrt{7}} + \cdots + \frac{1}{\sqrt{3n-2}} \leq 1 + \frac{2}{3}\left[(\sqrt{4} - \sqrt{1}) + (\sqrt{7} - \sqrt{4}) + \cdots + (\sqrt{3n-2} - \sqrt{3n-5})\right]$

$$= 1 + \frac{2}{3}(\sqrt{3n-2} - 1) = \frac{2}{3}\left(\sqrt{3n-2} + \frac{1}{2}\right);$$

不等式的左边 $\frac{1}{\sqrt{3n-2}} > \frac{2}{\sqrt{3n-2} + \sqrt{3n+1}} = \frac{2}{3}(\sqrt{3n+1} - \sqrt{3n-2})$,

故 $\frac{1}{\sqrt{1}} + \frac{1}{\sqrt{4}} + \frac{1}{\sqrt{7}} + \cdots + \frac{1}{\sqrt{3n-2}} > \frac{2}{3}\left[(\sqrt{4} - \sqrt{1}) + (\sqrt{7} - \sqrt{4}) + \cdots + (\sqrt{3n+1} - \sqrt{3n-2})\right]$

$$= \frac{2}{3}(\sqrt{3n+1} - 1).$$

综上,得 $\frac{2}{3}(\sqrt{3n+1} - 1) < \frac{1}{\sqrt{1}} + \frac{1}{\sqrt{4}} + \cdots + \frac{1}{\sqrt{3n-2}} \leq \frac{2}{3}\left(\sqrt{3n-2} + \frac{1}{2}\right)$.

4.【证明】 当 $n \geq 3$ 时,$\frac{1}{n^3} < \frac{1}{n(n^2-1)} = \frac{1}{(n-1)n(n+1)} = \frac{1}{2}\left[\frac{1}{n(n-1)} - \frac{1}{n(n+1)}\right]$,

于是 $\frac{1}{3^3} + \frac{1}{4^3} + \frac{1}{5^3} + \cdots + \frac{1}{n^3} < \frac{1}{2}\left[\left(\frac{1}{2 \times 3} - \frac{1}{3 \times 4}\right) + \left(\frac{1}{3 \times 4} - \frac{1}{4 \times 5}\right) + \cdots + \left(\frac{1}{n(n-1)} - \frac{1}{n(n+1)}\right)\right]$

$$= \frac{1}{2}\left[\frac{1}{6} - \frac{1}{n(n+1)}\right] < \frac{1}{12}.$$

5. 【证明】证法一: 当 $n \geq 2$ 时, $\frac{1}{a_n} = \frac{1}{2^n - 1} = \frac{1}{4 \cdot 2^{n-2} - 1} = \frac{1}{3 \cdot 2^{n-2} + 2^{n-2} - 1} \leq \frac{1}{3 \cdot 2^{n-2}}$,

所以 $\frac{1}{a_1} + \frac{1}{a_2} + \cdots + \frac{1}{a_n} \leq 1 + \frac{1}{3}\left(1 + \frac{1}{2} + \frac{1}{2^2} + \cdots + \frac{1}{2^{n-2}}\right) = 1 + \frac{1}{3}\left(2 - \frac{1}{2^{n-2}}\right) < \frac{5}{3}$.

证法二: 当 $n \geq 2$ 时, $\frac{1}{a_n} = \frac{1}{2^n - 1} < \frac{1}{2^n - 2} = \frac{1}{2} \cdot \frac{1}{2^{n-1} - 1} = \frac{1}{2} \cdot \frac{1}{a_{n-1}}$,

于是 $\frac{1}{a_n} < \frac{1}{2^{n-2}} \cdot \frac{1}{a_2} = \frac{1}{3} \cdot \frac{1}{2^{n-2}}$, 同理可证 $\frac{1}{a_1} + \frac{1}{a_2} + \cdots + \frac{1}{a_n} \leq 1 + \frac{1}{3}\left(2 - \frac{1}{2^{n-2}}\right) < \frac{5}{3}$.

6. 【证明】因为 $a_n = \frac{4^n}{1 + 4^n} = 1 - \frac{1}{1 + 4^n}$, 则 $a_1 + a_2 + \cdots + a_n = n - \left(\frac{1}{1+4} + \frac{1}{1+4^2} + \cdots + \frac{1}{1+4^n}\right)$,

所以只需证明 $\frac{1}{1+4} + \frac{1}{1+4^2} + \cdots + \frac{1}{1+4^n} < \frac{1}{3}$,

因为 $\frac{1}{1+4} + \frac{1}{1+4^2} + \cdots + \frac{1}{1+4^n} < \frac{1}{4} + \frac{1}{4^2} + \cdots + \frac{1}{4^n} = \frac{1}{3}\left(1 - \frac{1}{4^n}\right) < \frac{1}{3}$,

因此 $a_1 + a_2 + \cdots + a_n = n - \left(\frac{1}{1+4} + \frac{1}{1+4^2} + \cdots + \frac{1}{1+4^n}\right) > n - \frac{1}{3}$.

7. 【证明】观察到有 a_n^2 和 $2\left(a_1 + \frac{a_2}{2} + \frac{a_3}{3} + \cdots + \frac{a_n}{n}\right)$, 所以我们应该设法去构造完全平方式.

由题设知 $a_n - a_{n-1} = \frac{1}{n}$, 即 $a_n - \frac{1}{n} = a_{n-1}$, 两边平方, 得 $\left(a_n - \frac{1}{n}\right)^2 = a_{n-1}^2$,

展开移项, 得 $a_n^2 - a_{n-1}^2 = \frac{2a_n}{n} - \frac{1}{n^2}$, 于是有 $a_{n-1}^2 - a_{n-2}^2 = \frac{2a_{n-1}}{n-1} - \frac{1}{(n-1)^2}$, $\cdots$, $a_2^2 - a_1^2 = \frac{2a_2}{2} - \frac{1}{2^2}$,

累差叠加, 得 $a_n^2 - a_1^2 = 2\left(\frac{a_2}{2} + \frac{a_3}{3} + \cdots + \frac{a_n}{n}\right) - \left(\frac{1}{2^2} + \frac{1}{3^2} + \cdots + \frac{1}{n^2}\right)$,

因为 $a_1 = 1$, 所以 $a_n^2 = 2\left(a_1 + \frac{a_2}{2} + \frac{a_3}{3} + \cdots + \frac{a_n}{n}\right) - \left(1 + \frac{1}{2^2} + \frac{1}{3^2} + \cdots + \frac{1}{n^2}\right)$.

要证明原式, 只需证明 $1 + \frac{1}{2^2} + \frac{1}{3^2} + \cdots + \frac{1}{n^2} < \frac{7}{4}$.

$$1 + \frac{1}{2^2} + \frac{1}{3^2} + \cdots + \frac{1}{n^2} < 1 + \frac{1}{4} + \frac{1}{2 \times 3} + \frac{1}{3 \times 4} + \cdots + \frac{1}{n(n-1)}$$

$$= 1 + \frac{1}{4} + \left(\frac{1}{2} - \frac{1}{3}\right) + \left(\frac{1}{3} - \frac{1}{4}\right) + \cdots + \left(\frac{1}{n-1} - \frac{1}{n}\right) = \frac{7}{4} - \frac{1}{n} < \frac{7}{4},$$

因此原不等式 $a_n^2 + \frac{7}{4} > 2\left(a_1 + \frac{a_2}{2} + \frac{a_3}{3} + \cdots + \frac{a_n}{n}\right)$ 成立.

练习 5.2

1.【证明】（1）由 $a_1=1$，$a_{n+1}=\dfrac{a_n+3}{a_n+1}$，显然 $a_n>0$，

则 $a_{n+1}=\dfrac{a_n+3}{a_n+1}=1+\dfrac{2}{a_n+1}>1$，又 $a_1=1$，则 $a_n\geqslant 1$，

因为 $a_{n+1}-\sqrt{3}=\dfrac{a_n+3}{a_n+1}-\sqrt{3}=\dfrac{(1-\sqrt{3})(a_n-\sqrt{3})}{a_n+1}$，则 $b_{n+1}=\left|a_{n+1}-\sqrt{3}\right|=\dfrac{\sqrt{3}-1}{a_n+1}\cdot\left|a_n-\sqrt{3}\right|\leqslant\dfrac{\sqrt{3}-1}{2}b_n$，

因此 $b_n\leqslant b_1\left(\dfrac{\sqrt{3}-1}{2}\right)^{n-1}=\left|a_1-\sqrt{3}\right|\left(\dfrac{\sqrt{3}-1}{2}\right)^{n-1}=\dfrac{(\sqrt{3}-1)^n}{2^{n-1}}$.

（2）由（1）知 $b_n\leqslant\dfrac{(\sqrt{3}-1)^n}{2^{n-1}}=2\left(\dfrac{\sqrt{3}-1}{2}\right)^n$，

所以 $b_1+b_2+\cdots+b_n\leqslant 2\left[\dfrac{\sqrt{3}-1}{2}+\left(\dfrac{\sqrt{3}-1}{2}\right)^2+\cdots+\left(\dfrac{\sqrt{3}-1}{2}\right)^n\right]$

$=2\cdot\dfrac{\sqrt{3}-1}{3-\sqrt{3}}\left[1-\left(\dfrac{\sqrt{3}-1}{2}\right)^n\right]<\dfrac{2(\sqrt{3}-1)}{\sqrt{3}(\sqrt{3}-1)}=\dfrac{2\sqrt{3}}{3}$.

2.【证明】（1）**证法一**(数学归纳法)：由条件知，$a_n>0$.

当 $n=1$ 时，由 $a_1=\dfrac{1}{3}$，得 $a_2=\dfrac{2}{3}$，满足 $a_1<\dfrac{1}{2}<a_2$，结论成立.

假设当 $n=k$ 时，结论成立，即 $a_{2k-1}<\dfrac{1}{2}<a_{2k}$，

那么当 $n=k+1$ 时，令函数 $f(x)=\dfrac{x+1}{6x}=\dfrac{1}{6}\left(1+\dfrac{1}{x}\right)$，则 $a_{k+1}=f(a_k)$，

显然 $f(x)$ 在 $(0,+\infty)$ 上为减函数，由假设 $a_{2k-1}<\dfrac{1}{2}<a_{2k}$，

所以 $f(a_{2k-1})>f\left(\dfrac{1}{2}\right)>f(a_{2k})$，即 $a_{2k}>\dfrac{1}{2}>a_{2k+1}$，

进而 $f(a_{2k})<f\left(\dfrac{1}{2}\right)<f(a_{2k+1})$，即 $a_{2k+1}<\dfrac{1}{2}<a_{2k+2}$，

即当 $n=k+1$ 时结论也成立.

因此对一切 $n\in\mathbf{N}^*$，都有 $a_{2n-1}<\dfrac{1}{2}<a_{2n}$ 成立.

证法二(符号递推法)：$a_{n+1}-\dfrac{1}{2}=\dfrac{a_n+1}{6a_n}-\dfrac{1}{2}=\dfrac{1-2a_n}{6a_n}=-\dfrac{1}{3a_n}\left(a_n-\dfrac{1}{2}\right)$，

因为 $-\dfrac{1}{3a_n}<0$，所以 $a_{n+1}-\dfrac{1}{2}$ 与 $a_n-\dfrac{1}{2}$ 异号.

注意到 $a_1 - \frac{1}{2} < 0$,即 $a_1 < \frac{1}{2}$,则 $a_2 > \frac{1}{2}$, $a_3 < \frac{1}{2}$,依此类推,得 $a_{2n-1} < \frac{1}{2}$, $a_{2n} > \frac{1}{2}$,

因此 $a_{2n-1} < \frac{1}{2} < a_{2n}$.

证法三(求通项法):满足递推关系 $a_{n+1} = \frac{a_n + 1}{6a_n}$ 的数列,其特征方程为 $x = \frac{x+1}{6x}$,

解得 $x = \frac{1}{2}$ 或 $x = -\frac{1}{3}$,于是 $a_{n+1} - \frac{1}{2} = -\frac{1}{3a_n}\left(a_n - \frac{1}{2}\right)$, $a_{n+1} + \frac{1}{3} = \frac{1}{2a_n}\left(a_n + \frac{1}{3}\right)$,

两式相除,得 $\dfrac{a_{n+1} - \frac{1}{2}}{a_{n+1} + \frac{1}{3}} = -\frac{2}{3} \cdot \dfrac{a_n - \frac{1}{2}}{a_n + \frac{1}{3}}$,则数列 $\left\{\dfrac{a_n - \frac{1}{2}}{a_n + \frac{1}{3}}\right\}$ 是以 $-\frac{2}{3}$ 为公比,$\dfrac{a_1 - \frac{1}{2}}{a_1 + \frac{1}{3}} = -\frac{1}{4}$ 为首项的等

比数列,于是 $\dfrac{a_n - \frac{1}{2}}{a_n + \frac{1}{3}} = -\frac{1}{4}\left(-\frac{2}{3}\right)^{n-1}$,

所以当 n 为奇数时,$-\frac{1}{4}\left(-\frac{2}{3}\right)^{n-1} < 0$,则 $a_n < \frac{1}{2}$,当 n 为偶数时,$-\frac{1}{4}\left(-\frac{2}{3}\right)^{n-1} > 0$,则 $a_n > \frac{1}{2}$,

因此 $a_{2n-1} < \frac{1}{2} < a_{2n}$.

(2) $|a_{n+1} - a_n| = \left|\dfrac{a_n + 1}{6a_n} - \dfrac{a_{n-1} + 1}{6a_{n-1}}\right| = \dfrac{|a_n - a_{n-1}|}{6a_n a_{n-1}} = \dfrac{|a_n - a_{n-1}|}{a_{n-1} + 1}$,

因为 $a_{2n+1} = \dfrac{a_{2n} + 1}{6a_{2n}} = \dfrac{\frac{a_{2n-1}+1}{6a_{2n-1}} + 1}{6 \cdot \frac{a_{2n-1}+1}{6a_{2n-1}}} = \dfrac{7a_{2n-1} + 1}{6(a_{2n-1} + 1)}$,

$a_{2n+1} - a_{2n-1} = \dfrac{7a_{2n-1} + 1}{6(a_{2n-1} + 1)} - a_{2n-1} = \dfrac{-2\left(a_{2n-1} - \frac{1}{2}\right)(3a_{2n-1} + 1)}{6(a_{2n-1} + 1)}$,

由(1)知 $0 < a_{2n-1} < \frac{1}{2}$,则 $a_{2n+1} > a_{2n-1}$,那么有 $a_{2n} > \frac{1}{2} > a_{2n-1} > a_{2n-3} > \cdots > a_1$,从而可知 $a_n \geq a_1$,

故 $|a_{n+1} - a_n| = \dfrac{|a_n - a_{n-1}|}{a_{n-1} + 1} \leq \dfrac{|a_n - a_{n-1}|}{a_1 + 1} = \dfrac{3}{4}|a_n - a_{n-1}|$,于是 $|a_{n+1} - a_n| \leq |a_2 - a_1|\left(\dfrac{3}{4}\right)^{n-1} = \dfrac{1}{3}\left(\dfrac{3}{4}\right)^{n-1}$,

所以 $|a_2 - a_1| + |a_3 - a_2| + \cdots + |a_{n+1} - a_n| \leq \dfrac{1}{3}\left[1 + \dfrac{3}{4} + \left(\dfrac{3}{4}\right)^2 + \cdots + \left(\dfrac{3}{4}\right)^{n-1}\right] = \dfrac{4}{3}\left[1 - \left(\dfrac{3}{4}\right)^n\right] < \dfrac{4}{3}$.

3.【证明】 由条件 $a_{n+1} - a_n = \dfrac{a_n^2}{k} \geq 0$,所以 $a_{n+1} \geq a_n \geq a_1 = \dfrac{1}{2} > 0$.

证法一:由 $a_{n+1} = a_n + \dfrac{a_n^2}{k} = \dfrac{ka_n + a_n^2}{k} = \dfrac{a_n(k + a_n)}{k}$,得 $\dfrac{1}{a_{n+1}} = \dfrac{k}{a_n(a_n + k)} = \dfrac{1}{a_n} - \dfrac{1}{a_n + k}$,

则 $\dfrac{1}{a_n} - \dfrac{1}{a_{n+1}} = \dfrac{1}{a_n + k} < \dfrac{1}{k}$,累加,得 $\dfrac{1}{a_1} - \dfrac{1}{a_{n+1}} < \dfrac{n}{k}$.

当 $n = k$ 时，则有 $\dfrac{1}{a_1} - \dfrac{1}{a_{k+1}} < 1$，即 $2 - \dfrac{1}{a_{k+1}} < 1$，解得 $a_{k+1} < 1$．

取 $n = k+1$，由 $\dfrac{1}{2} = a_1 \leqslant a_2 \leqslant \cdots \leqslant a_{k+1} < 1$，

所以 $\dfrac{1}{a_1} - \dfrac{1}{a_{k+2}} = \dfrac{1}{a_1 + k} + \dfrac{1}{a_2 + k} + \cdots + \dfrac{1}{a_{k+1} + k} > (k+1) \cdot \dfrac{1}{1+k} = 1$，即 $2 - \dfrac{1}{a_{k+2}} > 1$，解得 $a_{k+2} > 1$．

因此 $a_{k+1} < 1 < a_{k+2}$．

证法二： 在 $a_{n+1} = a_n + \dfrac{a_n^2}{k}$ 两边同时除以 $a_n a_{n+1}$，得 $\dfrac{1}{a_n} = \dfrac{1}{a_{n+1}} + \dfrac{1}{k} \cdot \dfrac{a_n}{a_{n+1}}$，即 $\dfrac{1}{a_n} - \dfrac{1}{a_{n+1}} = \dfrac{1}{k} \cdot \dfrac{a_n}{a_{n+1}}$，

由 $\dfrac{a_n}{a_{n+1}} < 1$，得 $\dfrac{1}{a_n} - \dfrac{1}{a_{n+1}} < \dfrac{1}{k}$，累差叠加，得 $\dfrac{1}{a_1} - \dfrac{1}{a_{n+1}} < \dfrac{n}{k}$，

取 $n = k$，则 $2 - \dfrac{1}{a_{k+1}} < 1$，解得 $a_{k+1} < 1$．

在 $a_{n+1} = a_n + \dfrac{a_n^2}{k}$ 两边同时除以 a_n，得 $\dfrac{a_{n+1}}{a_n} = 1 + \dfrac{a_n}{k}$，则 $\dfrac{a_n}{a_{n+1}} = \dfrac{k}{a_n + k}$，

当 $n \leqslant k+1$ 时，得 $\dfrac{1}{2} = a_1 \leqslant a_2 \leqslant \cdots \leqslant a_{k+1} < 1$，则 $\dfrac{a_n}{a_{n+1}} = \dfrac{k}{a_n + k} > \dfrac{k}{k+1}$，

那么 $\dfrac{1}{a_n} - \dfrac{1}{a_{n+1}} = \dfrac{1}{k} \cdot \dfrac{a_n}{a_{n+1}} > \dfrac{1}{k+1}$，累差叠加，得 $\dfrac{1}{a_1} - \dfrac{1}{a_{n+1}} > \dfrac{n}{k+1}$，

取 $n = k+1$，得 $2 - \dfrac{1}{a_{k+2}} > 1$，解得 $a_{k+2} > 1$．

因此 $a_{k+1} < 1 < a_{k+2}$．

4.【证明】（1）由 $a_{n+1} - a_n = -a_n^2 \leqslant 0$，即 $a_{n+1} \leqslant a_n$，故 $a_n \leqslant \dfrac{1}{2}$．

由 $a_{n+1} = a_n - a_n^2 = a_n(1 - a_n)$，$1 - a_n > 0$，所以 a_{n+1} 与 a_n 同号，于是 a_n 与 a_{n-1} 同号，依此类推，a_2 与 a_1 同号，因为 $a_1 = \dfrac{1}{2} > 0$，所以 $a_n > 0$，故 $0 < a_n \leqslant \dfrac{1}{2}$．

又因为 $\dfrac{a_{n+1}}{a_n} = 1 - a_n$，从而 $\dfrac{a_n}{a_{n+1}} = \dfrac{1}{1 - a_n} \in (1, 2]$，即 $1 < \dfrac{a_n}{a_{n+1}} \leqslant 2$．

（2）由条件得 $a_n^2 = a_n - a_{n+1}$，累差叠加，得 $S_n = a_1 - a_{n+1}$，要确定 S_n 的范围，只需确定 a_{n+1} 的范围．

证法一： 对 $a_{n+1} = a_n - a_n^2$ 两边同时除以 $a_{n+1} a_n$，得 $\dfrac{1}{a_n} = \dfrac{1}{a_{n+1}} - \dfrac{a_n}{a_{n+1}}$，即 $\dfrac{1}{a_{n+1}} - \dfrac{1}{a_n} = \dfrac{a_n}{a_{n+1}}$．

由（1）知 $1 < \dfrac{a_n}{a_{n+1}} \leqslant 2$，$1 < \dfrac{1}{a_{n+1}} - \dfrac{1}{a_n} \leqslant 2$，

累差叠加，得 $n < \dfrac{1}{a_{n+1}} - \dfrac{1}{a_1} \leqslant 2n$，解得 $\dfrac{1}{2(n+1)} \leqslant a_{n+1} < \dfrac{1}{n+2}$．

由 $S_n = a_1 - a_{n+1}$，则 $\dfrac{n}{2(n+2)} < S_n \leqslant \dfrac{n}{2(n+1)}$，

因此 $\dfrac{1}{2(n+2)} < \dfrac{S_n}{n} \leq \dfrac{1}{2(n+1)}$.

证法二： $a_{n+1} = a_n - a_n^2 = a_n(1-a_n)$，两边取倒数，得 $\dfrac{1}{a_{n+1}} = \dfrac{1}{a_n(1-a_n)} = \dfrac{1}{a_n} + \dfrac{1}{1-a_n}$，

即 $\dfrac{1}{a_{n+1}} - \dfrac{1}{a_n} = \dfrac{1}{1-a_n} = \dfrac{a_n}{a_{n+1}}$，由（1）知 $1 < \dfrac{a_n}{a_{n+1}} \leq 2$，$1 < \dfrac{1}{a_{n+1}} - \dfrac{1}{a_n} \leq 2$，

累差叠加，得 $n < \dfrac{1}{a_{n+1}} - \dfrac{1}{a_1} \leq 2n$，解得 $\dfrac{1}{2(n+1)} \leq a_{n+1} < \dfrac{1}{n+2}$.

由 $S_n = a_1 - a_{n+1}$，则 $\dfrac{n}{2(n+2)} < S_n \leq \dfrac{n}{2(n+1)}$，

5. **【证明】**（1）**证法一(作差比较法)：** $a_{n+1} - a_n = a_n^2 - 2a_n + 1 = (a_n-1)^2 \geq 0$，

则 $a_{n+1} \geq a_n \geq a_1 = 2$，所以 $a_{n+1} - a_n = (a_n-1)^2 > 0$，即 $a_{n+1} > a_n$.

证法二(作商比较法)： $a_{n+1} = \left(a_n - \dfrac{1}{2}\right)^2 + \dfrac{3}{4} \geq \dfrac{3}{4} > 0$，

在 $a_{n+1} = a_n^2 - a_n + 1$ 两边同时除以 a_n，得 $\dfrac{a_{n+1}}{a_n} = a_n + \dfrac{1}{a_n} - 1 \geq 2 - 1 = 1$，

则 $a_{n+1} \geq a_n \geq a_1 = 2$，于是 $\dfrac{a_{n+1}}{a_n} > 1$，即 $a_{n+1} > a_n$.

（2）由 $a_{n+1} = a_n^2 - a_n + 1$，得 $a_{n+1} - 1 = a_n^2 - a_n = a_n(a_n-1)$，则 $\dfrac{a_{n+1}-1}{a_n-1} = a_n$，

由累商叠乘法，知 $\dfrac{a_{n+1}-1}{a_1-1} = a_n a_{n-1} \cdots a_2 a_1$，又 $a_1 = 2$，因此 $a_{n+1} = a_n a_{n-1} \cdots a_2 a_1 + 1$.

（3）因为 $a_{n+1} - 1 = a_n(a_n-1)$，两边取倒数，得 $\dfrac{1}{a_{n+1}-1} = \dfrac{1}{a_n-1} - \dfrac{1}{a_n}$，即 $\dfrac{1}{a_n} = \dfrac{1}{a_n-1} - \dfrac{1}{a_{n+1}-1}$，

于是 $\dfrac{1}{a_1} + \dfrac{1}{a_2} + \cdots + \dfrac{1}{a_{2018}} = \left(\dfrac{1}{a_1-1} - \dfrac{1}{a_2-1}\right) + \left(\dfrac{1}{a_2-1} - \dfrac{1}{a_3-1}\right) + \cdots + \left(\dfrac{1}{a_{2018}-1} - \dfrac{1}{a_{2019}-1}\right)$

$= \dfrac{1}{a_1-1} - \dfrac{1}{a_{2019}-1} = 1 - \dfrac{1}{a_{2019}-1}$，

由（1）知 $a_{n+1} > a_n \geq 2$，则 $\dfrac{1}{a_1} + \dfrac{1}{a_2} + \cdots + \dfrac{1}{a_{2018}} = 1 - \dfrac{1}{a_{2019}-1} < 1$，

由（2）知 $a_{2019} - 1 = a_{2018} a_{2017} \cdots a_2 a_1 > 2^{2018}$，则 $\dfrac{1}{a_1} + \dfrac{1}{a_2} + \cdots + \dfrac{1}{a_{2018}} = 1 - \dfrac{1}{a_{2019}-1} > 1 - \dfrac{1}{2^{2018}}$，

因此 $1 - \dfrac{1}{2^{2018}} < \dfrac{1}{a_1} + \dfrac{1}{a_2} + \cdots + \dfrac{1}{a_{2018}} < 1$.

6. **【证明】**（1）由条件 $a_1 = 1$，$a_{n+1} = a_n + \dfrac{1}{a_n}$，易知 $a_n > 0$，则 $a_{n+1} - a_n = \dfrac{1}{a_n} > 0$，$a_{n+1} > a_n \geq a_1 = 1$.

在 $a_{n+1} = a_n + \dfrac{1}{a_n}$ 两边平方，得 $a_{n+1}^2 = \left(a_n + \dfrac{1}{a_n}\right)^2 = a_n^2 + 2 + \dfrac{1}{a_n^2}$，则 $a_{n+1}^2 - a_n^2 = 2 + \dfrac{1}{a_n^2} > 2$.

又 $a_n \geq 1$，$a_{n+1}^2 - a_n^2 = 2 + \dfrac{1}{a_n^2} \leq 3$．因此 $2 < a_{n+1}^2 - a_n^2 \leq 3$．

(2) 在 $a_{n+1} = a_n + \dfrac{1}{a_n}$ 两边同时除以 a_n，得 $\dfrac{a_{n+1}}{a_n} = 1 + \dfrac{1}{a_n^2}$．

由（1）知 $a_{n+1}^2 - a_n^2 \leq 3$，则 $a_n^2 \leq a_1^2 + 3(n-1) = 3n - 2$，所以 $\dfrac{a_{n+1}}{a_n} = 1 + \dfrac{1}{a_n^2} \geq 1 + \dfrac{1}{3n-2} = \dfrac{3n-1}{3n-2}$；

由（1）知 $a_{n+1}^2 - a_n^2 > 2$，则 $a_n^2 \geq a_1^2 + 2(n-1) = 2n - 1$，所以 $\dfrac{a_{n+1}}{a_n} = 1 + \dfrac{1}{a_n^2} \leq 1 + \dfrac{1}{2n-1} = \dfrac{2n}{2n-1}$．

因此 $\dfrac{3n-1}{3n-2} \leq \dfrac{a_{n+1}}{a_n} \leq \dfrac{2n}{2n-1}$．

习题五

1. 【解析】(1) 由 $S_n = \dfrac{3}{2} a_n - n$，得 $S_{n-1} = \dfrac{3}{2} a_{n-1} - (n-1)$ $(n \geq 2)$，

两式相减，得 $a_n = \dfrac{3}{2} a_n - \dfrac{3}{2} a_{n-1} - 1$，整理，得 $a_n = 3 a_{n-1} + 2$，由待定系数法，知 $a_n + 1 = 3(a_{n-1} + 1)$．

又 $S_1 = a_1 = \dfrac{3}{2} a_1 - 1$，得 $a_1 = 2$，于是 $a_n + 1 = (a_1 + 1) 3^{n-1} = 3^n$，则 $a_n = 3^n - 1$．

(2) 由（1）知 $\dfrac{a_n}{a_{n+1}} = \dfrac{3^n - 1}{3^{n+1} - 1} = \dfrac{1}{3} \cdot \dfrac{3^{n+1} - 3}{3^{n+1} - 1} = \dfrac{1}{3}\left(1 - \dfrac{2}{3^{n+1} - 1}\right)$，

于是 $\dfrac{a_1}{a_2} + \dfrac{a_2}{a_3} + \cdots + \dfrac{a_n}{a_{n+1}} = \dfrac{n}{3} - \dfrac{2}{3}\left(\dfrac{1}{3^2 - 1} + \dfrac{1}{3^3 - 1} + \cdots + \dfrac{1}{3^{n+1} - 1}\right)$．

要证明 $\dfrac{a_1}{a_2} + \dfrac{a_2}{a_3} + \cdots + \dfrac{a_n}{a_{n+1}} > \dfrac{n}{3} - \dfrac{1}{8}$，只需证明 $\dfrac{2}{3}\left(\dfrac{1}{3^2 - 1} + \dfrac{1}{3^3 - 1} + \cdots + \dfrac{1}{3^{n+1} - 1}\right) < \dfrac{1}{8}$，

即证明 $\dfrac{1}{3^2 - 1} + \dfrac{1}{3^3 - 1} + \cdots + \dfrac{1}{3^{n+1} - 1} < \dfrac{3}{16}$．

由 $\dfrac{1}{3^{n+1} - 1} = \dfrac{1}{9 \cdot 3^{n-1} - 1} = \dfrac{1}{8 \cdot 3^{n-1} + 3^{n-1} - 1} \leq \dfrac{1}{8 \cdot 3^{n-1}}$，

所以 $\dfrac{1}{3^2 - 1} + \dfrac{1}{3^3 - 1} + \cdots + \dfrac{1}{3^{n+1} - 1} < \dfrac{1}{8}\left(1 + \dfrac{1}{3} + \cdots + \dfrac{1}{3^{n-1}}\right) = \dfrac{1}{8} \cdot \dfrac{3}{2}\left(1 - \dfrac{1}{3^n}\right) < \dfrac{3}{16}$，

因此 $\dfrac{a_1}{a_2} + \dfrac{a_2}{a_3} + \cdots + \dfrac{a_n}{a_{n+1}} > \dfrac{n}{3} - \dfrac{1}{8}$．

2. 【解析】(1) 由 $a_{n+1}^2 + a_n^2 = 2\left(a_{n+1} a_n + a_{n+1} - a_n - \dfrac{1}{2}\right)$，得 $a_{n+1}^2 - 2 a_{n+1} a_n + a_n^2 = 2(a_{n+1} - a_n) - 1$，

则 $(a_{n+1} - a_n)^2 - 2(a_{n+1} - a_n) + 1 = 0$，即 $(a_{n+1} - a_n - 1)^2 = 0$，则 $a_{n+1} - a_n = 1$，

所以数列 $\{a_n\}$ 是公差为 1 的等差数列，又 $a_1 = 1$，得 $a_n = n$．

(2) 由题设知当 $n \geq 2$ 时，有 $S_n - S_{n-1} = \dfrac{1}{a_n} = \dfrac{1}{n}$，则 $S_n - \dfrac{1}{n} = S_{n-1}$，

两边平方，得 $\left(S_n - \dfrac{1}{n}\right)^2 = S_{n-1}^2$，展开移项，得 $S_n^2 - S_{n-1}^2 = \dfrac{2S_n}{n} - \dfrac{1}{n^2}$，

累差叠加，得 $S_n^2 - S_1^2 = 2\left(\dfrac{S_2}{2} + \dfrac{S_3}{3} + \cdots + \dfrac{S_n}{n}\right) - \left(\dfrac{1}{2^2} + \dfrac{1}{3^2} + \cdots + \dfrac{1}{n^2}\right)$，

所以 $S_n^2 = 2\left(\dfrac{S_2}{2} + \dfrac{S_3}{3} + \cdots + \dfrac{S_n}{n}\right) + 1 - \left(\dfrac{1}{2^2} + \dfrac{1}{3^2} + \cdots + \dfrac{1}{n^2}\right)$，

所以只需证明 $1 - \left(\dfrac{1}{2^2} + \dfrac{1}{3^2} + \cdots + \dfrac{1}{n^2}\right) > 0$．

因为 $\dfrac{1}{2^2} + \dfrac{1}{3^2} + \cdots + \dfrac{1}{n^2} < \dfrac{1}{1 \times 2} + \dfrac{1}{2 \times 3} + \cdots + \dfrac{1}{(n-1)n} = 1 - \dfrac{1}{2} + \dfrac{1}{2} - \dfrac{1}{3} + \cdots + \dfrac{1}{n-1} - \dfrac{1}{n} = 1 - \dfrac{1}{n} < 1$，

所以 $1 - \left(\dfrac{1}{2^2} + \dfrac{1}{3^2} + \cdots + \dfrac{1}{n^2}\right) > 0$ 成立，

因此原不等式 $S_n^2 > 2\left(\dfrac{S_2}{2} + \dfrac{S_3}{3} + \cdots + \dfrac{S_n}{n}\right)$ 成立．

3. 【证明】先证明不等式的右边，当 $n \geq 2$ 时，

$$\dfrac{1}{n\sqrt{n}} = \dfrac{1}{\sqrt{n^2}\sqrt{n}} < \dfrac{1}{\sqrt{n^2-1}\sqrt{n}} = \dfrac{1}{\sqrt{n-1}\sqrt{n}\sqrt{n+1}}$$

$$= \dfrac{1}{\sqrt{n}} \cdot \left(\dfrac{1}{\sqrt{n-1}} - \dfrac{1}{\sqrt{n+1}}\right) \cdot \dfrac{1}{\sqrt{n+1} - \sqrt{n-1}} = \dfrac{\sqrt{n+1} + \sqrt{n-1}}{2\sqrt{n}}\left(\dfrac{1}{\sqrt{n-1}} - \dfrac{1}{\sqrt{n+1}}\right),$$

由均值不等式 $\dfrac{\sqrt{n+1} + \sqrt{n-1}}{2} < \sqrt{\dfrac{n+1+n-1}{2}} = \sqrt{n}$，

得 $\dfrac{1}{n\sqrt{n}} < \dfrac{\sqrt{n+1} + \sqrt{n-1}}{2\sqrt{n}}\left(\dfrac{1}{\sqrt{n-1}} - \dfrac{1}{\sqrt{n+1}}\right) < \dfrac{1}{\sqrt{n-1}} - \dfrac{1}{\sqrt{n+1}}$，

则 $1 + \dfrac{1}{2\sqrt{2}} + \dfrac{1}{3\sqrt{3}} + \cdots + \dfrac{1}{(2n+1)\sqrt{2n+1}} < 1 + 1 - \dfrac{1}{\sqrt{3}} + \dfrac{1}{\sqrt{2}} - \dfrac{1}{\sqrt{4}} + \dfrac{1}{\sqrt{3}} - \dfrac{1}{\sqrt{5}} + \cdots + \dfrac{1}{\sqrt{2n}} - \dfrac{1}{\sqrt{2n+2}}$

$$= 2 + \dfrac{\sqrt{2}}{2} - \dfrac{1}{\sqrt{2n+1}} - \dfrac{1}{\sqrt{2n+2}} < \dfrac{4+\sqrt{2}}{2}．$$

对于不等式的左边，所证明不等式共有 $2n+1$ 项求和，$\dfrac{2n+1}{(n+1)\sqrt{n+1}}$ 可以理解为 $2n+1$ 个 $\dfrac{1}{(n+1)\sqrt{n+1}}$ 相加，而 $\dfrac{1}{(n+1)\sqrt{n+1}}$ 正好是和式的中间项，如果我们能够证明与首尾等距的两项之和大于 $\dfrac{2}{(n+1)\sqrt{n+1}}$，那么问题就解决了．

于是 $1+\dfrac{1}{(2n+1)\sqrt{2n+1}} > \dfrac{2}{\sqrt{(2n+1)\sqrt{2n+1}}} > \dfrac{2}{\sqrt{(n+1)^2\sqrt{(n+1)^2}}} = \dfrac{2}{(n+1)\sqrt{n+1}}$，则结论成立.

一般地，令 $k=1,2,3,\cdots,2n+1$，$\dfrac{1}{k\sqrt{k}}+\dfrac{1}{(2n+2-k)\sqrt{(2n+2-k)}} \geqslant \dfrac{2}{\sqrt{k(2n+2-k)}\sqrt{k(2n+2-k)}}$.

又 $k(2n+2-k) \leqslant \left(\dfrac{k+2n+2-k}{2}\right)^2 = (n+1)^2$，于是 $\dfrac{1}{k\sqrt{k}}+\dfrac{1}{(2n+2-k)\sqrt{(2n+2-k)}} \geqslant \dfrac{2}{(n+1)\sqrt{n+1}}$，

取 $k=1,2,3,\cdots,2n+1$，累加，得 $2\left(1+\dfrac{1}{2\sqrt{2}}+\dfrac{1}{3\sqrt{3}}+\cdots+\dfrac{1}{(2n+1)\sqrt{2n+1}}\right) > \dfrac{2(2n+1)}{(n+1)\sqrt{n+1}}$，

即 $1+\dfrac{1}{2\sqrt{2}}+\dfrac{1}{3\sqrt{3}}+\cdots+\dfrac{1}{(2n+1)\sqrt{2n+1}} > \dfrac{2n+1}{(n+1)\sqrt{n+1}}$.

综上，得 $\dfrac{2n+1}{(n+1)\sqrt{n+1}} < 1+\dfrac{1}{2\sqrt{2}}+\dfrac{1}{3\sqrt{3}}+\cdots+\dfrac{1}{(2n+1)\sqrt{2n+1}} < \dfrac{4+\sqrt{2}}{2}$.

4. **【解析】**（1）**方法一**：当 $n=2$ 时，$S_2=a_1+a_2=2a_2-6$，因为 $a_2=11$，得 $a_1=5$.

由 $S_n=na_n-3n(n-1)$，得 $S_{n+1}=(n+1)a_{n+1}-3n(n+1)$，

两式相减，得 $a_{n+1}=(n+1)a_{n+1}-3n(n+1)-[na_n-3n(n-1)]=(n+1)a_{n+1}-na_n-6n$，

整理，得 $a_{n+1}-a_n=6$，所以 $\{a_n\}$ 是公差为 6 的等差数列，

因此 $a_n=a_1+6(n-1)=6n-1$，$S_n=\dfrac{(5+6n-1)n}{2}=n(3n+2)$.

方法二：当 $n=2$ 时，$S_2=a_1+a_2=2a_2-6$，因为 $a_2=11$，得 $a_1=5$.

由 $S_n=na_n-3n(n-1)$，得 $S_n=n(S_n-S_{n-1})-3n(n-1)\ (n \geqslant 2)$，

整理，得 $(n-1)S_n-nS_{n-1}=3n(n-1)$，两边同时除以 $n(n-1)$，得 $\dfrac{S_n}{n}-\dfrac{S_{n-1}}{n-1}=3$，

所以数列 $\left\{\dfrac{S_n}{n}\right\}$ 是以 $\dfrac{S_1}{1}=5$ 为首项，3 为公差的等差数列，

于是 $\dfrac{S_n}{n}=5+3(n-1)=3n+2$，即 $S_n=n(3n+2)$，又 $S_1=5$，也满足 $S_n=n(3n+2)$，

因此 $S_n=n(3n+2)\ (n\in \mathbf{N}^*)$.

（2）由（1）知 $\sqrt{\dfrac{n}{S_n}}=\dfrac{1}{\sqrt{3n+2}}=\dfrac{2}{2\sqrt{3n+2}} < \dfrac{2}{\sqrt{3n+2}+\sqrt{3n-1}}=\dfrac{2}{3}\left(\sqrt{3n+2}-\sqrt{3n-1}\right)$，

于是 $\sqrt{\dfrac{1}{S_1}}+\sqrt{\dfrac{2}{S_2}}+\cdots+\sqrt{\dfrac{n}{S_n}} < \dfrac{2}{3}\left(\sqrt{5}-\sqrt{2}+\sqrt{8}-\sqrt{5}+\cdots+\sqrt{3n+2}-\sqrt{3n-1}\right)$

$=\dfrac{2}{3}\left(\sqrt{3n+2}-\sqrt{2}\right) < \dfrac{2}{3}\sqrt{3n+2}$.

5.【证明】(1) 因为数列 $\{a_n\}$ 为正项数列,则 $a_{n+1}=\dfrac{5+2a_n}{16-8a_n}>0$,得 $16-8a_n>0$,则 $0<a_n<2$,

那么 $a_{n+1}-\dfrac{5}{4}=\dfrac{5+2a_n}{16-8a_n}-\dfrac{5}{4}=\dfrac{12a_n-15}{16-8a_n}=\dfrac{3}{4-2a_n}\left(a_n-\dfrac{5}{4}\right)$.

因为 $4-2a_n>0$,所以 $a_{n+1}-\dfrac{5}{4}$ 与 $a_n-\dfrac{5}{4}$ 同号,于是 $a_n-\dfrac{5}{4}$ 与 $a_{n-1}-\dfrac{5}{4}$ 同号,依此类推,$a_2-\dfrac{5}{4}$ 与 $a_1-\dfrac{5}{4}$ 同号,因为 $a_1-\dfrac{5}{4}=-\dfrac{1}{4}<0$,所以 $a_n-\dfrac{5}{4}<0$,即 $a_n<\dfrac{5}{4}$.

(注:本小题也可以结合构造函数 $f(x)=\dfrac{5+x}{16-8x}$ 用数学归纳法证明)

(2) 由(1)知 $b_{n+1}=\dfrac{5}{4}-a_{n+1}=\dfrac{3}{2(2-a_n)}\left(\dfrac{5}{4}-a_n\right)=\dfrac{3}{2(2-a_n)}b_n$,

因为 $a_n<\dfrac{5}{4}$,则 $\dfrac{3}{2(2-a_n)}<2$,即 $b_{n+1}<2b_n$,于是 $b_n\leq 2^{n-1}b_1=\dfrac{1}{4}\cdot 2^{n-1}$,

因此 $S_n=b_1+b_2+\cdots+b_n\leq\dfrac{1}{4}(1+2+\cdots+2^{n-1})=\dfrac{1}{4}(2^n-1)$.

6.【证明】(1) 证法一(作差比较法):由 $a_{n+1}=a_n^2+a_n$,得 $a_{n+1}-a_n=a_n^2\geq 0$,

则 $a_{n+1}\geq a_n\geq a_1=\dfrac{1}{2}>0$,所以 $a_{n+1}-a_n=a_n^2>0$,即 $a_{n+1}>a_n$.

证法二(作商比较法):由 $a_1=\dfrac{1}{2}$,$a_{n+1}=a_n^2+a_n$,易知 $a_n>0$.

在 $a_{n+1}=a_n^2+a_n$ 两边同时除以 a_n,得 $\dfrac{a_{n+1}}{a_n}=a_n+1>1$,则 $a_{n+1}>a_n$.

(2) 将 $a_{n+1}=a_n^2+a_n$ 两边取倒数,得 $\dfrac{1}{a_{n+1}}=\dfrac{1}{a_n^2+a_n}=\dfrac{1}{a_n(1+a_n)}=\dfrac{1}{a_n}-\dfrac{1}{1+a_n}$,

移项,得 $\dfrac{1}{1+a_n}=\dfrac{1}{a_n}-\dfrac{1}{a_{n+1}}$,累差叠加,得 $\dfrac{1}{1+a_1}+\dfrac{1}{1+a_2}+\cdots+\dfrac{1}{1+a_n}=\dfrac{1}{a_1}-\dfrac{1}{a_{n+1}}=2-\dfrac{1}{a_{n+1}}<2$;

因为 $a_2=\left(\dfrac{1}{2}\right)^2+\dfrac{1}{2}=\dfrac{3}{4}$,$a_3=\left(\dfrac{3}{4}\right)^2+\dfrac{3}{4}>1$,

又 $a_{n+1}>a_n$,所以当 $n\geq 2$ 时,$a_{n+1}\geq a_3>1$,则 $2-\dfrac{1}{a_{n+1}}>1$.

因此当 $n\geq 2$ 时,$1<\dfrac{1}{1+a_1}+\dfrac{1}{1+a_2}+\cdots+\dfrac{1}{1+a_n}<2$.

7.【证明】(1) $a_{n+1}-a_n=\dfrac{a_n^2}{(n+1)^2}\geq 0$,则 $a_{n+1}\geq a_n$,所以 $a_{n+1}\geq a_n\geq a_1=1$,

在 $a_{n+1}=a_n+\dfrac{a_n^2}{(n+1)^2}$ 两边同时除以 a_n,得 $\dfrac{a_{n+1}}{a_n}=1+\dfrac{a_n}{(n+1)^2}\geq 1+\dfrac{1}{(n+1)^2}$.

(2) 证法一:先用数学归纳法证明不等式的右边.

当 $n=1$ 时，因为 $a_1=1$，所以满足不等式.

假设当 $n=k$ 时，不等式成立，即 $a_k \leqslant k$，

那么当 $n=k+1$ 时，$a_{k+1}=a_k+\dfrac{a_k^2}{(k+1)^2} \leqslant k+\dfrac{k^2}{(k+1)^2}<k+1$，即当 $n=k+1$ 时不等式也成立.

所以当 $n \in \mathbf{N}^*$ 时，$a_n \leqslant n$.

（注：不等式的左边用数学归纳法证明比较复杂，这里就不建议用数学归纳法证明）

证法二： 在 $a_{n+1}=a_n+\dfrac{a_n^2}{(n+1)^2}$ 两边同时除以 $a_n a_{n+1}$，得 $\dfrac{1}{a_n}=\dfrac{1}{a_{n+1}}+\dfrac{1}{(n+1)^2}\cdot\dfrac{a_n}{a_{n+1}}$，

即 $\dfrac{1}{a_n}-\dfrac{1}{a_{n+1}}=\dfrac{1}{(n+1)^2}\cdot\dfrac{a_n}{a_{n+1}}$，由（1）知 $\dfrac{a_n}{a_{n+1}}<1$，得 $\dfrac{1}{a_n}-\dfrac{1}{a_{n+1}}<\dfrac{1}{(n+1)^2}$.

于是 $\dfrac{1}{a_n}-\dfrac{1}{a_{n+1}}<\dfrac{1}{(n+1)^2}<\dfrac{1}{n(n+1)}=\dfrac{1}{n}-\dfrac{1}{n+1}$，累差叠加，得 $\dfrac{1}{a_1}-\dfrac{1}{a_{n+1}}<1-\dfrac{1}{n+1}$.

因为 $a_1=1$，则 $a_{n+1}<n+1$，所以当 $n \in \mathbf{N}^*$ 时，$a_n \leqslant n$ 成立.

在 $a_{n+1}=a_n+\dfrac{a_n^2}{(n+1)^2}$ 两边同时除以 a_n，由 $a_n \leqslant n$，

得 $\dfrac{a_{n+1}}{a_n}=1+\dfrac{a_n}{(n+1)^2} \leqslant 1+\dfrac{n}{(n+1)^2}=\dfrac{n^2+3n+1}{(n+1)^2}$，即 $\dfrac{a_n}{a_{n+1}} \geqslant \dfrac{(n+1)^2}{n^2+3n+1}$，

于是 $\dfrac{1}{a_n}-\dfrac{1}{a_{n+1}}=\dfrac{1}{(n+1)^2}\cdot\dfrac{a_n}{a_{n+1}} \geqslant \dfrac{1}{(n+1)^2}\cdot\dfrac{(n+1)^2}{n^2+3n+1}=\dfrac{1}{n^2+3n+1}$

$$>\dfrac{1}{n^2+3n+2}=\dfrac{1}{(n+1)(n+2)}=\dfrac{1}{n+1}-\dfrac{1}{n+2},$$

累差叠加，得 $\dfrac{1}{a_1}-\dfrac{1}{a_{n+1}}>\dfrac{1}{2}-\dfrac{1}{n+2}$，整理，得 $a_{n+1}>\dfrac{2(n+2)}{n+4}$，那么 $a_n \geqslant \dfrac{2(n+1)}{n+3}$.

综上，得 $\dfrac{2(n+1)}{n+3} \leqslant a_n \leqslant n$.

证法三： 由已知得 $a_{n+1}=\dfrac{(n+1)^2 a_n+a_n^2}{(n+1)^2}=\dfrac{a_n[(n+1)^2+a_n]}{(n+1)^2}$，

两边取倒数，得 $\dfrac{1}{a_{n+1}}=\dfrac{(n+1)^2}{a_n[(n+1)^2+a_n]}=\dfrac{1}{a_n}-\dfrac{1}{a_n+(n+1)^2}$，

于是 $\dfrac{1}{a_n}-\dfrac{1}{a_{n+1}}=\dfrac{1}{a_n+(n+1)^2}<\dfrac{1}{(n+1)^2}<\dfrac{1}{n(n+1)}=\dfrac{1}{n}-\dfrac{1}{n+1}$，累差叠加，得 $\dfrac{1}{a_1}-\dfrac{1}{a_{n+1}}<1-\dfrac{1}{n+1}$，

因为 $a_1=1$，则 $a_{n+1}<n+1$，所以当 $n \in \mathbf{N}^*$ 时，$a_n \leqslant n$.

又 $\dfrac{1}{a_n}-\dfrac{1}{a_{n+1}}=\dfrac{1}{a_n+(n+1)^2} \geqslant \dfrac{1}{n+(n+1)^2}=\dfrac{1}{n^2+3n+1}>\dfrac{1}{n^2+3n+2}=\dfrac{1}{(n+1)(n+2)}=\dfrac{1}{n+1}-\dfrac{1}{n+2}$，

累差叠加，得 $\dfrac{1}{a_1} - \dfrac{1}{a_{n+1}} > \dfrac{1}{2} - \dfrac{1}{n+2}$，整理，得 $a_{n+1} > \dfrac{2(n+2)}{n+4}$，则 $a_n \geq \dfrac{2(n+1)}{n+3}$.

综上，得 $\dfrac{2(n+1)}{n+3} \leq a_n \leq n$.

8. **【证明】** (1) **证法一**(数学归纳法)：当 $n = 1$ 时，结论显然成立.

假设当 $n = k$ 时，$0 \leq a_k \leq 1$，

那么当 $n = k+1$ 时，$a_{k+1} = a_k^2 - a_k + 1 = \left(a_k - \dfrac{1}{2}\right)^2 + \dfrac{3}{4}$，

由假设知 $0 \leq a_k \leq 1$，得 $\dfrac{3}{4} \leq a_{k+1} \leq 1$，则 $0 \leq a_{k+1} \leq 1$ 成立.

所以当 $0 \leq a_1 \leq 1$ 时，恒有 $0 \leq a_n \leq 1$ 成立.

证法二(作差比较法)：因为 $a_{n+1} = a_n^2 - a_n + 1 = \left(a_n - \dfrac{1}{2}\right)^2 + \dfrac{3}{4} > 0$，又 $a_1 \geq 0$，所以 $a_n \geq 0$；

由 $a_{n+1} - 1 = a_n^2 - a_n = a_n(a_n - 1)$，则 $a_{n+1} - 1$ 与 $a_n - 1$ 同号，于是 $a_n - 1$ 与 $a_{n-1} - 1$ 同号，依此类推，$a_2 - 1$ 与 $a_1 - 1$ 同号，因为 $a_1 \leq 1$，所以 $a_n - 1 \leq 0$.

因此 $0 \leq a_n \leq 1$.

(2) $a_{n+1} - a_n = a_n^2 - 2a_n + 1 = (a_n - 1)^2 \geq 0$，即 $a_{n+1} \geq a_n \geq a_1 > 1$，

（注：不等式即证明 $a_n - 1 \geq (a_1 - 1)a_1^{n-1}$，所以想到在递推关系两边同时减1）

由 $a_{n+1} - 1 = a_n^2 - a_n = a_n(a_n - 1) \geq a_1(a_n - 1)$，于是 $a_n - 1 \geq a_1^{n-1}(a_1 - 1)$，因此 $a_n \geq (a_1 - 1)a_1^{n-1} + 1$.

(3) 当 $a_1 = \dfrac{1}{2}$ 时，由（1）知 $0 \leq a_n \leq 1$，故 $S_n < n$，即不等式的右边成立.

对于不等式的左边，令 $b_n = a_n - 1$，则 $S_n = a_1 + a_2 + \cdots + a_n = b_1 + b_2 + \cdots + b_n + n$，

要证明 $S_n > n - \sqrt{2n}$，只需证明 $b_1 + b_2 + \cdots + b_n > -\sqrt{2n}$.

因为 $a_{n+1} - 1 = a_n(a_n - 1)$，则 $b_{n+1} = b_n^2 + b_n$，即 $b_n^2 = b_{n+1} - b_n$，

且由（1）（2）知 $b_n < b_{n+1} < 0$，则 $b_n^2 > b_{n+1}^2$，

于是 $b_1^2 + b_2^2 + \cdots + b_n^2 = (b_2 - b_1) + (b_3 - b_2) + \cdots + (b_{n+1} - b_n) = b_{n+1} - b_1 < -b_1 = \dfrac{1}{2}$，

则 $nb_n^2 \leq b_1^2 + b_2^2 + \cdots + b_n^2 < \dfrac{1}{2}$，得 $b_n > -\dfrac{1}{\sqrt{2n}}$，则 $b_1 + b_2 + \cdots + b_n > -\left(\dfrac{1}{\sqrt{2}} + \dfrac{1}{\sqrt{4}} + \cdots + \dfrac{1}{\sqrt{2n}}\right)$，

那么只需证明 $\dfrac{1}{\sqrt{2}} + \dfrac{1}{\sqrt{4}} + \cdots + \dfrac{1}{\sqrt{2n}} < \sqrt{2n}$.

因为 $\dfrac{1}{\sqrt{2n}} = \dfrac{\sqrt{2}}{2\sqrt{n}} < \dfrac{\sqrt{2}}{\sqrt{n} + \sqrt{n-1}} = \sqrt{2}(\sqrt{n} - \sqrt{n-1})$，

故 $\dfrac{1}{\sqrt{2}}+\dfrac{1}{\sqrt{4}}+\cdots+\dfrac{1}{\sqrt{2n}}<\sqrt{2}\left(\sqrt{1}-\sqrt{0}+\sqrt{2}-\sqrt{1}+\cdots+\sqrt{n}-\sqrt{n-1}\right)=\sqrt{2n}$.

于是 $b_1+b_2+\cdots+b_n>-\left(\dfrac{1}{\sqrt{2}}+\dfrac{1}{\sqrt{4}}+\cdots+\dfrac{1}{\sqrt{2n}}\right)>-\sqrt{2n}$，所以 $S_n>n-\sqrt{2n}$.

综上，得 $n-\sqrt{2n}<S_n<n$ 成立.

9. 【证明】由 $a_{n+1}a_n-a_n^2=1$，得 $a_{n+1}=a_n+\dfrac{1}{a_n}$，又 $a_1=1$，$a_2=2$，易知 $a_n>0$，

则 $a_{n+1}-a_n=\dfrac{1}{a_n}>0$，得 $a_{n+1}>a_n$，令 $b_n=\dfrac{a_n}{\sqrt{n}}$，则 $b_2=\dfrac{a_2}{\sqrt{2}}=\sqrt{2}$.

由 $a_{n+1}^2-a_n^2=2+\dfrac{1}{a_n^2}>2$，则 $a_n^2\geqslant a_1^2+2(n-1)=2n-1$，

$\dfrac{b_{n+1}}{b_n}=\dfrac{\sqrt{n}}{\sqrt{n+1}}\left(1+\dfrac{1}{a_n^2}\right)<\dfrac{\sqrt{n}}{\sqrt{n+1}}\left(1+\dfrac{1}{2n-1}\right)=\dfrac{\sqrt{n}}{\sqrt{n+1}}\cdot\dfrac{2n}{2n-1}$

$=\sqrt{\dfrac{4n^3}{4n^3-3n+1}}<\sqrt{\dfrac{4n^3}{4n^3-4n}}=\sqrt{\dfrac{n^2}{n^2-1}}=\sqrt{\dfrac{n^2}{(n-1)(n+1)}}$.

当 $n\geqslant 2$ 时，累商叠乘，得 $\dfrac{b_{n+1}}{b_2}=\dfrac{b_{n+1}}{b_n}\cdot\dfrac{b_n}{b_{n-1}}\cdots\cdot\dfrac{b_4}{b_3}\cdot\dfrac{b_3}{b_2}$

$<\dfrac{b_3}{b_2}\sqrt{\dfrac{3^2}{2\times 4}\cdot\dfrac{4^2}{3\times 5}\cdot\dfrac{5^2}{4\times 6}\cdots\cdot\dfrac{n^2}{(n-1)(n+1)}}=\dfrac{b_3}{b_2}\sqrt{\dfrac{3n}{2(n+1)}}<\dfrac{b_3}{b_2}\sqrt{\dfrac{3}{2}}$，

所以 $b_{n+1}<\sqrt{\dfrac{3}{2}}b_3=\dfrac{a_3}{\sqrt{3}}\cdot\sqrt{\dfrac{3}{2}}=\dfrac{5}{2\sqrt{2}}=\dfrac{5\sqrt{2}}{4}$.

又 $b_1=1$，因此 $b_n<\dfrac{5\sqrt{2}}{4}$，即 $\dfrac{a_n}{\sqrt{n}}<\dfrac{5\sqrt{2}}{4}$.

10. 根据题意知，所求 c 的取值范围能推出 $a_n<a_{n+1}<3$ 成立.

【解析】首先，探寻 $a_n<a_{n+1}$ 成立的 c 的取值范围.

方法一：若 $a_n<a_{n+1}$，则 $a_n\geqslant a_1=1>0$，则 $a_{n+1}-a_n=c-\dfrac{1}{a_n}-\left(c-\dfrac{1}{a_{n-1}}\right)=\dfrac{a_n-a_{n-1}}{a_na_{n-1}}$，

则 $a_{n+1}-a_n$ 与 a_n-a_{n-1} 同号，于是 a_n-a_{n-1} 与 $a_{n-1}-a_{n-2}$ 同号，依此类推，a_3-a_2 与 a_2-a_1 同号.

所以要使 $a_n<a_{n+1}$，只需 $a_1<a_2$ 即可. 因为 $a_1=1$，$a_2=c-1$，由 $a_1<a_2$，得 $c>2$.

方法二：若 $a_n<a_{n+1}$，则 $a_n\geqslant a_1=1>0$，$a_{n+1}-a_n=c-\dfrac{1}{a_n}-a_n>0$，则 $c>\dfrac{1}{a_n}+a_n\geqslant 2$，得 $c>2$.

下面证明当 $c>2$ 时，都有 $a_n<a_{n+1}$. 我们可以用符号递推法证明，也可用数学归纳法证明.

当 $n=1$ 时，$a_1=1$，$a_2=c-1$，因为 $c>2$，所以 $a_1<a_2$ 成立.

假设当 $n=k$ 时，$a_k<a_{k+1}$，

那么当 $n=k+1$ 时，因为 $f(x)=c-\dfrac{1}{x}$ 在 $(0,+\infty)$ 上是增函数，

由假设知 $a_k<a_{k+1}$，$f(a_k)<f(a_{k+1})$，即 $c-\dfrac{1}{a_k}<c-\dfrac{1}{a_{k+1}}$，

则 $a_{k+1}<a_{k+2}$，即当 $n=k+1$ 时结论也成立.

所以对于任意的 $n\in\mathbf{N}^*$ 都有 $a_n<a_{n+1}$.

另一方面，探寻 $a_n<3$ 成立的 c 的取值范围.

满足递推关系 $a_{n+1}=c-\dfrac{1}{a_n}$ 数列的特征方程为 $x=c-\dfrac{1}{x}$，即 $c=x+\dfrac{1}{x}$.

取其中一个特征根 $\alpha=\dfrac{c+\sqrt{c^2-4}}{2}$，因为 $c>2$，所以 $\alpha>1$，

于是 $\alpha+\dfrac{1}{\alpha}=c=a_{n+1}+\dfrac{1}{a_n}>a_n+\dfrac{1}{a_n}$.

因为 $f(x)=x+\dfrac{1}{x}$ 在 $(1,+\infty)$ 上为增函数，所以 $a_n<\alpha$.

要使 $a_n<3$ 成立，只需 $\alpha\leqslant3$，即 $\dfrac{c+\sqrt{c^2-4}}{2}\leqslant3$，解得 $c\leqslant\dfrac{10}{3}$.

我们也可以从解不等式的角度来考虑，关于 a_n 的不等式 $c>a_n+\dfrac{1}{a_n}$ 的解集要能推出 $a_n<3$，即

$\left(\dfrac{c-\sqrt{c^2-4}}{2},\dfrac{c+\sqrt{c^2-4}}{2}\right)\subseteq(-\infty,3)$，只需 $\dfrac{c+\sqrt{c^2-4}}{2}\leqslant3$，解得 $c\leqslant\dfrac{10}{3}$.

因此，使不等式 $a_n<a_{n+1}<3$ 成立的 c 的取值范围是 $\left(2,\dfrac{10}{3}\right]$.

第六章 放缩的程度控制与放缩的路径判断

通过前几章的学习,相信同学们已掌握了证明数列不等式的方法,熟悉了不等式的放缩技巧,认识了几种常见的放缩模型. 本章将在此基础上学习对数列不等式放缩的程度控制与放缩的路径判断.

第一节 放缩的程度控制

在数列不等式的证明中,同学们虽然确实使用了某种方法或某个放缩策略,但还是超出了证明所给定的界限. 这就需要我们掌握数列不等式放缩的程度控制.

例1 求证: $\dfrac{1}{3-1}+\dfrac{1}{3^2-1}+\cdots+\dfrac{1}{3^n-1}<\dfrac{17}{24}$ $(n\in\mathbf{N}^*)$.

上一章我们证明了 $\dfrac{1}{3-1}+\dfrac{1}{3^2-1}+\cdots+\dfrac{1}{3^n-1}<\dfrac{3}{4}$,但 $\dfrac{3}{4}=\dfrac{18}{24}>\dfrac{17}{24}$ 超出了所给定的界限,那么我们需要对放缩的程度进行控制.

路径一:将 3^n 拆成 3 份,$\dfrac{1}{3^n-1}=\dfrac{1}{3\cdot3^{n-1}-1}=\dfrac{1}{2\cdot3^{n-1}+3^{n-1}-1}\leqslant\dfrac{1}{2\cdot3^{n-1}}$,前面尽可能多地留住一些项.

所以 $\dfrac{1}{3-1}+\dfrac{1}{3^2-1}+\cdots+\dfrac{1}{3^n-1}\leqslant\dfrac{1}{2}+\dfrac{1}{8}+\dfrac{1}{2}\left(\dfrac{1}{3^2}+\cdots+\dfrac{1}{3^{n-1}}\right)$

$=\dfrac{5}{8}+\dfrac{1}{12}\left(1-\dfrac{1}{3^{n-2}}\right)<\dfrac{5}{8}+\dfrac{1}{12}=\dfrac{17}{24}$.

路径二:改变放缩路径,将 3^n 拆成 9 份,

即 $\dfrac{1}{3^n-1} = \dfrac{1}{9 \cdot 3^{n-2}-1} = \dfrac{1}{8 \cdot 3^{n-2}+3^{n-2}-1} \leqslant \dfrac{1}{8 \cdot 3^{n-2}}(n \geqslant 2)$,

所以 $\dfrac{1}{3-1} + \dfrac{1}{3^2-1} + \cdots + \dfrac{1}{3^n-1} \leqslant \dfrac{1}{2} + \dfrac{1}{8}\left(1 + \dfrac{1}{3} + \dfrac{1}{3^2} + \cdots + \dfrac{1}{3^{n-2}}\right)$

$$= \dfrac{1}{2} + \dfrac{3}{16}\left(1 - \dfrac{1}{3^{n-1}}\right) < \dfrac{11}{16} = \dfrac{33}{48} < \dfrac{34}{48} = \dfrac{17}{24}.$$

从路径二看到,当 $n \geqslant 2$, $p > 1$ 时,可以先将 p^n 拆分为 p^2 个 p^{n-2},再拿出一个 p^{n-2} 与 -1 结合. 由于 $p^{n-2} \geqslant 1$, $p^n - 1 \geqslant p^n - p^{n-2} = (p^2-1)p^{n-2}$,则 $\dfrac{1}{p^n-1} \leqslant \dfrac{1}{(p^2-1)p^{n-2}}$.

当我们找到了一条较为合理的放缩路径后,如果放缩的结果超出了给定的界限,我们往往采取以下两种调控手段:第一,保持原来的放缩路径,前面保留若干项的原值,从其后项开始放缩;第二,调整放缩路径,控制放缩的程度,从而提高放缩的精度.

例2 求证:$1 + \dfrac{1}{\sqrt{2}} + \dfrac{1}{\sqrt{3}} + \cdots + \dfrac{1}{\sqrt{n}} < \sqrt{2}(\sqrt{2n+1} - 1) \ (n \in \mathbf{N}^*)$.

在本书第五章第一节中,我们对 $\dfrac{1}{\sqrt{n}}$ 型的放缩作了分析,可以将 $\dfrac{1}{\sqrt{n}}$ 放大为 $2(\sqrt{n} - \sqrt{n-1})$,从而可以证明 $1 + \dfrac{1}{\sqrt{2}} + \dfrac{1}{\sqrt{3}} + \cdots + \dfrac{1}{\sqrt{n}} < 2\sqrt{n}$.

本题中由于 $\sqrt{2}(\sqrt{2n+1} - 1) = \sqrt{4n+2} - \sqrt{2} = \dfrac{4n}{\sqrt{4n+2} + \sqrt{2}} < \dfrac{4n}{\sqrt{4n}} = 2\sqrt{n}$,可见上述放缩方式超过了给定的界限,我们势必要对放缩作出适当的调整,需要缩小 $\sqrt{n}$ 的放缩量.

将 $\sqrt{n}$ 放缩为 $2\sqrt{n} > \sqrt{n} + \sqrt{n - \dfrac{1}{2}}$,那么 $\dfrac{1}{\sqrt{n}} = \dfrac{2}{2\sqrt{n}} < \dfrac{2}{\sqrt{n} + \sqrt{n - \dfrac{1}{2}}} = \dfrac{2\sqrt{2}}{\sqrt{2n} + \sqrt{2n-1}} = 2\sqrt{2}(\sqrt{2n} - \sqrt{2n-1})$,但不等式右边我们是无法实现累加相消的.

可以想象对任意小于 1 的正数 k,$\dfrac{1}{\sqrt{n}} = \dfrac{2}{2\sqrt{n}} < \dfrac{2}{\sqrt{n} + \sqrt{n-k}} = \dfrac{2}{k}(\sqrt{n} - \sqrt{n-k})$,这

样的放缩，不等式右边都是无法实现累加相消的，原因在于这里的 $\sqrt{n}$ 是单边放缩，在裂项后相邻项无法重叠，导致不能相消. 因此需要寻找新的放缩路径.

我们尝试 $\sqrt{n}$ 双边放缩. $\sqrt{n-k} < \sqrt{n} < \sqrt{n+k}$，是否有 $2\sqrt{n} > \sqrt{n-k} + \sqrt{n+k}$ 成立. 根据均值不等式 $\dfrac{a+b}{2} \leqslant \sqrt{\dfrac{a^2+b^2}{2}}$，得 $\dfrac{\sqrt{n-k}+\sqrt{n+k}}{2} < \sqrt{\dfrac{n-k+n+k}{2}} = \sqrt{n}$，所以 $2\sqrt{n} > \sqrt{n-k} + \sqrt{n+k}$ 成立. 如果你对这个均值不等式不熟悉的话，我们还可以通过两边平方来进行比较. $(\sqrt{n-k}+\sqrt{n+k})^2 = 2n + 2\sqrt{n^2-k^2} < 2n + 2\sqrt{n^2} = 4n$，再两边开方，得 $\sqrt{n-k}+\sqrt{n+k} < 2\sqrt{n}$.

于是 $\dfrac{1}{\sqrt{n}} = \dfrac{2}{2\sqrt{n}} < \dfrac{2}{\sqrt{n-k}+\sqrt{n+k}} = \dfrac{1}{k}(\sqrt{n+k}-\sqrt{n-k})$. 考虑到前后项相消的问题，取 $k = \dfrac{1}{2}$，因此 $\dfrac{1}{\sqrt{n}} < \dfrac{2}{\sqrt{n+\dfrac{1}{2}}+\sqrt{n-\dfrac{1}{2}}} = \sqrt{2}(\sqrt{2n+1}-\sqrt{2n-1})$.

【证明】由均值不等式知 $\dfrac{\sqrt{n+\dfrac{1}{2}}+\sqrt{n-\dfrac{1}{2}}}{2} < \sqrt{\dfrac{n+\dfrac{1}{2}+n-\dfrac{1}{2}}{2}} = \sqrt{n}$，

得 $\dfrac{1}{\sqrt{n}} < \dfrac{2}{\sqrt{n+\dfrac{1}{2}}+\sqrt{n-\dfrac{1}{2}}} = \sqrt{2}(\sqrt{2n+1}-\sqrt{2n-1})$，

所以 $1 + \dfrac{1}{\sqrt{2}} + \dfrac{1}{\sqrt{3}} + \cdots + \dfrac{1}{\sqrt{n}}$

$< \sqrt{2}(\sqrt{3}-1+\sqrt{5}-\sqrt{3}+\cdots+\sqrt{2n+1}-\sqrt{2n-1}) = \sqrt{2}(\sqrt{2n+1}-1)$.

例3 已知数列 $\{a_n\}$，其前 n 项积为 T_n，且满足 $T_n = 1 - a_n$，$n \in \mathbf{N}^*$.

(1) 证明：数列 $\left\{\dfrac{1}{1-a_n}\right\}$ 是等差数列，并求数列 $\{a_n\}$ 的通项公式；

(2) 求证：$a_{n+1} - \dfrac{1}{2} < T_1^2 + T_2^2 + \cdots + T_n^2 < \dfrac{2}{3}a_n$.

【证明】(1) 由条件知 $T_n = a_1 a_2 \cdots a_n = 1 - a_n$，得 $T_{n+1} = a_1 a_2 \cdots a_n a_{n+1} = 1 - a_{n+1}$，

两式相除，得 $\dfrac{T_{n+1}}{T_n} = a_{n+1} = \dfrac{1-a_{n+1}}{1-a_n}$，

则 $\dfrac{1}{1-a_n} = \dfrac{a_{n+1}}{1-a_{n+1}} = \dfrac{-(1-a_{n+1})+1}{1-a_{n+1}} = -1 + \dfrac{1}{1-a_{n+1}}$,

即 $\dfrac{1}{1-a_{n+1}} - \dfrac{1}{1-a_n} = 1$，因此数列 $\left\{\dfrac{1}{1-a_n}\right\}$ 为等差数列.

又 $T_1 = a_1 = 1 - a_1$，得 $a_1 = \dfrac{1}{2}$，

于是 $\dfrac{1}{1-a_n} = \dfrac{1}{1-a_1} + n - 1 = n + 1$，解得 $a_n = \dfrac{n}{n+1}$.

（2）$T_n = 1 - a_n = \dfrac{1}{n+1}$，先证明不等式的左边.

$T_n^2 = \dfrac{1}{(n+1)^2} > \dfrac{1}{(n+1)(n+2)} = \dfrac{1}{n+1} - \dfrac{1}{n+2}$,

$T_1^2 + T_2^2 + \cdots + T_n^2 > \dfrac{1}{2} - \dfrac{1}{3} + \dfrac{1}{3} - \dfrac{1}{4} + \cdots + \dfrac{1}{n+1} - \dfrac{1}{n+2} = \dfrac{1}{2} - \dfrac{1}{n+2}$

$\qquad\qquad\qquad\qquad = 1 - \dfrac{1}{n+2} - \dfrac{1}{2} = \dfrac{n+1}{n+2} - \dfrac{1}{2} = a_{n+1} - \dfrac{1}{2}$,

即 $T_1^2 + T_2^2 + \cdots + T_n^2 > a_{n+1} - \dfrac{1}{2}$.

再证明不等式的右边.

路径一：模仿第（1）小题的放缩路径，

$T_n^2 = \dfrac{1}{(n+1)^2} < \dfrac{1}{n(n+1)} = \dfrac{1}{n} - \dfrac{1}{n+1}$,

$T_1^2 + T_2^2 + \cdots + T_n^2 < 1 - \dfrac{1}{2} + \dfrac{1}{2} - \dfrac{1}{3} + \cdots + \dfrac{1}{n} - \dfrac{1}{n+1} = 1 - \dfrac{1}{n+1} = \dfrac{n}{n+1}$,

又 $\dfrac{2}{3}a_n = \dfrac{2}{3} \cdot \dfrac{n}{n+1}$，显然 $\dfrac{n}{n+1}$ 超过了界限 $\dfrac{2}{3}a_n$，并且差距有点大，所以要对放缩路径进行调整.

路径二：$T_n^2 = \dfrac{1}{(n+1)^2} = \dfrac{1}{n^2+2n+1} < \dfrac{1}{n^2+2n} = \dfrac{1}{2}\left(\dfrac{1}{n} - \dfrac{1}{n+2}\right)$,

那么 $T_1^2 + T_2^2 + \cdots + T_n^2 < \dfrac{1}{2}\left(1 - \dfrac{1}{3} + \dfrac{1}{2} - \dfrac{1}{4} + \dfrac{1}{3} - \dfrac{1}{5} + \cdots + \dfrac{1}{n} - \dfrac{1}{n+2}\right)$

$\qquad\qquad\qquad\qquad = \dfrac{3}{4} - \dfrac{1}{2}\left(\dfrac{1}{n+1} + \dfrac{1}{n+2}\right)$,

这里我们需要考察 $\dfrac{3}{4}-\dfrac{1}{2}\left(\dfrac{1}{n+1}+\dfrac{1}{n+2}\right)$ 与 $\dfrac{2}{3}a_n$ 的大小关系,

$$\dfrac{3}{4}-\dfrac{1}{2}\left(\dfrac{1}{n+1}+\dfrac{1}{n+2}\right)-\dfrac{2}{3}a_n=\dfrac{3}{4}-\dfrac{1}{2}\left(\dfrac{1}{n+1}+\dfrac{1}{n+2}\right)-\dfrac{2}{3}\left(1-\dfrac{1}{n+1}\right)$$

$$=\dfrac{1}{12}+\dfrac{1}{6(n+1)}-\dfrac{1}{2(n+2)},$$

当 n 足够大时,事实上只要 $n\geqslant 4$,必有 $\dfrac{1}{12}+\dfrac{1}{6(n+1)}-\dfrac{1}{2(n+2)}>0$,也就是说 $\dfrac{3}{4}-\dfrac{1}{2}\left(\dfrac{1}{n+1}+\dfrac{1}{n+2}\right)$ 还是会超过 $\dfrac{2}{3}a_n$. 如果保持这样的放缩路径,尝试前面保留一项原值.

$$T_1^2+T_2^2+\cdots+T_n^2<\dfrac{1}{4}+\dfrac{1}{2}\left(\dfrac{1}{2}-\dfrac{1}{4}+\dfrac{1}{3}-\dfrac{1}{5}+\dfrac{1}{4}-\dfrac{1}{6}+\cdots+\dfrac{1}{n}-\dfrac{1}{n+2}\right)$$

$$=\dfrac{1}{4}+\dfrac{1}{2}\left(\dfrac{1}{2}+\dfrac{1}{3}-\dfrac{1}{n+1}-\dfrac{1}{n+2}\right)=\dfrac{2}{3}-\dfrac{1}{2}\left(\dfrac{1}{n+1}+\dfrac{1}{n+2}\right),$$

由 $\dfrac{2}{3}-\dfrac{1}{2}\left(\dfrac{1}{n+1}+\dfrac{1}{n+2}\right)-\dfrac{2}{3}a_n=\dfrac{2}{3}-\dfrac{1}{2}\left(\dfrac{1}{n+1}+\dfrac{1}{n+2}\right)-\dfrac{2}{3}\left(1-\dfrac{1}{n+1}\right)$

$$=\dfrac{1}{6(n+1)}-\dfrac{1}{2(n+2)}<0,$$

即 $\dfrac{2}{3}-\dfrac{1}{2}\left(\dfrac{1}{n+1}+\dfrac{1}{n+2}\right)<\dfrac{2}{3}a_n$,因此 $T_1^2+T_2^2+\cdots+T_n^2<\dfrac{2}{3}a_n$.

路径三:进一步调整放缩的量,

$$T_n^2=\dfrac{1}{(n+1)^2}<\dfrac{1}{(n+1)^2-\dfrac{1}{4}}=\dfrac{4}{(2n+1)(2n+3)}=2\left(\dfrac{1}{2n+1}-\dfrac{1}{2n+3}\right),$$

那么 $T_1^2+T_2^2+\cdots+T_n^2<2\left(\dfrac{1}{3}-\dfrac{1}{5}+\dfrac{1}{5}-\dfrac{1}{7}+\cdots+\dfrac{1}{2n+1}-\dfrac{1}{2n+3}\right)$

$$=2\left(\dfrac{1}{3}-\dfrac{1}{2n+3}\right)<2\left(\dfrac{1}{3}-\dfrac{1}{3n+3}\right)=\dfrac{2}{3}a_n.$$

以上三条路径都是对 $(n+1)^2$ 进行减项缩小,从而使 $\dfrac{1}{(n+1)^2}$ 放大. 路径一, $(n+1)^2-(n+1)$ 明显放缩幅度过大;路径二, $(n+1)^2-1$,放缩后还是会超出给定的界限,我们采取了保留第一项不放缩,从而得到证明;路径三,进一步缩小放缩的量 $(n+1)^2 - \dfrac{1}{4}$.

例 4 已知数列 $\{a_n\}$ 满足 $a_1 = 1$,$a_{n+1} = \dfrac{a_n}{1+a_n^2}$,$n \in \mathbf{N}^*$,$S_n$ 为数列 $\{a_n\}$ 的前 n 项和. 求证:

(1) $\dfrac{2}{n+2} \leqslant a_n \leqslant 1$; (2) $\sqrt{2n+1} - 1 < S_n \leqslant \sqrt{2n-1}$.

【证明】(1) **证法一(数学归纳法)**: 当 $n=1$ 时,结论显然成立;

当 $n=2$ 时,$a_2 = \dfrac{1}{2}$,经检验结论也成立.

假设当 $n=k\,(k \geqslant 2)$ 时,$\dfrac{2}{k+2} \leqslant a_k \leqslant 1$,

那么当 $n=k+1$ 时,$a_{k+1} = \dfrac{a_k}{1+a_k^2} = \dfrac{1}{\dfrac{1}{a_k}+a_k}$,

令 $f(x) = x + \dfrac{1}{x}$,$f(x)$ 在 $(0,1)$ 上为减函数,

由假设 $\dfrac{2}{k+2} \leqslant a_k \leqslant 1$,得 $f(1) \leqslant f(a_k) \leqslant f\left(\dfrac{2}{k+2}\right)$,

即 $2 \leqslant f(a_k) \leqslant \dfrac{2}{k+2} + \dfrac{k+2}{2} = \dfrac{k^2+4k+8}{2(k+2)}$,

则 $a_{k+1} = \dfrac{1}{f(a_k)} \leqslant \dfrac{1}{2} \leqslant 1$,$a_{k+1} = \dfrac{1}{f(a_k)} \geqslant \dfrac{2k+4}{k^2+4k+8}$,

由 $\dfrac{2k+4}{k^2+4k+8} - \dfrac{2}{k+3} = \dfrac{(2k+4)(k+3) - 2(k^2+4k+8)}{(k^2+4k+8)(k+3)}$

$= \dfrac{2k-4}{(k^2+4k+8)(k+3)} \geqslant 0$,

所以 $a_{k+1} \geqslant \dfrac{2}{k+3}$,即 $\dfrac{2}{k+3} \leqslant a_{k+1} \leqslant 1$ 成立.

因此 $\dfrac{2}{n+2} \leqslant a_n \leqslant 1$.

证法二: 由 $a_1 = 1$, $a_{n+1} = \dfrac{a_n}{1+a_n^2}$, 显然 $a_n > 0$,

则 $a_{n+1} = \dfrac{a_n}{1+a_n^2} = \dfrac{1}{\dfrac{1}{a_n}+a_n} \leqslant \dfrac{1}{2}$, 又 $a_1 = 1$, 则 $a_n \leqslant 1$;

对 $a_{n+1} = \dfrac{a_n}{1+a_n^2}$ 两边取倒数, 得 $\dfrac{1}{a_{n+1}} = \dfrac{1}{a_n} + a_n$,

即 $\dfrac{1}{a_{n+1}} - \dfrac{1}{a_n} = a_n \leqslant \dfrac{1}{2}\,(n \geqslant 2)$, 于是 $\dfrac{1}{a_{n+1}} \leqslant \dfrac{1}{a_2} + \dfrac{1}{2}(n-1) = \dfrac{n+3}{2}$,

则 $a_{n+1} \geqslant \dfrac{2}{n+3}$, 所以 $a_n \geqslant \dfrac{2}{n+2}$.

因此 $\dfrac{2}{n+2} \leqslant a_n \leqslant 1$ 成立.

(2) 先证明不等式的左边,

对 $a_{n+1} = \dfrac{a_n}{1+a_n^2}$ 两边取倒数, 得 $\dfrac{1}{a_{n+1}} = \dfrac{1}{a_n} + a_n$, 则 $a_n = \dfrac{1}{a_{n+1}} - \dfrac{1}{a_n}$,

那么 $S_n = a_1 + a_2 + \cdots + a_n = \dfrac{1}{a_{n+1}} - \dfrac{1}{a_1} = \dfrac{1}{a_{n+1}} - 1$,

$\dfrac{1}{a_{n+1}} = \dfrac{1}{a_n} + a_n$ 两边平方, 得 $\dfrac{1}{a_{n+1}^2} = \dfrac{1}{a_n^2} + a_n^2 + 2$,

则 $\dfrac{1}{a_{n+1}^2} - \dfrac{1}{a_n^2} = a_n^2 + 2 > 2$, 于是 $\dfrac{1}{a_{n+1}^2} > \dfrac{1}{a_1^2} + 2n = 2n+1$,

即 $\dfrac{1}{a_{n+1}} > \sqrt{2n+1}$, 所以 $S_n = a_1 + a_2 + \cdots + a_n = \dfrac{1}{a_{n+1}} - 1 > \sqrt{2n+1} - 1$.

下面证明不等式的右边 $S_n \leqslant \sqrt{2n-1}$.

路径一: 如果利用第 (1) 小题的结论, $a_{n+1} \geqslant \dfrac{2}{n+3}$, 得 $\dfrac{1}{a_{n+1}} \leqslant \dfrac{n+3}{2}$, 那么 $S_n = \dfrac{1}{a_{n+1}} - 1 \leqslant \dfrac{n+1}{2}$. 然而到一定时候 ($n \geqslant 6$), 就有 $\dfrac{n+1}{2} > \sqrt{2n-1}$, 则超过了给定的界限.

路径二: 延续证明不等式左边的思路,

因为 $\dfrac{a_{n+1}}{a_n} = \dfrac{1}{1+a_n^2} < 1$，所以数列 $\{a_n\}$ 是递减数列，$a_2 = \dfrac{1}{2}$，

当 $n \geqslant 2$ 时，$\dfrac{1}{a_{n+1}^2} - \dfrac{1}{a_n^2} = a_n^2 + 2 \leqslant a_2^2 + 2 = \dfrac{9}{4}$，

于是 $\dfrac{1}{a_{n+1}^2} \leqslant \dfrac{1}{a_2^2} + \dfrac{9}{4}(n-1) = \dfrac{1}{4}(9n+7)$，$\dfrac{1}{a_{n+1}} \leqslant \dfrac{\sqrt{9n+7}}{2}$，

那么 $S_n = \dfrac{1}{a_{n+1}} - 1 \leqslant \dfrac{\sqrt{9n+7}}{2} - 1$．

然而，当 n 足够大时，必有 $\dfrac{\sqrt{9n+7}}{2} - 1 > \sqrt{2n-1}$（由于 $\dfrac{\sqrt{9}}{2} > \sqrt{2}$），也超过了证明所给定的界限．

路径三：控制放缩的程度．

将 $\dfrac{1}{a_{n+1}} = \dfrac{1}{a_n} + a_n$ 两边平方后经移项，得 $\dfrac{1}{a_{n+1}^2} - \dfrac{1}{a_n^2} = a_n^2 + 2$，

累差叠加，得 $\dfrac{1}{a_{n+1}^2} - \dfrac{1}{a_1^2} = 2n + (a_1^2 + a_2^2 + \cdots + a_n^2) > 2n + a_1^2 = 2n + 1$，

于是 $\dfrac{1}{a_{n+1}^2} > 2n + 2$，即 $\dfrac{1}{a_{n+1}} > \sqrt{2n+2}$，$a_{n+1} < \dfrac{1}{\sqrt{2n+2}}$，

那么 $a_n < \dfrac{1}{\sqrt{2n}} = \dfrac{\sqrt{2}}{2\sqrt{n}} < \dfrac{\sqrt{2}}{\sqrt{n} + \sqrt{n-1}} = \sqrt{2}(\sqrt{n} - \sqrt{n-1})$，

于是 $S_n \leqslant a_1 + \sqrt{2}\left[(\sqrt{2}-1) + (\sqrt{3}-\sqrt{2}) + \cdots + (\sqrt{n}-\sqrt{n-1})\right] = \sqrt{2n} - \sqrt{2} + 1$．

由于 $\sqrt{2n} - \sqrt{2n-1} = \dfrac{1}{\sqrt{2n}+\sqrt{2n-1}} \leqslant \dfrac{1}{\sqrt{2}+1} = \sqrt{2} - 1$，

所以 $\sqrt{2n} - \sqrt{2} + 1 \leqslant \sqrt{2n-1}$，则 $S_n \leqslant \sqrt{2n-1}$．

路径四：如果我们能证明，当 $n \geqslant 2$ 时，$a_n \leqslant \sqrt{2n-1} - \sqrt{2n-3}$，那么问题就解决了，尝试用数学归纳法证明．

当 $n = 2$ 时，$a_2 = \dfrac{1}{2} \leqslant \sqrt{3} - 1$，结论成立．

假设当 $n = k\,(k \geqslant 2)$ 时，$a_k \leqslant \sqrt{2k-1} - \sqrt{2k-3}$，

那么当 $n=k+1$ 时，$a_{k+1}=\dfrac{a_k}{1+a_k^2}=\dfrac{1}{\dfrac{1}{a_k}+a_k}$，

令 $f(x)=x+\dfrac{1}{x}$，$f(x)$ 在 $(0,1)$ 上为减函数，

则 $\dfrac{1}{a_k}+a_k \geqslant \sqrt{2k-1}-\sqrt{2k-3}+\dfrac{1}{\sqrt{2k-1}-\sqrt{2k-3}}$

$=\dfrac{\sqrt{2k-1}-\sqrt{2k-3}}{2}+\left(\dfrac{\sqrt{2k-1}-\sqrt{2k-3}}{2}+\dfrac{\sqrt{2k-1}+\sqrt{2k-3}}{2}\right)$

$=\dfrac{1}{\sqrt{2k-1}+\sqrt{2k-3}}+\sqrt{2k-1}>\dfrac{1}{\sqrt{2k+1}+\sqrt{2k-1}}+\sqrt{2k-1}$

$=\dfrac{\sqrt{2k+1}-\sqrt{2k-1}}{2}+\sqrt{2k-1}=\dfrac{\sqrt{2k+1}+\sqrt{2k-1}}{2}$，

于是 $a_{k+1}=\dfrac{1}{\dfrac{1}{a_k}+a_k}<\dfrac{2}{\sqrt{2k+1}+\sqrt{2k-1}}=\sqrt{2k+1}-\sqrt{2k-1}$，

即当 $n=k+1$ 时不等式也成立.

所以 $a_n \leqslant \sqrt{2n-1}-\sqrt{2n-3}$．

因此 $S_n=a_1+a_2+\cdots+a_n$

$\leqslant 1+\sqrt{3}-\sqrt{1}+\sqrt{5}-\sqrt{3}+\cdots+\sqrt{2n-1}-\sqrt{2n-3}=\sqrt{2n-1}$．

综上，得 $\sqrt{2n+1}-1<S_n\leqslant\sqrt{2n-1}$．

需要强调的是，我们对放缩量的调控必须要有目标意识．目标必须从要证的结论中考察，时刻关注所要求证的式子的界限与放缩结果之间的差异，并能对差异作出实时的调整．

练习 6.1

1. 求证：

(1) $\dfrac{1}{3^2}+\dfrac{1}{5^2}+\cdots+\dfrac{1}{(2n+1)^2}<\dfrac{1}{2}$ $(n\in\mathbf{N}^*)$；

（2）$\dfrac{1}{3^2}+\dfrac{1}{5^2}+\cdots+\dfrac{1}{(2n+1)^2}<\dfrac{1}{4}$ $(n\in\mathbf{N}^*)$.

2. 已知数列 $\{a_n\}$ 满足 $a_n=\dfrac{2^n}{2^n+1}+\dfrac{2^{n+1}}{2^{n+1}-1}$，其前 n 项和为 S_n，$n\in\mathbf{N}^*$. 求证：

$S_n>2n-\dfrac{1}{4}$.

3. 设各项均为正数的数列 $\{a_n\}$ 的前 n 项和为 S_n，且 $\dfrac{S_n}{a_n}=\dfrac{1}{3}n+c$，$n\in\mathbf{N}^*$.

（1）若 $a_1=2$，求数列 $\{a_n\}$ 的通项公式；

（2）在（1）的条件下，记数列 $\left\{\dfrac{1}{a_{2n-1}}\right\}$ 的前 n 项和为 T_n，求证：$T_n\geqslant\dfrac{2n}{3n+1}$.

第二节 放缩的路径判断

由于不等式有大于、小于两个方向，为此在证明时要始终把握不等式的方向，使不等关系的传递性保持一致，因此我们要对数列不等式的证明路径作出实时的方向性判断.

例5 已知数列 $\{a_n\}$ 中，$a_1 = 3$，$a_{n+1} = \frac{1}{2}a_n^2 - a_n + 2$，$n \in \mathbf{N}^*$.

（1）证明：$a_{n+1} > a_n$；

（2）证明：$a_n \geq \left(\frac{3}{2}\right)^{n-1} + 2$；

（3）设数列 $\left\{\frac{1}{a_n}\right\}$ 的前 n 项和为 S_n，求证：$1 - \left(\frac{2}{3}\right)^n \leq S_n < 1$.

【证明】（1）**证法一(作差比较法)**：由题设得 $a_{n+1} - a_n = \frac{1}{2}a_n^2 - 2a_n + 2 = \frac{1}{2}(a_n - 2)^2 \geq 0$，

所以 $a_{n+1} \geq a_n \geq a_1 = 3$，则 $a_{n+1} - a_n > 0$，即 $a_{n+1} > a_n$.

证法二(作商比较法)：$a_{n+1} = \frac{1}{2}a_n^2 - a_n + 2 = \frac{1}{2}(a_n - 1)^2 + \frac{3}{2} \geq \frac{3}{2}$，

在 $a_{n+1} = \frac{1}{2}a_n^2 - a_n + 2$ 两边同除以 a_n，

得 $\frac{a_{n+1}}{a_n} = \frac{1}{2}a_n + \frac{2}{a_n} - 1 \geq 2 - 1 = 1$，于是 $a_{n+1} \geq a_n \geq a_1 = 3$，

进而 $\frac{a_{n+1}}{a_n} = \frac{1}{2}a_n + \frac{2}{a_n} - 1 \geq \frac{3}{2} + \frac{2}{3} - 1 > 1$，即 $a_{n+1} > a_n$.

证法三(符号递推法)：$a_{n+1} = \frac{1}{2}a_n^2 - a_n + 2 = \frac{1}{2}(a_n - 1)^2 + \frac{3}{2} \geq \frac{3}{2}$，

$a_{n+1} - a_n = \frac{1}{2}a_n^2 - a_n - \frac{1}{2}a_{n-1}^2 + a_{n-1} = \frac{1}{2}(a_n^2 - a_{n-1}^2) - (a_n - a_{n-1})$

$= \frac{1}{2}(a_n - a_{n-1})(a_n + a_{n-1} - 2)$，

因为 $a_n \geq \dfrac{3}{2}$，则 $a_n + a_{n-1} - 2 \geq 1$，所以 $a_{n+1} - a_n$ 与 $a_n - a_{n-1}$ 同号，于是 $a_n - a_{n-1}$ 与 $a_{n-1} - a_{n-2}$ 同号，依此类推，$a_3 - a_2$ 与 $a_2 - a_1$ 同号.

由 $a_2 = \dfrac{1}{2}a_1^2 - a_1 + 2 = \dfrac{7}{2}$，则 $a_2 - a_1 > 0$，所以 $a_{n+1} - a_n > 0$，即 $a_{n+1} > a_n$.

（2）不等式即证明 $a_n - 2 \geq \left(\dfrac{3}{2}\right)^{n-1}$，所以应在 $a_{n+1} = \dfrac{1}{2}a_n^2 - a_n + 2$ 的两边同时减去 2，得 $a_{n+1} - 2 = \dfrac{1}{2}a_n(a_n - 2)$.

又注意到 $\left(\dfrac{3}{2}\right)^{n-1}$ 是等比数列的通项，所以在 $a_{n+1} - 2 = \dfrac{1}{2}a_n(a_n - 2)$ 两边同除以 $a_n - 2$，得 $\dfrac{a_{n+1} - 2}{a_n - 2} = \dfrac{1}{2}a_n$，

由（1）知 $a_{n+1} > a_n \geq a_1 = 3$，所以 $\dfrac{a_{n+1} - 2}{a_n - 2} \geq \dfrac{3}{2}$，

于是 $a_n - 2 \geq (a_1 - 2)\left(\dfrac{3}{2}\right)^{n-1} = \left(\dfrac{3}{2}\right)^{n-1}$，即 $a_n \geq \left(\dfrac{3}{2}\right)^{n-1} + 2$.

（3）观察结论式 $1 - \left(\dfrac{2}{3}\right)^n \leq S_n < 1$，发现 S_n 的伸缩空间只有 $1 - \left[1 - \left(\dfrac{2}{3}\right)^n\right] = \left(\dfrac{2}{3}\right)^n$，当 $n \to \infty$ 时，伸缩空间趋向于 0，所以我们不能直接利用第（2）小题的结论对各项放缩后再求和，否则会超越界限，因此考虑对数列 $\left\{\dfrac{1}{a_n}\right\}$ 直接求和，并对求和结果再放缩. 又注意到结论是倒数求和，且数列的递推关系是二次型递推，根据第五章第二节的分析，自然想到对递推式两边同时减去 2 再取倒数.

由 $a_{n+1} = \dfrac{1}{2}a_n^2 - a_n + 2$，得 $a_{n+1} - 2 = \dfrac{1}{2}a_n(a_n - 2)$，

两边取倒数，得 $\dfrac{1}{a_{n+1} - 2} = \dfrac{2}{a_n(a_n - 2)} = \dfrac{1}{a_n - 2} - \dfrac{1}{a_n}$，

移项，得 $\dfrac{1}{a_n} = \dfrac{1}{a_n - 2} - \dfrac{1}{a_{n+1} - 2}$，

累差叠加，得 $S_n = \dfrac{1}{a_1} + \dfrac{1}{a_2} + \cdots + \dfrac{1}{a_n} = \dfrac{1}{a_1 - 2} - \dfrac{1}{a_{n+1} - 2} = 1 - \dfrac{1}{a_{n+1} - 2}$，

由（1）知 $a_{n+1} > a_n \geq a_1 = 3$，则 $\dfrac{1}{a_{n+1} - 2} > 0$，所以 $S_n = 1 - \dfrac{1}{a_{n+1} - 2} < 1$，

由（2）知 $a_{n+1} \geq \left(\dfrac{3}{2}\right)^n + 2$，则 $a_{n+1} - 2 \geq \left(\dfrac{3}{2}\right)^n$，$\dfrac{1}{a_{n+1} - 2} \leq \left(\dfrac{2}{3}\right)^n$，

所以 $S_n = 1 - \dfrac{1}{a_{n+1} - 2} \geq 1 - \left(\dfrac{2}{3}\right)^n$，

综上，得 $1 - \left(\dfrac{2}{3}\right)^n \leq S_n < 1$.

例6 设数列 $\{a_n\}$ 满足 $\left|a_n - \dfrac{a_{n+1}}{2}\right| \leq 1$，$n \in \mathbf{N}^*$. 求证：$|a_n| \geq 2^{n-1}(|a_1| - 2)$.

【分析】 首先考虑数列前后两项 a_n 和 a_{n+1} 不带绝对值的等量关系，即 $a_n - \dfrac{a_{n+1}}{2} = 1$. 这是我们熟悉的形如 $a_{n+1} = Aa_n + B$ 的数列递推关系，主要有两种处理方式：第一，两边同时除以 2^n，得 $\dfrac{a_n}{2^n} - \dfrac{a_{n+1}}{2^{n+1}} = \dfrac{1}{2^n}$，再累差叠加；第二，利用待定系数法，将递推关系 $a_{n+1} = 2a_n - 2$ 转化为 $a_{n+1} - 2 = 2(a_n - 2)$.

我们再来处理 $\left|a_n - \dfrac{a_{n+1}}{2}\right| \leq 1$ 这一绝对值不等式，应该马上想到绝对值三角不等关系 $\left||a_n| - \left|\dfrac{a_{n+1}}{2}\right|\right| \leq \left|a_n - \dfrac{a_{n+1}}{2}\right| \leq |a_n| + \left|\dfrac{a_{n+1}}{2}\right|$. 这时我们面临选择，取不等式的哪一边呢？由于 $\left|a_n - \dfrac{a_{n+1}}{2}\right| \leq 1$，如果较小者小于等于1，则较大者不一定小于等于1，那么 $|a_n| + \left|\dfrac{a_{n+1}}{2}\right| \leq 1$ 不一定成立；反过来，如果较大者小于等于1，则较小者一定小于等于1，那么 $\left||a_n| - \left|\dfrac{a_{n+1}}{2}\right|\right| \leq 1$ 一定成立，所以选取 $\left||a_n| - \left|\dfrac{a_{n+1}}{2}\right|\right| \leq 1$，将外面的绝对值打开，得 $-1 \leq |a_n| - \left|\dfrac{a_{n+1}}{2}\right| \leq 1$. 此时我们又一次面临选择，注意观察所要证明式

$|a_n| \geq 2^{n-1}(|a_1|-2)$，若选取 $|a_n| - \left|\dfrac{a_{n+1}}{2}\right| \leq 1$，即 $|a_{n+1}| \geq 2|a_n|-2$，与所证明的不等式方向一致；若选取 $-1 \leq |a_n| - \left|\dfrac{a_{n+1}}{2}\right|$，即 $|a_{n+1}| \leq 2|a_n|+2$，与所证明的不等式方向相反.

【证明】证法一(累差叠加法)：因为 $\left|a_n - \dfrac{a_{n+1}}{2}\right| \leq 1$，

由绝对值不等式性质知 $\left||a_n| - \dfrac{1}{2}|a_{n+1}|\right| \leq 1$，

则 $-1 \leq |a_n| - \dfrac{1}{2}|a_{n+1}| \leq 1$，取 $|a_n| - \dfrac{1}{2}|a_{n+1}| \leq 1$，

上式两边同除以 2^n，得 $\dfrac{|a_n|}{2^n} - \dfrac{|a_{n+1}|}{2^{n+1}} \leq \dfrac{1}{2^n}$，

于是 $\dfrac{|a_{n-1}|}{2^{n-1}} - \dfrac{|a_n|}{2^n} \leq \dfrac{1}{2^{n-1}}$，…，$\dfrac{|a_1|}{2} - \dfrac{|a_2|}{2^2} \leq \dfrac{1}{2}$，

累差叠加，得 $\dfrac{|a_1|}{2} - \dfrac{|a_n|}{2^n} \leq \dfrac{1}{2^1} + \dfrac{1}{2^2} + \cdots + \dfrac{1}{2^{n-1}} = 1 - \dfrac{1}{2^{n-1}} < 1$，

即 $\dfrac{|a_n|}{2^n} > \dfrac{|a_1|}{2} - 1$，所以 $|a_n| \geq 2^{n-1}(|a_1|-2)$ 成立.

证法二(待定系数法)：因为 $\left|a_n - \dfrac{a_{n+1}}{2}\right| \leq 1$，

由绝对值不等式性质知 $\left||a_n| - \left|\dfrac{1}{2}a_{n+1}\right|\right| \leq 1$，

则 $-1 \leq |a_n| - \dfrac{1}{2}|a_{n+1}| \leq 1$，取 $|a_n| - \dfrac{1}{2}|a_{n+1}| \leq 1$，则 $|a_{n+1}| \geq 2|a_n|-2$.

由待定系数法知 $|a_{n+1}| - 2 \geq 2(|a_n|-2)$，

于是 $|a_n| - 2 \geq (|a_1|-2)2^{n-1}$，得 $|a_n| \geq 2^{n-1}(|a_1|-2) + 2 > 2^{n-1}(|a_1|-2)$，

因此 $|a_n| \geq 2^{n-1}(|a_1|-2)$ $(n \in \mathbf{N}^*)$ 成立.

例7 设数列 $\{a_n\}$ 满足 $\left|a_n - \dfrac{a_{n+1}}{2}\right| \leq 1$，若 $|a_n| \leq \left(\dfrac{3}{2}\right)^n$，$n \in \mathbf{N}^*$. 证明：$|a_n| \leq 2$.

【证明】任取 $n \in \mathbf{N}^*$，由例6知（基于证法一），对于任意的正整数 $k > n$，

$$\frac{|a_n|}{2^n} - \frac{|a_k|}{2^k} = \frac{|a_n|}{2^n} - \frac{|a_{n+1}|}{2^{n+1}} + \frac{|a_{n+1}|}{2^{n+1}} - \frac{|a_{n+2}|}{2^{n+2}} + \cdots + \frac{|a_{k-1}|}{2^{k-1}} - \frac{|a_k|}{2^k}$$

$$\leq \frac{1}{2^n} + \frac{1}{2^{n+1}} + \cdots + \frac{1}{2^{k-1}} = \frac{1}{2^{n-1}} - \frac{1}{2^{k-1}} < \frac{1}{2^{n-1}},$$

故 $|a_n| < 2^n \left(\dfrac{1}{2^{n-1}} + \dfrac{|a_k|}{2^k}\right) \leq 2^n \left[\dfrac{1}{2^{n-1}} + \dfrac{1}{2^k} \cdot \left(\dfrac{3}{2}\right)^k\right] = 2 + 2^n \cdot \left(\dfrac{3}{4}\right)^k$，

从而对于任意 $k > n$，均有 $|a_n| < 2 + 2^n \cdot \left(\dfrac{3}{4}\right)^k$，由 k 的任意性得 $|a_n| \leq 2$.

假设存在 $n_0 \in \mathbf{N}^*$，有 $|a_{n_0}| > 2$，取正整数 $k_0 > \log_{\frac{3}{4}} \dfrac{|a_{n_0}| - 2}{2^{n_0}}$，且 $k_0 > n_0$，

则 $2^{n_0} \cdot \left(\dfrac{3}{4}\right)^{k_0} + 2 < 2^{n_0} \cdot \left(\dfrac{3}{4}\right)^{\log_{\frac{3}{4}} \frac{|a_{n_0}|-2}{2^{n_0}}} + 2 = 2^{n_0} \cdot \dfrac{|a_{n_0}| - 2}{2^{n_0}} + 2 = |a_{n_0}|$，

这与 $|a_n| < 2 + 2^n \cdot \left(\dfrac{3}{4}\right)^k$ 矛盾，所以假设不成立.

综上，对于任意 $n \in \mathbf{N}^*$，均有 $|a_n| \leq 2$ 成立.

需要注意的是，对于任意的正整数 $k > n$，均有 $|a_n| < 2 + 2^n \cdot \left(\dfrac{3}{4}\right)^k$，就是对于任意给定的 n，对于任意 $k > n$ 恒成立，则 $|a_n| < \left[2 + 2^n \cdot \left(\dfrac{3}{4}\right)^k\right]_{\min}$. 当 $k \to \infty$ 时，$2^n \cdot \left(\dfrac{3}{4}\right)^k \to 0$，所以 $|a_n| \leq 2$. 其实到这里证明可以算完成了，下面是用反证法说明 $|a_n|$ 不可能大于 2. 这里还有个问题，这个 k_0 是怎么取出来的. 其实是事先令 $|a_{n_0}| > 2 + 2^{n_0} \cdot \left(\dfrac{3}{4}\right)^{k_0}$，解得 $k_0 > \log_{\frac{3}{4}} \dfrac{|a_{n_0}| - 2}{2^{n_0}}$，再逆代回去，说明一旦给定 n_0，必定存在

k_0, 使 $\left|a_{n_0}\right| > 2 + 2^{n_0} \cdot \left(\dfrac{3}{4}\right)^{k_0}$ 成立, 所以得出矛盾.

本例的证明也可以延续上例的证法二.

对于任意的正整数 $k < n$ 的自然数, 知 $|a_n| \geq 2^{n-k}(|a_k| - 2)$ $(n \in \mathbf{N}^*)$,

又 $|a_n| \leq \left(\dfrac{3}{2}\right)^n$, 则 $2^{n-k}(|a_k| - 2) \leq \left(\dfrac{3}{2}\right)^n$, 得 $|a_k| - 2 \leq \dfrac{\left(\dfrac{3}{2}\right)^n}{2^{n-k}} = 2^k \cdot \left(\dfrac{3}{4}\right)^n$. 由 n 的任意性 $|a_k| - 2 \leq 0$, 由 k 的任意性, 即 $|a_n| - 2 \leq 0$.

其实本例只要 $|a_n| \leq a^n$, 其中 $1 < a < 2$, 都有 $|a_n| \leq 2$ 成立.

例 8 已知正项数列 $\{a_n\}$ 的前 n 项和为 S_n, 且满足 $a_1 = \dfrac{1}{2}$, $n \in \mathbf{N}^*$, 当 $n \geq 2$ 时, $a_n^2 = a_{n-1}a_n + a_{n-1}$.

（1）求证: 对于任意的正整数 n, 有 $\dfrac{S_n}{n} \leq \dfrac{n}{2}$;

（2）设数列 $\left\{\dfrac{1}{a_n^2}\right\}$ 的前 n 项和为 T_n, 求证: 对于任意的实数 $M \in (0, 6)$, 总存在正整数 N, 使得当 $n > N$ 时, 有 $T_n > M$ 成立.

【分析】 不等式即证明 $S_n \leq \dfrac{n^2}{2}$, 考虑到 $\dfrac{n^2}{2}$ 正好是等差数列 $\left\{\dfrac{2n-1}{2}\right\}$ 的前 n 项和, 如果能证明 $a_n \leq \dfrac{2n-1}{2} = n - \dfrac{1}{2}$, 问题就解决了. 由于 $a_1 = \dfrac{1}{2}$, 不等式两边正好相等, 那么只需证明 $a_n - a_{n-1} \leq 1$ 即可.

【证明】（1）由 $a_n^2 = a_{n-1}a_n + a_{n-1}$, 得 $a_{n-1} = \dfrac{a_n^2}{a_n + 1}$.

由于 $a_n > 0$, 则 $a_n - a_{n-1} = a_n - \dfrac{a_n^2}{a_n + 1} = \dfrac{a_n}{a_n + 1} < 1$,

于是 $a_n \leq a_1 + n - 1 = n - \dfrac{1}{2}$,

因此 $S_n \leq \dfrac{\dfrac{1}{2} + n - \dfrac{1}{2}}{2} \times n = \dfrac{n^2}{2}$, 即 $\dfrac{S_n}{n} \leq \dfrac{n}{2}$.

(2) 首先我们要分析一下题意,通俗的理解就是不管 M 取多大,当正整数 n 取足够大时,T_n 总会超过 M. 由于 $M \in (0, 6)$,所以只要 M 比 6 小一点点,T_n 总能超过 M. 倘若 $T_n \geq 6$,不等式 $T_n > M$ 恒成立. 还有一种可能是 T_n 可以无限地接近于 6. 通过这样的分析,证明方向应该是 T_n 大于可以无限地接近于 6 的一个式子.

考虑到 T_n 是数列 $\left\{\dfrac{1}{a_n^2}\right\}$ 的前 n 项和,想到 $a_n^2 = a_{n-1}a_n + a_{n-1}$ 两边取倒数,得 $\dfrac{1}{a_n^2} = \dfrac{1}{a_{n-1}(a_n+1)}$.

由(1)知 $a_n \leq n - \dfrac{1}{2}$,

当 $n \geq 2$ 时,$\dfrac{1}{a_n^2} > \dfrac{1}{\left(n - \dfrac{3}{2}\right)\left(n + \dfrac{1}{2}\right)} = \dfrac{4}{(2n-3)(2n+1)} = \dfrac{1}{2n-3} - \dfrac{1}{2n+1}$,

于是 $T_n > \dfrac{1}{a_1^2} + \dfrac{1}{a_2^2} + \dfrac{1}{3} - \dfrac{1}{7} + \dfrac{1}{5} - \dfrac{1}{9} + \cdots + \dfrac{1}{2n-3} - \dfrac{1}{2n+1}$

$= 4 + 1 + \dfrac{1}{3} + \dfrac{1}{5} - \dfrac{1}{2n-1} - \dfrac{1}{2n+1} = 5\dfrac{8}{15} - \left(\dfrac{1}{2n-1} + \dfrac{1}{2n+1}\right)$.

这样不足以接近 6,与 6 至少还有 $\dfrac{7}{15}$ 的空间没有涉及. 同学们或许会想,多留住几项. 第一,从第三项开始 a_n 求解就比较困难了;第二,即使不考虑计算问题,这样的放缩必定会与 6 有一定的距离,我们就无法实现证明了,所以必须对放缩路径作出调整. 我们发现对 $a_{n-1} = \dfrac{a_n^2}{a_n + 1}$ 两边取倒数,也会产生 $\dfrac{1}{a_n^2}$.

两边取倒数,得 $\dfrac{1}{a_{n-1}} = \dfrac{a_n + 1}{a_n^2} = \dfrac{1}{a_n} + \dfrac{1}{a_n^2}$,即 $\dfrac{1}{a_n^2} = \dfrac{1}{a_{n-1}} - \dfrac{1}{a_n}$ $(n \geq 2)$,

累差叠加,得 $T_n = \dfrac{1}{a_1^2} + \dfrac{1}{a_1} - \dfrac{1}{a_2} + \dfrac{1}{a_2} - \dfrac{1}{a_3} + \cdots + \dfrac{1}{a_{n-1}} - \dfrac{1}{a_n} = 6 - \dfrac{1}{a_n}$.

注意,我们需要的是 T_n 大于某式,那么就要求 a_n 也大于某式,所以从第(1)小题得到的结论 $a_n \leq n - \dfrac{1}{2}$,在这里是不能引用的.

由 $a_n - a_{n-1} = a_n - \dfrac{a_n^2}{a_n+1} = \dfrac{a_n}{a_n+1} > 0$，则 $a_n > a_{n-1}$，

当 $n \geqslant 2$ 时，$a_n - a_{n-1} = \dfrac{a_n}{a_n+1} = \dfrac{1}{1+\dfrac{1}{a_n}} \geqslant \dfrac{1}{1+\dfrac{1}{a_2}} = \dfrac{1}{2}$，

于是 $a_n \geqslant a_1 + \dfrac{1}{2}(n-1) = \dfrac{n}{2}$，则 $T_n \geqslant 6 - \dfrac{2}{n}$.

对于任意给定的 $M \in (0, 6)$，只要取 $6 - \dfrac{2}{n} > M$，即 $n > \dfrac{2}{6-M}$，

所以存在 $N = \left[\dfrac{2}{6-M}\right]$（$\left[\dfrac{2}{6-M}\right]$ 表示 $\dfrac{2}{6-M}$ 的整数部分），当 $n > N$ 时，都有 $T_n > M$ 成立.

例9 已知数列 $\{a_n\}$ 满足 $a_1 = 1$，$a_{n+1} = \ln(a_n+1)$ $(n \in \mathbf{N}^*)$，设数列 $\left\{\dfrac{1}{a_n}\right\}$ 的前 n 项和为 T_n. 求证:

（1）$0 < a_n \leqslant 1$；（2）$a_{n+1} \leqslant \dfrac{3a_n}{a_n+3}$；（3）$\dfrac{n^2+5n}{6} \leqslant T_n \leqslant \dfrac{n^2+3n}{4}$.

【证明】（1）当 $n=1$ 时，由已知 $a_1=1$，结论成立.

假设当 $n=k$ 时，结论成立，即 $0 < a_k \leqslant 1$，

那么当 $n=k+1$ 时，由假设 $0 < a_k \leqslant 1$，得 $1 < a_k+1 \leqslant 2$，

则 $0 < \ln(a_k+1) \leqslant \ln 2 \leqslant 1$，由 $a_{k+1} = \ln(a_k+1)$，则 $0 < a_{k+1} \leqslant 1$，

即当 $n=k+1$ 时结论也成立.

因此 $0 < a_n \leqslant 1$ 对于任意的 $n \in \mathbf{N}^*$ 都成立.

（2）要证明 $a_{n+1} \leqslant \dfrac{3a_n}{3+a_n}$，只需证明 $\ln(a_n+1) - \dfrac{3a_n}{3+a_n} \leqslant 0$.

令 $f(x) = \ln(x+1) - \dfrac{3x}{x+3} = \ln(x+1) - 3 + \dfrac{9}{x+3}$ $(0 < x \leqslant 1)$，

（注：只需证明 $f(x) \leqslant 0$，观察到 $f(0) = 0$，如果能够证明 $f(x)$ 在 $(0, 1]$ 上单调递减，问题就解决了）

则 $f'(x) = \dfrac{1}{x+1} - \dfrac{9}{(x+3)^2} = \dfrac{x^2-3x}{(x+1)(x+3)^2} \leqslant 0$,

所以 $f(x)$ 在 $(0, 1]$ 上单调递减, 则 $f(x) \leqslant f(0) = 0$, 即 $\ln(x+1) - \dfrac{3x}{x+3} \leqslant 0$.

由 $0 < a_n \leqslant 1$, 因此 $a_{n+1} = \ln(a_n + 1) \leqslant \dfrac{3a_n}{a_n + 3}$.

(3) 由 (2) 知 $a_{n+1} \leqslant \dfrac{3a_n}{a_n+3}$, 两边取倒数, 得 $\dfrac{1}{a_{n+1}} \geqslant \dfrac{a_n+3}{3a_n} = \dfrac{1}{3} + \dfrac{1}{a_n}$,

即 $\dfrac{1}{a_{n+1}} - \dfrac{1}{a_n} \geqslant \dfrac{1}{3}$, 于是 $\dfrac{1}{a_n} \geqslant \dfrac{1}{a_1} + \dfrac{1}{3}(n-1) = \dfrac{n+2}{3}$,

则 $T_n = \dfrac{1}{a_1} + \dfrac{1}{a_2} + \dfrac{1}{a_3} + \cdots + \dfrac{1}{a_n} \geqslant \dfrac{1}{3}(3 + 4 + \cdots + n + 2)$

$= \left(1 + \dfrac{n+2}{3}\right) \cdot \dfrac{n}{2} = \dfrac{n^2+5n}{6}$.

我们把证明的过程作个梳理, $a_{n+1} \leqslant \dfrac{3a_n}{a_n+3} \Rightarrow \dfrac{1}{a_{n+1}} - \dfrac{1}{a_n} \geqslant \dfrac{1}{3} \Rightarrow \dfrac{1}{a_n} \geqslant \dfrac{n+2}{3} \Rightarrow T_n \geqslant \dfrac{n^2+5n}{6}$, 应该说证明思路还是比较清晰的. 同学们, 如果没有第 (2) 小题 $a_{n+1} \leqslant \dfrac{3a_n}{a_n+3}$ 作铺垫, 能否顺利找到证明的路径呢? 我们可以这样思考, 观察到 $\dfrac{n^2+5n}{6}$ 是等差数列的前 n 项和, 其通项为 $\dfrac{n^2+5n}{6} - \dfrac{(n-1)^2+5(n-1)}{6} = \dfrac{n+2}{3}$, 如果能证明 T_n 和式中的每一项 $\dfrac{1}{a_n}$ 均大于等于 $\dfrac{n+2}{3}$, 即 $\dfrac{1}{a_n} \geqslant \dfrac{n+2}{3}$, 问题就解决了. 又注意到这个不等式的两边当 $n=1$ 时都等于 1, 而数列 $\left\{\dfrac{n+2}{3}\right\}$ 是公差为 $\dfrac{1}{3}$ 的等差数列, 如果能证明数列 $\left\{\dfrac{1}{a_n}\right\}$ 的前后项的间隔均大于等于 $\dfrac{1}{3}$, 即 $\dfrac{1}{a_{n+1}} - \dfrac{1}{a_n} \geqslant \dfrac{1}{3}$, 那么问题也就解决了. 于是只要证明 $a_{n+1} \leqslant \dfrac{3a_n}{a_n+3}$, 从而构造函数加以证明. 大虾老师把这样的思维过程叫作反演推理. 其切入点为观察到 $\dfrac{n^2+5n}{6}$ 是一个等差数列的前 n 项和.

对于不等式的右边 $T_n \leqslant \dfrac{n^2+3n}{4}$，我们依照不等式的左边的证明，用反演推理来探寻其证明路径. 注意到 $\dfrac{n^2+3n}{4} - \dfrac{(n-1)^2+3(n-1)}{4} = \dfrac{n+1}{2}$，所以要证明 $T_n \leqslant \dfrac{n^2+3n}{4}$，如果能够证明 $\dfrac{1}{a_n} \leqslant \dfrac{n+1}{2}$，问题就解决了. 又由于不等式两边当 $n=1$ 时都等于 1，而数列 $\left\{\dfrac{n+1}{2}\right\}$ 是以公差为 $\dfrac{1}{2}$ 的等差数列，如果能证明数列 $\left\{\dfrac{1}{a_n}\right\}$ 的前后项的间隔均小于等于 $\dfrac{1}{2}$，即 $\dfrac{1}{a_{n+1}} - \dfrac{1}{a_n} \leqslant \dfrac{1}{2}$，那么问题也就解决了. 所以只需证明 $a_{n+1} \geqslant \dfrac{2a_n}{a_n+2}$，即证明 $\ln(a_n+1) \geqslant \dfrac{2a_n}{a_n+2}$.

令 $g(x) = \ln(x+1) - \dfrac{2x}{x+2} = \ln(x+1) - 2 + \dfrac{4}{x+2}$ $(0 < x \leqslant 1)$，

（注：只需证明 $g(x) \geqslant 0$，观察到 $g(0) = 0$，如果能够证明 $g(x)$ 在 $(0, 1]$ 上单调递增，问题就解决了）

则 $g'(x) = \dfrac{1}{x+1} - \dfrac{4}{(x+2)^2} = \dfrac{x^2}{(x+1)(x+2)^2} \geqslant 0$，

所以 $g(x)$ 在 $(0, 1]$ 上单调递增，则 $g(x) \geqslant g(0) = 0$，即 $\ln(x+1) - \dfrac{2x}{x+2} \geqslant 0$.

因为 $0 < a_n \leqslant 1$，所以 $a_{n+1} = \ln(a_n+1) \geqslant \dfrac{2a_n}{a_n+2}$.

对 $a_{n+1} \geqslant \dfrac{2a_n}{a_n+2}$ 两边取倒数，得 $\dfrac{1}{a_{n+1}} \leqslant \dfrac{a_n+2}{2a_n} = \dfrac{1}{2} + \dfrac{1}{a_n}$，

即 $\dfrac{1}{a_{n+1}} - \dfrac{1}{a_n} \leqslant \dfrac{1}{2}$，于是 $\dfrac{1}{a_n} \leqslant \dfrac{1}{a_1} + \dfrac{1}{2}(n-1) = \dfrac{n+1}{2}$，

因此 $T_n = \dfrac{1}{a_1} + \dfrac{1}{a_2} + \cdots + \dfrac{1}{a_n} \leqslant \dfrac{1}{2}(2+3+\cdots+n+1) \leqslant \left(1 + \dfrac{n+1}{2}\right) \cdot \dfrac{n}{2} = \dfrac{n^2+3n}{4}$.

综上，得 $\dfrac{n^2+5n}{6} \leqslant T_n \leqslant \dfrac{n^2+3n}{4}$.

同学们如果要顺利找到证明路径的切入点，必须要关注所证明结论的形式特征，将

等与不等建立联系，学会用反演推理的方法探寻证明的思路.

例10 已知数列 $\{a_n\}$ 的各项均为正数，且 $a_{n+1}=a_n+\dfrac{2}{a_n}-1$ $(n\in\mathbf{N}^*)$，前 n 项和为 S_n.

(1) 若 $\{a_n\}$ 是递增数列，求 a_1 的取值范围；

(2) 若 $a_1>2$，且对任意 $n\in\mathbf{N}^*$，都有 $S_n\geqslant na_1-\dfrac{1}{3}(n-1)$，证明：$S_n<2n+1$.

【解析】(1) 由 $\{a_n\}$ 是递增数列，则 $a_{n+1}-a_n=\dfrac{2}{a_n}-1>0$，

得 $0<a_n<2$，那么 $0<a_1<2$，$0<a_2<2$，

则 $a_2=a_1+\dfrac{2}{a_1}-1<2$，进而得 $1<a_1<2$.

下面证明当 $1<a_1<2$ 时，数列 $\{a_n\}$ 为递增数列.

先用数学归纳法证明当 $1<a_1<2$ 时，$1<a_n<2$ $(n\in\mathbf{N}^*)$ 恒成立.

当 $n=1$ 时，$1<a_1<2$，结论成立.

假设当 $n=k$ 时，$1<a_k<2$ 成立，

那么当 $n=k+1$ 时，$a_{k+1}=a_k+\dfrac{2}{a_k}-1$，

由假设 $1<a_k<2$，$2\sqrt{2}-1\leqslant a_k+\dfrac{2}{a_k}-1<2$，即 $1<a_{k+1}<2$ 也成立.

所以 $1<a_n<2$ 对任意 $n\in\mathbf{N}^*$ 恒成立，

因此 $a_{n+1}-a_n=\dfrac{2}{a_n}-1>0$，即数列 $\{a_n\}$ 为递增数列.

(2) 根据递推关系容易看出，当 $a_1>2$ 时，易知 $a_n>2$ 也成立，这个结论用数学归纳法容易证明. 于是 $a_{n+1}-a_n=\dfrac{2}{a_n}-1<0$，即数列 $\{a_n\}$ 为递减数列.

又观察到所证式的右边有 $2n$，所以要将 a_n 拆分一个 2 出来，

于是 $a_{n+1}-2=a_n-2+\dfrac{2}{a_n}-1=a_n-2+\dfrac{2-a_n}{a_n}=(a_n-2)\left(1-\dfrac{1}{a_n}\right)$，

则 $\dfrac{a_{n+1}-2}{a_n-2}=1-\dfrac{1}{a_n}\leqslant 1-\dfrac{1}{a_1}$，

那么 $a_n - 2 \leqslant (a_1 - 2)\left(1 - \dfrac{1}{a_1}\right)^{n-1}$，即 $a_n \leqslant (a_1 - 2)\left(1 - \dfrac{1}{a_1}\right)^{n-1} + 2$，

所以 $S_n \leqslant 2n + (a_1 - 2)\left[1 + \left(1 - \dfrac{1}{a_1}\right) + \cdots + \left(1 - \dfrac{1}{a_1}\right)^{n-1}\right]$

$= 2n + a_1(a_1 - 2)\left[1 - \left(1 - \dfrac{1}{a_1}\right)^n\right] < 2n + a_1(a_1 - 2)$.

要证明 $S_n < 2n + 1$，如果能证明 $a_1(a_1 - 2) \leqslant 1$，解得 $2 < a_1 \leqslant \sqrt{2} + 1$，问题就解决了，所以我们要从 $S_n \geqslant na_1 - \dfrac{1}{3}(n-1)$ 来控制 a_1 的范围在 $(2, \sqrt{2} + 1]$ 内.

令 $n = 2$，则 $S_2 = a_1 + a_2 = 2a_1 + \dfrac{2}{a_1} - 1 \geqslant 2a_1 - \dfrac{1}{3}$，解得 $a_1 \leqslant 3$，a_1 不全在区间 $(2, \sqrt{2} + 1]$ 内.

思路一： 延续上面的思路，令 $n = 3$，则 $S_3 = a_1 + a_2 + a_3 = 2a_1 + \dfrac{2}{a_1} - 1 + a_2 + \dfrac{2}{a_2} - 1$

$= 3a_1 + \dfrac{4}{a_1} - 3 + \dfrac{2}{a_2} \geqslant 3a_1 - \dfrac{2}{3}$，得 $\dfrac{4}{a_1} + \dfrac{2}{a_2} \geqslant \dfrac{7}{3}$，再将 $a_2 = a_1 + \dfrac{2}{a_1} - 1$ 代入，整理得到不等式 $7a_1^3 - 25a_1^2 + 26a_1 - 24 \leqslant 0$. 但此不等式无法解得，即使解出也未必能保证在 $(2, \sqrt{2} + 1]$ 内，还需要进一步缩小范围，故这样的做法行不通.

思路二： 观察 $S_n \geqslant na_1 - \dfrac{1}{3}(n-1) = a_1 + (n-1)\left(a_1 - \dfrac{1}{3}\right)$ 的结构，当 $n \geqslant 2$ 时如果有 $a_n \geqslant a_1 - \dfrac{1}{3}$ 成立，那么 $S_n \geqslant na_1 - \dfrac{1}{3}(n-1)$ 必定成立，所以只要寻找使 $a_n \geqslant a_1 - \dfrac{1}{3}$ 成立的 a_1 的限制条件. 由于 $a_n > 2$，若 $2 \geqslant a_1 - \dfrac{1}{3}$，必定有 $a_n \geqslant a_1 - \dfrac{1}{3}$，此时 $a_1 \leqslant \dfrac{7}{3}$，又 $\dfrac{7}{3} < 1 + \sqrt{2}$，因此 $S_n < 2n + 1$ 成立.

根据上面的分析思路大虾老师将证明过程演绎如下.

因为 $a_1 > 2$，易证 $a_n > 2$（用数学归纳法证明），

于是 $a_{n+1} - a_n = \dfrac{2}{a_n} - 1 < 0$，即 $a_{n+1} < a_n$，则数列 $\{a_n\}$ 为递减数列.

由 $S_n \geqslant na_1 - \dfrac{1}{3}(n-1)$，令 $n=2$，

得 $S_2 = a_1 + a_2 = 2a_1 + \dfrac{2}{a_1} - 1 \geqslant 2a_1 - \dfrac{1}{3}$，解得 $2 < a_1 \leqslant 3$.

当 $2 < a_1 \leqslant \dfrac{7}{3}$ 时，因为 $a_n > 2$，所以 $a_n > a_1 - \dfrac{1}{3}$ $(n \geqslant 2)$，

于是 $S_n \geqslant a_1 + (n-1)\left(a_1 - \dfrac{1}{3}\right) = na_1 - \dfrac{1}{3}(n-1)$ 成立.

又 $a_{n+1} - 2 = a_n - 2 + \dfrac{2}{a_n} - 1 = a_n - 2 + \dfrac{2 - a_n}{a_n} = (a_n - 2)\left(1 - \dfrac{1}{a_n}\right)$，

则 $\dfrac{a_{n+1}-2}{a_n-2} = 1 - \dfrac{1}{a_n} \leqslant 1 - \dfrac{1}{a_1} \leqslant \dfrac{4}{7}$，

那么 $a_n - 2 \leqslant (a_1 - 2)\left(\dfrac{4}{7}\right)^{n-1} \leqslant \dfrac{1}{3}\left(\dfrac{4}{7}\right)^{n-1}$，即 $a_n \leqslant \dfrac{1}{3}\left(\dfrac{4}{7}\right)^{n-1} + 2$，

于是 $S_n \leqslant 2n + \dfrac{1}{3}\left[1 + \dfrac{4}{7} + \cdots + \left(\dfrac{4}{7}\right)^{n-1}\right] = 2n + \dfrac{7}{9}\left[1 - \left(\dfrac{4}{7}\right)^n\right] < 2n + \dfrac{7}{9} < 2n + 1$.

下面证明当 $\dfrac{7}{3} < a_1 \leqslant 3$ 时不合题意.

当 $\dfrac{7}{3} < a_1 \leqslant 3$ 时，$\dfrac{a_{n+1}-2}{a_n-2} = 1 - \dfrac{1}{a_n} \leqslant 1 - \dfrac{1}{a_1} \leqslant \dfrac{2}{3}$，

那么 $a_n - 2 \leqslant (a_1 - 2)\left(\dfrac{2}{3}\right)^{n-1} \leqslant \left(\dfrac{2}{3}\right)^{n-1}$，即 $a_n \leqslant \left(\dfrac{2}{3}\right)^{n-1} + 2$，

于是 $S_n \leqslant 2n + 1 + \dfrac{2}{3} + \cdots + \left(\dfrac{2}{3}\right)^{n-1} = 2n + 3\left[1 - \left(\dfrac{2}{3}\right)^n\right] < 2n + 3$，

$S_n < 2n + 3 = na_1 + (2 - a_1)n + 3 = \left[na_1 - \dfrac{1}{3}(n-1)\right] + \left[(2 - a_1)n + 3 + \dfrac{1}{3}(n-1)\right]$

$= \left[na_1 - \dfrac{1}{3}(n-1)\right] + \left[\left(\dfrac{7}{3} - a_1\right)n + \dfrac{8}{3}\right]$.

因为 $\dfrac{7}{3} - a_1 < 0$，只要当 n 充分大，即存在正整数 n_0，使得 $\left(\dfrac{7}{3} - a_1\right)n_0 + \dfrac{8}{3} \leqslant 0$.

此时 $S_{n_0} < n_0 a_1 - \dfrac{1}{3}(n_0 - 1)$，这和 $S_n \geqslant na_1 - \dfrac{1}{3}(n-1)$ 对于任意 $n \in \mathbf{N}^*$ 都成立相矛

盾，因此 $\frac{7}{3} < a_1 \leq 3$ 不成立.

练习 6.2

1. 已知数列 $\{a_n\}$ 满足 $a_1 = \frac{1}{2}$，$a_{n+1} = a_n + ba_n^2$ $(n \in \mathbf{N}^*)$.

   (1) 若 $b = -1$，求证：$1 < \frac{a_n}{a_{n+1}} \leq 2$；

   (2) 若 $b = 2$，数列 $\left\{\frac{1}{1+2a_n}\right\}$ 的前 n 项和为 S_n，求证：$1 - \frac{1}{2 \cdot 3^{n-1}} \leq S_n < 1$.

2. 设数列 $\{a_n\}$ 满足 $\left|a_n - \frac{a_{n+1}}{2}\right| \leq 1$，$n \in \mathbf{N}^*$. 求证：$|a_n| < 2^{n-1}(|a_1| + 2)$.

3. 已知数列 $\{a_n\}$ 满足 $a_1 = 1$，$a_{n+1} = \frac{1}{8}a_n^2 + m$，$n \in \mathbf{N}^*$.

   (1) 当 $m > 1$ 时，求证：$a_n < a_{n+1}$；

   (2) 求最大的正数 m，使得 $a_n < 4$ 对一切整数 n 恒成立.

4. 已知正项数列 $\{a_n\}$，其前 n 项和为 S_n，且满足 $a_{n+1} = a_n + \frac{3}{a_n} - 1$ $(n \in \mathbf{N}^*)$.

   (1) 若 $\{a_n\}$ 为递增数列，求 a_1 的取值范围；

   (2) 若 $a_1 > 3$，且对任意 $n \in \mathbf{N}^*$，都有 $S_n \geq na_1 - \frac{1}{2}(n-1)$，证明：$S_n < 3n + 2$.

习题六

1. 已知数列 $\{a_n\}$ 满足 $a_1 = 2$，$a_{n+1} = 2(S_n + n + 1)$，$n \in \mathbf{N}^*$.

   (1) 求数列 $\{a_n\}$ 的通项公式；

   (2) 求证：$\dfrac{1}{2} - \dfrac{1}{2 \times 3^n} < \dfrac{1}{a_1} + \dfrac{1}{a_2} + \dfrac{1}{a_3} + \cdots + \dfrac{1}{a_n} < \dfrac{11}{16}$.

2. 已知数列 $\{a_n\}$ 满足 $a_1 = 1$，$a_{n+1} = \dfrac{n^2 a_n}{n^2 + 1}$ $(n \in \mathbf{N}^*)$. 求证：

   (1) $a_{n+1} < a_n$;

   (2) $a_n > \dfrac{1}{4}$;

   (3) $\dfrac{a_1}{a_2} + \dfrac{a_2}{a_3} + \cdots + \dfrac{a_n}{a_{n+1}} \leq n + 2 - \dfrac{1}{n}$.

3. 设 T_n 是数列 $\{a_n\}$ 的前 n 项之积，满足 $T_n = 1 - a_n$，$n \in \mathbf{N}^*$.

   (1) 求数列 $\{a_n\}$ 的通项公式；

   (2) 设 $S_n = T_1^2 + T_2^2 + \cdots + T_n^2$，是否存在正整数 k，对于任意的 $n \in \mathbf{N}^*$ 都有 $|a_{n+1} - S_n| \in \left(\dfrac{1}{k+1}, \dfrac{1}{k}\right)$ 成立？请说明理由.

4. 已知正项数列 $\{a_n\}$ 满足 $a_1 = 3$，$a_{n+1} = \sqrt{a_n + 2}$，$n \in \mathbf{N}^*$. 求证：

   (1) $2 < a_{n+1} < a_n$;

   (2) $(a_1 - 2) + 2(a_2 - 2) + 3(a_3 - 2) + \cdots + n(a_n - 2) < \dfrac{16}{9}$.

5. 已知数列 $\{a_n\}$ 中，$a_1 = \dfrac{1}{2}$，$a_{n+1} = \dfrac{1 + a_n a_{n+1}}{2}$，$n \in \mathbf{N}^*$.

   (1) 求证：$\dfrac{1}{2} \leq a_n < 1$;

   (2) 证明数列 $\left\{\dfrac{1}{a_n - 1}\right\}$ 为等差数列，并求出数列 $\{a_n\}$ 的通项公式；

（3）设 $b_n = \dfrac{n}{(1+a_1)(1+a_2)\cdots(1+a_n)}$，记数列 $\{b_n\}$ 的前 n 项和为 S_n，求证：$S_n < \dfrac{94}{15}$.

6. 已知数列 $\{a_n\}$ 满足 $0 < a_1 < 1$，$a_{n+1} = a_n - a_n \ln a_n$，$n \in \mathbf{N}^*$. 证明：

（1）$a_n < a_{n+1} < 1$；

（2）对于任意实数 $m \in (a_1, 1)$，总存在正整数 N，使得当 $n > N$ 时，有 $a_n > m$ 成立.

参考解析六

练习 6.1

1.【证明】 (1) $\dfrac{1}{(2n+1)^2} < \dfrac{1}{(2n-1)(2n+1)} = \dfrac{1}{2}\left(\dfrac{1}{2n-1} - \dfrac{1}{2n+1}\right)$,

所以 $\dfrac{1}{3^2} + \dfrac{1}{5^2} + \cdots + \dfrac{1}{(2n+1)^2} < \dfrac{1}{2}\left(1 - \dfrac{1}{3} + \dfrac{1}{3} - \dfrac{1}{5} + \cdots + \dfrac{1}{2n-1} - \dfrac{1}{2n+1}\right) = \dfrac{1}{2}\left(1 - \dfrac{1}{2n+1}\right) < \dfrac{1}{2}$.

(2) $\dfrac{1}{(2n+1)^2} = \dfrac{1}{4n^2+4n+1} < \dfrac{1}{4n^2+4n} = \dfrac{1}{4}\left(\dfrac{1}{n} - \dfrac{1}{n+1}\right)$,

所以 $\dfrac{1}{3^2} + \dfrac{1}{5^2} + \cdots + \dfrac{1}{(2n+1)^2} < \dfrac{1}{4}\left(1 - \dfrac{1}{2} + \dfrac{1}{2} - \dfrac{1}{3} + \cdots + \dfrac{1}{n} - \dfrac{1}{n+1}\right) = \dfrac{1}{4}\left(1 - \dfrac{1}{n+1}\right) < \dfrac{1}{4}$.

2.【证明】 观察到所证明的不等式右边有个 $2n$, 所以应该从 $a_n = \dfrac{2^n}{2^n+1} + \dfrac{2^{n+1}}{2^{n+1}-1}$ 中分离出一个 2, 由

$a_n = \dfrac{2^n}{2^n+1} + \dfrac{2^{n+1}}{2^{n+1}-1} = \dfrac{2^n+1-1}{2^n+1} + \dfrac{2^{n+1}-1+1}{2^{n+1}-1} = 2 - \left(\dfrac{1}{2^n+1} - \dfrac{1}{2^{n+1}-1}\right)$,

记 $b_n = \dfrac{1}{2^n+1} - \dfrac{1}{2^{n+1}-1}$, 数列 $\{b_n\}$ 的前 n 项和为 T_n, 那么只需证明 $T_n < \dfrac{1}{4}$.

路径一: $b_n = \dfrac{1}{2^n+1} - \dfrac{1}{2^{n+1}-1} < \dfrac{1}{2^n-1} - \dfrac{1}{2^{n+1}-1}$,

那么 $T_n < 1 - \dfrac{1}{3} + \dfrac{1}{3} - \dfrac{1}{5} + \cdots + \dfrac{1}{2^n-1} - \dfrac{1}{2^{n+1}-1} = 1 - \dfrac{1}{2^{n+1}-1} < 1$,

显然放缩过头, 而且差距有点大. 我们可以留住前面一些项, 保守一点留住前两项.

$T_n < b_1 + b_2 + \dfrac{1}{7} - \dfrac{1}{15} + \dfrac{1}{15} - \dfrac{1}{31} + \cdots + \dfrac{1}{2^n-1} - \dfrac{1}{2^{n+1}-1}$

$= 0 + \dfrac{1}{5} - \dfrac{1}{7} + \dfrac{1}{7} - \dfrac{1}{2^{n+1}-1} = \dfrac{1}{5} - \dfrac{1}{2^{n+1}-1} < \dfrac{1}{5} < \dfrac{1}{4}$.

路径二: $b_n = \dfrac{1}{2^n+1} - \dfrac{1}{2^{n+1}-1} < \dfrac{1}{2^n+1} - \dfrac{1}{2^{n+1}+1}$,

于是 $T_n < b_1 + \dfrac{1}{5} - \dfrac{1}{9} + \dfrac{1}{9} - \dfrac{1}{17} + \cdots + \dfrac{1}{2^n+1} - \dfrac{1}{2^{n+1}+1} = 0 + \dfrac{1}{5} - \dfrac{1}{2^{n+1}+1} < \dfrac{1}{5} < \dfrac{1}{4}$.

路径三: 通分 $b_n = \dfrac{1}{2^n+1} - \dfrac{1}{2^{n+1}-1} = \dfrac{2^{n+1}-1-2^n-1}{(2^n+1)(2^{n+1}-1)}$

$= \dfrac{2^n-2}{2^{2n+1}+2^n-1} < \dfrac{2^n-1}{2^{n+1}+2^n} < \dfrac{2^n}{2^{n+1}+2^n} < \dfrac{1}{2^{n+1}+1} < \dfrac{1}{2^{n+1}}$,

因此 $T_n < b_1 + \dfrac{1}{8} + \dfrac{1}{16} + \dfrac{1}{32} + \cdots + \dfrac{1}{2^{n+1}} = 0 + \dfrac{1}{4}\left(1 - \dfrac{1}{2^{n-1}}\right) < \dfrac{1}{4}$.

3. **【解析】**（1）当 $n=1$ 时，$1=\dfrac{1}{3}+c$，得 $c=\dfrac{2}{3}$，则 $3S_n=(n+2)a_n$，

那么当 $n\geqslant 2$ 时，$3S_{n-1}=(n+1)a_{n-1}$，两式相减，得 $3a_n=(n+2)a_n-(n+1)a_{n-1}$，

整理，得 $\dfrac{a_n}{a_{n-1}}=\dfrac{n+1}{n-1}$，累商叠乘，得 $\dfrac{a_2}{a_1}\cdot\dfrac{a_3}{a_2}\cdot\dfrac{a_4}{a_3}\cdot\ldots\cdot\dfrac{a_n}{a_{n-1}}=\dfrac{3}{1}\cdot\dfrac{4}{2}\cdot\dfrac{5}{3}\cdot\ldots\cdot\dfrac{n+1}{n-1}$，

化简，得 $\dfrac{a_n}{a_1}=\dfrac{n(n+1)}{2}$，又 $a_1=2$，得 $a_n=n^2+n$．

因此 $a_n=n^2+n\,(n\in\mathbf{N}^*)$．

（2）由（1）知 $a_{2n-1}=2n(2n-1)$．

路径一： $\dfrac{1}{a_{2n-1}}=\dfrac{1}{2n(2n-1)}>\dfrac{1}{(2n-1)(2n+1)}=\dfrac{1}{2}\left(\dfrac{1}{2n-1}-\dfrac{1}{2n+1}\right)$，

那么 $T_n>\dfrac{1}{2}\left(1-\dfrac{1}{2n+1}\right)=\dfrac{n}{2n+1}$，然而 $\dfrac{n}{2n+1}=\dfrac{2n}{4n+2}<\dfrac{2n}{3n+1}$，即超过了所要证明的给定界限．

路径二： 如果我们留住前面一项 $\dfrac{1}{a_1}=\dfrac{1}{2}$，从第二项开始放缩，

那么 $T_n>\dfrac{1}{2}+\dfrac{1}{2}\left(\dfrac{1}{3}-\dfrac{1}{2n+1}\right)=\dfrac{2}{3}-\dfrac{1}{4n+2}$．

目标式 $\dfrac{2n}{3n+1}=\dfrac{2}{3}-\dfrac{2}{9n+3}$，因为 $\dfrac{1}{4n+2}=\dfrac{2}{8n+4}>\dfrac{2}{9n+3}$，

所以 $\dfrac{2}{3}-\dfrac{1}{4n+2}<\dfrac{2}{3}-\dfrac{2}{9n+3}$，还是超过了所要证明的给定界限．当然我们可以再多保留一项或几项，问题肯定可以解答，但比较大小的运算就变得复杂了．

路径三，直接裂项，$\dfrac{1}{a_{2n-1}}=\dfrac{1}{2n(2n-1)}=\dfrac{1}{2n-1}-\dfrac{1}{2n}$，

那么 $T_n=1-\dfrac{1}{2}+\dfrac{1}{3}-\dfrac{1}{4}+\dfrac{1}{5}-\dfrac{1}{6}+\cdots+\dfrac{1}{2n-1}-\dfrac{1}{2n}$，但这样直接求和没法相互抵消．

我们要对和式进行变形，$T_n=1+\dfrac{1}{2}+\dfrac{1}{3}+\cdots+\dfrac{1}{2n}-2\left(\dfrac{1}{2}+\dfrac{1}{4}+\cdots+\dfrac{1}{2n}\right)$

$$=1+\dfrac{1}{2}+\dfrac{1}{3}+\cdots+\dfrac{1}{2n}-\left(1+\dfrac{1}{2}+\dfrac{1}{3}+\cdots+\dfrac{1}{n}\right)$$

$$=\dfrac{1}{n+1}+\dfrac{1}{n+2}+\dfrac{1}{n+3}+\cdots+\dfrac{1}{2n}.$$

观察到 $\dfrac{2n}{3n+1}$ 的分母正好是上式两端的分母之和，所以想到用分组求和的方法，对首尾等距两项配对求和．

由均值不等式知 $\dfrac{2}{\dfrac{1}{n+1}+\dfrac{1}{2n}}\leqslant\dfrac{n+1+2n}{2}=\dfrac{3n+1}{2}$，得 $\dfrac{1}{n+1}+\dfrac{1}{2n}\geqslant\dfrac{4}{3n+1}$．

190

同理，对于任意首尾等距的两项和都有 $\dfrac{1}{n+1+k}+\dfrac{1}{2n-k}\geqslant \dfrac{4}{3n+1}$，

所以 $2T_n=\left(\dfrac{1}{n+1}+\dfrac{1}{2n}\right)+\left(\dfrac{1}{n+2}+\dfrac{1}{2n-1}\right)+\cdots+\left(\dfrac{1}{2n}+\dfrac{1}{n+1}\right)\geqslant n\cdot\dfrac{4}{3n+1}$，即 $T_n\geqslant\dfrac{2n}{3n+1}$。

练习 6.2

1. 【证明】（1）$b=-1$，得 $a_{n+1}=a_n-a_n^2$，则 $\dfrac{a_n}{a_{n+1}}=\dfrac{a_n}{a_n-a_n^2}=\dfrac{1}{1-a_n}$，

要证明 $1<\dfrac{a_n}{a_{n+1}}\leqslant 2$，只要证明 $1<\dfrac{1}{1-a_n}\leqslant 2$，即证明 $0<a_n\leqslant\dfrac{1}{2}$。

因为 $a_{n+1}-a_n=-a_n^2\leqslant 0$，即 $a_{n+1}\leqslant a_n\leqslant a_1=\dfrac{1}{2}$，所以 $\dfrac{a_n}{a_{n+1}}=\dfrac{1}{1-a_n}\leqslant\dfrac{1}{1-a_1}=2$；

又 $a_{n+1}=a_n-a_n^2=a_n(1-a_n)$，因为 $1-a_n>0$，所以 a_{n+1} 与 a_n 同号，于是 a_n 与 a_{n-1} 同号，依此类推，a_2 与 a_1 同号，所以 a_n 与 a_1 同号。

因为 $a_1>0$，所以 $a_n>0$，则 $\dfrac{a_n}{a_{n+1}}=\dfrac{1}{1-a_n}>1$。

因此 $1<\dfrac{a_n}{a_{n+1}}\leqslant 2\,(n\in\mathbf{N}^*)$。

（2）$b=2$，得 $a_{n+1}=a_n+2a_n^2=a_n(1+2a_n)$，

两边取倒数，得 $\dfrac{1}{a_{n+1}}=\dfrac{1}{a_n(1+2a_n)}=\dfrac{1}{a_n}-\dfrac{2}{1+2a_n}$，即 $\dfrac{1}{1+2a_n}=\dfrac{1}{2}\left(\dfrac{1}{a_n}-\dfrac{1}{a_{n+1}}\right)$，

于是 $S_n=\dfrac{1}{2}\left[\left(\dfrac{1}{a_1}-\dfrac{1}{a_2}\right)+\left(\dfrac{1}{a_2}-\dfrac{1}{a_3}\right)+\cdots+\left(\dfrac{1}{a_n}-\dfrac{1}{a_{n+1}}\right)\right]=\dfrac{1}{2}\left(\dfrac{1}{a_1}-\dfrac{1}{a_{n+1}}\right)=1-\dfrac{1}{2a_{n+1}}$，

由 $a_{n+1}-a_n=2a_n^2>0$，则 $a_{n+1}>a_n\geqslant a_1=\dfrac{1}{2}$，所以 $S_n<1$。

由已知得 $a_2=1$，当 $n\geqslant 2$ 时，$\dfrac{a_{n+1}}{a_n}=1+2a_n\geqslant 3$，

于是 $a_{n+1}\geqslant a_2\cdot 3^{n-1}=3^{n-1}$，那么 $\dfrac{1}{2a_{n+1}}\leqslant\dfrac{1}{2\cdot 3^{n-1}}$，所以 $S_n=1-\dfrac{1}{2a_{n+1}}\geqslant 1-\dfrac{1}{2\cdot 3^{n-1}}$。

综上，得 $1-\dfrac{1}{2\cdot 3^{n-1}}\leqslant S_n<1$。

2. 【证明】因为 $\left|a_n-\dfrac{a_{n+1}}{2}\right|\leqslant 1$，由绝对值不等式性质得 $\left||a_n|-\dfrac{1}{2}|a_{n+1}|\right|\leqslant 1$，

则 $-1\leqslant|a_n|-\dfrac{1}{2}|a_{n+1}|\leqslant 1$，取 $|a_n|-\dfrac{1}{2}|a_{n+1}|\geqslant -1$，即 $|a_{n+1}|\leqslant 2|a_n|+2$，

由待定系数法知 $|a_{n+1}|+2 \leqslant 2(|a_n|+2)$，于是 $|a_n|+2 \leqslant (|a_1|+2)2^{n-1}$，

因此 $|a_n| \leqslant 2^{n-1}(|a_1|+2)-2 < 2^{n-1}(|a_1|+2)$.

3. **【解析】**（1）因为 $a_{n+1} = \dfrac{1}{8}a_n^2 + m \geqslant m > 1$，又 $a_1 = 1$，所以 $a_n \geqslant 1$，

由条件得 $a_{n+1} - a_n = \dfrac{1}{8}(a_n^2 - a_{n-1}^2) = \dfrac{1}{8}(a_n - a_{n-1})(a_n + a_{n-1})$，

所以 $a_{n+1} - a_n$ 与 $a_n - a_{n-1}$ 同号，于是 $a_n - a_{n-1}$ 与 $a_{n-1} - a_{n-2}$ 同号，依此类推，$a_3 - a_2$ 与 $a_2 - a_1$ 同号．

因为 $a_2 - a_1 = \dfrac{1}{8}a_1^2 + m - a_1 = m - \dfrac{7}{8} > 0$，即 $a_2 > a_1$，所以 $a_{n+1} - a_n > 0$，从而有 $a_n < a_{n+1}$．

（2）因为 $a_{n+1} - a_n = \dfrac{1}{8}a_n^2 + m - a_n = \dfrac{1}{8}(a_n - 4)^2 + m - 2 \geqslant m - 2$，

则 $a_n \geqslant a_1 + (n-1)(m-2) = 1 + (n-1)(m-2)$，

显然当 $m > 2$ 时，a_n 随着 n 的增大而增大，不管 $m - 2$ 是多小的正数，a_n 终将趋向无穷大，这样就不可能满足 $a_n < 4$，所以要使得 $a_n < 4$ 对一切整数 n 恒成立，只可能 $m \leqslant 2$．

当 $n = 1$ 时，$a_1 = 1$ 显然成立．

假设当 $n = k$ 时成立，即 $a_k < 4$，那么当 $n = k + 1$ 时，$a_{k+1} = \dfrac{1}{8}a_k^2 + m < \dfrac{1}{8} \times 4^2 + 2 = 4$ 成立．

所以当 $m \leqslant 2$ 时，$a_n < 4$ 对一切正整数 n 恒成立．因此，正数 m 的最大值是 2．

4. **【解析】**（1）由 $\{a_n\}$ 为递增数列，则 $a_{n+1} - a_n = \dfrac{3}{a_n} - 1 > 0$，

得 $0 < a_n < 3$，那么 $0 < a_1 < 3$，$0 < a_2 < 3$，则 $a_2 = a_1 + \dfrac{3}{a_1} - 1 < 3$，进而得 $1 < a_1 < 3$．

下面证明当 $1 < a_1 < 3$ 时 $\{a_n\}$ 为递增数列．先用数学归纳法证明当 $1 < a_1 < 3$ 时，都有 $1 < a_n < 3$．

当 $n = 1$ 时，$1 < a_1 < 3$ 成立．

假设当 $n = k$ 时，$1 < a_k < 3$ 成立，

那么当 $n = k + 1$ 时，由假设 $1 < a_k < 3$，$2\sqrt{3} - 1 \leqslant a_k + \dfrac{3}{a_k} - 1 < 3$，即 $1 < a_{k+1} < 3$ 也成立．

所以 $1 < a_n < 3$ 对任意 $n \in \mathbf{N}^*$ 恒成立．

因此 $a_{n+1} - a_n = \dfrac{3}{a_n} - 1 > 0$，即数列 $\{a_n\}$ 为递增数列．

（2）因为 $a_1 > 3$，易证 $a_n > 3$（用数学归纳法证明）．

于是 $a_{n+1} - a_n = \dfrac{3}{a_n} - 1 < 0$，即 $a_{n+1} < a_n$，则数列 $\{a_n\}$ 为递减数列，

由 $S_n \geqslant na_1 - \dfrac{1}{2}(n-1)$，令 $n = 2$，得 $S_2 = a_1 + a_2 = 2a_1 + \dfrac{3}{a_1} - 1 \geqslant 2a_1 - \dfrac{1}{2}$，解得 $3 < a_1 \leqslant 6$．

当 $3 < a_1 \leq \dfrac{7}{2}$ 时，因为 $a_n > 3$，则 $a_n > a_1 - \dfrac{1}{2}$ $(n \geq 2)$，

必有 $S_n \geq a_1 + (n-1)\left(a_1 - \dfrac{1}{2}\right) = na_1 - \dfrac{1}{2}(n-1)$ 成立，

那么 $a_{n+1} - 3 = a_n - 3 + \dfrac{3}{a_n} - 1 = a_n - 3 + \dfrac{3 - a_n}{a_n} = (a_n - 3)\left(1 - \dfrac{1}{a_n}\right)$，

于是 $\dfrac{a_{n+1} - 3}{a_n - 3} = 1 - \dfrac{1}{a_n} \leq 1 - \dfrac{1}{a_1} \leq \dfrac{5}{7}$，那么 $a_n - 3 \leq (a_1 - 3)\left(\dfrac{5}{7}\right)^{n-1} \leq \dfrac{1}{2}\left(\dfrac{5}{7}\right)^{n-1}$，即 $a_n \leq \dfrac{1}{2}\left(\dfrac{5}{7}\right)^{n-1} + 3$，

因此 $S_n \leq 3n + \dfrac{1}{2}\left[1 + \dfrac{5}{7} + \cdots + \left(\dfrac{5}{7}\right)^{n-1}\right] = 3n + \dfrac{7}{4}\left[1 - \left(\dfrac{5}{7}\right)^n\right] < 3n + \dfrac{7}{4} < 3n + 2$.

下面证明当 $\dfrac{7}{2} < a_1 \leq 6$ 时不合题意.

由 $\dfrac{a_{n+1} - 3}{a_n - 3} = 1 - \dfrac{1}{a_n} \leq 1 - \dfrac{1}{a_1} \leq \dfrac{5}{6}$，那么 $a_n - 3 \leq (a_1 - 3)\left(\dfrac{5}{6}\right)^{n-1} \leq 3\left(\dfrac{5}{6}\right)^{n-1}$，即 $a_n \leq 3\left(\dfrac{5}{6}\right)^{n-1} + 3$，

于是 $S_n \leq 3n + 3\left[1 + \dfrac{5}{6} + \cdots + \left(\dfrac{5}{6}\right)^{n-1}\right] = 3n + 18\left[1 - \left(\dfrac{5}{6}\right)^n\right] < 3n + 18 = na_1 + (3 - a_1)n + 18$

$= \left[na_1 - \dfrac{1}{2}(n-1)\right] + \left[(3 - a_1)n + 18 + \dfrac{1}{2}(n-1)\right] = \left[na_1 - \dfrac{1}{2}(n-1)\right] + \left[\left(\dfrac{7}{2} - a_1\right)n + \dfrac{35}{2}\right]$.

因为 $\dfrac{7}{2} - a_1 < 0$，只要当 n 充分大时，必存在正整数 n_0，使得 $\left(\dfrac{7}{2} - a_1\right)n_0 + \dfrac{35}{2} \leq 0$，

此时 $S_{n_0} < n_0 a_1 - \dfrac{1}{2}(n_0 - 1)$，这和 $S_n \geq na_1 - \dfrac{1}{2}(n-1)$ 对于任意 $n \in \mathbf{N}^*$ 都成立矛盾，

因此当 $\dfrac{7}{2} < a_1 \leq 6$ 时不成立.

习题六

1. **【解析】**（1）由 $a_{n+1} = 2(S_n + n + 1)$，得 $a_n = 2(S_{n-1} + n)$ $(n \geq 2)$，两式相减，得 $a_{n+1} = 3a_n + 2$，

由待定系数法，得 $a_{n+1} + 1 = 3(a_n + 1)$，故数列 $\{a_n + 1\}$ 是公比为 3，首项为 $a_1 + 1 = 3$ 的等比数列，

于是 $a_n + 1 = 3 \cdot 3^{n-1} = 3^n$，因此 $a_n = 3^n - 1$.

（2）由 $\dfrac{1}{a_n} = \dfrac{1}{3^n - 1} > \dfrac{1}{3^n}$，所以 $\dfrac{1}{a_1} + \dfrac{1}{a_2} + \cdots + \dfrac{1}{a_n} > \dfrac{1}{3} + \dfrac{1}{3^2} + \cdots + \dfrac{1}{3^n} = \dfrac{1}{2}\left(1 - \dfrac{1}{3^n}\right)$.

路径一：将 3^n 拆成 3 份，且保留前两项.

$$\dfrac{1}{3^n - 1} = \dfrac{1}{3 \cdot 3^{n-1} - 1} = \dfrac{1}{2 \cdot 3^{n-1} + 3^{n-1} - 1} \leq \dfrac{1}{2 \cdot 3^{n-1}},$$

所以 $\dfrac{1}{a_1} + \dfrac{1}{a_2} + \cdots + \dfrac{1}{a_n} \leq \dfrac{1}{2} + \dfrac{1}{8} + \dfrac{1}{2}\left(\dfrac{1}{3^2} + \cdots + \dfrac{1}{3^{n-1}}\right) = \dfrac{5}{8} + \dfrac{1}{12}\left(1 - \dfrac{1}{3^{n-2}}\right) < \dfrac{5}{8} + \dfrac{1}{12} = \dfrac{17}{24}$.

由于 $\frac{17}{24}=\frac{34}{48}>\frac{33}{48}=\frac{11}{16}$，超过了所要证明的给定界限．

我们尝试在前面再多留住一项，

则 $\frac{1}{a_1}+\frac{1}{a_2}+\cdots+\frac{1}{a_n}\leqslant \frac{1}{2}+\frac{1}{8}+\frac{1}{26}+\frac{1}{2}\left(\frac{1}{3^3}+\cdots+\frac{1}{3^{n-1}}\right)=\frac{5}{8}+\frac{1}{26}+\frac{1}{36}\left(1-\frac{1}{3^{n-3}}\right)<\frac{5}{8}+\frac{1}{26}+\frac{1}{36}.$

我们要判断 $\frac{5}{8}+\frac{1}{26}+\frac{1}{36}$ 与 $\frac{11}{16}$ 的大小，就是要判断 $\frac{1}{26}+\frac{1}{36}$ 与 $\frac{1}{16}$ 的大小，即判断 $\frac{1}{13}+\frac{1}{18}$ 与 $\frac{1}{8}$ 的大小．由均值不等式知 $\frac{1}{13}+\frac{1}{18}>\frac{4}{13+18}=\frac{4}{31}>\frac{1}{8}$，还是超过了所要证明的给定界限．当然我们只要留住足够多的项，一定可以实现证明的．

路径二：改变放缩路径，将 3^n 拆成9份，$\frac{1}{3^n-1}=\frac{1}{9\cdot 3^{n-2}-1}=\frac{1}{8\cdot 3^{n-2}+3^{n-2}-1}\leqslant \frac{1}{8\cdot 3^{n-2}}(n\geqslant 2)$，

所以 $\frac{1}{3-1}+\frac{1}{3^2-1}+\cdots+\frac{1}{3^n-1}\leqslant \frac{1}{2}+\frac{1}{8}\left(1+\frac{1}{3}+\frac{1}{3^2}+\cdots+\frac{1}{3^{n-2}}\right)=\frac{1}{2}+\frac{3}{16}\left(1-\frac{1}{3^{n-1}}\right)<\frac{11}{16}.$

路径三：改变放缩路径，通过放缩后裂项，

$\frac{1}{3^n-1}=\frac{3^{n+1}-1}{(3^n-1)(3^{n+1}-1)}<\frac{3^{n+1}}{(3^n-1)(3^{n+1}-1)}=\frac{3}{2}\left(\frac{1}{3^n-1}-\frac{1}{3^{n+1}-1}\right),$

于是 $\frac{1}{a_1}+\frac{1}{a_2}+\cdots+\frac{1}{a_n}<\frac{1}{2}+\frac{3}{2}\left[\left(\frac{1}{3^2-1}-\frac{1}{3^3-1}\right)+\left(\frac{1}{3^3-1}-\frac{1}{3^4-1}\right)+\cdots+\left(\frac{1}{3^n-1}-\frac{1}{3^{n+1}-1}\right)\right]$

$=\frac{1}{2}+\frac{3}{2}\left(\frac{1}{3^2-1}-\frac{1}{3^{n+1}-1}\right)=\frac{1}{2}+\frac{3}{16}-\frac{3}{2}\cdot\frac{1}{3^{n+1}-1}<\frac{11}{16},$

因此 $\frac{1}{2}-\frac{1}{2\times 3^n}<\frac{1}{a_1}+\frac{1}{a_2}+\frac{1}{a_3}+\cdots+\frac{1}{a_n}<\frac{11}{16}.$

2.【证明】（1）由 $a_{n+1}=\frac{n^2 a_n}{n^2+1}$，因为 $a_1=1>0$，知 $a_n>0$，又 $\frac{a_{n+1}}{a_n}=\frac{n^2}{n^2+1}<1$，所以 $a_{n+1}<a_n$．

（2）$\frac{a_{n+1}}{a_n}=\frac{n^2}{n^2+1}>\frac{n^2-1}{n^2}=\frac{n-1}{n}\cdot\frac{n+1}{n}$，所以，当 $n\geqslant 3$ 时，

累商叠乘，得 $\frac{a_n}{a_1}=\frac{a_n}{a_{n-1}}\cdot\frac{a_{n-1}}{a_{n-2}}\cdot\cdots\cdot\frac{a_2}{a_1}>\left(\frac{n-2}{n-1}\cdot\frac{n}{n-1}\right)\left(\frac{n-3}{n-2}\cdot\frac{n-1}{n-2}\right)\cdots\left(\frac{1}{2}\cdot\frac{3}{2}\right)\cdot\frac{1}{2}=\frac{n}{4(n-1)}>\frac{1}{4},$

得 $a_n>\frac{1}{4}.$

又因为 $a_1=1>\frac{1}{4}$，$a_2=\frac{1}{2}>\frac{1}{4}$，所以 $a_n>\frac{1}{4}$ 对一切 $n\in\mathbf{N}^*$ 恒成立．

（3）由于 $\frac{a_n}{a_{n+1}}=\frac{n^2+1}{n^2}=1+\frac{1}{n^2}$，当 $n=1$ 时，$\frac{a_1}{a_2}=2$，不等式成立；

当 $n\geqslant 2$ 时，$\frac{a_1}{a_2}+\frac{a_2}{a_3}+\cdots+\frac{a_n}{a_{n+1}}=1+\frac{1}{1^2}+1+\frac{1}{2^2}+\cdots+1+\frac{1}{n^2}$

$=n+\frac{1}{1^2}+\frac{1}{2^2}+\cdots+\frac{1}{n^2}\leqslant n+1+\frac{1}{1\times 2}+\frac{1}{2\times 3}+\cdots+\frac{1}{(n-1)n}$

$$= n + 1 + 1 - \frac{1}{2} + \frac{1}{2} - \frac{1}{3} + \cdots + \frac{1}{n-1} - \frac{1}{n} = n + 2 - \frac{1}{n},$$

因此 $\frac{a_1}{a_2} + \frac{a_2}{a_3} + \cdots + \frac{a_n}{a_{n+1}} \leq n + 2 - \frac{1}{n}$.

3.【解析】(1) 当 $n=1$ 时,$T_1 = a_1 = 1 - a_1$,得 $a_1 = \frac{1}{2}$,

当 $n \geq 2$ 时,$\frac{T_n}{T_{n-1}} = a_n = \frac{1-a_n}{1-a_{n-1}}$,即 $\frac{a_n}{1-a_n} = \frac{1}{1-a_{n-1}}$,

所以 $\frac{1}{1-a_n} - 1 = \frac{1}{1-a_{n-1}}$,即 $\frac{1}{1-a_n} - \frac{1}{1-a_{n-1}} = 1$,故数列 $\left\{\frac{1}{1-a_n}\right\}$ 是公差为1的等差数列.

于是 $\frac{1}{1-a_n} = \frac{1}{1-a_1} + n - 1 = n + 1$,解得 $a_n = \frac{n}{n+1}$.

(2) 由 (1) 知 $T_n = 1 - a_n = \frac{1}{n+1}$,$T_n^2 = \frac{1}{(n+1)^2} > \frac{1}{(n+1)(n+2)} = \frac{1}{n+1} - \frac{1}{n+2}$,

于是 $S_n = \frac{1}{2^2} + \frac{1}{3^2} + \cdots + \frac{1}{(n+1)^2} > \frac{1}{2} - \frac{1}{3} + \frac{1}{3} - \frac{1}{4} + \cdots + \frac{1}{n+1} - \frac{1}{n+2}$

$$= \frac{1}{2} - \frac{1}{n+2} = \frac{n+1}{n+2} - \frac{1}{2} = a_{n+1} - \frac{1}{2}.$$

又 $T_n^2 = \frac{1}{(n+1)^2} < \frac{1}{(n+1)^2 - \frac{1}{4}} = \frac{4}{(2n+1)(2n+3)} = 2\left(\frac{1}{2n+1} - \frac{1}{2n+3}\right)$,

于是 $S_n = \frac{1}{2^2} + \frac{1}{3^2} + \cdots + \frac{1}{(n+1)^2} < 2\left(\frac{1}{3} - \frac{1}{5} + \frac{1}{5} - \frac{1}{7} + \cdots + \frac{1}{2n+1} - \frac{1}{2n+3}\right)$

$$= 2\left(\frac{1}{3} - \frac{1}{2n+3}\right) = \frac{2}{3} - \frac{1}{n+\frac{3}{2}} < \frac{2}{3} - \frac{1}{n+2} = \frac{n+1}{n+2} - \frac{1}{3} = a_{n+1} - \frac{1}{3}.$$

综上,得 $a_{n+1} - \frac{1}{2} < S_n < a_{n+1} - \frac{1}{3}$,即 $\frac{1}{3} < a_{n+1} - S_n < \frac{1}{2}$.

因此存在 $k=2$,使得 $|a_{n+1} - S_n| \in \left(\frac{1}{k+1}, \frac{1}{k}\right)$ 对于任意的 $n \in \mathbf{N}^*$ 恒成立.

4.【证明】(1) 证法一:$a_{n+1}^2 - a_n^2 = a_n + 2 - a_n^2 = (a_n+1)(2-a_n)$,

因为 $a_n > 0$,要证明 $a_{n+1} < a_n$,只需证明 $a_n > 2$.

由条件知 $a_{n+1}^2 = a_n + 2$,得 $a_{n+1}^2 - 4 = a_n - 2$,即 $(a_{n+1}+2)(a_{n+1}-2) = a_n - 2$.

因为 $a_{n+1} + 2 > 0$,所以 $a_{n+1} - 2$ 与 $a_n - 2$ 同号,于是 $a_n - 2$ 与 $a_{n-1} - 2$ 同号,依此类推,$a_2 - 2$ 与 $a_1 - 2$ 同号.

由 $a_1 - 2 > 0$,所以 $a_n - 2 > 0$,即 $a_n > 2$. (注:$a_n > 2$ 也可以用数学归纳法证明)

所以 $a_{n+1}^2 - a_n^2 = a_n + 2 - a_n^2 = (a_n+1)(2-a_n) < 0$,即 $a_{n+1}^2 < a_n^2$,又 $a_n > 0$,$a_{n+1} < a_n$.

综上，得 $2 < a_{n+1} < a_n$．

证法二： 由条件 $a_{n+1}^2 = a_n + 2$，得 $a_{n+2}^2 = a_{n+1} + 2$，

两式相减，得 $a_{n+2}^2 - a_{n+1}^2 = a_{n+1} - a_n$，则 $(a_{n+2} - a_{n+1})(a_{n+2} + a_{n+1}) = a_{n+1} - a_n$．

因为 $a_n > 0$，所以 $a_{n+2} - a_{n+1}$ 与 $a_{n+1} - a_n$ 同号，于是 $a_{n+1} - a_n$ 与 $a_n - a_{n-1}$ 同号，依此类推，$a_3 - a_2$ 与 $a_2 - a_1$ 同号．

由 $a_2 - a_1 = \sqrt{5} - 3 < 0$，所以 $a_{n+1} - a_n < 0$，即 $a_{n+1} < a_n$．

所以 $a_{n+1}^2 - a_n^2 = a_n + 2 - a_n^2 = (a_n + 1)(2 - a_n) < 0$，则 $a_n > 2$．

因此 $2 < a_{n+1} < a_n$．

(2) 由（1）知 $(a_{n+1} + 2)(a_{n+1} - 2) = a_n - 2$，得 $\dfrac{a_{n+1} - 2}{a_n - 2} = \dfrac{1}{a_{n+1} + 2}$．

因为 $a_{n+1} > 2$，则 $\dfrac{a_{n+1} - 2}{a_n - 2} = \dfrac{1}{a_{n+1} + 2} < \dfrac{1}{4}$，于是 $a_n - 2 \leqslant (a_1 - 2)\dfrac{1}{4^{n-1}} = \dfrac{1}{4^{n-1}}$，

所以 $(a_1 - 2) + 2(a_2 - 2) + \cdots + n(a_n - 2) \leqslant 1 + \dfrac{2}{4} + \dfrac{3}{4^2} + \cdots + \dfrac{n}{4^{n-1}}$．

记 $S_n = 1 + \dfrac{2}{4} + \dfrac{3}{4^2} + \cdots + \dfrac{n}{4^{n-1}}$，则 $\dfrac{1}{4}S_n = \dfrac{1}{4} + \dfrac{2}{4^2} + \dfrac{3}{4^3} + \cdots + \dfrac{n}{4^n}$，

错位相减，得 $\dfrac{3}{4}S_n = 1 + \dfrac{1}{4} + \dfrac{1}{4^2} + \cdots + \dfrac{1}{4^{n-1}} - \dfrac{n}{4^n} = \dfrac{4}{3}\left(1 - \dfrac{1}{4^n}\right) - \dfrac{n}{4^n} < \dfrac{4}{3}$，则 $S_n < \dfrac{16}{9}$，

因此 $(a_1 - 2) + 2(a_2 - 2) + 3(a_3 - 2) + \cdots + n(a_n - 2) < \dfrac{16}{9}$．

5. **【证明】** (1) 由 $a_{n+1} = \dfrac{1 + a_n a_{n+1}}{2}$，得 $a_{n+1} = \dfrac{1}{2 - a_n}$．下面用数学归纳法证明 $\dfrac{1}{2} \leqslant a_n < 1$．

当 $n = 1$ 时，$a_1 = \dfrac{1}{2}$，满足 $\dfrac{1}{2} \leqslant a_n < 1$．

假设当 $n = k$ 时，$\dfrac{1}{2} \leqslant a_k < 1$，

那么当 $n = k + 1$ 时，由假设 $\dfrac{1}{2} \leqslant a_k < 1$，得 $1 < 2 - a_k \leqslant \dfrac{3}{2}$，则 $\dfrac{2}{3} \leqslant a_{k+1} = \dfrac{1}{2 - a_k} < 1$，

 即当 $n = k + 1$ 时，也满足 $\dfrac{1}{2} \leqslant a_{k+1} < 1$．

因此，当 $n \in \mathbf{N}^*$ 时，都有 $\dfrac{1}{2} \leqslant a_n < 1$．

(2) $a_{n+1} - 1 = \dfrac{1}{2 - a_n} - 1 = \dfrac{-1 + a_n}{2 - a_n}$，两边取倒数，得 $\dfrac{1}{a_{n+1} - 1} = -\dfrac{a_n - 2}{a_n - 1} = -1 + \dfrac{1}{a_n - 1}$，

即 $\dfrac{1}{a_{n+1} - 1} - \dfrac{1}{a_n - 1} = -1$，所以数列 $\left\{\dfrac{1}{a_n - 1}\right\}$ 是公差为 -1 的等差数列，

于是 $\dfrac{1}{a_n-1} = -2+(n-1)(-1) = -n-1$，解得 $a_n = \dfrac{n}{n+1}$．

(3) 由 (2) 知 $\dfrac{b_{n+1}}{b_n} = \dfrac{n+1}{(1+a_{n+1})n} = \dfrac{n^2+3n+2}{2n^2+3n} = \dfrac{\dfrac{1}{2}(2n^2+3n)+\dfrac{3}{2}n+2}{2n^2+3n}$

$= \dfrac{1}{2} + \dfrac{3n+4}{4n^2+6n} \leqslant \dfrac{1}{2} + \dfrac{3n+2n}{4n^2+6n} = \dfrac{1}{2} + \dfrac{5}{4n+6} \leqslant \dfrac{1}{2} + \dfrac{5}{14} = \dfrac{6}{7}\ (n \geqslant 2)$．

又 $b_2 = \dfrac{2}{(1+a_1)(1+a_2)} = \dfrac{4}{5}$，所以当 $n \geqslant 2$ 时，$b_n \leqslant \left(\dfrac{6}{7}\right)^{n-2} b_2 = \dfrac{4}{5}\left(\dfrac{6}{7}\right)^{n-2}$，

于是 $S_n = b_1 + b_2 + b_3 + \cdots + b_n \leqslant \dfrac{2}{3} + \dfrac{4}{5}\left[1 + \dfrac{6}{7} + \left(\dfrac{6}{7}\right)^2 + \cdots + \left(\dfrac{6}{7}\right)^{n-2}\right]$

$= \dfrac{2}{3} + \dfrac{28}{5}\left[1 - \left(\dfrac{6}{7}\right)^{n-1}\right] < \dfrac{2}{3} + \dfrac{28}{5} = \dfrac{94}{15}$．

6.【证明】(1) 由 $a_{n+1} - a_n = -a_n \ln a_n$，要证明 $a_n < a_{n+1}$，只需证明 $-a_n \ln a_n > 0$．

又 $a_n > 0$，即证明 $\ln a_n < 0$，即 $0 < a_n < 1$．下面先用数学归纳法证明 $0 < a_n < 1$．

当 $n = 1$ 时，$0 < a_1 < 1$，结论成立．

假设当 $n = k$ 时，结论成立，即 $0 < a_k < 1$，

那么当 $n = k+1$ 时，令 $f(x) = x - x\ln x\ (0 < x < 1)$，则 $a_{k+1} = f(a_k)$，

$\qquad f'(x) = -\ln x > 0$，则 $f(x)$ 在 $(0,1)$ 上为增函数，

由假设 $0 < a_k < 1$，得 $f(a_k) < f(1) = 1$，即 $a_{k+1} < 1$，即当 $n = k+1$ 时结论也成立．

故 $0 < a_n < 1$，则 $\ln a_n < 0$，所以 $a_{n+1} - a_n = -a_n \ln a_n > 0$．因此 $a_n < a_{n+1} < 1$．

(2) 由题意可知，不管 m 取多大，当正整数 n 取足够大时，a_n 总会超过 m．由 $m \in (a_1, 1)$，所以只要 m 比 1 小一点点，a_n 总能超过 m．由 (1) 知 $0 < a_n < 1$，由此可以判断 a_n 必定要大于一个无限接近于 1 的式子．

设存在 $a_k \leqslant m$，则 $\ln a_k \leqslant \ln m < 0$，$a_k \ln a_k \leqslant a_k \ln m$．

由 $a_{k+1} - a_k = -a_k \ln a_k \geqslant -a_k \ln m$，累差叠加，得 $a_{k+1} - a_1 = -(a_1 \ln a_1 + a_2 \ln a_2 + \cdots + a_k \ln a_k)$，

则 $a_{k+1} \geqslant a_1 - (a_1 \ln m + a_2 \ln m + \cdots + a_k \ln m) = a_1 - (a_1 + a_2 + \cdots + a_k)\ln m > a_1 - ka_1 \ln m$．

令 $a_1 - ka_1 \ln m \geqslant m$，解得 $k \geqslant \dfrac{a_1 - m}{a_1 \ln m}$．

因此，总存在正整数 $N = \left[\dfrac{a_1 - m}{a_1 \ln m}\right]$（$\left[\dfrac{a_1 - m}{a_1 \ln m}\right]$ 表示 $\dfrac{a_1 - m}{a_1 \ln m}$ 的整数部分），使得当 $n > N$ 时，有 $a_n > m$ 成立．

第七章　数列的有界性证明

数列不等式的证明无外乎两种情况,一种是关于数列项的不等关系证明,另一种是关于数列求和式的不等关系证明. 需要说明的是,关于数列乘积式的不等关系证明情况,可以先在不等式两边取对数,再转化为数列求和式的不等关系证明.

关于数列项与和式的不等关系证明,往往是以有界性的形式给出的. 有界性分为相对有界性与绝对有界性两种,是数列非常重要的性质. 相对有界是不等式两边都与正整数 n 相关,比如 $a_n \leqslant 1 - \left(\dfrac{2}{3}\right)^{n-1}$;绝对有界则是在不等式的一边为一个常数,比如 $\dfrac{1}{n+1} + \dfrac{1}{n+2} + \cdots + \dfrac{1}{2n} < \dfrac{3}{4}$.

第一节　项的有界性证明

数列项的有界性分为相对有界与绝对有界. 数列项的相对有界往往表现为项被夹在两个关于正整数的通式之间,即 $f(n) \leqslant a_n \leqslant g(n)$,它体现了数列的局部性质,当然有时只有单边有界. 在证明方法上,通常可以用数学归纳法、构造函数法或变形放缩来证明. 项的绝对有界表现为数列的任意项均在某个确定的范围内,它体现了数列的整体性质.

例1 已知数列 $\{a_n\}$ 满足 $a_1 = \dfrac{3}{8}$, $a_{n+1} = \dfrac{3}{8} + \dfrac{a_n^2}{2}$, $n \in \mathbf{N}^*$. 求证:

(1) $\dfrac{3}{8} \leqslant a_n < a_{n+1} < \dfrac{1}{2}$; (2) $a_n \geqslant \dfrac{1}{2} - \dfrac{1}{2^{n+2}}$.

【证明】（1）由 $a_{n+1} = \dfrac{3}{8} + \dfrac{a_n^2}{2} \geq \dfrac{3}{8}$，又 $a_1 = \dfrac{3}{8}$，所以 $a_n \geq \dfrac{3}{8}$.

方法一(数学归纳法)：先用数学归纳法证明 $a_n < \dfrac{1}{2}$.

当 $n = 1$ 时，$a_1 = \dfrac{3}{8} < \dfrac{1}{2}$，结论成立.

假设当 $n = k$ 时，结论成立，即 $a_k < \dfrac{1}{2}$，

那么当 $n = k + 1$ 时，$a_{k+1} = \dfrac{3}{8} + \dfrac{a_k^2}{2} < \dfrac{3}{8} + \dfrac{\left(\dfrac{1}{2}\right)^2}{2} = \dfrac{1}{2}$，

即当 $n = k + 1$ 时结论也成立.

所以 $a_n < \dfrac{1}{2}$.

那么 $a_{n+1} - a_n = \dfrac{3}{8} + \dfrac{a_n^2}{2} - a_n = \dfrac{1}{8}(2a_n - 1)(2a_n - 3) > 0$.

综上得 $\dfrac{3}{8} \leq a_n < a_{n+1} < \dfrac{1}{2}$.

方法二(作差比较法)：$a_{n+1} - a_n = \dfrac{a_n^2}{2} - \dfrac{a_{n-1}^2}{2} = \dfrac{1}{2}(a_n - a_{n-1})(a_n + a_{n-1})$，

所以 $a_{n+1} - a_n$ 与 $a_n - a_{n-1}$ 同号，于是 $a_n - a_{n-1}$ 与 $a_{n-1} - a_{n-2}$ 同号，依此类推，$a_3 - a_2$ 与 $a_2 - a_1$ 同号，那么 $a_{n+1} - a_n$ 与 $a_2 - a_1$ 同号.

因为 $a_2 - a_1 = \dfrac{a_1^2}{2} > 0$，所以 $a_{n+1} - a_n > 0$.

又 $\dfrac{1}{2} - a_{n+1} = \dfrac{1}{8} - \dfrac{a_n^2}{2} = \dfrac{1}{2}\left(\dfrac{1}{4} - a_n^2\right) = \dfrac{1}{2}\left(\dfrac{1}{2} - a_n\right)\left(\dfrac{1}{2} + a_n\right)$，

所以 $\dfrac{1}{2} - a_{n+1}$ 与 $\dfrac{1}{2} - a_n$ 同号，同理可证 $\dfrac{1}{2} > a_{n+1}$.

因此 $\dfrac{3}{8} \leq a_n < a_{n+1} < \dfrac{1}{2}$.

（2）要证明 $a_n \geq \dfrac{1}{2} - \dfrac{1}{2^{n+2}}$，只需证明 $\dfrac{1}{2} - a_n \leq \dfrac{1}{2^{n+2}}$，

由 $\dfrac{1}{2} - a_{n+1} = \dfrac{1}{8} - \dfrac{a_n^2}{2} = \dfrac{1}{2}\left(\dfrac{1}{4} - a_n^2\right) = \dfrac{1}{2}\left(\dfrac{1}{2} - a_n\right)\left(\dfrac{1}{2} + a_n\right),$

又 $a_n < \dfrac{1}{2}$，则 $a_n + \dfrac{1}{2} < 1$，所以 $\dfrac{1}{2} - a_{n+1} < \dfrac{1}{2}\left(\dfrac{1}{2} - a_n\right),$

于是 $\dfrac{1}{2} - a_n \leqslant \left(\dfrac{1}{2} - a_1\right)\left(\dfrac{1}{2}\right)^{n-1} = \dfrac{1}{8}\left(\dfrac{1}{2}\right)^{n-1} = \dfrac{1}{2^{n+2}},$

因此 $a_n \geqslant \dfrac{1}{2} - \dfrac{1}{2^{n+2}}.$

本题的第（1）小题是证明数列项的绝对有界性，即该数列的任意一项均在区间 $\left[\dfrac{3}{8}, \dfrac{1}{2}\right)$ 内；第（2）小题证明的是数列的相对有界性，即数列的任意项都相对大于或等于数列 $\left\{\dfrac{1}{2} - \dfrac{1}{2^{n+2}}\right\}$ 的对应项. 我们发现当 $n \to \infty$ 时，a_n 单调递增并趋向于其上界 $\dfrac{1}{2}$，这个上界称为数列的极限，记作 $\lim\limits_{n \to \infty} a_n = \dfrac{1}{2}$. 极限是高等数学中非常重要的概念，当一个数列单调并且有界时，那么该数列必存在极限. 这个极限在没有证明之前也是可以提前确定的，由极限的运算法则可知，$\lim\limits_{n \to \infty} a_{n+1} = \dfrac{3}{8} + \lim\limits_{n \to \infty} \dfrac{a_n^2}{2} = \dfrac{3}{8} + \dfrac{1}{2}\left(\lim\limits_{n \to \infty} a_n\right)^2$，由于 $\lim\limits_{n \to \infty} a_{n+1} = \lim\limits_{n \to \infty} a_n$，并记为 a，则有方程 $a = \dfrac{3}{8} + \dfrac{1}{2} a^2$，解得 $a = \dfrac{1}{2}$ 或 $a = \dfrac{3}{2}$（舍去）. 当然两边取极限的前提是极限要存在，方程 $a = \dfrac{3}{8} + \dfrac{1}{2} a^2$ 是数列 $\{a_n\}$ 的特征方程，方程的解称为数列的特征根. 之所以可以建立这样的方程，是由于当 $n \to \infty$ 时，a_{n+1} 与 a_n 的极限相等.

例2 已知数列 $\{a_n\}$ 满足 $a_1 > \sqrt{3}$，$a_{n+1} = \dfrac{1}{2}\left(a_n + \dfrac{3}{a_n}\right)(n \in \mathbf{N}^*)$. 求证：

（1）$\sqrt{3} < a_{n+1} < a_n$；（2）$a_n \leqslant \sqrt{3} + (a_1 - \sqrt{3})\dfrac{1}{2^{n-1}}.$

【证明】（1）由 $a_1 > \sqrt{3}$，$a_{n+1} = \dfrac{1}{2}\left(a_n + \dfrac{3}{a_n}\right)$，知 $a_n > 0$，

$$a_{n+1} - a_n = \dfrac{1}{2}\left(\dfrac{3}{a_n} - a_n\right) = \dfrac{3 - a_n^2}{2a_n},$$

要证明 $a_{n+1} < a_n$，只需证明 $3 - a_n^2 < 0$，所以必先证明 $a_n > \sqrt{3}$．

证法一(作差比较法)：$a_{n+1} - \sqrt{3} = \dfrac{1}{2}\left(a_n + \dfrac{3}{a_n}\right) - \sqrt{3} = \dfrac{1}{2}\left(a_n + \dfrac{3}{a_n} - 2\sqrt{3}\right)$

$$= \dfrac{1}{2}\left(\sqrt{a_n} - \dfrac{\sqrt{3}}{\sqrt{a_n}}\right)^2 = \dfrac{(a_n - \sqrt{3})^2}{2a_n} \geqslant 0,$$

则 $a_{n+1} \geqslant \sqrt{3}$．下面用反证法证明 $a_{n+1} \neq \sqrt{3}$．

假设 $a_{n+1} = \sqrt{3}$，则 $a_{n+1} = \dfrac{1}{2}\left(a_n + \dfrac{3}{a_n}\right) = \sqrt{3}$，解得 $a_n = \sqrt{3}$，同理 $a_{n-1} = \sqrt{3}$，依此类推，$a_1 = \sqrt{3}$，这和 $a_1 > \sqrt{3}$ 矛盾，所以假设不成立，

故 $a_{n+1} \neq \sqrt{3}$，则 $a_{n+1} > \sqrt{3}$．

那么 $a_{n+1} - a_n = \dfrac{1}{2}\left(\dfrac{3}{a_n} - a_n\right) = \dfrac{3 - a_n^2}{2a_n} < 0$，

因此 $\sqrt{3} < a_{n+1} < a_n$．

证法二(基本不等式)：因为 $a_n > 0$，$a_{n+1} = \dfrac{1}{2}\left(a_n + \dfrac{3}{a_n}\right) \geqslant \sqrt{a_n \cdot \dfrac{3}{a_n}} = \sqrt{3}$，后面的做法与证法一相同．

(2) 由 $a_{n+1} - \sqrt{3} = \dfrac{(a_n - \sqrt{3})^2}{2a_n}$，则 $\dfrac{a_{n+1} - \sqrt{3}}{a_n - \sqrt{3}} = \dfrac{a_n - \sqrt{3}}{2a_n} = \dfrac{1}{2} - \dfrac{\sqrt{3}}{2a_n} < \dfrac{1}{2}$，

于是 $a_n - \sqrt{3} \leqslant (a_1 - \sqrt{3})\dfrac{1}{2^{n-1}}$，即 $a_n \leqslant \sqrt{3} + (a_1 - \sqrt{3})\dfrac{1}{2^{n-1}}$．

本题数列 $\{a_n\}$ 满足 $a_1 > \sqrt{3}$，$a_{n+1} = \dfrac{1}{2}\left(a_n + \dfrac{3}{a_n}\right)$，它是一个单调递减且有下界的数列，所以必存在极限 $\lim\limits_{n \to \infty} a_n = \sqrt{3}$．当然这个极限我们事先也可以知道，根据极限运算法则 $\lim\limits_{n \to \infty} a_{n+1} = \dfrac{1}{2}\left(\lim\limits_{n \to \infty} a_n + \dfrac{3}{\lim\limits_{n \to \infty} a_n}\right)$，由于 $\lim\limits_{n \to +\infty} a_{n+1} = \lim\limits_{n \to +\infty} a_n$，并记为 $a\,(a > 0)$，得方程 $a = \dfrac{1}{2}\left(a + \dfrac{3}{a}\right)$，解得 $a = \sqrt{3}$．

一般地，满足递推关系 $a_{n+1}=\dfrac{1}{2}\left(a_n+\dfrac{k}{a_n}\right)(k>0,\ a_1>0)$ 的数列，它有着深厚的高等数学背景及科学意义，$\{a_n\}$ 单调且有界（单调性与初值 a_1 有关），即当 n 趋向于无穷大时，a_n 趋向于 $\sqrt{k}$，即 $\lim\limits_{n\to\infty}a_n=\sqrt{k}$. 此递推关系也是计算机开平方设计迭代程序的依据.

例3 已知数列 $\{a_n\}$ 满足 $a_1=1$，$a_{n+1}=\dfrac{3}{3a_n+2}$，$n\in\mathbf{N}^*$. 求证：

（1）$\dfrac{3}{5}\leqslant a_n\leqslant 1$；（2）$|a_{2n}-a_n|\leqslant\dfrac{2}{5}$.

【证明】（1）当 $n=1$ 时，结论显然成立.

假设当 $n=k$ 时，有 $\dfrac{3}{5}\leqslant a_k\leqslant 1$ 成立.

那么当 $n=k+1$ 时，令函数 $f(x)=\dfrac{3}{3x+2}$，

则 $a_{k+1}=f(a_k)$，且 $f(x)$ 在 $\left[\dfrac{3}{5},1\right]$ 上为减函数，

由假设知 $\dfrac{3}{5}\leqslant a_k\leqslant 1$，得 $f(1)\leqslant f(a_k)\leqslant f\left(\dfrac{3}{5}\right)$，即 $\dfrac{3}{5}\leqslant f(a_k)\leqslant\dfrac{15}{19}\leqslant 1$，

故 $\dfrac{3}{5}\leqslant a_{k+1}\leqslant 1$，即当 $n=k+1$ 时结论也成立.

因此 $\dfrac{3}{5}\leqslant a_n\leqslant 1$.

（2）由于 $|a_{2n}-a_n|=|(a_{2n}-a_{2n-1})+(a_{2n-1}-a_{2n-2})+\cdots+(a_{n+1}-a_n)|$

$\leqslant|a_{2n}-a_{2n-1}|+|a_{2n-1}-a_{2n-2}|+\cdots+|a_{n+1}-a_n|$，

对于每个 $|a_{n+1}-a_n|=\left|\dfrac{3}{3a_n+2}-a_n\right|$ 必定要小于某个相对的值，如果是一个绝对的数值 ε，则 $|a_{2n}-a_{2n-1}|+|a_{2n-1}-a_{2n-2}|+\cdots+|a_{n+1}-a_n|<n\varepsilon$，不管这个 ε 多么小，由于 n 的任意性，$n\varepsilon$ 势必在某个位置会超过 $\dfrac{2}{5}$. 所以试图通过 $\dfrac{3}{3a_n+2}-a_n$ 来构造函数，利用 $\dfrac{3}{5}\leqslant a_n\leqslant 1$ 的有界性，则 $\dfrac{3}{3a_n+2}-a_n$ 得到的是一个绝对范围，这样就

无法实现证明，为此我们考虑关联性作差.

$$|a_{n+1}-a_n|=\left|\frac{3}{3a_n+2}-\frac{3}{3a_{n-1}+2}\right|=\frac{9|a_n-a_{n-1}|}{(3a_n+2)(3a_{n-1}+2)},$$

（注：把$|a_n-a_{n-1}|$作为$|a_{n+1}-a_n|$的一个相对参照量，将$\frac{9}{(3a_n+2)(3a_{n-1}+2)}$放缩成一个绝对参照量）

由$a_n=\frac{3}{3a_{n-1}+2}$，得$3a_{n-1}+2=\frac{3}{a_n}$，

所以$(3a_n+2)(3a_{n-1}+2)=(3a_n+2)\frac{3}{a_n}=9+\frac{6}{a_n}$.

因为$a_n\leq 1$，所以$9+\frac{6}{a_n}\geq 15$，则$|a_{n+1}-a_n|\leq\frac{3}{5}|a_n-a_{n-1}|$.

又因为$|a_2-a_1|=\frac{2}{5}$，那么$|a_{n+1}-a_n|\leq|a_2-a_1|\left(\frac{3}{5}\right)^{n-1}=\frac{2}{5}\left(\frac{3}{5}\right)^{n-1}$，

于是$|a_{2n}-a_n|=|(a_{2n}-a_{2n-1})+(a_{2n-1}-a_{2n-2})+\cdots+(a_{n+1}-a_n)|$

$$\leq|a_{2n}-a_{2n-1}|+|a_{2n-1}-a_{2n-2}|+\cdots+|a_{n+1}-a_n|$$

$$\leq\frac{2}{5}\left(\frac{3}{5}\right)^{2n-2}+\frac{2}{5}\left(\frac{3}{5}\right)^{2n-3}+\cdots+\frac{2}{5}\left(\frac{3}{5}\right)^{n-1}=\frac{2}{5}\cdot\frac{\left(\frac{3}{5}\right)^{n-1}\left[1-\left(\frac{3}{5}\right)^n\right]}{1-\frac{3}{5}}$$

$$=\left(\frac{3}{5}\right)^{n-1}-\left(\frac{3}{5}\right)^{2n-1}\leq 1-\frac{3}{5}=\frac{2}{5}.$$

注意到这个数列为分式递推数列，其特征方程为$x=\frac{3}{3x+2}$，解得其特征根为$\alpha=\frac{\sqrt{10}-1}{3}\in\left(\frac{3}{5},1\right)$. 则该数列是一个摆动数列，由于$a_1>\alpha$，所以奇数项构成一个递减数列，偶数项构成一个递增数列，当$n\to\infty$时，它们同时趋向于$\frac{\sqrt{10}-1}{3}$，即数列的极限$\lim_{n\to\infty}a_n=\frac{\sqrt{10}-1}{3}$.

基于以上分析,任何 a_{2_n} 与 a_n 的间距都小于等于 $|a_2 - a_1| = \frac{2}{5}$. 我们还可以根据第 (1) 小题的结论可知,对于任意的 n 有 $\frac{3}{5} \leq a_{2_n} \leq 1$ 和 $\frac{3}{5} \leq a_n \leq 1$,所以 $|a_{2_n} - a_n| \leq \frac{2}{5}$.

例4 已知数列 $\{x_n\}$ 满足 $x_1 = 1$,$x_n = x_{n+1} + \ln(1 + x_{n+1})$,$n \in \mathbf{N}^*$. 证明:

(1) $0 < x_{n+1} < x_n$; (2) $2x_{n+1} - x_n \leq \frac{x_n x_{n+1}}{2}$; (3) $\frac{1}{2^{n-1}} \leq x_n \leq \frac{1}{2^{n-2}}$.

【证明】(1) 要使 $x_n - x_{n+1} = \ln(1 + x_{n+1}) > 0$,只要 $x_{n+1} > 0$ 即可,

先用数学归纳法证明 $x_{n+1} > 0$.

当 $n = 1$ 时,$x_1 = 1 > 0$,结论成立.

假设当 $n = k$ 时,结论成立,即 $x_k > 0$,

那么当 $n = k + 1$ 时,

方法一(构造函数法):函数 $f(x) = x + \ln(1 + x)$,则 $x_k = f(x_{k+1})$,

显然 $f(x)$ 在 $(0, +\infty)$ 上为增函数,

由假设知 $x_k > 0$,即 $f(x_{k+1}) > 0 = f(0)$,则 $x_{k+1} > 0$.

即当 $n = k + 1$ 时结论也成立.

方法二(反证法):假设 $x_{k+1} \leq 0$,那么 $\ln(1 + x_{k+1}) \leq 0$,

则 $x_k = x_{k+1} + \ln(1 + x_{k+1}) \leq 0$,

这和 $x_k > 0$ 矛盾,所以假设不成立,故 $x_{k+1} > 0$,

即当 $n = k + 1$ 时结论也成立.

因此对于任意的 $n \in \mathbf{N}^*$ 都有 $x_{n+1} > 0$.

于是 $x_n - x_{n+1} = \ln(1 + x_{n+1}) > 0$,即 $x_{n+1} < x_n$.

综上得 $0 < x_{n+1} < x_n$.

(2) **证法一**:要证明 $2x_{n+1} - x_n \leq \frac{x_n x_{n+1}}{2}$,只需证明 $4x_{n+1} - 2x_n \leq x_n x_{n+1}$,

即证明 $x_n \geq \frac{4x_{n+1}}{x_{n+1} + 2}$,即证明 $x_n = x_{n+1} + \ln(1 + x_{n+1}) \geq \frac{4x_{n+1}}{x_{n+1} + 2}$.

令 $g(x) = x + \ln(1+x) - \dfrac{4x}{x+2} = x + \ln(1+x) - 4 + \dfrac{8}{x+2}$ $(0 < x < 1)$,

$$g'(x) = 1 + \dfrac{1}{1+x} - \dfrac{8}{(x+2)^2} = \dfrac{x^3 + 6x^2 + 4x}{(1+x)(x+2)^2} > 0,$$

所以 $g(x)$ 在 $(0, 1)$ 上为增函数，$g(x) > g(0) = 0$，

即 $x + \ln(1+x) - \dfrac{4x}{x+2} > 0$，所以 $x_n = x_{n+1} + \ln(1+x_{n+1}) \geq \dfrac{4x_{n+1}}{x_{n+1}+2}$，

因此 $2x_{n+1} - x_n \leq \dfrac{x_n x_{n+1}}{2}$ 成立.

证法二：由 $\ln(x+1) \leq x$，则 $x_n = x_{n+1} + \ln(1+x_{n+1}) \leq 2x_{n+1}$，即 $x_{n+1} \geq \dfrac{1}{2} x_n$.

又 $\ln x \geq 1 - \dfrac{1}{x}$，则 $x_n = x_{n+1} + \ln(1+x_{n+1}) \geq x_{n+1} + 1 - \dfrac{1}{1+x_{n+1}}$，

得 $x_n(1+x_{n+1}) \geq (x_{n+1}+1)^2 - 1 = x_{n+1}^2 + 2x_{n+1}$，

整理，得 $2x_{n+1} - x_n \leq x_{n+1}(x_n - x_{n+1}) \leq x_{n+1}\left(x_n - \dfrac{x_n}{2}\right) = \dfrac{x_{n+1} x_n}{2}$.

(3) 由于 $\ln(x+1) \leq x$，则 $x_n = x_{n+1} + \ln(1+x_{n+1}) \leq 2x_{n+1}$，

即 $x_{n+1} \geq \dfrac{1}{2} x_n$，于是 $x_n \geq x_1 \cdot \dfrac{1}{2^{n-1}} = \dfrac{1}{2^{n-1}}$；

由（2）知 $2x_{n+1} - x_n \leq \dfrac{x_n x_{n+1}}{2}$，两边同除以 $x_n x_{n+1}$，

得 $\dfrac{2}{x_n} - \dfrac{1}{x_{n+1}} \leq \dfrac{1}{2}$，即 $\dfrac{1}{x_{n+1}} \geq \dfrac{2}{x_n} - \dfrac{1}{2}$，

由待定系数法，得 $\dfrac{1}{x_{n+1}} - \dfrac{1}{2} \geq 2\left(\dfrac{1}{x_n} - \dfrac{1}{2}\right)$，

于是 $\dfrac{1}{x_n} - \dfrac{1}{2} \geq \left(\dfrac{1}{x_1} - \dfrac{1}{2}\right) 2^{n-1} = 2^{n-2}$，得 $\dfrac{1}{x_n} \geq 2^{n-2} + \dfrac{1}{2} > 2^{n-2}$，则 $x_n < \dfrac{1}{2^{n-2}}$.

因此 $\dfrac{1}{2^{n-1}} \leq x_n \leq \dfrac{1}{2^{n-2}}$.

本题的第（1）小题证明了该数列单调递减并且有界，所以该数列必定存在极限 $\lim\limits_{n \to \infty} x_n = 0$，也可以由极限的运算法则，得 $\lim\limits_{n \to \infty} x_n = \lim\limits_{n \to \infty} x_{n+1} + \lim\limits_{n \to \infty} \ln(1+x_{n+1}) = \lim\limits_{n \to \infty} x_{n+1}$

$+\ln(1+\lim\limits_{n\to\infty}x_{n+1})$.

记 $\lim\limits_{n\to\infty}x_n=\lim\limits_{n\to\infty}x_{n+1}=a$，则 $a=a+\ln(1+a)$，得 $a=0$，即 $\lim\limits_{n\to\infty}x_n=0$.

本题的第（3）小题证明了该数列介于两个等比数列之间.

练习 7.1

1. 已知数列 $\{x_n\}$ 满足 $x_1=\dfrac{1}{2}$，$x_{n+1}=\dfrac{1}{1+x_n}$，$n\in \mathbf{N}^*$.

   （1）猜想数列 $\{x_{2n}\}$ 的单调性，并证明你的结论；

   （2）证明：$|x_{n+1}-x_n|\leqslant \dfrac{1}{6}\left(\dfrac{2}{5}\right)^{n-1}$.

2. 已知数列 $\{a_n\}$ 满足 $a_1=\dfrac{1}{2}$，$a_{n+1}=a_n-\ln(1+a_n)$，$n\in \mathbf{N}^*$. 求证：

   （1）$0<a_{n+1}<a_n<1$；

   （2）$a_{n+1}<\dfrac{a_n^2}{2}$；

   （3）$a_n\leqslant \dfrac{1}{2^{2n-1}}$.

3. 已知数列 $\{a_n\}$ 满足 $a_1>c^{\frac{1}{p}}$，$a_{n+1}=\dfrac{p-1}{p}a_n+\dfrac{c}{p}a_n^{1-p}$，其中实数 $c>0$，整数 $p>1$，

   $n\in \mathbf{N}^*$. 证明：$a_n>a_{n+1}>c^{\frac{1}{p}}$.

4. 已知数列 $\{a_n\}$ 满足 $a_1=2$，$a_{n+1}=(\sqrt{2}-1)(a_n+2)$，$n\in \mathbf{N}^*$.

   （1）求数列 $\{a_n\}$ 的通项公式；

   （2）若数列 $\{b_n\}$ 满足 $b_1=2$，$b_{n+1}=\dfrac{3b_n+4}{2b_n+3}$，$n\in \mathbf{N}^*$，证明：$\sqrt{2}<b_n\leqslant a_{4n-3}$.

第二节 和式的有界性证明

数列前 n 项和的有界性也分为绝对有界与相对有界两种情况.

例5 已知数列 $\{a_n\}$ 满足 $a_1 = 1$，$a_{n+1} = \dfrac{a_n^2}{a_n + 2}$ $(n \in \mathbf{N}^*)$. 求证:

(1) $a_n \leqslant \left(\dfrac{1}{3}\right)^{n-1}$；(2) $\dfrac{2}{3} \leqslant \dfrac{2a_1}{a_1+2} + \dfrac{4a_2}{a_2+2} + \dfrac{6a_3}{a_3+2} + \cdots + \dfrac{2na_n}{a_n+2} < \dfrac{3}{2}$.

【证明】(1) 由 $a_1 = 1$，$a_{n+1} = \dfrac{a_n^2}{a_n + 2}$，显然 $a_n > 0$，

那么 $a_{n+1} - a_n = \dfrac{a_n^2}{a_n+2} - a_n = \dfrac{-2a_n}{a_n+2} < 0$，所以 $\{a_n\}$ 为单调递减数列，

则 $\dfrac{a_{n+1}}{a_n} = \dfrac{a_n}{a_n+2} = 1 - \dfrac{2}{a_n+2} \leqslant 1 - \dfrac{2}{a_1+2} = \dfrac{1}{3}$，即 $a_{n+1} \leqslant \dfrac{1}{3}a_n$，

因此 $a_n \leqslant a_1\left(\dfrac{1}{3}\right)^{n-1} = \left(\dfrac{1}{3}\right)^{n-1}$.

(2) 因为 $a_n > 0$，所以 $\dfrac{2a_1}{a_1+2} + \dfrac{4a_2}{a_2+2} + \cdots + \dfrac{2na_n}{a_n+2} \geqslant \dfrac{2a_1}{a_1+2} = \dfrac{2}{3}$.

由于 $\dfrac{2a_n}{a_n+2} = a_n - a_{n+1}$，

于是 $\dfrac{2a_1}{a_1+2} + \dfrac{4a_2}{a_2+2} + \dfrac{6a_3}{a_3+2} + \cdots + \dfrac{2na_n}{a_n+2}$

$= (a_1 - a_2) + 2(a_2 - a_3) + 3(a_3 - a_4) + \cdots + n(a_n - a_{n+1})$

$= a_1 + a_2 + a_3 + \cdots + a_n - na_{n+1}$

$< 1 + \dfrac{1}{3} + \dfrac{1}{3^2} + \cdots + \dfrac{1}{3^{n-1}} = \dfrac{3}{2}\left(1 - \dfrac{1}{3^n}\right) < \dfrac{3}{2}$.

因此 $\dfrac{2}{3} \leqslant \dfrac{2a_1}{a_1+2} + \dfrac{4a_2}{a_2+2} + \dfrac{6a_3}{a_3+2} + \cdots + \dfrac{2na_n}{a_n+2} < \dfrac{3}{2}$.

本题第（2）小题证明的是数列 $\left\{\dfrac{2na_n}{a_n+2}\right\}$ 前 n 项和的绝对有界性，我们是通过分析

项的相对有界性来证明的. 这种前 n 项和的绝对有界性也对应高等数学中一个非常重要的概念——级数收敛.

例6 设数列 $\{a_n\}$ 的前 n 项和为 S_n, 已知 $a_1 = \dfrac{3}{2}$, $a_{n+1} = \dfrac{a_n^3}{2a_n^2 - 3a_n + 2}$, $n \in \mathbf{N}^*$. 求证:

（1） $a_n < a_{n+1} < 2$；（2） $2n - \dfrac{4}{3} < S_n \leqslant 2n - 1 + \left(\dfrac{1}{2}\right)^n$.

【证明】（1） $a_{n+1} - a_n = \dfrac{a_n^3}{2a_n^2 - 3a_n + 2} - a_n = \dfrac{a_n(2 - a_n)(a_n - 1)}{2a_n^2 - 3a_n + 2}$.

要证明 $a_n < a_{n+1}$, 即证明 $\dfrac{a_n(2 - a_n)(a_n - 1)}{2a_n^2 - 3a_n + 2} > 0$,

由于 $2a_n^2 - 3a_n + 2 > 0$, 所以只需证明 $1 < a_n < 2$.

于是 $a_{n+1} - 1 = \dfrac{a_n^3}{2a_n^2 - 3a_n + 2} - 1 = \dfrac{(a_n - 1)(a_n^2 - a_n + 2)}{2a_n^2 - 3a_n + 2}$,

因为 $a_n^2 - a_n + 2 > 0$, $2a_n^2 - 3a_n + 2 > 0$,

所以 $a_{n+1} - 1$ 与 $a_n - 1$ 同号, 于是 $a_n - 1$ 与 $a_{n-1} - 1$ 同号, 依此类推, $a_2 - 1$ 与 $a_1 - 1$ 同号, 因为 $a_1 - 1 > 0$, 所以 $a_n > 1$.

由于 $a_{n+1} - 2 = \dfrac{a_n^3}{2a_n^2 - 3a_n + 2} - 2 = \dfrac{(a_n - 2)(a_n^2 - 2a_n + 2)}{2a_n^2 - 3a_n + 2}$,

因为 $a_n^2 - 2a_n + 2 > 0$, $2a_n^2 - 3a_n + 2 > 0$,

则 $a_{n+1} - 2$ 与 $a_n - 2$ 同号, 同理得 $a_n < 2$.

因此 $a_{n+1} - a_n = \dfrac{a_n(2 - a_n)(a_n - 1)}{2a_n^2 - 3a_n + 2} > 0$, 即 $a_{n+1} > a_n$.

综上, 得 $a_n < a_{n+1} < 2$.

（2）观察到在所证明的不等式两边都有 $2n$, 所以我们需要将 a_n 分离出一个 2, 于是 $a_{n+1} - 2 = \dfrac{(a_n - 2)(a_n^2 - 2a_n + 2)}{2a_n^2 - 3a_n + 2}$,

则 $\dfrac{a_{n+1} - 2}{a_n - 2} = \dfrac{a_n^2 - 2a_n + 2}{2a_n^2 - 3a_n + 2} = \dfrac{1}{2}\left(1 + \dfrac{2 - a_n}{2a_n^2 - 3a_n + 2}\right)$,

由 $a_n < 2$，则 $\dfrac{a_{n+1}-2}{a_n-2} > \dfrac{1}{2}$，即 $a_{n+1}-2 < \dfrac{1}{2}(a_n-2)$，

于是 $a_n - 2 \leqslant (a_1-2)\left(\dfrac{1}{2}\right)^{n-1} = -\left(\dfrac{1}{2}\right)^n$，即 $a_n \leqslant 2 - \left(\dfrac{1}{2}\right)^n$，

所以 $S_n \leqslant 2n - \left(\dfrac{1}{2} + \dfrac{1}{2^2} + \cdots + \dfrac{1}{2^n}\right) = 2n - 1 + \dfrac{1}{2^n}$；

又 $\dfrac{2-a_n}{2a_n^2 - 3a_n + 2} = \dfrac{2-a_n}{2(2-a_n)^2 - 5(2-a_n) + 4} = \dfrac{1}{2(2-a_n) + \dfrac{4}{2-a_n} - 5}$，

由（1）知 $a_n \geqslant \dfrac{3}{2}$，则 $2 - a_n \leqslant \dfrac{1}{2}$，

那么 $2(2-a_n) + \dfrac{4}{2-a_n} - 5 \geqslant 1 + 8 - 5 = 4$，所以 $\dfrac{2-a_n}{2a_n^2-3a_n+2} \leqslant \dfrac{1}{4}$，

则 $\dfrac{a_{n+1}-2}{a_n-2} \leqslant \dfrac{1}{2}\left(1+\dfrac{1}{4}\right) = \dfrac{5}{8}$，即 $a_{n+1}-2 \geqslant \dfrac{5}{8}(a_n-2)$，

于是 $a_n - 2 \geqslant (a_1-2)\left(\dfrac{5}{8}\right)^{n-1} = -\dfrac{1}{2}\left(\dfrac{5}{8}\right)^{n-1}$，即 $a_n \geqslant 2 - \dfrac{1}{2}\left(\dfrac{5}{8}\right)^{n-1}$，

那么 $S_n \geqslant 2n - \dfrac{1}{2}\left[1+\dfrac{5}{8}+\cdots+\left(\dfrac{5}{8}\right)^{n-1}\right] = 2n - \dfrac{4}{3}\left[1-\left(\dfrac{5}{8}\right)^n\right] > 2n - \dfrac{4}{3}$。

综上，得 $2n - \dfrac{4}{3} < S_n \leqslant 2n - 1 + \left(\dfrac{1}{2}\right)^n$。

本题的第（2）小题是证明该数列前 n 项和的相对有界性，和式有界性的证明是基于项的相对有界性，即 $2 - \dfrac{1}{2}\left(\dfrac{5}{8}\right)^{n-1} \leqslant a_n \leqslant 2 - \left(\dfrac{1}{2}\right)^n$。所以不管是证明前 n 项和的绝对有界还是相对有界，都是要基于数列项的有界性分析。下面再来看几个例子。

例 7 已知正项数列 $\{a_n\}$，其前 n 项和为 S_n，满足 $a_1 = 1$，$a_n^2 + a_n = 3a_{n+1}^2 + 2a_{n+1}$，$n \in \mathbf{N}^*$。求证：

(1) $a_n \leqslant 2a_{n+1}$；(2) $2 - \dfrac{1}{2^{n-1}} \leqslant S_n < \dfrac{8}{3}$。

【证明】(1) $a_n^2 + a_n = 3a_{n+1}^2 + 2a_{n+1} \leqslant 4a_{n+1}^2 + 2a_{n+1} = (2a_{n+1})^2 + 2a_{n+1}$，

令函数 $f(x) = x^2 + x\,(x>0)$，则有 $f(a_n) \leqslant f(2a_{n+1})$，

又 $f(x)$ 在 $(0, +\infty)$ 上为增函数，所以 $a_n \leqslant 2a_{n+1}$.

（2）由（1）知 $a_{n+1} \geqslant \dfrac{1}{2}a_n$，则 $a_n \geqslant a_1 \cdot \dfrac{1}{2^{n-1}} = \dfrac{1}{2^{n-1}}$，

于是 $S_n \geqslant 1 + \dfrac{1}{2} + \cdots + \dfrac{1}{2^{n-1}} = 2 - \dfrac{1}{2^{n-1}}$；

又 $a_n^2 + a_n = 3a_{n+1}^2 + 2a_{n+1} \geqslant 2a_{n+1}^2 + 2a_{n+1} = 2(a_{n+1}^2 + a_{n+1})$，

即 $a_{n+1}^2 + a_{n+1} \leqslant \dfrac{1}{2}(a_n^2 + a_n)$，于是 $a_n^2 + a_n \leqslant (a_1^2 + a_1)\dfrac{1}{2^{n-1}} = \dfrac{1}{2^{n-2}}$，

那么 $a_n \leqslant \dfrac{1}{2^{n-2}} - a_n^2 \leqslant \dfrac{1}{2^{n-2}} - \left(\dfrac{1}{2^{n-1}}\right)^2 = \dfrac{1}{2^{n-2}} - \dfrac{1}{4^{n-1}}$，

则 $S_n \leqslant 2 + 1 + \dfrac{1}{2} + \cdots + \dfrac{1}{2^{n-2}} - \left(1 + \dfrac{1}{4} + \cdots + \dfrac{1}{4^{n-1}}\right)$

$= 4\left(1 - \dfrac{1}{2^n}\right) - \dfrac{4}{3}\left(1 - \dfrac{1}{4^n}\right) = \dfrac{8}{3} - 4\left(\dfrac{1}{2^n} - \dfrac{1}{3 \cdot 4^n}\right) < \dfrac{8}{3}$.

因此 $2 - \dfrac{1}{2^{n-1}} \leqslant S_n < \dfrac{8}{3}$.

例8 在正项数列 $\{a_n\}$ 中，$a_1 = \dfrac{4}{3}$，$a_{n+1} = a_n^2 + \dfrac{2}{a_n} - 2$，$n \in \mathbf{N}^*$. 求证：

（1）$1 < a_{n+1} < a_n < \sqrt{2}$；（2）$n + \dfrac{1}{3} \leqslant a_1 + a_2 + \cdots + a_n < n + 2$.

【证明】（1）$a_{n+1} - a_n = a_n^2 - a_n + \dfrac{2}{a_n} - 2 = (a_n - 1)a_n + \dfrac{2(1 - a_n)}{a_n}$

$= (a_n - 1)\left(a_n - \dfrac{2}{a_n}\right) = \dfrac{(a_n - 1)(a_n^2 - 2)}{a_n}$，

要证明 $a_{n+1} < a_n$，只需证明 $\dfrac{(a_n - 1)(a_n^2 - 2)}{a_n} < 0$，即证明 $1 < a_n < \sqrt{2}$.

证法一(数学归纳法)：当 $n = 1$ 时，$a_1 = \dfrac{4}{3} \in (1, \sqrt{2})$，结论成立.

假设当 $n = k$ 时，结论成立，即 $1 < a_k < \sqrt{2}$，

那么当 $n=k+1$ 时,令函数 $f(x)=x^2+\dfrac{2}{x}-2$ ($1<x<\sqrt{2}$),

得 $f'(x)=2x-\dfrac{2}{x^2}=\dfrac{2(x^3-1)}{x^2}>0$,则 $f(x)$ 在 $(1,\sqrt{2})$ 上为增函数,

由假设知 $1<a_k<\sqrt{2}$,则 $1=f(1)<f(a_k)<f(\sqrt{2})=\sqrt{2}$,

则 $1<a_{k+1}<\sqrt{2}$,即当 $n=k+1$ 时结论也成立.

所以 $1<a_n<\sqrt{2}$.

于是 $a_{n+1}-a_n=\dfrac{(a_n-1)(a_n^2-2)}{a_n}<0$,

因此 $1<a_{n+1}<a_n<\sqrt{2}$.

证法二(作差比较法):$a_{n+1}-1=a_n^2-1+\dfrac{2}{a_n}-2=(a_n-1)(a_n+1)+\dfrac{2(1-a_n)}{a_n}$

$$=(a_n-1)\left(a_n+1-\dfrac{2}{a_n}\right)=\dfrac{1}{a_n}(a_n-1)(a_n^2+a_n-2)$$

$$=\dfrac{(a_n-1)^2(a_n+2)}{a_n}\geq 0,$$

所以 $a_{n+1}\geq 1$,又 $a_1=\dfrac{4}{3}>1$,所以 $a_n>1$.

又 $a_{n+1}-\sqrt{2}=a_n^2-2+\dfrac{2}{a_n}-\sqrt{2}=(a_n-\sqrt{2})(a_n+\sqrt{2})+\dfrac{\sqrt{2}(\sqrt{2}-a_n)}{a_n}$

$$=(a_n-\sqrt{2})\left(a_n+\sqrt{2}-\dfrac{\sqrt{2}}{a_n}\right),$$

因为 $a_n>1$,得 $a_n+\sqrt{2}-\dfrac{\sqrt{2}}{a_n}>0$,

所以 $a_{n+1}-\sqrt{2}$ 与 $a_n-\sqrt{2}$ 同号,于是 $a_n-\sqrt{2}$ 与 $a_{n-1}-\sqrt{2}$ 同号,依此类推,$a_2-\sqrt{2}$ 与 $a_1-\sqrt{2}$ 同号.

因为 $a_1-\sqrt{2}<0$,所以 $a_n-\sqrt{2}<0$,即 $a_n<\sqrt{2}$.

故 $a_{n+1}-a_n=\dfrac{(a_n-1)(a_n^2-2)}{a_n}<0$,即 $a_{n+1}<a_n$.

因此 $1 < a_{n+1} < a_n < \sqrt{2}$.

(2) 由 (1) 知 $a_n > 1$, 且 $a_1 = \dfrac{4}{3} = 1 + \dfrac{1}{3}$, 所以 $a_1 + a_2 + \cdots + a_n \geqslant n + \dfrac{1}{3}$.

观察到不等式的右边有一个 n, 所以设法将 a_n 拆分出一个 1.

由于 $a_{n+1} - 1 = a_n^2 - 1 + \dfrac{2}{a_n} - 2 = (a_n - 1)(a_n + 1) + \dfrac{2(1 - a_n)}{a_n}$,

得 $\dfrac{a_{n+1} - 1}{a_n - 1} = a_n + 1 - \dfrac{2}{a_n} \leqslant a_1 + 1 - \dfrac{2}{a_1} = \dfrac{5}{6}$,

所以 $a_n - 1 \leqslant (a_1 - 1)\left(\dfrac{5}{6}\right)^{n-1} = \dfrac{1}{3}\left(\dfrac{5}{6}\right)^{n-1}$, 即 $a_n \leqslant 1 + \dfrac{1}{3}\left(\dfrac{5}{6}\right)^{n-1}$,

于是 $a_1 + a_2 + \cdots + a_n \leqslant n + \dfrac{1}{3}\left[1 + \dfrac{5}{6} + \cdots + \left(\dfrac{5}{6}\right)^{n-1}\right] = n + 2\left[1 - \left(\dfrac{5}{6}\right)^n\right] < n + 2$.

因此 $n + \dfrac{1}{3} \leqslant a_1 + a_2 + \cdots + a_n < n + 2$.

例9 已知数列 $\{a_n\}$ 满足 $a_1 = a\ (a > 0)$, $a_{n+1} = \dfrac{\sqrt{1 + a_n^2} - 1}{a_n}$, 数列 $\{a_n\}$ 的前 n 项和为 S_n, $n \in \mathbf{N}^*$. 求证:

(1) $0 < a_n \leqslant a$; (2) $S_n < 2a$; (3) $S_n > \dfrac{2a}{a+1}\left(1 - \dfrac{1}{2^n}\right)$.

【证明】(1) $a_{n+1} = \dfrac{\sqrt{1 + a_n^2} - 1}{a_n} = \dfrac{a_n}{\sqrt{1 + a_n^2} + 1}$,

所以 a_{n+1} 与 a_n 同号, 于是 a_n 与 a_{n-1} 同号, 依此类推, 得 a_2 与 a_1 同号.

因为 $a_1 = a > 0$, 所以 $a_n > 0$.

(注: 要证明 $a_n \leqslant a = a_1$, 如果能证明数列 $\{a_n\}$ 为递减数列, 问题就解决了)

于是 $\dfrac{a_{n+1}}{a_n} = \dfrac{1}{\sqrt{1 + a_n^2} + 1} < 1$, 即 $a_{n+1} < a_n$,

所以数列 $\{a_n\}$ 为单调递减数列, 则 $a_n \leqslant a_1 = a$.

因此 $0 < a_n \leqslant a$.

(2) 观察 $2a$ 的数字特征，a 为首项，2 可以看作 $1+\dfrac{1}{2}+\dfrac{1}{2^2}+\cdots$，如果能够证明 $a_n \leqslant a\left(\dfrac{1}{2}\right)^{n-1}$，问题就解决了.

因为 $\dfrac{a_{n+1}}{a_n} = \dfrac{1}{\sqrt{1+a_n^2}+1} < \dfrac{1}{2}$，即 $a_{n+1} < \dfrac{1}{2}a_n$，则 $a_n \leqslant a_1\left(\dfrac{1}{2}\right)^{n-1} = a\left(\dfrac{1}{2}\right)^{n-1}$，

因此 $S_n \leqslant a\left[1+\dfrac{1}{2}+\cdots+\left(\dfrac{1}{2}\right)^{n-1}\right] = 2a\left(1-\dfrac{1}{2^n}\right) < 2a$.

(3) 同样注意到 $2\left(1-\dfrac{1}{2^n}\right) = 1+\dfrac{1}{2}+\cdots+\left(\dfrac{1}{2}\right)^{n-1}$，$\dfrac{a}{a+1}$ 为常数，如果我们能证明 $a_n > \dfrac{a}{a+1}\left(\dfrac{1}{2}\right)^{n-1}$，问题就解决了.

因为 $a_n > 0$，则 $a_{n+1} = \dfrac{a_n}{\sqrt{1+a_n^2}+1} > \dfrac{a_n}{\sqrt{1+a_n^2+2a_n}+1} = \dfrac{a_n}{a_n+2}$，

两边取倒数，得 $\dfrac{1}{a_{n+1}} < 1 + \dfrac{2}{a_n}$，则 $\dfrac{1}{a_{n+1}}+1 < 2\left(1+\dfrac{1}{a_n}\right)$，

得 $\dfrac{1}{a_n}+1 < \left(1+\dfrac{1}{a}\right)2^{n-1}$，则 $\dfrac{1}{a_n} < \left(1+\dfrac{1}{a}\right)2^{n-1} - 1 < \left(1+\dfrac{1}{a}\right)2^{n-1}$，

所以 $a_n > \dfrac{1}{\left(1+\dfrac{1}{a}\right)2^{n-1}} = \dfrac{a}{a+1}\left(\dfrac{1}{2}\right)^{n-1}$，

因此 $S_n > \dfrac{a}{a+1}\left[1+\dfrac{1}{2}+\cdots+\left(\dfrac{1}{2}\right)^{n-1}\right] = \dfrac{2a}{a+1}\left(1-\dfrac{1}{2^n}\right)$.

例 10 已知数列 $\{a_n\}$ 满足 $a_1=1$，$a_{n+1} = \dfrac{a_n}{1+\ln(a_n+1)}$ $(n \in \mathbf{N}^*)$，设数列 $\left\{\dfrac{1}{a_n}\right\}$ 的前 n 项和为 T_n. 求证：

（1）$0 < a_{n+1} < a_n$；（2）$\dfrac{a_n}{a_n+1} < a_{n+1} < \dfrac{a_n^2+a_n}{2a_n+1}$；（3）$\dfrac{n(n+3)}{4} \leqslant T_n \leqslant \dfrac{n(n+1)}{2}$.

【证明】（1）先用数学归纳法证明 $a_n > 0$.

当 $n=1$ 时，$a_1 = 1 > 0$ 成立.

假设当 $n=k$ 时，$a_k>0$，

那么当 $n=k+1$ 时，由假设 $a_k>0$，则 $\ln(a_k+1)>0$，

于是 $a_{k+1}=\dfrac{a_k}{1+\ln(a_k+1)}>0$，即当 $n=k+1$ 时结论也成立．

所以对任意的 $n\in\mathbf{N}^*$，都有 $a_n>0$．

再证明不等式的右边，由 $a_{n+1}=\dfrac{a_n}{1+\ln(a_n+1)}$，得 $\dfrac{a_{n+1}}{a_n}=\dfrac{1}{1+\ln(a_n+1)}$，

因为 $\ln(a_n+1)>0$，所以 $\dfrac{a_{n+1}}{a_n}=\dfrac{1}{1+\ln(a_n+1)}<1$，即 $a_{n+1}<a_n$．

因此 $0<a_{n+1}<a_n$．

（2）因为 $a_{n+1}=\dfrac{a_n}{1+\ln(a_n+1)}$，要证明 $a_{n+1}>\dfrac{a_n}{a_n+1}$，

即证明 $\dfrac{a_n}{1+\ln(a_n+1)}>\dfrac{a_n}{a_n+1}$，只需证明 $\ln(a_n+1)<a_n$．

由于 $\ln(x+1)<x$ 在 $(0,1]$ 上恒成立，又 $0<a_n\leqslant 1$，则 $\ln(a_n+1)<a_n$ 成立，

所以 $\dfrac{a_n}{1+\ln(a_n+1)}>\dfrac{a_n}{a_n+1}$，即 $a_{n+1}>\dfrac{a_n}{a_n+1}$ 成立．

要证明 $a_{n+1}<\dfrac{a_n^2+a_n}{2a_n+1}$，即证明 $\dfrac{a_n}{1+\ln(a_n+1)}<\dfrac{a_n^2+a_n}{2a_n+1}$，

只需证明 $2a_n+1<(a_n+1)[1+\ln(a_n+1)]$，即证明 $\ln(a_n+1)>\dfrac{a_n}{a_n+1}$．

令 $f(x)=\ln(x+1)-\dfrac{x}{x+1}\ (0<x\leqslant 1)$，

则 $f'(x)=\dfrac{1}{x+1}-\dfrac{x+1-x}{(x+1)^2}=\dfrac{1}{x+1}-\dfrac{1}{(x+1)^2}=\dfrac{x}{(x+1)^2}>0$，

所以 $f'(x)=\ln(x+1)-\dfrac{x}{x+1}$ 在 $(0,1]$ 上为增函数，则 $f(x)>f(0)=0$，

即 $\ln(x+1)>\dfrac{x}{x+1}$，则 $\ln(a_n+1)>\dfrac{a_n}{a_n+1}$，

所以 $\dfrac{a_n}{1+\ln(a_n+1)} < \dfrac{a_n^2+a_n}{2a_n+1}$ 成立，即 $a_{n+1} < \dfrac{a_n^2+a_n}{2a_n+1}$ 成立.

因此 $\dfrac{a_n}{a_n+1} < a_{n+1} < \dfrac{a_n^2+a_n}{2a_n+1}$.

(3) 由 (2) 知 $\dfrac{a_n}{a_n+1} \leqslant a_{n+1}$，两边取倒数，得 $\dfrac{a_n+1}{a_n} \geqslant \dfrac{1}{a_{n+1}}$，即 $\dfrac{1}{a_{n+1}} - \dfrac{1}{a_n} \leqslant 1$，

于是 $\dfrac{1}{a_n} \leqslant \dfrac{1}{a_1} + n - 1 = n$，所以 $T_n \leqslant 1 + 2 + \cdots + n = \dfrac{n(n+1)}{2}$.

对于不等式的左边 $T_n \geqslant \dfrac{n^2+3n}{4}$，注意到 $\dfrac{n^2+3n}{4} - \dfrac{(n-1)^2+3(n-1)}{4} = \dfrac{n+1}{2}$，所以要证明 $T_n \geqslant \dfrac{n^2+3n}{4}$. 如果能够证明 $\dfrac{1}{a_n} \geqslant \dfrac{n+1}{2}$，问题就解决了. 又注意到此不等式两边当 $n=1$ 时都等于 1，而数列 $\left\{\dfrac{n+1}{2}\right\}$ 是公差为 $\dfrac{1}{2}$ 的等差数列，如果能证明数列 $\left\{\dfrac{1}{a_n}\right\}$ 的前后项的间隔均大于等于 $\dfrac{1}{2}$，即 $\dfrac{1}{a_{n+1}} - \dfrac{1}{a_n} \geqslant \dfrac{1}{2}$，问题也就解决了. 所以只需证明 $a_{n+1} \leqslant \dfrac{2a_n}{a_n+2}$.

路径一： 要证明 $a_{n+1} \leqslant \dfrac{2a_n}{a_n+2}$，即证明 $\dfrac{a_n}{1+\ln(a_n+1)} \leqslant \dfrac{2a_n}{a_n+2}$，

只需证明 $2\ln(1+a_n) \geqslant a_n$.

令 $g(x) = 2\ln(1+x) - x \ (0 < x \leqslant 1)$，则 $g'(x) = \dfrac{2}{1+x} - 1 = \dfrac{1-x}{1+x} \geqslant 0$，

所以 $g(x)$ 在 $(0, 1]$ 上是增函数，得 $g(x) > g(0) = 0$，

则 $2\ln(1+a_n) \geqslant a_n$ 成立，所以 $a_{n+1} \leqslant \dfrac{2a_n}{a_n+2}$.

两边取倒数，得 $\dfrac{1}{a_{n+1}} \geqslant \dfrac{a_n+2}{2a_n} = \dfrac{1}{2} + \dfrac{1}{a_n}$，即 $\dfrac{1}{a_{n+1}} - \dfrac{1}{a_n} \geqslant \dfrac{1}{2}$，

于是 $\dfrac{1}{a_n} \geqslant \dfrac{1}{a_1} + \dfrac{1}{2}(n-1) = \dfrac{n+1}{2}$，则 $T_n \geqslant \left(1 + \dfrac{n+1}{2}\right) \cdot \dfrac{n}{2} = \dfrac{n^2+3n}{4}$.

综上，得 $\dfrac{n(n+3)}{4} \leq T_n \leq \dfrac{n(n+1)}{2}$.

路径二：由（2）知 $a_{n+1} < \dfrac{a_n^2 + a_n}{2a_n + 1}$，

若我们能证明 $\dfrac{2a_n}{a_n + 2} \geq \dfrac{a_n^2 + a_n}{2a_n + 1}$，即 $\dfrac{2}{a_n + 2} \geq \dfrac{a_n + 1}{2a_n + 1}$，问题就解决了.

因为 $0 < a_n \leq 1$，则 $4a_n + 2 \geq a_n^2 + 3a_n + 2 = (a_n + 2)(a_n + 1)$ 成立，

即 $\dfrac{2}{a_n + 2} \geq \dfrac{a_n + 1}{2a_n + 1}$ 成立，则 $\dfrac{a_n^2 + a_n}{2a_n + 1} \leq \dfrac{2a_n}{a_n + 2}$ 成立，所以 $a_{n+1} \leq \dfrac{2a_n}{a_n + 2}$.

下面的证明过程与路径一相同.

练习 7.2

1. 设数列 $\{a_n\}$ 满足 $a_n = \dfrac{1}{(n+1)^2(n+2)}$，$n \in \mathbf{N}^*$，其前 n 项和为 S_n. 求证：$S_n < \dfrac{1}{4}$.

2. 已知正项数列 $\{a_n\}$ 满足 $\dfrac{1}{a_1} + \dfrac{1}{a_2} + \cdots + \dfrac{1}{a_n} = \dfrac{1}{a_1} \cdot \dfrac{1}{a_2} \cdot \cdots \cdot \dfrac{1}{a_n}$，$n \in \mathbf{N}^*$.

（1）求 a_{n+1} 与 a_n 的关系式；

（2）若 $a_1 = \dfrac{1}{2}$，数列 $\{(a_n - 1)^2\}$ 的前 n 项和为 S_n，求证：$\dfrac{1}{4} \leq S_n < \dfrac{3}{4}$.

3. 已知数列 $\{a_n\}$ 的前 n 项和为 S_n，满足 $a_1 = \dfrac{1}{2}$，$a_{n+1} = \sqrt{\dfrac{a_n + 1}{2}}$，$n \in \mathbf{N}^*$. 求证：

（1）$a_{n+1} > a_n$；

（2）$a_n = \cos \dfrac{\pi}{3 \cdot 2^{n-1}}$；

（3）$S_n > n - \dfrac{27 + \pi^2}{54}$.

4. 已知正项数列 $\{a_n\}$ 满足 $a_1 = 1$，$a_{n+1} = a_n + \ln(1 + a_n)$，前 n 项和为 S_n，$n \in \mathbf{N}^*$. 求证：

（1）$\dfrac{1}{2} < \dfrac{a_n}{a_{n+1}} < 1$；

（2）$\dfrac{2n+1}{3} \leqslant a_n \leqslant 2^{n-1}$；

（3）$\sqrt{\dfrac{1}{S_1}} + \sqrt{\dfrac{2}{S_2}} + \cdots + \sqrt{\dfrac{n}{S_n}} < 2\sqrt{3n}$．

5. 已知数列 $\{a_n\}$ 的各项均为正数，$a_1 = 1$，$a_{n+1}^2 = a_n^2 + \dfrac{a_n}{n^2}$，$n \in \mathbf{N}^*$．求证：

（1）$\sqrt{2 + \dfrac{\sqrt{2}(n-2)}{2n}} \leqslant a_n < 2 \, (n \geqslant 2)$；

（2）$(a_2 - a_1) + 2^2(a_3 - a_2) + \cdots + n^2(a_{n+1} - a_n) > \dfrac{n}{2} - \dfrac{1}{4}$．

习题七

1. 已知数列 $\{a_n\}$ 满足 $2S_n = na_n$，$n \in \mathbf{N}^*$，其中 S_n 是 $\{a_n\}$ 的前 n 项和，$a_2 = 1$．

   (1) 求数列 $\{a_n\}$ 的通项公式；

   (2) 证明：$\dfrac{3}{2} \leqslant \left(1 + \dfrac{1}{2a_{n+1}}\right)^n < \sqrt{\mathrm{e}}$．

2. 已知正项数列 $\{a_n\}$ 的前 n 项和为 S_n，满足 $S_1 > 1$，$6S_n = (a_n + 1)(a_n + 2)$，$n \in \mathbf{N}^*$．

   (1) 求 $\{a_n\}$ 的通项公式；

   (2) 设数列 $\{b_n\}$ 满足 $a_n(2^{b_n} - 1) = 1$，记 T_n 为数列 $\{b_n\}$ 的前 n 项和，求证：$3T_n + 1 > \log_2(a_n + 3)$．

3. 设 $f_n(x) = x + x^2 + \cdots + x^n - 1$，其中 $x > 0$，$n \in \mathbf{N}$ 且 $n \geqslant 2$．

   (1) 求 $f_n'(2)$；

   (2) 证明：函数 $f_n(x)$ 在 $\left(0, \dfrac{2}{3}\right)$ 内有且仅有一个零点（记为 a_n），且 $0 < a_n - \dfrac{1}{2} < \dfrac{1}{3}\left(\dfrac{2}{3}\right)^n$．

4. 已知数列 $\{a_n\}$ 满足 $a_1 = 1$，$a_n = \dfrac{1}{a_{n+1}} - \dfrac{1}{2}$，$n \in \mathbf{N}^*$．求证：

   (1) $\dfrac{2}{3} \leqslant a_n \leqslant 1$；

   (2) $|a_{n+1} - a_n| \leqslant \dfrac{1}{3}\left(\dfrac{2}{3}\right)^{n-1}$；

   (3) $|a_{2n} - a_n| \leqslant \dfrac{1}{3}$．

5. 已知数列 $\{a_n\}$ 满足 $a_1 = \dfrac{1}{2}$，$a_{n+1} = \sin\left(\dfrac{\pi}{2}a_n\right)$，其前 n 项和为 S_n，$n \in \mathbf{N}^*$．求证：

   (1) $\dfrac{1}{2} \leqslant a_n < a_{n+1} < 1$；

   (2) $S_n > n - \dfrac{4}{3}$．

6. 已知数列 $\{a_n\}$ 满足 $a_n > 0$，$a_1 = 2$，且 $(n+1)a_{n+1}^2 = na_n^2 + a_n$，$n \in \mathbf{N}^*$. 求证：

   (1) $a_n > a_{n+1} > 1$；

   (2) $a_n^2 \leq \dfrac{2n+2}{n}$；

   (3) $\dfrac{a_2^2}{2^2} + \dfrac{a_3^2}{3^2} + \cdots + \dfrac{a_n^2}{n^2} < 2$.

7. 已知数列 $\{a_n\}$ 满足 $a_1 = \dfrac{3}{2}$，$a_{n+1} = \dfrac{a_n - 1}{\ln a_n}$，$n \in \mathbf{N}^*$. 求证：

   (1) $a_n > a_{n+1} > 1$；

   (2) $\dfrac{2a_n}{a_n + 1} < a_{n+1} < \dfrac{a_n + 1}{2}$；

   (3) $\dfrac{2}{3}\left(1 - \dfrac{1}{2^n}\right) < \ln(a_1 a_2 \cdots a_n) < 1 - \dfrac{1}{2^n}$.

8. 已知数列 $\{a_n\}$ 的前 n 项和为 S_n，满足 $a_1 = 0$，$a_{n+1}^2 + a_{n+1} - 1 = a_n^2$，$a_n \geq 0$，$n \in \mathbf{N}^*$，记 $T_n = \dfrac{1}{1+a_1} + \dfrac{1}{(1+a_1)(1+a_2)} + \cdots + \dfrac{1}{(1+a_1)(1+a_2)\cdots(1+a_n)}$. 求证：

   (1) $a_n < a_{n+1} < 1$；

   (2) $S_n > n - 2$；

   (3) $T_n < 3$.

参考解析七

练习 7.1

1.【解析】(1) 由 $x_1=\dfrac{1}{2}$，$x_{n+1}=\dfrac{1}{1+x_n}$，易知 $x_n>0$，易得 $x_2=\dfrac{2}{3}$，$x_4=\dfrac{5}{8}$，

由 $x_2>x_4$，猜想数列 $\{x_{2n}\}$ 为递减数列.

$$x_{2n+2}-x_{2n}=\dfrac{1}{1+x_{2n+1}}-x_{2n}=\dfrac{1}{1+\dfrac{1}{1+x_{2n}}}-x_{2n}=\dfrac{x_{2n}+1}{x_{2n}+2}-x_{2n}=\dfrac{1-x_{2n}-x_{2n}^2}{2+x_{2n}},$$

由于 $1-x_{2n}-x_{2n}^2$ 的符号不易确定，所以我们尝试前后项关联性作差，

$$x_{2n+2}-x_{2n}=\dfrac{1}{1+x_{2n+1}}-\dfrac{1}{1+x_{2n-1}}=\dfrac{1+x_{2n}}{2+x_{2n}}-\dfrac{1+x_{2n-2}}{2+x_{2n-2}}=\dfrac{x_{2n}-x_{2n-2}}{(2+x_{2n})(2+x_{2n-2})},$$

则 $x_{2n+2}-x_{2n}$ 与 $x_{2n}-x_{2n-2}$ 同号，于是 $x_{2n}-x_{2n-2}$ 与 $x_{2n-2}-x_{2n-4}$ 同号，依此类推，所以 $x_{2n+2}-x_{2n}$ 与 a_4-a_2 同号.

因为 $a_4-a_2<0$，所以 $x_{2n+2}-x_{2n}<0$，因此数列 $\{x_{2n}\}$ 为递减数列.

(2) 由 $|x_{n+1}-x_n|=\left|\dfrac{1}{1+x_n}-\dfrac{1}{1+x_{n-1}}\right|=\dfrac{|x_n-x_{n-1}|}{(1+x_n)(1+x_{n-1})}$，

当 $n\geq 2$ 时，易知 $0<x_{n-1}<1$，则 $1+x_{n-1}<2$，那么 $x_n=\dfrac{1}{1+x_{n-1}}>\dfrac{1}{2}$，

所以 $(1+x_n)(1+x_{n-1})=\left(1+\dfrac{1}{1+x_{n-1}}\right)(1+x_{n-1})=2+x_{n-1}\geq\dfrac{5}{2}$，

于是 $|x_{n+1}-x_n|=\dfrac{|x_n-x_{n-1}|}{(1+x_n)(1+x_{n-1})}\leq\dfrac{2}{5}|x_n-x_{n-1}|$，则 $|x_{n+1}-x_n|\leq|x_2-x_1|\left(\dfrac{2}{5}\right)^{n-1}=\dfrac{1}{6}\left(\dfrac{2}{5}\right)^{n-1}$.

2.【证明】(1) 先用数学归纳法证明 $0<a_n<1$.

当 $n=1$ 时，$a_1=\dfrac{1}{2}$，结论成立.

假设当 $n=k$ 时，结论成立，即 $0<a_k<1$，

那么当 $n=k+1$ 时，令函数 $f(x)=x-\ln(1+x)$，则 $a_{k+1}=f(a_k)$，

当 $0<x<1$ 时，$f'(x)=1-\dfrac{1}{x+1}=\dfrac{x}{x+1}>0$，所以 $f(x)$ 在 $(0,1)$ 上为增函数，

由假设 $0<a_k<1$，得 $f(0)<f(a_k)<f(1)$，则 $0<a_{k+1}<1-\ln 2<1$，

故当 $n=k+1$ 时结论也成立.

因此 $0<a_n<1$ 对于一切正整数 n 都成立.

因为 $0<a_n<1$,所以 $a_{n+1}-a_n=-\ln(1+a_n)<0$,从而 $a_{n+1}<a_n$.

综上,得 $0<a_{n+1}<a_n<1$.

(2)要证明 $a_{n+1}<\dfrac{a_n^2}{2}$,只需证明 $\dfrac{a_n^2}{2}-a_{n+1}=\dfrac{a_n^2}{2}-a_n+\ln(1+a_n)>0$,

所以令函数 $g(x)=\dfrac{x^2}{2}-x+\ln(1+x)$,$0<x<1$,

则 $g'(x)=x-1+\dfrac{1}{1+x}=\dfrac{x^2}{1+x}>0$,故 $g(x)$ 在 $(0,1)$ 上为增函数.

由于 $0<a_n<1$,得 $g(a_n)>g(0)=0$,即 $\dfrac{a_n^2}{2}-a_n+\ln(1+a_n)>0$,

因此 $\dfrac{a_n^2}{2}>a_n-\ln(1+a_n)=a_{n+1}$,即 $a_{n+1}<\dfrac{a_n^2}{2}$.

(3)由 $a_{n+1}<\dfrac{a_n^2}{2}$,知 $\dfrac{a_{n+1}}{a_n}<\dfrac{a_n}{2}\leqslant\dfrac{a_1}{2}=\dfrac{1}{4}$,即 $a_{n+1}<\dfrac{1}{4}a_n$,

因此 $a_n\leqslant a_1\left(\dfrac{1}{4}\right)^{n-1}=\dfrac{1}{2}\left(\dfrac{1}{2}\right)^{2n-2}=\dfrac{1}{2^{2n-1}}$.

3.【证明】先用数学归纳法证明 $a_n>c^{\frac{1}{p}}$.

当 $n=1$ 时,$a_1>c^{\frac{1}{p}}$,结论成立.

假设当 $n=k$ 时,结论成立,即 $a_k>c^{\frac{1}{p}}$,

那么当 $n=k+1$ 时,令函数 $f(x)=\dfrac{p-1}{p}x+\dfrac{c}{p}x^{1-p}$,则 $a_{k+1}=f(a_k)$,

则 $f'(x)=\dfrac{p-1}{p}+\dfrac{c(1-p)}{p}x^{-p}=\dfrac{p-1}{p}\left(1-\dfrac{c}{x^p}\right)$,

当 $x>c^{\frac{1}{p}}$ 时,$x^p>c$,则 $1-\dfrac{c}{x^p}>0$,又 $p>1$,即 $f'(x)>0$,则 $f(x)$ 在 $(c^{\frac{1}{p}},+\infty)$ 上为增函数,

由假设 $a_k>c^{\frac{1}{p}}$,得 $a_{k+1}=f(a_k)>f(c^{\frac{1}{p}})=\dfrac{p-1}{p}c^{\frac{1}{p}}+\dfrac{c}{p}(c^{\frac{1}{p}})^{1-p}=\dfrac{p-1}{p}c^{\frac{1}{p}}+\dfrac{1}{p}c^{\frac{1}{p}}=c^{\frac{1}{p}}$,

故当 $n=k+1$ 时结论也成立.

因此 $a_n>c^{\frac{1}{p}}$ 对于一切正整数 n 都成立.

在 $a_{n+1}=\dfrac{p-1}{p}a_n+\dfrac{c}{p}a_n^{1-p}$ 两边同除以 a_n,得 $\dfrac{a_{n+1}}{a_n}=\dfrac{p-1}{p}+\dfrac{c}{p}a_n^{-p}=\dfrac{p-1}{p}+\dfrac{c}{pa_n^p}<\dfrac{p-1}{p}+\dfrac{c}{p(c^{\frac{1}{p}})^p}=1$,

所以 $a_{n+1} < a_n$. 综上，得 $a_n > a_{n+1} > c^{\frac{1}{p}}$.

4. 【解析】（1）根据题设 $a_{n+1} = (\sqrt{2}-1)(a_n+2)$，由待定系数法知 $a_{n+1}-\sqrt{2} = (\sqrt{2}-1)(a_n-\sqrt{2})$，

所以数列 $\{a_n-\sqrt{2}\}$ 是首项为 $2-\sqrt{2}$，公比为 $\sqrt{2}-1$ 的等比数列，

则 $a_n-\sqrt{2} = (2-\sqrt{2})(\sqrt{2}-1)^{n-1} = \sqrt{2}(\sqrt{2}-1)^n$，因此 $\{a_n\}$ 的通项公式为 $a_n = \sqrt{2}[(\sqrt{2}-1)^n+1]$.

（2）要证明 $\sqrt{2} < b_n \leq a_{4n-3}$，只需证明 $0 < b_n-\sqrt{2} \leq a_{4n-3}-\sqrt{2} = \sqrt{2}(\sqrt{2}-1)^{4n-3}$.

由 $b_1 = 2$，$b_{n+1} = \dfrac{3b_n+4}{2b_n+3}$，显然 $b_n > 0$，$b_{n+1}-\sqrt{2} = \dfrac{3b_n+4}{2b_n+3}-\sqrt{2} = \dfrac{(3-2\sqrt{2})(b_n-\sqrt{2})}{2b_n+3}$.

因为 $3-2\sqrt{2} > 0$，$2b_n+3 > 0$，所以 $b_{n+1}-\sqrt{2}$ 与 $b_n-\sqrt{2}$ 同号，于是 $b_n-\sqrt{2}$ 与 $b_{n-1}-\sqrt{2}$ 同号，依此类推，$b_2-\sqrt{2}$ 与 $b_1-\sqrt{2}$ 同号.

因为 $b_1-\sqrt{2} > 0$，所以 $b_n-\sqrt{2} > 0$，即 $b_n > \sqrt{2}$.

所以 $\dfrac{3-2\sqrt{2}}{2b_n+3} < \dfrac{3-2\sqrt{2}}{2\sqrt{2}+3} = (3-2\sqrt{2})^2 = (\sqrt{2}-1)^4$，则 $b_{n+1}-\sqrt{2} < (\sqrt{2}-1)^4(b_n-\sqrt{2})$，

于是 $b_n-\sqrt{2} \leq (b_1-\sqrt{2})(\sqrt{2}-1)^{4n-4} = (2-\sqrt{2})(\sqrt{2}-1)^{4n-4} = \sqrt{2}(\sqrt{2}-1)^{4n-3} = a_{4n-3}-\sqrt{2}$.

综上，得 $\sqrt{2} < b_n \leq a_{4n-3}$.

练习 7.2

1. 【证明】$a_n = \dfrac{1}{(n+1)^2(n+2)} < \dfrac{1}{n(n+1)(n+2)} = \dfrac{1}{2}\left[\dfrac{1}{n(n+1)}-\dfrac{1}{(n+1)(n+2)}\right]$，

那么 $S_n < \dfrac{1}{2}\left[\dfrac{1}{2}-\dfrac{1}{6}+\dfrac{1}{6}-\dfrac{1}{12}+\cdots+\dfrac{1}{n(n+1)}-\dfrac{1}{(n+1)(n+2)}\right] = \dfrac{1}{2}\left[\dfrac{1}{2}-\dfrac{1}{(n+1)(n+2)}\right] < \dfrac{1}{4}$.

2. 【解析】（1）由 $\dfrac{1}{a_1}+\dfrac{1}{a_2}+\cdots+\dfrac{1}{a_n} = \dfrac{1}{a_1} \cdot \dfrac{1}{a_2} \cdot \cdots \cdot \dfrac{1}{a_n}$，

得 $\dfrac{1}{a_1}+\dfrac{1}{a_2}+\cdots+\dfrac{1}{a_n}+\dfrac{1}{a_{n+1}} = \dfrac{1}{a_1} \cdot \dfrac{1}{a_2} \cdot \cdots \cdot \dfrac{1}{a_n} \cdot \dfrac{1}{a_{n+1}}$，

两式相减，得 $\dfrac{1}{a_{n+1}} = \left(\dfrac{1}{a_{n+1}}-1\right) \cdot \dfrac{1}{a_1} \cdot \dfrac{1}{a_2} \cdot \cdots \cdot \dfrac{1}{a_n}$，化简得 $a_1 a_2 \cdots a_n = 1-a_{n+1}$.

当 $n \geq 2$ 时，$a_1 a_2 \cdots a_{n-1} = 1-a_n$，两式相除，得 $a_n = \dfrac{1-a_{n+1}}{1-a_n}$，于是 $a_{n+1} = a_n^2-a_n+1$.

又当 $n=1$ 时，$a_2 = 1-a_1$，因此 $a_{n+1} = \begin{cases} 1-a_n, & n=1, \\ a_n^2-a_n+1, & n \geq 2. \end{cases}$

(2) 不等式的左边 $S_n \geq S_1 = (a_1-1)^2 = \dfrac{1}{4}$.

对于不等式的右边, 当 $n \geq 2$ 时, $(a_n-1)^2 = a_n^2 - 2a_n + 1 = a_n^2 - a_n + 1 - a_n = a_{n+1} - a_n$,

于是 $S_n = (a_1-1)^2 + (a_2-1)^2 + (a_3-1)^2 + \cdots + (a_n-1)^2$

$= \dfrac{1}{4} + a_3 - a_2 + a_4 - a_3 + \cdots + a_{n+1} - a_n = \dfrac{1}{4} + a_{n+1} - a_2 = a_{n+1} - \dfrac{1}{4}$,

(注: 那么只需证明 $a_{n+1} < 1$ 即可)

又 $a_{n+1} - 1 = a_n^2 - a_n = a_n(a_n-1)$, 则 $a_{n+1}-1$ 与 a_n-1 同号, 依此类推, a_3-1 与 a_2-1 同号.

因为 $a_2 - 1 = -\dfrac{1}{2} < 0$, 所以 $a_{n+1} - 1 < 0$, 即 $a_{n+1} < 1$, 所以 $S_n = a_{n+1} - \dfrac{1}{4} < \dfrac{3}{4}$.

因此 $\dfrac{1}{4} \leq S_n < \dfrac{3}{4}$.

3. 【证明】(1) 由 $a_{n+1} = \sqrt{\dfrac{a_n+1}{2}} \geq 0$, $a_1 = \dfrac{1}{2} > 0$, 则 $a_n \geq 0$,

证法一: $a_{n+1}^2 - a_n^2 = \dfrac{a_n+1}{2} - a_n^2 = -\dfrac{1}{2}(2a_n+1)(a_n-1)$,

所以要证明 $a_{n+1} > a_n$, 只需证明 $a_n - 1 < 0$,

由 $a_{n+1}^2 - 1 = (a_{n+1}-1)(a_{n+1}+1) = \dfrac{a_n+1}{2} - 1 = \dfrac{1}{2}(a_n-1)$,

则 $a_{n+1}-1$ 与 a_n-1 同号, 于是 a_n-1 与 $a_{n-1}-1$ 同号, 依此类推, a_2-1 与 a_1-1 同号.

因为 $a_1 - 1 < 0$, 所以 $a_n < 1$. (注: 也可以用数学归纳法证明)

所以 $a_{n+1}^2 - a_n^2 > 0$, 因此 $a_{n+1} > a_n$.

证法二: $a_{n+1}^2 - a_n^2 = (a_{n+1}-a_n)(a_{n+1}+a_n) = \dfrac{a_n+1}{2} - \dfrac{a_{n-1}+1}{2} = \dfrac{1}{2}(a_n - a_{n-1})$,

所以 $a_{n+1}-a_n$ 与 a_n-a_{n-1} 同号, 于是 a_n-a_{n-1} 与 $a_{n-1}-a_{n-2}$ 同号, 依此类推, a_3-a_2 与 a_2-a_1 同号.

由 $a_2 = \sqrt{\dfrac{1+a_1}{2}} = \dfrac{\sqrt{3}}{2} > \dfrac{1}{2} = a_1$, 即 $a_2 - a_1 > 0$, 所以 $a_{n+1} - a_n > 0$, 即 $a_{n+1} > a_n$.

(2) 当 $n=1$ 时, $a_1 = \cos\dfrac{\pi}{3 \cdot 2^{1-1}} = \dfrac{1}{2}$, 结论成立.

假设当 $n=k$ 时, 结论成立, 即 $a_k = \cos\dfrac{\pi}{3 \cdot 2^{k-1}}$,

那么当 $n=k+1$ 时, $a_{k+1} = \sqrt{\dfrac{a_k+1}{2}} = \sqrt{\dfrac{1}{2}\left(1+\cos\dfrac{\pi}{3 \cdot 2^{k-1}}\right)}$

$= \sqrt{\dfrac{1}{2}\left[1+\cos\left(2 \cdot \dfrac{\pi}{3 \cdot 2^k}\right)\right]} = \sqrt{\cos^2\dfrac{\pi}{3 \cdot 2^k}} = \cos\dfrac{\pi}{3 \cdot 2^k}$,

即当 $n=k+1$ 时结论也成立.

因此 $a_n=\cos\dfrac{\pi}{3\cdot 2^{n-1}}$ 对于一切正整数 n 都成立.

(3) 观察到所证不等式的右边有 n 的项,那么将 $a_n=\cos\dfrac{\pi}{3\cdot 2^{n-1}}$ 分离出一个 1 来.

由于 $a_n=\cos\dfrac{\pi}{3\cdot 2^{n-1}}=\cos\left(2\cdot\dfrac{\pi}{3\cdot 2^n}\right)=1-2\sin^2\dfrac{\pi}{3\cdot 2^n}$,

于是 $S_n=n-2\left(\sin^2\dfrac{\pi}{3\cdot 2}+\sin^2\dfrac{\pi}{3\cdot 2^2}+\cdots+\sin^2\dfrac{\pi}{3\cdot 2^n}\right)$.

因为当 $x\in\left(0,\dfrac{\pi}{2}\right)$ 时,$\sin x<x$,则 $\sin^2\dfrac{\pi}{3\cdot 2^n}<\left(\dfrac{\pi}{3\cdot 2^n}\right)^2=\dfrac{\pi^2}{9}\cdot\dfrac{1}{4^n}$,

那么 $\sin^2\dfrac{\pi}{3\cdot 2}+\sin^2\dfrac{\pi}{3\cdot 2^2}+\cdots+\sin^2\dfrac{\pi}{3\cdot 2^n}<\dfrac{1}{4}+\dfrac{\pi^2}{9}\left(\dfrac{1}{4^2}+\dfrac{1}{4^3}+\cdots+\dfrac{1}{4^n}\right)$

$$=\dfrac{1}{4}+\dfrac{\pi^2}{9}\cdot\dfrac{1}{12}\left(1-\dfrac{1}{4^{n-1}}\right)<\dfrac{1}{4}+\dfrac{\pi^2}{108}.$$

因此 $S_n>n-2\left(\dfrac{1}{4}+\dfrac{\pi^2}{108}\right)=n-\dfrac{27+\pi^2}{54}$.

4.【证明】(1) 由 $a_n>0$,得 $a_{n+1}-a_n=\ln(1+a_n)>0$,所以 $\dfrac{a_n}{a_{n+1}}<1$;

又 $\ln(1+a_n)<a_n$,则 $a_{n+1}-a_n=\ln(1+a_n)<a_n$,即 $a_{n+1}<2a_n$,所以 $\dfrac{a_n}{a_{n+1}}>\dfrac{1}{2}$.

因此 $\dfrac{1}{2}<\dfrac{a_n}{a_{n+1}}<1$.

(2) 由(1)知 $\dfrac{a_{n+1}}{a_n}<2$,则 $a_n\leq a_1\cdot 2^{n-1}=2^{n-1}$;

又 $a_{n+1}-a_n=\ln(1+a_n)\geq\ln(1+a_1)\geq\ln 2>\dfrac{2}{3}$,于是 $a_n\geq a_1+\dfrac{2}{3}(n-1)=\dfrac{2n+1}{3}$.

因此 $\dfrac{2n+1}{3}\leq a_n\leq 2^{n-1}$.

(3) 由(2)知 $a_n\geq\dfrac{2n+1}{3}$,则 $S_n\geq\dfrac{n}{2}\left(1+\dfrac{2n+1}{3}\right)=\dfrac{n(n+2)}{3}$,进而得 $\dfrac{S_n}{n}\geq\dfrac{n+2}{3}$,

那么 $\sqrt{\dfrac{n}{S_n}}\leq\sqrt{\dfrac{3}{n+2}}=\dfrac{2\sqrt{3}}{2\sqrt{n+2}}<\dfrac{2\sqrt{3}}{\sqrt{n+2}+\sqrt{n+1}}=2\sqrt{3}(\sqrt{n+2}-\sqrt{n+1})$,

所以 $\sqrt{\dfrac{1}{S_1}}+\sqrt{\dfrac{2}{S_2}}+\cdots+\sqrt{\dfrac{n}{S_n}}<2\sqrt{3}(\sqrt{3}-\sqrt{2}+\sqrt{4}-\sqrt{3}+\cdots+\sqrt{n+2}-\sqrt{n+1})=2\sqrt{3}(\sqrt{n+2}-\sqrt{2})$.

又因为 $(\sqrt{n+2})^2<(\sqrt{n}+\sqrt{2})^2$,所以 $\sqrt{n+2}-\sqrt{2}<\sqrt{n}$.

因此 $\sqrt{\dfrac{1}{S_1}}+\sqrt{\dfrac{2}{S_2}}+\cdots+\sqrt{\dfrac{n}{S_n}}<2\sqrt{3n}$.

5. 【证明】（1）因为 $a_n>0$，$a_{n+1}^2=a_n^2+\dfrac{a_n}{n^2}>a_n^2$，则 $a_{n+1}>a_n$，所以数列 $\{a_n\}$ 为单调递增数列.

由 $a_1=1$，知 $a_2=\sqrt{2}$，则当 $n\geqslant 2$ 时，$a_{n+1}^2-a_n^2=\dfrac{a_n}{n^2}\geqslant\dfrac{\sqrt{2}}{n^2}$，

累差叠加，得 $a_n^2-a_2^2\geqslant\sqrt{2}\left[\dfrac{1}{2^2}+\dfrac{1}{3^2}+\cdots+\dfrac{1}{(n-1)^2}\right]$

$$>\sqrt{2}\left[\dfrac{1}{2\times 3}+\dfrac{1}{3\times 4}+\cdots+\dfrac{1}{(n-1)n}\right]=\sqrt{2}\left(\dfrac{1}{2}-\dfrac{1}{n}\right)=\dfrac{\sqrt{2}(n-2)}{2n},$$

则 $a_n^2\geqslant 2+\dfrac{\sqrt{2}(n-2)}{2n}$，即 $a_n\geqslant\sqrt{2+\dfrac{\sqrt{2}(n-2)}{2n}}$ ；

又当 $n\geqslant 2$ 时，$a_n>1$，则 $a_{n+1}^2=a_n^2+\dfrac{a_n}{n^2}<a_n^2+\dfrac{a_n^2}{n^2}$，

所以 $\dfrac{a_{n+1}^2}{a_n^2}<1+\dfrac{1}{n^2}=\dfrac{n^2+1}{n^2}<\dfrac{n^2}{n^2-1}=\dfrac{n^2}{(n-1)(n+1)}$，

累商叠乘，得 $\dfrac{a_n^2}{a_2^2}<\dfrac{2^2}{1\times 3}\cdot\dfrac{3^2}{2\times 4}\cdots\dfrac{(n-1)^2}{n(n-2)}=\dfrac{2(n-1)}{n}<2$，则 $a_n^2<2a_2^2=4$，所以 $a_n<2$.

因此 $\sqrt{2+\dfrac{\sqrt{2}(n-2)}{2n}}\leqslant a_n<2$ $(n\geqslant 2)$.

对于不等式的右边还可以有如下证明：$a_{n+1}^2=a_n^2+\dfrac{a_n}{n^2}=\left(a_n+\dfrac{1}{2n^2}\right)^2-\dfrac{1}{4n^4}<\left(a_n+\dfrac{1}{2n^2}\right)^2$，

则 $a_{n+1}<a_n+\dfrac{1}{2n^2}$，即 $a_{n+1}-a_n<\dfrac{1}{2n^2}$，

累差叠加，得 $a_n-a_1<\dfrac{1}{2}\left[\dfrac{1}{1^2}+\dfrac{1}{2^2}+\cdots+\dfrac{1}{(n-1)^2}\right]<\dfrac{1}{2}\left[1+\dfrac{1}{1\times 2}+\dfrac{1}{2\times 3}+\cdots+\dfrac{1}{(n-1)(n-2)}\right]$

$$=\dfrac{1}{2}\left(2-\dfrac{1}{n-1}\right)<1,$$

即 $a_n-a_1<1$，则 $a_n<2$.

(2) 观察到所证不等式右边有 $\dfrac{n}{2}$，所以我们要将每个 $n^2(a_{n+1}-a_n)$ 拆分出一个 $\dfrac{1}{2}$.

由条件，得 $n^2(a_{n+1}-a_n)=\dfrac{a_n}{a_n+a_{n+1}}=1-\dfrac{a_{n+1}}{a_n+a_{n+1}}=\dfrac{1}{2}+\dfrac{1}{2}-\dfrac{a_{n+1}}{a_n+a_{n+1}}=\dfrac{1}{2}-\dfrac{a_{n+1}-a_n}{2(a_n+a_{n+1})}$，

然后证明数列 $\left\{\dfrac{a_{n+1}-a_n}{2(a_n+a_{n+1})}\right\}$ 的前 n 项和小于 $\dfrac{1}{4}$ 即可.

由条件，得 $a_{n+1}^2 - a_n^2 = (a_{n+1} - a_n)(a_n + a_{n+1}) = \dfrac{a_n}{n^2}$，所以 $\dfrac{a_{n+1} - a_n}{2(a_n + a_{n+1})} = \dfrac{a_n}{2n^2(a_{n+1} + a_n)^2}$，

由（1）知 $a_{n+1} > a_n \geq 1$，则 $a_{n+1} + a_n > 2a_n \geq 2$，

那么 $\dfrac{a_{n+1} - a_n}{2(a_n + a_{n+1})} = \dfrac{a_n}{2n^2(a_{n+1} + a_n)^2} < \dfrac{a_n}{2n^2 \times 2 \times 2a_n} = \dfrac{1}{8n^2}$，所以 $n^2(a_{n+1} - a_n) = \dfrac{1}{2} - \dfrac{a_{n+1} - a_n}{2(a_n + a_{n+1})} > \dfrac{1}{2} - \dfrac{1}{8n^2}$.

于是 $(a_2 - a_1) + 2^2(a_3 - a_2) + \cdots + n^2(a_{n+1} - a_n)$

$> \dfrac{n}{2} - \dfrac{1}{8}\left(1 + \dfrac{1}{2^2} + \dfrac{1}{3^2} + \cdots + \dfrac{1}{n^2}\right) > \dfrac{n}{2} - \dfrac{1}{8}\left[1 + \dfrac{1}{1 \times 2} + \dfrac{1}{2 \times 3} + \cdots + \dfrac{1}{(n-1)n}\right]$

$= \dfrac{n}{2} - \dfrac{1}{8}\left[1 + \left(1 - \dfrac{1}{2}\right) + \left(\dfrac{1}{2} - \dfrac{1}{3}\right) + \cdots + \left(\dfrac{1}{n-1} - \dfrac{1}{n}\right)\right] = \dfrac{n}{2} - \dfrac{1}{8}\left(2 - \dfrac{1}{n}\right) > \dfrac{n}{2} - \dfrac{1}{4}$.

习题七

1. **【解析】**（1）由 $2S_n = na_n$ 知，当 $n \geq 3$ 时，$2S_{n-1} = (n-1)a_{n-1}$，两式相减，得 $2a_n = na_n - (n-1)a_{n-1}$，

整理，得 $\dfrac{a_n}{a_{n-1}} = \dfrac{n-1}{n-2}$，累商叠乘，得 $\dfrac{a_n}{a_2} = \dfrac{n-1}{1}$.

由 $a_2 = 1$，所以 $a_n = n - 1 (n \geq 3)$.

又 $2S_2 = 2(a_1 + a_2) = 2a_2$，得 $a_1 = 0$，经检验 a_1, a_2 都满足 $a_n = n - 1$，因此 $a_n = n - 1 (n \in \mathbf{N}^*)$.

(2) $\left(1 + \dfrac{1}{2a_{n+1}}\right)^n = \left(1 + \dfrac{1}{2n}\right)^n = 1 + C_n^1 \cdot \dfrac{1}{2n} + \cdots \geq 1 + C_n^1 \cdot \dfrac{1}{2n} = \dfrac{3}{2}$.

要证明 $\left(1 + \dfrac{1}{2n}\right)^n < \sqrt{e}$，只需证明 $\left(1 + \dfrac{1}{2n}\right)^{2n} < e$，

即证明 $\ln\left(1 + \dfrac{1}{2n}\right)^{2n} < \ln e$，即 $2n \ln\left(1 + \dfrac{1}{2n}\right) < 1$，即证明 $\ln\left(1 + \dfrac{1}{2n}\right) < \dfrac{1}{2n}$.

因为当 $x > 0$ 时，有 $\ln(1+x) < x$，所以 $\ln\left(1 + \dfrac{1}{2n}\right) < \dfrac{1}{2n}$ 成立，

因此原不等式 $\left(1 + \dfrac{1}{2n}\right)^n < \sqrt{e}$ 成立.

综上，得 $\dfrac{3}{2} \leq \left(1 + \dfrac{1}{2n}\right)^n < \sqrt{e}$.

2. **【解析】**（1）由 $a_1 = S_1 = \dfrac{1}{6}(a_1 + 1)(a_1 + 2)$，解得 $a_1 = 1$ 或 $a_1 = 2$. 由 $a_1 = S_1 > 1$，所以 $a_1 = 2$.

又 $a_{n+1} = S_{n+1} - S_n = \dfrac{1}{6}(a_{n+1} + 1)(a_{n+1} + 2) - \dfrac{1}{6}(a_n + 1)(a_n + 2)$，整理，得 $a_{n+1}^2 - a_n^2 = 3(a_{n+1} + a_n)$.

因为 $a_n > 0$，则 $a_{n+1} - a_n = 3$，因此数列 $\{a_n\}$ 是公差为 3，首项为 2 的等差数列，故 $a_n = 3n - 1$.

(2) 由 $a_n(2^{b_n}-1)=1$，解得 $b_n=\log_2\left(1+\dfrac{1}{a_n}\right)=\log_2\dfrac{3n}{3n-1}$，

从而 $T_n=b_1+b_2+\cdots+b_n=\log_2\left(\dfrac{3}{2}\cdot\dfrac{6}{5}\cdot\cdots\cdot\dfrac{3n}{3n-1}\right)$.

证法一(构造新数列)：$3T_n+1-\log_2(a_n+3)=\log_2\left(\dfrac{3}{2}\cdot\dfrac{6}{5}\cdot\cdots\cdot\dfrac{3n}{3n-1}\right)^3+\log_2\dfrac{2}{3n+2}$

$$=\log_2\left[\left(\dfrac{3}{2}\cdot\dfrac{6}{5}\cdot\cdots\cdot\dfrac{3n}{3n-1}\right)^3\dfrac{2}{3n+2}\right],$$

令 $f(n)=\left(\dfrac{3}{2}\cdot\dfrac{6}{5}\cdot\cdots\cdot\dfrac{3n}{3n-1}\right)^3\dfrac{2}{3n+2}$，则 $\dfrac{f(n+1)}{f(n)}=\dfrac{3n+2}{3n+5}\left(\dfrac{3n+3}{3n+2}\right)^3=\dfrac{(3n+3)^3}{(3n+5)(3n+2)^2}$.

由 $(3n+3)^3-(3n+5)(3n+2)^2=9n+7>0$，故 $f(n+1)>f(n)$，于是 $f(n)\geqslant f(1)=\dfrac{27}{20}>1$，

所以 $3T_n+1-\log_2(a_n+3)=\log_2 f(n)>0$，即 $3T_n+1>\log_2(a_n+3)$.

证法二(二项式定理)：由二项式定理知，当 $c>0$ 时，不等式 $(1+c)^3>1+3c$ 成立，

那么 $3T_n+1=\log_2\left[\left(1+\dfrac{1}{2}\right)^3\left(1+\dfrac{1}{5}\right)^3\cdots\left(1+\dfrac{1}{3n-1}\right)^3\right]+1>\log_2\left[\left(1+\dfrac{3}{2}\right)\left(1+\dfrac{3}{5}\right)\cdots\left(1+\dfrac{3}{3n-1}\right)\right]+\log_2 2$

$$=\log_2\left(2\cdot\dfrac{5}{2}\cdot\dfrac{8}{5}\cdot\cdots\cdot\dfrac{3n+2}{3n-1}\right)=\log_2(3n+2)=\log_2(a_n+3).$$

证法三(糖水不等式)：由糖水不等式知 $\dfrac{3n}{3n-1}>\dfrac{3n+1}{3n}>\dfrac{3n+2}{3n+1}$，

则 $\dfrac{3}{2}\cdot\dfrac{6}{5}\cdot\cdots\cdot\dfrac{3n}{3n-1}>\dfrac{4}{3}\cdot\dfrac{7}{6}\cdot\cdots\cdot\dfrac{3n+1}{3n}>\dfrac{5}{4}\cdot\dfrac{8}{7}\cdot\cdots\cdot\dfrac{3n+2}{3n+1}$，

那么 $\left(\dfrac{3}{2}\cdot\dfrac{6}{5}\cdot\cdots\cdot\dfrac{3n}{3n-1}\right)^3>\left(\dfrac{3}{2}\cdot\dfrac{6}{5}\cdot\cdots\cdot\dfrac{3n}{3n-1}\right)\left(\dfrac{4}{3}\cdot\dfrac{7}{6}\cdot\cdots\cdot\dfrac{3n+1}{3n}\right)\left(\dfrac{5}{4}\cdot\dfrac{8}{7}\cdot\cdots\cdot\dfrac{3n+2}{3n+1}\right)$

$$=\dfrac{3n+2}{2},$$

因此 $3T_n+1=\log_2\left(\dfrac{3}{2}\cdot\dfrac{6}{5}\cdot\cdots\cdot\dfrac{3n}{3n-1}\right)^3+1>\log_2\dfrac{3n+2}{2}+1=\log_2(3n+2)=\log_2(a_n+3)$.

3. **【解析】**（1）**解法一**：由题设知 $f_n'(x)=1+2x+\cdots+nx^{n-1}$，

所以 $f_n'(2)=1+2\times 2+\cdots+n\times 2^{n-1}$，$2f_n'(2)=1\times 2+2\times 4+\cdots+n\times 2^n$，

两式错位相减，得 $-f_n'(2)=1+2+2^2+\cdots+2^{n-1}-n\times 2^n=(1-n)2^n-1$，

因此 $f_n'(2)=(n-1)2^n+1$.

解法二：当 $x\neq 1$ 时，$f_n(x)=x+x^2+\cdots+x^n-1=\dfrac{x-x^{n+1}}{1-x}-1$，

则 $f_n'(x)=\dfrac{[1-(n+1)x^n](1-x)-(x-x^{n+1})(-1)}{(1-x)^2}=\dfrac{nx^{n+1}-(n+1)x^n+1}{(1-x)^2}$，

所以 $f_n'(2) = n \times 2^{n+1} - (n+1)2^n + 1 = (n-1)2^n + 1$.

(2) 因为 $f_n(0) = -1 < 0$，$f_n\left(\dfrac{2}{3}\right) = \dfrac{\dfrac{2}{3}\left[1-\left(\dfrac{2}{3}\right)^n\right]}{1-\dfrac{2}{3}} - 1 = 1 - 2\left(\dfrac{2}{3}\right)^n \geqslant 1 - 2\left(\dfrac{2}{3}\right)^2 > 0$，

所以 $f_n(x)$ 在 $\left(0, \dfrac{2}{3}\right)$ 内至少存在一个零点.

又 $f_n'(x) = 1 + 2x + \cdots + nx^{n-1} > 0$，则 $f_n(x)$ 在 $\left(0, \dfrac{2}{3}\right)$ 内为单调递增函数，

所以 $f_n(x)$ 在 $\left(0, \dfrac{2}{3}\right)$ 内有且只有一个零点 a_n.

令 $f_n(x) = x + x^2 + \cdots + x^n - 1 = \dfrac{x - x^{n+1}}{1-x} - 1 = 0$，

由 a_n 是函数 $f_n(x)$ 在 $\left(0, \dfrac{2}{3}\right)$ 上的零点，则 $\dfrac{a_n - a_n^{n+1}}{1 - a_n} = 1$，整理，得 $a_n = \dfrac{1}{2}(1 + a_n^{n+1}) > \dfrac{1}{2}$.

又 $a_n < \dfrac{2}{3}$，$a_n = \dfrac{1}{2}(1 + a_n^{n+1}) < \dfrac{1}{2}\left[1 + \left(\dfrac{2}{3}\right)^{n+1}\right] = \dfrac{1}{2} + \dfrac{1}{3}\left(\dfrac{2}{3}\right)^n$，

因此 $\dfrac{1}{2} < a_n < \dfrac{1}{3}\left(\dfrac{2}{3}\right)^n + \dfrac{1}{2}$，即 $0 < a_n - \dfrac{1}{2} < \dfrac{1}{3}\left(\dfrac{2}{3}\right)^n$.

4. **【证明】**（1）由题意，得 $a_{n+1} = \dfrac{1}{a_n + \dfrac{1}{2}}$，下面用数学归纳法证明.

当 $n = 1$ 时，$a_1 = 1$，结论成立.

假设当 $n = k$ 时，结论成立，即 $\dfrac{2}{3} \leqslant a_k \leqslant 1$，

那么当 $n = k+1$ 时，$a_{k+1} = \dfrac{1}{a_k + \dfrac{1}{2}} \leqslant \dfrac{1}{\dfrac{2}{3} + \dfrac{1}{2}} < 1$，$a_{k+1} = \dfrac{1}{a_k + \dfrac{1}{2}} \geqslant \dfrac{1}{1 + \dfrac{1}{2}} = \dfrac{2}{3}$，即当 $n = k+1$ 时也成立.

所以对任意 $n \in \mathbf{N}^*$，都有 $\dfrac{2}{3} \leqslant a_n \leqslant 1$.

(2) 当 $n = 1$ 时，$|a_1 - a_2| = \dfrac{1}{3}$，$|a_{n+1} - a_n| = \left|\dfrac{1}{a_n + \dfrac{1}{2}} - \dfrac{1}{a_{n-1} + \dfrac{1}{2}}\right| = \dfrac{|a_n - a_{n-1}|}{\left(a_n + \dfrac{1}{2}\right)\left(a_{n-1} + \dfrac{1}{2}\right)}$，

由 $a_{n-1} = \dfrac{1}{a_n} - \dfrac{1}{2}$，则 $a_{n-1} + \dfrac{1}{2} = \dfrac{1}{a_n}$，所以 $\left(a_n + \dfrac{1}{2}\right)\left(a_{n-1} + \dfrac{1}{2}\right) = \left(a_n + \dfrac{1}{2}\right)\dfrac{1}{a_n} = 1 + \dfrac{1}{2a_n} \geqslant 1 + \dfrac{1}{2} = \dfrac{3}{2}$，

所以 $|a_{n+1} - a_n| = \dfrac{|a_n - a_{n-1}|}{\left(a_n + \dfrac{1}{2}\right)\left(a_{n-1} + \dfrac{1}{2}\right)} \leqslant \dfrac{2}{3}|a_n - a_{n-1}|$，因此 $|a_{n+1} - a_n| \leqslant |a_2 - a_1|\left(\dfrac{2}{3}\right)^{n-1} = \dfrac{1}{3}\left(\dfrac{2}{3}\right)^{n-1}$.

(3) **证法一：** 因为 $|a_{2n} - a_n| \leqslant |a_{2n} - a_{2n-1}| + |a_{2n-1} - a_{2n-2}| + \cdots + |a_{n+1} - a_n|$，

由（2）可知 $|a_{2n} - a_n| \leq \dfrac{1}{3}\left[\left(\dfrac{2}{3}\right)^{2n-2} + \left(\dfrac{2}{3}\right)^{2n-3} + \cdots + \left(\dfrac{2}{3}\right)^{n-1}\right]$

$$= \left(\dfrac{2}{3}\right)^{n-1}\left[1 - \left(\dfrac{2}{3}\right)^n\right] = \left(\dfrac{2}{3}\right)^{n-1} - \left(\dfrac{2}{3}\right)^{2n-1} \leq 1 - \dfrac{2}{3} = \dfrac{1}{3}.$$

证法二：由（1）可知，对于任意的 n 都有 $\dfrac{2}{3} \leq a_{2n} \leq 1$ 和 $\dfrac{2}{3} \leq a_n \leq 1$，所以 $|a_{2n} - a_n| \leq \dfrac{1}{3}$.

5.【证明】（1）当 $n=1$ 时，$a_1 = \dfrac{1}{2}$，$a_2 = \sin\left(\dfrac{\pi}{2}a_1\right) = \sin\dfrac{\pi}{4} = \dfrac{\sqrt{2}}{2}$，则 $\dfrac{1}{2} \leq a_1 < a_2 < 1$，故结论成立.

假设当 $n=k$ 时，结论成立，即 $\dfrac{1}{2} \leq a_k < a_{k+1} < 1$，

那么当 $n = k+1$ 时，由假设知 $\dfrac{\pi}{4} \leq \dfrac{\pi}{2}a_k < \dfrac{\pi}{2}a_{k+1} < \dfrac{\pi}{2}$，

因为函数 $y = \sin x$ 在 $\left(0, \dfrac{\pi}{2}\right)$ 上单调递增，则 $\sin\dfrac{\pi}{4} \leq \sin\left(\dfrac{\pi}{2}a_k\right) < \sin\left(\dfrac{\pi}{2}a_{k+1}\right) < \sin\dfrac{\pi}{2}$，

即 $\dfrac{1}{2} < \dfrac{\sqrt{2}}{2} \leq a_{k+1} < a_{k+2} < 1$，故当 $n=k+1$ 时结论也成立.

因此对任意 $n \in \mathbf{N}^*$ 均有 $\dfrac{1}{2} \leq a_n < a_{n+1} < 1$.

（2）$1 - a_{n+1} = 1 - \sin\left(\dfrac{\pi}{2}a_n\right) = 1 - \cos\left[\dfrac{\pi}{2}(1-a_n)\right] = 2\sin^2\left[\dfrac{\pi}{4}(1-a_n)\right]$，

由（1）可知 $1 - a_n \in \left(0, \dfrac{1}{2}\right]$，所以 $0 < \dfrac{\pi}{4}(1-a_n) \leq \dfrac{\pi}{8}$，

由 $\sin x < x\ \left(0 < x < \dfrac{\pi}{2}\right)$，得 $2\sin^2\left[\dfrac{\pi}{4}(1-a_n)\right] < 2\left[\dfrac{\pi}{4}(1-a_n)\right]^2 \leq \dfrac{\pi^2}{8}(1-a_n)^2 \leq \dfrac{\pi^2}{8}(1-a_n)\left(1-\dfrac{1}{2}\right) = \dfrac{\pi^2}{16}(1-a_n)$，

即 $1 - a_{n+1} < \dfrac{\pi^2}{16}(1-a_n)$，于是 $1 - a_n \leq \left(\dfrac{\pi^2}{16}\right)^{n-1}(1-a_1) = \dfrac{1}{2}\left(\dfrac{\pi^2}{16}\right)^{n-1}$，即 $a_n \geq 1 - \dfrac{1}{2}\left(\dfrac{\pi^2}{16}\right)^{n-1}$，

因此 $S_n \geq n - \dfrac{1}{2}\left[1 + \dfrac{\pi^2}{16} + \cdots + \left(\dfrac{\pi^2}{16}\right)^{n-1}\right] = n - \dfrac{8}{16 - \pi^2}\left[1 - \left(\dfrac{\pi^2}{16}\right)^n\right] > n - \dfrac{8}{16 - \pi^2} > n - \dfrac{8}{16 - 10} = n - \dfrac{4}{3}$.

6.【证明】（1）$a_{n+1}^2 = \dfrac{n}{n+1}a_n^2 + \dfrac{a_n}{n+1} = a_n\left(\dfrac{n}{n+1}a_n + \dfrac{1}{n+1}\right)$.

证法一(数学归纳法)：先证明 $a_n > 1$.

当 $n=1$ 时，$a_1 = 2 > 1$，结论成立.

假设当 $n=k$ 时，结论成立，即 $a_k > 1$，

那么当 $n=k+1$ 时，$a_{k+1}^2 = a_k\left(\dfrac{k}{k+1}a_k + \dfrac{1}{k+1}\right) > a_k\left(\dfrac{k}{k+1} + \dfrac{1}{k+1}\right) = a_k > 1$，

即当 $n=k+1$ 时结论也成立.

因此 $a_n > 1$ 对于一切正整数 n 都成立.

所以 $(n+1)a_{n+1}^2 = na_n^2 + a_n < na_n^2 + a_n^2$,得 $a_{n+1}^2 < a_n^2$,即 $a_n > a_{n+1}$.

因此 $a_n > a_{n+1} > 1$.

证法二(符号递推法):由题意,得 $(n+1)a_{n+1}^2 - (n+1) = na_n^2 - n + a_n - 1$,

因式分解,得 $(n+1)(a_{n+1}-1)(a_{n+1}+1) = (a_n-1)(na_n+n+1)$,

由 $a_n > 0$,知 $(a_{n+1}+1)(n+1) > 0$,$na_n + n + 1 > 0$,

所以 $a_{n+1} - 1$ 与 $a_n - 1$ 同号,于是 $a_n - 1$ 与 $a_{n-1} - 1$ 同号,依此类推,$a_2 - 1$ 与 $a_1 - 1$ 同号.

因为 $a_1 - 1 = 1 > 0$,故 $a_n > 1$.

又因 $a_{n+1}^2 - a_n^2 = \dfrac{a_n}{n+1} - \dfrac{a_n^2}{n+1} = \dfrac{a_n}{n+1}(1-a_n) < 0$,得 $a_n > a_{n+1}$.

因此 $a_n > a_{n+1} > 1$.

(2) 由(1)知 $2 \geqslant a_n > a_{n+1} > 1$,又由题设知 $(n+1)a_{n+1}^2 - na_n^2 = a_n$,

累差叠加,得 $(n+1)a_{n+1}^2 - 4 = a_1 + a_2 + \cdots + a_n \leqslant 2n$,则 $a_{n+1}^2 \leqslant \dfrac{2n+4}{n+1}$,因此 $a_n^2 \leqslant \dfrac{2n+2}{n}$.

(3) 由(2)知,当 $n \geqslant 2$ 时,$\dfrac{a_n^2}{n^2} \leqslant \dfrac{2(n+1)}{n^3} < \dfrac{2(n+1)}{n(n^2-1)} = \dfrac{2}{n(n-1)} = 2\left(\dfrac{1}{n-1} - \dfrac{1}{n}\right)$,

因此 $\dfrac{a_2^2}{2^2} + \dfrac{a_3^2}{3^2} + \cdots + \dfrac{a_n^2}{n^2} < 2\left(1 - \dfrac{1}{n}\right) < 2$.

7.【证明】 (1) 先用数学归纳法证明 $a_n > 1$.

当 $n = 1$ 时,因为 $a_1 = \dfrac{3}{2} > 1$,结论成立.

假设当 $n = k$ 时,$a_k > 1$,

那么当 $n = k+1$ 时,因为当 $x > 1$ 时有 $0 < \ln x < x - 1$,则 $a_{k+1} = \dfrac{a_k - 1}{\ln a_k} > 1$,

即当 $n = k+1$ 时结论也成立.

所以 $a_n > 1$.

于是 $a_{n+1} - a_n = \dfrac{a_n - 1}{\ln a_n} - a_n = \dfrac{a_n - 1 - a_n \ln a_n}{\ln a_n}$,令 $f(x) = x - 1 - x \ln x\ (x > 1)$,

则 $f'(x) = -\ln x < 0$,所以 $f(x)$ 在 $(1, +\infty)$ 上单调递减,$f(x) < f(1) = 0$,即 $a_n - 1 - a_n \ln a_n < 0$.

又 $\ln a_n > 0$,所以 $a_{n+1} - a_n < 0$.

综上,得 $a_n > a_{n+1} > 1$.

(2) 要证明 $\dfrac{2a_n}{a_n+1} < a_{n+1} < \dfrac{a_n+1}{2}$，只需证明 $\dfrac{2a_n}{a_n+1} < \dfrac{a_n-1}{\ln a_n} < \dfrac{a_n+1}{2}$，

即证明当 $a_n > 1$ 时，$\begin{cases}(a_n+1)\ln a_n - 2a_n + 2 > 0, \\ 2a_n \ln a_n - a_n^2 + 1 < 0.\end{cases}$

先证明 $2a_n \ln a_n - a_n^2 + 1 < 0$，令 $g(x) = 2x\ln x - x^2 + 1\ (x > 1)$，

则 $g'(x) = 2\ln x + 2 - 2x < 2(x-1) + 2 - 2x = 0$，

则 $g(x)$ 在 $(1, +\infty)$ 上单调递减，所以 $g(x) < g(1) = 0$，即 $2a_n \ln a_n - a_n^2 + 1 < 0$ 成立；

再证明 $(a_n+1)\ln a_n - 2a_n + 2 > 0$，令 $h(x) = (x+1)\ln x - 2x + 2\ (x > 1)$，

则 $h'(x) = \ln x + \dfrac{x+1}{x} - 2 = \ln x + \dfrac{1}{x} - 1$，

因为 $\ln x > 1 - \dfrac{1}{x}$，则 $h'(x) = \ln x + \dfrac{1}{x} - 1 > 0$，

所以 $h(x)$ 在 $(1, +\infty)$ 上单调递增，所以 $h(x) > h(1) = 0$，则 $(a_n+1)\ln a_n - 2a_n + 2 > 0$ 成立.

综上，得 $\dfrac{2a_n}{a_n+1} < a_{n+1} < \dfrac{a_n+1}{2}$.

(3) 由（2）知 $a_{n+1} < \dfrac{a_n+1}{2}$，由待定系数法，得 $a_{n+1} - 1 < \dfrac{1}{2}(a_n - 1)$，

于是 $a_n - 1 \leqslant (a_1 - 1)\left(\dfrac{1}{2}\right)^{n-1} = \left(\dfrac{1}{2}\right)^n$.

由于 $\ln x \leqslant x - 1$，则 $\ln a_n < a_n - 1 < \left(\dfrac{1}{2}\right)^n$，

所以 $\ln(a_1 a_2 \cdots a_n) = \ln a_1 + \ln a_2 + \cdots + \ln a_n < \dfrac{1}{2} + \left(\dfrac{1}{2}\right)^2 + \cdots + \left(\dfrac{1}{2}\right)^n = 1 - \left(\dfrac{1}{2}\right)^n$；

由 $\dfrac{2a_n}{a_n+1} < a_{n+1}$，两边取倒数，得 $\dfrac{1}{a_{n+1}} < \dfrac{a_n+1}{2a_n} = \dfrac{1}{2}\left(1 + \dfrac{1}{a_n}\right)$，

由待定系数法，得 $\dfrac{1}{a_{n+1}} - 1 < \dfrac{1}{2}\left(\dfrac{1}{a_n} - 1\right)$，

于是 $\dfrac{1}{a_n} - 1 < \left(\dfrac{1}{a_1} - 1\right)\left(\dfrac{1}{2}\right)^{n-1} = -\dfrac{1}{3}\left(\dfrac{1}{2}\right)^{n-1}$，即 $1 - \dfrac{1}{a_n} > \dfrac{1}{3}\left(\dfrac{1}{2}\right)^{n-1}$，

因为 $\ln x \geqslant 1 - \dfrac{1}{x}$，则 $\ln a_n \geqslant 1 - \dfrac{1}{a_n} > \dfrac{1}{3}\left(\dfrac{1}{2}\right)^{n-1}$，

所以 $\ln(a_1 a_2 \cdots a_n) = \ln a_1 + \ln a_2 + \cdots + \ln a_n > \dfrac{1}{3}\left[1 + \dfrac{1}{2} + \cdots + \left(\dfrac{1}{2}\right)^{n-1}\right] = \dfrac{1}{3}\left[2 - \left(\dfrac{1}{2}\right)^{n-1}\right] = \dfrac{2}{3}\left(1 - \dfrac{1}{2^n}\right)$.

综上，得 $\dfrac{2}{3}\left(1 - \dfrac{1}{2^n}\right) < \ln(a_1 a_2 \cdots a_n) < 1 - \dfrac{1}{2^n}$.

8.【证明】(1) **证法一**：因为 $a_{n+1}^2 + a_{n+1} - 1 = a_n^2$，则 $a_n^2 + a_n - 1 = a_{n-1}^2$ $(n \geq 2)$，

两式相减，得 $(a_{n+1} - a_n)(a_{n+1} + a_n + 1) = a_n^2 - a_{n-1}^2 = (a_n - a_{n-1})(a_n + a_{n-1})$，又 $a_n \geq 0$，

则 $a_{n+1} - a_n$ 与 $a_n - a_{n-1}$ 同号，于是 $a_n - a_{n-1}$ 与 $a_{n-1} - a_{n-2}$ 同号，依此类推，$a_3 - a_2$ 与 $a_2 - a_1$ 同号.

因为 $a_2^2 + a_2 - 1 = a_1^2 = 0$，解得 $a_2 = \dfrac{-1 + \sqrt{5}}{2}$，则 $a_2 - a_1 > 0$，所以 $a_{n+1} - a_n > 0$，

于是 $a_{n+1}^2 - a_n^2 = 1 - a_{n+1} > 0$，则 $a_{n+1} < 1$.

因此 $a_n < a_{n+1} < 1$ 对任意 $n \in \mathbf{N}^*$ 都成立.

证法二：由 $a_{n+1}^2 + a_{n+1} - 1 = a_n^2$，得 $a_{n+1}^2 + a_{n+1} - 2 = a_n^2 - 1$，即 $(a_{n+1} + 2)(a_{n+1} - 1) = (a_n - 1)(a_n + 1)$，

由 $a_n \geq 0$，则 $a_{n+1} - 1$ 与 $a_n - 1$ 同号，依此类推，$a_2 - 1$ 与 $a_1 - 1$ 同号，所以 $a_{n+1} - 1$ 与 $a_1 - 1$ 同号.

因为 $a_1 - 1 = -1 < 0$，所以 $a_{n+1} - 1 < 0$，即 $a_{n+1} < 1$. 又 $a_{n+1}^2 - a_n^2 = 1 - a_{n+1} > 0$，则 $a_{n+1} > a_n$.

因此 $a_n < a_{n+1} < 1$ 对任意 $n \in \mathbf{N}^*$ 都成立.

(2) 由 $a_{n+1}^2 - a_n^2 = 1 - a_{n+1}$，得 $a_n^2 - a_{n-1}^2 = 1 - a_n$，累差叠加，得 $a_n^2 - a_1^2 = n - 1 - (a_2 + a_3 + \cdots + a_n)$.

因为 $a_1 = 0$，所以 $a_n^2 = n - 1 - (a_1 + a_2 + a_3 + \cdots + a_n) = n - 1 - S_n$，则 $S_n = n - 1 - a_n^2$，

因为 $a_n < 1$，所以 $S_n > n - 2$.

(3) 因为 $a_1 = 0$，则 $T_n = 1 + \dfrac{1}{(1 + a_2)} + \cdots + \dfrac{1}{(1 + a_2)(1 + a_3) \cdots (1 + a_n)}$.

证法一：由 $a_{n+1}^2 + a_{n+1} = 1 + a_n^2 \geq 2a_n$，得 $\dfrac{1}{1 + a_n} \leq \dfrac{a_{n+1}}{2a_n}$.

当 $n \geq 3$ 时，累商叠乘，得 $\dfrac{1}{(1 + a_3)(1 + a_4) \cdots (1 + a_n)} \leq \dfrac{a_n}{2^{n-2} a_2}$，

于是 $\dfrac{1}{(1 + a_2)(1 + a_3) \cdots (1 + a_n)} \leq \dfrac{a_n}{2^{n-2}(a_2^2 + a_2)} = \dfrac{a_n}{2^{n-2}(a_1^2 + 1)} = \dfrac{a_n}{2^{n-2}} < \dfrac{1}{2^{n-2}}$，

因此 $T_n < 1 + 1 + \dfrac{1}{2} + \cdots + \dfrac{1}{2^{n-2}} = 3 - \dfrac{1}{2^{n-2}} < 3$.

证法二：由（1）知当 $n \geq 2$ 时，有 $a_n \geq a_2$，则 $\dfrac{1}{(1 + a_2)(1 + a_3) \cdots (1 + a_n)} \leq \dfrac{1}{(1 + a_2)^{n-1}}$，

于是 $T_n \leq 1 + \dfrac{1}{(1 + a_2)} + \dfrac{1}{(1 + a_2)^2} + \cdots + \dfrac{1}{(1 + a_2)^{n-1}} = \dfrac{1 + a_2}{a_2}\left[1 - \dfrac{1}{(1 + a_2)^n}\right] < \dfrac{1 + a_2}{a_2} = \dfrac{3 + \sqrt{5}}{2} < 3$.

后　记

之所以要写这本书，要从2016年说起。2016年初，临近期末，极寒天气来袭，致使学校停课，学生在家自习。作为老师，我非常担心学生在家的复习状况。为了最大限度地提高学生自习的效率，我利用网络平台上了两堂网课，结果反响很好，于是就萌生了给学生开发一个数学微学习移动网络平台的念头。2016年2月，我在微信公众平台上注册申请了公众订阅号"dxmath"，取名"大虾数学"，此后很多学生和朋友都称我为大虾老师。

自从微信公众号创建以来，我坚持不间断地推送有价值的数学图文信息。随着时间的推移，关注的人数逐渐多了起来，有不少学生在公众号上留言，还有些高三学生要求发一些关于数列不等式证明的学习资料。之后，我在公众号上陆续发过几期关于数列不等式证明的内容，但比较零散，不够系统。在2017年高考之后，我下定决心，要写一本关于数列不等式证明的书。在假期里，我对公众号上发布的文章、平时上课的讲稿及收集的材料作了系统的整理、补充与完善，写成了这本书。

在本书出版之际，我要感谢浙江省教育厅教研室张金良老师为此书作序，感谢杭州市萧山区教研室许兴铭老师和萧山中学瞿少华老师的指导与无私帮助，感谢学校同事们的支持。还要感谢"大虾数学"公众号上的老师、学生与朋友们的鼓励。

郭军明

2019年1月28月

参考文献

[1] 黄显甫. 新课标下的递推数列[M]. 广州: 华南理工大学出版社, 2010.

[2] 甘志国. 数列与不等式[M]. 哈尔滨: 哈尔滨工业大学出版社, 2014.

[3] 蒋明斌. 递推数列中不等式问题的解法[J]. 高中数学教与学, 2004 (2).

[4] 黄俊峰, 袁方程. 浅析如何用放缩法证明数列不等式[J]. 中学数学研究, 2010 (6).

[5] 李国梅. 数列题型分析与展望[J]. 高中数学教与学, 2010 (9).

[6] 王国涛. 用放缩法证明数列不等式的若干策略[J]. 高中数学教与学, 2009 (11).

[7] 徐广华. 放缩法证明数列不等式"有法可依"[J]. 中学数学研究, 2011 (11).